Die Heiligen Drei Könige

Die Translation ihrer Gebeine 1164 und ihre Verehrung in Köln

Libelli Rhenani

Schriften der Erzbischöflichen Diözesan- und Dombibliothek zur
rheinischen Kirchen- und Landesgeschichte
sowie zur Buch- und Bibliotheksgeschichte

Herausgegeben von Heinz Finger

Band 53

Die Heiligen Drei Könige

Die Translation ihrer Gebeine 1164 und ihre Verehrung in Köln

Hrsg. von Heinz Finger und Werner Wessel

EINE AUSSTELLUNG DER DIÖZESAN- UND DOMBIBLIOTHEK KÖLN
ZUM

850 jährigen Anniversarium der Translation der Dreikönigsreliquien 2014

(23. Juli 2014 bis 18. März 2015)

Erzbischöfliche Diözesan- und Dombibliothek
mit Bibliothek St. Albertus Magnus

Köln 2014

Konzeption und Gestaltung der Ausstellung:

Professor Dr. Heinz Finger
Werner Wessel
Claudia Croé
Dipl.-Theol. Harald Horst
Bernd Schäfers
Michael Schiffer

Texterfassung:
Claudia Croé

Koordination der redaktionellen Arbeiten:
Michael Schiffer

Konservatorische Sicherung der Exponate:
Bernd Schäfers

Lay-out:
Michael Schiffer

© 2014 Erzbischöfliche Diözesan- und Dombibliothek
ISSN 1861-7271
ISBN 978-3-939160-51-9

Dem Kölner Dompropst

Dr. iur. can. h.c. Norbert Feldhoff

Mitglied des Metropolitankapitels seit 1975

zum fünfundsiebzigsten Geburtstag

(3. November 2014)

Inhalt

Vorwort 11

Die Translation der Dreikönigsreliquien 1164
Ihre politischen und kirchenpolitischen Hintergründe
und die mittelalterliche Dreikönigsverehrung in Köln

Von Heinz Finger

Vorbemerkungen zu Ziel und Zweck dieser Untersuchung 15

Einführung 17

I. Die "Magi Reges" vor dem 12. Jh. und die Mailänder
    Dreikönigsreliquien 21

II. Die Erwerbung der Reliquien durch Erzbischof
    Rainald 26
    1. Die Person Rainalds von Dassel 26
    2. Die beiden Belagerungen und die Eroberung Mailands 31
    3. Der Verbleib der Reliquien von März 1162 bis Juni 1164 34
    4. Die kaiserliche Schenkung und die Begleitreliquien 36

III. Art und Weise der Translation 40
    1. Rainalds Brief an die Kölner 40
    2. Die Synode von Vienne 41
    3. Der Weg des Translationszuges – die legendarischen Wege ... 43
    4. Die Wahl des Weges und die Politik 44
    5. Ankunft in Köln 46

IV. ZWECK UND ZIEL DER TRANSLATION 48
   1. Reichsideologie und Politik der 60iger Jahre des 12. Jh.s 48
      a) Barbarossa und das Papsttum 48
      b) Westkaiser und Byzantinisches Reich 52
      c) Imperium und "reges provinciarum" 54
   2. Die Heiligen Drei Könige und die Kanonisation Karls des Großen 55
   3. Weiterführung und Veränderung des politischen Translationsziels 57
      a) Der vierte König des Dreikönigsschreins 57
      b) Konrad von Hochstaden und eine neue Reichsidee 60

V. FRÖMMIGKEIT BESIEGT IDEOLOGIE 67
   1. Die Gründe für das staufische Desinteresse 67
   2. Die Köln-Wallfahrt im Zusammenhang der großen Wallfahrten 70
      a) Die Dreikönigswallfahrt im Kontext der Fernwallfahrten (Jerusalem, Rom, Santiago) 70
      b) Dreikönigswallfahrt und Aachener Heiligtumsfahrt 72
      c) Verbindung zu weiteren rheinischen Wallfahrtsorten 75
   3. Könige und Fürsten als Pilger 76

VI. DIE DREI KÖNIGE VERÄNDERN DIE KÖLNER KIRCHE UND DIE STADT 79
   1. Die Dreikönigstranslation und der Aufstieg des Kapitels 79
   2. Der Erzbischof und die Dreikönigsverehrung – der "Kämmerer der Drei Könige" 82
   3. Die mittelalterliche "Hofhaltung" der Heiligen Könige 83
      a) Verwaltungsämter des "Hofstaats" 83
      b) Dreikönigsbruderschaften 85
   4. Die Drei Könige als Stadtpatrone 86
      a) Die Entstehung des neuen Stadtpatronats 86
      b) Das neue Selbstverständnis der Bürgerschaft als kommunaler Kultgemeinde der Drei Könige 88
      c) Die Dreikönigsverehrung und die Vorstellung von Köln als dem "Dritten Rom" 91

    5. Die Drei Könige und die städtische Universität 91

VII. DREIKÖNIGSVEREHRUNG UND LITURGIE 93
    1. Das Erscheinungsfest in der Kölner Diözesanliturgie 93
    2. Die Feier in der Kathedralliturgie 97
        a) Das "festum decani" 97
        b) Zum liturgischen Ablauf am Vigiltag und am
        *   Erscheinungsfest* 98
        c) Der Oktavtag und der "Tanz der Subdiakone" 99
    3. Die Votivmesse und das Votivoffizium von den Heiligen
       Drei Königen, die Aachener Krönungsmesse 100
    4. Das Translationsfest und seine Geschichte 102

ZITIERTE LITERATUR 105

Einzeluntersuchungen

DIE NAMEN DER HEILIGEN DREI KÖNIGE UND IHRE BEDEUTUNG
Von Ursula Kern 115

DIE DARSTELLUNG DER DREIKÖNIGSTRANSLATION IN UMBERTO
ECOS ROMAN BAUDOLINO
Von Claudia Hompesch 117

KÖLN IN DEN DREIKÖNIGSLEGENDEN
Von Harald Horst 153

VEREHRUNG DER HEILIGEN DREI KÖNIGE DURCH EINZEL-
PERSONEN
Von Konrad Groß 169

DIE HEILIGEN DREI KÖNIGE IM STADTBILD VON KÖLN – Straßen,
Bauwerke und andere Einrichtungen, die nach den Heiligen Drei
Königen benannt sind
Von Ursula Kern 179

DER ORT DES DREIKÖNIGENSCHREINS UND DIE KÖLNER
DOMWALLFAHRT HEUTE
Von Siegfried Schmidt 186

DIE VEREHRUNG DER HEILIGEN DREI KÖNIGE IN MAILAND UND
IM ÜBRIGEN ITALIEN NACH 1164
Von Claudia Croé 199

APOLLINARIS VON RAVENNA, SEIN KULT UND DESSEN BEZIEHUNG
ZUR DREIKÖNIGSVEREHRUNG
Von Konrad Groß 209

Katalogteil
Von Werner Wessel

A) Die liturgische Feier des Translationsfestes 223
B) Zu früheren Jubiläen der Translation der Gebeine der Heiligen Drei Könige 229
C) Der Weg der Heiligen Drei Könige und der ihrer Reliquien 233
D) Die Ikonographie in Bibeln 251
E) Die Ikonographie in liturgischen Handschriften und Drucken 261
F) Weitere Darstellungen der Heiligen Drei Könige 291
G) Berichte über die Heiligen Drei Könige und den Aufbewahrungsort ihrer Reliquien 309
H) Gedichtetes um die drei Könige 321
I) Die Heiligen Drei Könige im Kirchenlied 327
J) Ihre Verehrung in Volksfrömmigkeit und Seelsorge 335
K) Speziell Kölnisches zu den wichtigsten Stadtpatronen 351
L) Curioses und Peripheres 371

Vorwort

Nachdem im vergangenen Jahr 2013 zum Jubiläum "1700 Jahre Kirche von Köln" von der Diözesan- und Dombibliothek eine Ausstellung *Heilige Kölner Bischöfe* (Libelli Rhenani, Bd. 44) veranstaltet wurde, ist in diesem Jahr 2014 dem größten Ereignis in der Geschichte unseres Erzbistums zu gedenken. Vor 850 Jahren wurden die Gebeine der Heiligen Drei Könige von Mailand nach Köln überführt. Die Folgen dieser Translation prägen Erzbistum und Stadt Köln bis zum heutigen Tag. Nicht erst im "Dreikönigsjahr" 2014 wurde die Frage gestellt: "Was wäre Köln ohne die Heiligen Drei Könige?"

Köln war schon im späten Mittelalter ohne die Drei Könige nicht denkbar und die Heiligen Könige wurden schließlich zu Kölnern. Im populären Sprachgebrauch vielerorts in Europa wurden die namenlosen und in ihrer Zahl unbestimmten "Magier aus dem Osten" des Matthäusevangeliums zu den "Drei Königen von Köln (*Three Kings of Cologne* etc.)" Das Dreikronensymbol wurde zum eindeutigen Hoheitssymbol der Reichsstadt Köln. Mit ihm wurden selbst ohne vollständiges Wappen Gebäude eindeutig als städtisches Eigentum deklariert. Auch nach außen hin wurde es wirksam. Praktisch überall in der mittelalterlichen Christenheit wurden die drei Kronen als Zeichen gleichermaßen für die Weisen aus dem Morgenland wie für Köln aufgefasst. Selbst dort, wo die drei Kronen eigentlich eine andere Bedeutung hatten und historisch mit Sicherheit auch eine andere Herkunft (wie beispielsweise in Skandinavien oder im Wappen des Domkapitels von Krakau) wurde oft eine nachträgliche Verbindung zu den heiligen Hauptpatronen von Köln hergestellt.

Der Kölner Erzbischof Engelbert I. "der Heilige" (1216-1225) wurde von Walther von der Vogelweide als "Kämmerer der Drei Könige" apostrophiert. Erzbischof Konrad von Hochstaden (1238-1261) begann den gotischen Domneubau zu ihrer Ehre. Sein Nachfolger im 15. Jahrhundert Dietrich von Moers (1414-1463) hat sich durch sein Grabmal ihnen besonders eng verbunden gezeigt. Dennoch entstand im Laufe der Jahrhunderte der Eindruck, als ob Domkapitel und Stadt den Heiligen Königen von Köln noch näher stünden als der Erzbischof. Die Ausstellung der Erzbischöflichen Diözesan- und Dombibliothek hat dies berücksichtigt, zumal sie schon bei der Vorbereitung von Anfang an wusste, dass ihre Ausstellung Teil einer Gruppe kirchlicher und städtischer Ausstellungen sein würde, deren Wirkungen auf die Besucher sich gegenseitig bedingen. Die Tatsache, dass unsere Bibliothek ihre Ausstellung im vergangenen Jahr ganz der Kölner Kirche und ihren Oberhirten gewidmet hat, trug mit dazu bei, dass nun neben religiöser Thematik auch die Politik (speziell die des mittelalterlichen *Sacrum Imperium*) und die gesellschaftlichen Rahmenbedingungen stärker in den Vordergrund treten.

Eine Bibliothek ist kein Museum. Für eine wissenschaftliche Bibliothek, wie sie die Diözesan- und Dombibliothek darstellt, ist die Ausrichtung von Ausstellungen nicht das Hauptgeschäft. Außerdem ist zu berücksichtigen, dass Bibliotheken insgesamt ähnlich wie Archive nur "Flachware" zeigen können. Statuen, Gemälde, Reliquiare und andere Kunstwerke der Goldschmiedekunst befinden sich nicht in ihrem Bestand. Nichts aus ihrem Besitz "fällt unmittelbar in die Augen", ausgenommen die prachtvollen Illuminationen mittelalterlicher Handschriften und – vielleicht – die Holzschnitt- und Kupferstichillustrationen alter Drucke. Auch diese sind aber häufig bei all ihrer künstlerischen Qualität klein und in den Vitrinen nicht immer gut zu erkennen. Am entscheidendsten aber ist die Tatsache, dass Bücher zum Blättern geschaffen sind, nicht um dauerhaft mit derselben Doppelseite aufgeschlagen darzuliegen. Daraus folgt, dass eine Bibliothek, deren besonderen Schwerpunkt unzweifelhaft der einmalig kostbare und große früh- und hochmittelalterliche Handschriftenbestand darstellt, ein von musealen Einrichtungen gänzlich verschiedenes Ausstellungskonzept haben muss.

Vom Vorhandensein dieses eigenständigen Konzepts hängt es auch ab, ob sie überhaupt bei derselben Thematik zu anderen Institutionen in Konkurrenz treten soll. Dies ist nämlich keineswegs selbstverständlich. Obwohl sie im letzten Jahrzehnt jährlich eine größere Ausstellung mit eigenen Exponaten ausgerichtet hat, tat sie dies bislang nie, weil sich eine solche Konstellation bislang nicht ergeben hat.

Das notwendig eigene Konzept bedeutet, dass die Diözesanbibliothek sich auch inhaltlich anderen Aspekten des "Dreikönigsjahrs" zuwendet als die musealen Institutionen. Sie bleibt ebenso notwendig immer an Büchern orientiert und dient mehr der Vertiefung in die historischen Fragestellungen als der Einführung in die Geschichte der Dreikönigstranslation. Sie geht von der Liturgie des Translationsfestes aus und kommt erst nach der Behandlung des Translationsweges auf die Ikonographie und die Volksfrömmigkeit zu sprechen. Dem Katalogteil vorangestellt ist hier als Text im Begleitheft die durch Exponate schwerlich darstellbare historische Einordnung der Dreikönigstranslation als ein einmaliges Ereignis des 12. Jahrhunderts mit lange andauernden Folgen für Stadt und Erzbistum.

Heinz Finger und *Werner Wessel*

Die Translation der Dreikönigsreliquien 1164

Ihre politischen und kirchenpolitischen Hintergründe
und die mittelalterliche Dreikönigsverehrung in Köln

von

Heinz Finger

Vorbemerkungen zu Ziel und Zweck dieser Untersuchung

Über die Translation der Gebeine der Heiligen Drei Könige, deren 850jähriges Anniversarium in diesem Jahr gefeiert wird, gibt es zahlreiche wissenschaftliche wie volkstümliche Veröffentlichungen. Zwei dieser Arbeiten sind von ganz überragender Bedeutung und bis zur Gegenwart unersetzlich. Sie sind im Abstand von 111 Jahren 1864 und 1975 erschienen.[1] Die weit ältere Arbeit von Heinrich Joseph Floß ist wissenschaftsgeschichtlich betrachtet wohl die historiographisch bedeutendere Arbeit.[2] Dennoch ist sie – schon auf Grund der zahlreichen darin eingearbeiteten Forschungsergebnisse der langen Zwischenzeit – von der ebenfalls ausgezeichneten Untersuchung von Hans Hofmann in ihrem heutigen Nutzwert übertroffen worden, ohne allerdings dadurch für die Beschäftigung mit dem Thema überflüssig zu werden. Es war nun in keiner Weise Ziel des vorliegenden Aufsatzes, Floß und Hofmann zu übertreffen, auch wenn selbstverständlich die Ergebnisse der nach 1975 erschienenen einschlägigen Untersuchungen eingearbeitet wurden.

Die Absicht der hier vorgelegten kurzen Darstellung ist vielmehr in der Hauptsache einseitig den politischen und kirchenpolitischen Hintergründen der Dreikönigstranslation gewidmet. Dass dabei keine Vollständigkeit erreicht oder auch nur angestrebt wurde, sei ausdrücklich erklärt. Der Grund für dieses erste Ziel der folgenden Untersuchung liegt in der heute zunehmenden Infragestellung der religiösen Intentionen dieser Translation soweit sie deren Entscheidungsträger, nicht die große Zahl der gläubigen Christen in Köln und im Rheinland betrifft, die bei der Ankunft der Gebeine der Drei Könige in ihrer Begeisterung ausschließlich an den Gewinn neuer mächtiger heiliger Fürsprecher dachten. Dort konnte natürlich nicht von planender Berechnung die Rede sein.

Bei dem nicht unberechtigten Zweifel an den frommen Beweggründen des Erzbischofs Rainald von Dassel und des Kaisers Friedrich Barbarossa spielt gewiss die

---

[1] Heinrich Joseph Floß: Dreikönigenbuch. Die Übertragung der hh. Dreikönige von Mailand nach Köln. Köln 1864. – Hans Hofmann: Die Heiligen Drei Könige. Zur Heiligenverehrung im kirchlichen, gesellschaftlichen und politischen Leben des Mittelalters. (Rheinisches Archiv. 94.) Bonn 1975.

[2] Zu Floß (1819-1881) liegen (anders als zum speziell für die Dreikönigsverehrungsforschung nur kaum weniger bedeutenden Hofmann) zwei Gesamtwürdigungen seines Forscherlebens vor: Heinrich Schrörs: Johann Heinrich Floß. In: Annalen des Historischen Vereins für den Niederrhein 117 (1930), S. 1-150. – Hubert Jedin: Die Vertretung der Kirchengeschichte in der Katholisch-Theologischen Fakultät Bonn 1823-1929. In: Ebenda 155/56 (1954), S. 411-453, hier S. 429-435.

Darstellung in Ecos Roman "Baudolino"[3] (die man keineswegs als kirchenfeindlich bezeichnen sollte) eine große Rolle. Sie hat mit Fragen, die sich zuvor nur Fachhistoriker stellten, eine breitere Öffentlichkeit bekannt gemacht. Dennoch werden dadurch auch für die Historiographie berechtigte Fragen aufgeworfen.

Der folgende Aufsatz ist daher weniger auf die durchaus selbstverständlich auch berichteten Ereignisse der Translation, sondern weit mehr auf deren kirchenpolitische und allgemein politische Hintergründe ausgerichtet. Dies kommt schon dadurch zum Ausdruck, dass die Titel der zitierten Literatur zu mehr als der Hälfte mit der Kirche und den europäischen Staaten um die Mitte des 12. Jahrhunderts und nicht mit den unmittelbaren Ereignissen bei der Überführung der Dreikönigsgebeine befasst sind.

Ein zweiter Grund, diesen Beitrag zu schreiben, liegt in einer besonderen, teilweise defizitären Situation innerhalb der großen Fülle von Publikationen über den Dreikönigskult. Während alle Äußerungen der Volksfrömmigkeit in Zusammenhang mit dem Brauchtum in großer Fülle extensiv und intensiv zugleich behandelt wurden, fand die liturgische Dreikönigsverehrung meist ein nur eher stiefmütterliches Interesse.[4] Diesem Mangel soll im Folgenden wenigstens ein wenig abgeholfen werden.

Außerdem erscheint es mehr als bedenklich, wenn immer noch irrtümlich davon ausgegangen wird, die Dreikönigsverehrung sei schon von Anfang an mehr Sache des Kapitels als der Erzbischöfe gewesen. Letzteres als Ergebnis eines im frühen Spätmittelalter erst einsetzenden Prozesses zu erklären, ist die dritte Aufgabe, der sich die vorliegende Untersuchung widmen will.

---

[3] Umberto Eco: Baudolino. [Erstausgabe] Milano 2000. Erschien in zahlreichen Übersetzungen. Erste deutschsprachige Ausgabe: München, Wien 2001.

[4] Eine gewichtige Ausnahme stellt dar: Jakob Torsy: Achthundert Jahre Dreikönigenverehrung in Köln. In: Kölner Domblatt 23/24 (1964), S. 15-162.

Einführung

Der Begriff der Translation ist – selbst wenn man ihn auf die Reliquientranslation einengt[5] – ein sehr weit gefasster. Er bezeichnet eigentlich alle liturgischen und allgemeiner rituellen Vorgänge, die im Zusammenhang mit der Auffindung, Erhebung, Überführung, dem Empfang und der Deposition (Niederlegung) von Reliquien stehen. Im allerengsten Sinne ist er auf die Translation im Wortsinne, die Überführung von Reliquien von einem Ort der Verehrung zu einem anderen, bezogen. Auch in dieser allerspeziellsten Form bezeichnete er vor allem im Mittelalter Aktionen der verschiedensten Art. Die verbreiteteste Variante dieser Translation war wahrscheinlich die von einem weniger herausgehobenen Ort der Verehrung an einen besser geeigneten und sozusagen vornehmeren Ort. Das war in jedem Fall ein liturgischer Akt und typologisch stand er der Elevation, der Erhebung der Reliquien, nahe.

Auch die Dreikönigstranslation war die Verbringung der Reliquien von einem Ort, von Mailand, wo sie wenig beachtet wurden und wo wahrscheinlich ihre Auffindung (*inventio*) erst sechs Jahre zurücklag, zum Ort ihrer höchsten Verehrung nach Köln. Die den Vorgang abschließende *depositio* im Kölner Dom war gewiss ein liturgischer Vorgang und ihre Verehrung an vielen Durchgangsorten auf dem langen Weg war zumindest im Verständnis des Mittelalters ebenfalls Liturgie.[6] Die Wegführung der Dreikönigsgebeine aus Mailand wird aber schwerlich liturgisch gestaltet gewesen sein, obwohl auch dies streng genommen nicht auszuschließen ist. Dennoch, die Verbringung der Dreikönigsreliquien nach Köln war schon deshalb ein Sonderfall, da sie zumindest nicht nur Translation war. Sie stellte unbestreitbar auch einen Reliquienraub dar, wenn auch die Verantwortlichen, der Kölner Erzbischof Rainald von Dassel und Kaiser Friedrich Barbarossa, die Übernahme sicher als legitim betrachteten.

---

[5] Im kirchlichen Bereich bedeutet "Translation" ebenfalls die terminliche Verschiebung von Festen (liturgische Translation), die Versetzung von Amtsträgern und gelegentlich auch die Verlegung von Bischofssitzen. – Speziell zur mittelalterlichen Reliquientranslation ist zu vermerken, dass sich seit dem 13. Jahrhundert die römische Kurie zunehmend bemüht hat, über diese eine gesamtkirchliche Kontrollfunktion auszuüben. (Ein Sonderfall der Translation findet bis zur Gegenwart bei jeder Altarweihe statt, da im *sepulcrum* des neuen Altares Reliquien deponiert werden, was natürlich nicht in einen besonderen päpstlichen Verantwortungsbereich, sondern in den des *ordinarius loci* fällt.

[6] Der Unterschied von Liturgie und Paraliturgie war dem Mittelalter in seiner heutigen, ausgeprägten Form unbekannt. Er bildete sich erst später besonders unter dem Einfluss der Tridentinischen Reform und dann endgültig im Zusammenhang der Kirchenrechtskodifikation von 1917 mit Kanon 1256 des damaligen *Codex Iuris Canonici*.

Köln war schon lange vor der gewaltsamen Überführung der Gebeine der Heiligen Drei Könige Ziel bedeutsamer Reliquientranslationen gewesen. Dasselbe gilt für mehrere Orte im Kölner Sprengel. Doch waren diese Translationen nicht mit dem Odium eindeutiger Gewaltsamkeit behaftet gewesen. Vor allem Erzbischof Bruno I. "der Heilige" (953-965) erwarb für seine Diözese und besonders für seine Bischofsstadt, die wegen der Gebeine des heiligen Gereon unser seiner Gefährten wie durch die der jungfräulichen Martyrerinnen (als deren *ducissa* später St. Ursula genannt wurde) schon überaus reich an Reliquien war, die Gebeine weiterer Heiliger. Außerdem verschaffte er Köln aus Metz den Stab des Apostelfürsten Petrus, die kostbarste Reliquie vor Ankunft der Dreikönigsgebeine. Der heilige Bruno brachte die Gebeine des heiligen Eliphus aus Toul und die des heiligen Patroklus aus Troyes nach Köln. Letztere behielt er nicht in seiner Bischofsstadt, sondern gab sie nach Soest, dem östlichsten Zentralort des Erzbistums. Aus Rom erhielt er Reliquien des heiligen Pantaleon. Auch die Gebeine des heiligen Gregor von Spoleto, die später ihren Platz im Dreikönigenschrein fanden, soll er nach Köln gebracht haben. Bei keiner der Erwerbungen ist er mit offener Gewalt – vergleichbar mit der Dreikönigstranslation – vorgegangen.

Vor oder um 990 bewirkte Kaiserin Theophanu, dass die Gebeine des Martyrers Albinus von Rom in die Kölner Pantaleonskirche gebracht wurden. Vom Raub konnte ebenfalls nicht bei der Überführung der Reliquien von Chrysanthus und Daria im 9. Jahrhundert (844) von Prüm nach Münstereifel und bei der freilich legendarischen Quirinustranslation von Rom nach Neuss (1050?) die Rede sein. Auch Erzbischof Anno II. (1056-1075) erhielt die Gebeine des heiligen Agilolf 1062 als Geschenk.

Bei einer Translation, die wie die der Dreikönigsgebeine einen wirklichen radikalen Ortswechsel bedeutete, gab es in aller Regel gerechte Gründe – echte oder behauptete –, und den offenen Raub von Reliquien aus Konstantinopel nach dessen Eroberung durch die Kreuzfahrer (1204) wird man nicht als Translation bezeichnen. Dass es im Mittelalter auch sonst – beispielsweise im 11. Jahrhundert u.a. bei der Überführung der Gebeine des heiligen Adalbert von Gnesen nach Prag – Fälle von wirklichem Reliquienraub gegeben hat, soll allerdings nicht bestritten werden. Noch spektakulärer war bereits 831 der Raub der Reliquien des heiligen Januarius aus Neapel und ihre Überführung nach Benevent. Dabei konnte die Beneventaner aber zu ihrer Entschuldigung anführen, dass San Gennaro Bischof von Benevent und nicht von Neapel gewesen war, in dessen Nähe er allerdings zu Puteoli das Martyrium erlitten hatte. (Die Neapolitaner bekamen übrigens die Gebeine ihres Patrons nach mehr als einem halben Jahrtausend im Jahre 1497 zurück und brachten sie sicherheitshalber nicht an ihren ursprünglichen Ort, sondern in die Kathedrale.) Neben wirklichen Translationen wurden im Mittelalter und vereinzelt schon in der Spätantike auch Scheintranslationen vorgenommen. Man wollte auf diese

Weise den eigenen Reliquienbesitz durch diesen "frommen Betrug" vor Gefährdung schützen. Bei sehr ungünstiger Quellenlage ist es in wenigen Einzelfällen in der heutigen Forschung nicht mehr möglich, die Scheintranslationen von wirklichen Translationen zu unterscheiden.

Echte Translationen, vor allem über eine weite Distanz, waren, wenn nicht päpstliche Schenkungen aus dem überreichen Schatz der ewigen Stadt oder Gaben von Mutterklöstern an Tochterklöstern, im Idealfall "Rückführungen" entweder an den früheren Standort oder in das Heimatland des betreffenden Heiligen oder aber sie waren Aktionen, mit denen die Reliquien – wenigstens nach dem Anspruch der Initiatoren – aus nicht mehr christlicher Umgebung geborgen werden sollten, wodurch ihre weitere Verehrung gesichert wurde wie in offizieller Lesart bei der Überführung der Markusreliquien nach Venedig (828) und der Nikolausreliquien nach Bari (1087).

All solche echten oder behaupteten Gründe entfallen bei der Dreikönigstranslation nach Köln. Wenn man dennoch von einer Translation und nicht von schlichtem Raub spricht, kann man dies nicht mit den Absichten der Verantwortlichen des Jahres 1164, sondern nur mit der Wirkungsgeschichte erklären. Erst in Köln wurden die Dreikönigsgebeine zu Heiltümern der Christenheit. Ja man übertreibt nicht, wenn man feststellt, dass selbst die Verehrung der Drei Weisen in Mailand erst in Folge ihrer Entführung nach Köln begründet wurde.

Insgesamt sollte man, wenn man von den Anfängen der Dreikönigsverehrung spricht und über deren Zeitpunkt diskutiert, diesen Begriff nicht allzu undifferenziert verwenden. Es gibt eine sozusagen "implizite" Dreikönigsverehrung. Ihr Kern ist die bildliche Darstellung oder textliche Kommentierung der Anbetung der Weisen aus dem Osten entsprechend Mt 2,1-12. Ganz gleich, ob dabei die Zahl der *magi* auf drei Personen festgelegt ist oder ob diese als Könige (*reges magi*) aufgefasst werden, in jedem Fall macht ihre Rolle in dieser biblischen Szene die Weisen verehrungswürdig. Diese noch nicht eigentlich kultische Verehrung war wohl fast die einzige die den Erstlingen aus dem Heidentum (*primitiae gentium*) vor der Translation nach Köln in Ost- und Westkirche entgegengebracht wurde. Auch diese Ehrung war freilich – schon in Anbetracht der zahlreichen, teils alten Darstellungen – nicht unbedeutend.

Die unmittelbare persönliche Verehrung später bedurfte zumindest in der religiösen Praxis der Individualisierung, d.h. besonders der Namensgebung für die einzelnen Könige. Dies geschah vor 1164 nur innerhalb von Legenden, aber wurde schwerlich Allgemeingut. Die Dreikönigsverehrung im Rahmen der Formen des üblichen Heiligenkults entstand eigentlich erst in Köln, wo schon unmittelbar nach erfolgter Translation alle Probleme gelöst erschienen und im Laufe der Zeit die einzelnen Könige zusätzliche Individualfeste in den beiden ersten Januarwochen erhielten.

Beim Raub der Reliquien aus Mailand spielte gewiss die Absicht eine Rolle, den Kult der Heiligen Drei Könige politisch-ideologisch zu instrumentalisieren. Man wollte Reichsheilige etablieren, wie sie viele kleinere Königreiche Europas schon lange besaßen, genau wie dies Absicht bei der anderthalb Jahre später durchgeführten Heiligsprechung Karls des Großen war. Der Initiator war in beiden Fällen derselbe Erzbischof Rainald von Dassel. Dieses Ziel ist in Bezug auf die Drei Könige gründlich gescheitert. Sie wurden Heilige der gesamten Christenheit, zu denen man aus ganz Europa wallfahrte, so wie zum heiligen Apostel Jakobus nach Compostella. Nicht gescheitert ist eine weitere, ebenfalls nicht eigentlich religiöse Absicht Erzbischof Rainalds. Er wollte auch den Ruhm seiner Bischofsstadt sehr vermehren. Dieses Ziel hat er erreicht. Das "Heilige Köln" stand echter Frömmigkeit weniger im Wege als das "Sacrum Imperium".

I. Die "Magi Reges" vor dem 12. Jh. und die Mailänder Dreikönigsreliquien

Die indirekte Verehrung der "Magier aus dem Osten" (Mt 2,1) als der Erstlinge aus dem Heidentum, die Christus huldigten und deshalb Vorbilder waren, geht schon auf die frühen Christen zurück. Tertullian († um 220) sah in ihnen zuerst Könige[7], und Origines († um 250) erschloss ihre Dreizahl aus der Zahl ihrer Geschenke.[8] Ihm folgte Papst Leo der Große († 461). Caesarius von Arles († 542) und Isidor von Sevilla († 633) verhalfen der Vorstellung von den Magiern als Königen zur allgemeinen Anerkennung im Westen. In der Orthodoxie und gleichermaßen in den altorientalischen Kirchen wurde diese Vorstellung nicht gleichermaßen in der Überlieferung fest verwurzelt.[9] Wahrscheinlich ging bei der endgültigen Wandlung der Magier zu Königen bzw. zu königlichen Magiern (*magi reges* oder *reges magi*) die Liturgie der Hagiographie voran. Ps 72 (71 nach der Septuagintazählung), 10-11[10], und Is 60,6b[11], wurden in der Liturgie des Epiphaniefestes verwendet und dann auf die Geschenke der Weisen bezogen. (Dabei soll nicht bestritten werden, dass in der ersten Stufe der Traditionsbildung die Exegese, die der Liturgie zu ihren Texten verhalf, am Anfang stand.)

Erst das Mittelalter machte sich Gedanken über das Leben der nun zu Königen gewordenen Weisen nach der Rückkehr in ihre Heimat. Man glaubte, dass der Apostel Thomas sie später zu Bischöfen geweiht habe und dass sie gemeinsam begraben worden wären.[12] "*Eine alte Überlieferung besagt, dass sie später von dem h. Apostel Thomas die Taufe erhielten und sich der Verkündigung des Evange-*

---

[7] Adversus Marcionem III, 13,8. – Adversus Iudaeos IX, 12. (Beide Schriften stammen aus der vormontanistischen Zeit Tertullians.)

[8] Vgl.: Annemarie Brückner: [Artikel] Drei Könige. In: Lexikon für Theologie und Kirche. 3. Aufl., Bd. 3 (1995), Sp. 364-366, hier Sp. 365. – Susanne Heydasch-Lehmann: [Artikel] Magierhuldigung. In: Reallexikon für Antike und Christentum, Bd. 23 (2010), Sp. 957-962, hier Sp. 958.

[9] In den älteren bildlichen Darstellungen tragen die Magier "phrygische Mützen". Im Westen werde diese dann durch Kronen ersetzt. Im Osten gibt es später keine ikonographisch festgelegte Kopfbedeckung der Weisen.

[10] (Vulgata, Ps 71,10 iuxta Hebraicum:) *Reges Tharsis et insulae munera offerent/reges Arabiae et Saba tributum conferent*. (Vulgata, Ps 71,10 iuxta LXX:) *Reges Tharsis et insulae munera offerent/reges Arabum et Saba dona adducent*. – (Einheitsübersetzung, Ps 72,10:) *Könige von Tarschisch und von den Inseln bringen Geschenke,/Könige von Saba und Scheba kommen mit Gaben.*

[11] (Vulgata, Is 60,6b:) *Omnes de Saba venient aurum et t[h]us deferentes [...]*. (Einheitsübersetzung, Jes 60,6b:) *[...] Sie alle werden von Saba kommen und Gold und Weihrauch bringen [...]*.

liums weihten: bestände diese Überlieferung auch nicht, so ließe schon das einfache christliche Gefühl voraussetzen, dass die Mission dieser heiligen Fürsten sich nicht auf den kurzen Besuch bei dem Jesuskinde beschränken konnte, sondern ihre apostolische Tätigkeit eine natürliche Folge jener ersten Berufung war. So starben sie nach einem heiligen Leben eines heiligen Todes, von der Kirche seit den ersten Zeiten als Heilige verehrt." [13] Die Verehrung der Weisen aus dem Morgenland bis zur Jahrtausendwende war aber in der gesamten Christenheit ziemlich verhalten, und ein eigentlicher Kult ist sogar erst noch später, nämlich erst nach der Überführung ihrer Gebeine nach Köln (s.o.), entstanden.

Jede Aussage über die Herkunft der Dreikönigsreliquien vor ihrer Wegführung aus Mailand ist historisch betrachtet spekulativ. Es gibt eigentlich nur legendarische Berichte, ja einen wahren Kranz von Legenden, der im Laufe des Mittelalters immer umfangreicher und bunter wurde. Schon nach früherer Legendenfassung hat die hl. Helena, die in Jerusalem das wahre Kreuz Christi auffand und in Köln die Reliquien St. Gereons und seiner Gefährten entdeckte, auch das Dreikönigsgrab im Orient gefunden[14] und ihre Gebeine nach Konstantinopel gebracht, nachdem sie den Landesbewohnern als Ersatz die Reliquien des hl. Thomas überließ. Dann schenkte einer der oströmischen Kaiser – meist werden jedenfalls in der älteren

---

[12] Der Legende nach erschien ihnen als Ankündigung ihres Todes wiederum ein Stern. Bei der Bestattung des zuletzt gestorbenen sollen die Leichname der zuvor verstorbenen Könige im Grab zur Seite gerückt sein, um den dritten in ihrer Mitte ruhen zu lassen. Der Ort ihres Grabes wird in den verschiedenen Legenden unterschiedlich bezeichnet, s.u. Anm. 14.

[13] Matthias Joseph Scheeben: Festbüchlein zur Feier des 700jährigen Jubiläums der Übertragung der hh. drei Könige nach Köln im Jahre 1864. Köln 1864, S. 9. – Wenn auch diese erbauliche Schrift des sicher größten Theologen während des 19. Jahrhunderts im Erzbistum Köln im Sinne historischer Forschung vollkommen veraltet ist, so ist doch die Einschätzung der grundsätzlichen Verehrungswürdigkeit der in Mt. 2,1-12 genannten Weisen gewiss nicht zu widersprechen. Sie hebt sich positiv von der beckmesserischen (wenn auch formal nicht falschen) Bemerkung späterer Autoren ab, dass die Drei Könige niemals kanonisiert worden wären. (Wenn daraus sogar der Schluss gezogen wird, sie seien streng genommen keine Heiligen, geht auch die rein formale Korrektheit verloren.) Die "fehlende" Kanonisation teilen sie mit den ersten Heiligen der Christenheit. Schließlich wurden die Apostel auch nicht heiliggesprochen. Ein Problem für die Kanonisation hätte im Übrigen darin gelegen, dass die Verantwortlichen um die unsichere Anzahl der Weisen und vielleicht auch um die Unsicherheit ihrer (ja tatsächlich erfundenen) Namen wussten.

[14] Die einzelnen Legenden geben dafür die unterschiedlichsten Orte an. – Im bis ins 19. Jahrhundert gebeteten Brevier der Kölner Diözesanliturgie wurde die Stadt "Sewa [= Scheba?] im fernen Orient" genannt. (Arnold Steffens: Die Übertragung der hh. Drei Könige nach Köln. In: Beiträge zur Kölnischen Geschichte, Sprache, Eigenart I,1. 1914, S. 51-58, S. 53.) – Mehrere Legendenfassungen geben als Begräbnisstätte den Berg Vaus im Land Grysulla an.

Die Basilika Sant' Eustorgio in Mailand

Überlieferung entweder Zeno(n) oder Maurikios[15] genannt – die in einem Marmorsarkophag bestatteten Gebeine dem hl. Bischof Eustorgius von Mailand. Er tat dies, weil sie in Konstantinopel nicht genug verehrt wurden.

Eustorgius ließ sie zu seiner Bischofsstadt bringen. Den Wagen zogen auf wunderbare Weise zwei Kühe, nachdem zuvor die stärksten Gespanne von Zugochsen den schweren steinernen Sarkophag nicht bewegen konnten. Ein Wolf, der auf dem Weg eine der Kühe fraß, wurde auf Geheiß des Heiligen mit der verbliebenen Kuh zusammengeschirrt, und so gelangte der Wagen nach Mailand. Den bösen Wolf – oder sollte man vielleicht sagen den armen Hund – traf das von der Kirche bevorzugte Kompositionsrecht mit seiner ganzen Härte. Meist und eigentlich mit theologischer Notwendigkeit haben gute Christen der Wiedergutmachung der Strafe gegenüber den Vorzug gegeben. Vor der Stadt errichtete Eustorgius eine Dreikönigsbasilika. In dieser wurde er später selbst begraben, und man nannte sie dann nach ihm Eustorgiuskirche.

Es gibt, wie schon festgestellt, kaum Quellen außer den Legenden, die etwas über die Herkunft der Reliquien vor ihrer Präsenz in Mailand im 12. Jahrhundert aussagen mit Ausnahme einer nicht eigentlich legendarischen Eustorgiusvita, die aber wahrscheinlich erst im 12. Jahrhundert entstand. Es gibt aber historische Fragen, die der Legendenbericht aufwirft. In Mailand lebten zwei Bischöfe mit Namen "Eustorgius". Der erste, vorzugsweise als "der Heilige" bekannt und Gegenstand der im Grunde gefälschten Eustorgiusvita, war vor dem hl. Kirchenlehrer Ambrosius dort Bischof[16], der zweite zwei Jahrhunderte nach ihm.[17] Ambrosius erwähnt die Dreikönigsreliquien nicht, auch nicht in einem Bibelkommentar beim Bericht über die Anbetung der Weisen. Es existiert überhaupt kein absolut sicheres Zeugnis über eine Dreikönigsverehrung in Mailand vor dem 12. Jahrhundert.

Nun sind in der älteren Literatur zahlreiche "Beweise" für eine Dreikönigsverehrung in Mailand vor der Wegführung der Reliquien nach Köln genannt worden. Nach dem damaligen Forschungsstand erschienen einige davon als durchaus stichhaltig. Spätestens durch die Untersuchung von Hans Hofmann (also seit 1975) sind

---

[15] Die Regierungszeiten beider Kaiser liegen ein Jahrhundert auseinander. Zeno(n) regierte von 474 bis 491 (mit einer Unterbrechung 475/76), Maurikios 582 bis 602.

[16] Eustorgius I. war von 344 bis etwa 350 Bischof von Mailand. 345/46 und 347/48 hielt er Synoden ab. Von seinem Zeitgenossen, dem Kirchenlehrer Athanasius dem Großen, wurde er als Verteidiger des rechten Glaubens gelobt. Außer der Eustorgiuskirche vor den Toren Mailands wurden ihm in Mailänder Sprengel vier Kirchen geweiht. Schon Ambrosius bezeichnete ihn als *confessor*.

[17] Eustorgius II. – auch er wird, wenn auch in geringerem Umfang als sein Namensvetter, als Heiliger verehrt – wurde 511 Bischof von Mailand. Er starb vor 520 und wurde in der Kirche San Sisto in Mailand begraben.

sie alle entkräftet.[18] Schon in den Jahrzehnten zuvor, im Grunde beginnend mit dem 111 Jahre zuvor erscheinenden "Dreikönigsbuch" von Heinrich Joseph Floß[19] zeigten sich gravierende Probleme bei der Glaubwürdigkeit einzelner Quellen. Kein Beweis ist heute mehr wirklich überzeugend, am allerwenigsten die Sachzeugnisse wie der steinerne in der Mailänder Kirche von St. Eustorgius verbliebene Sarkophag, auf dem sich die (wann auch immer, am ehesten im 18. Jahrhundert[20] angebrachte) Inschrift "SEPULCRUM TRIUM MAGORUM" befindet.[21]

Das fehlende Zeugnis der Verehrung beweist natürlich nicht deren reales Fehlen. Die anderen nach der Eroberung Mailands durch Rainald und Barbarossa über die Alpen nach Norden geschafften Reliquien wurden aber gewiss vorher auch in Mailand verehrt. Es stellen sich aber noch mehr Fragen, und auch die Mittelalterarchäologie gibt uns auf keine eine wirkliche Antwort. Angeblich war bei den Dreikönigsgebeinen in Sant' Eustorgio eine Goldmünze aus der Prägung Kaiser Zeno(n)s (474-491). Sie blieb bei der Wegführung der Reliquien nach Köln in Mailand. Seit dem 18. Jahrhundert ist sie verschollen.[22] Die Unsicherheit über die Vorgeschichte der Dreikönigsgebeine vor ihrer Ankunft in Mailand und die ungelöste Frage, wann sie nach Mailand gelangten, bleiben wohl für immer erhalten.

---

[18] Hofmann, a.a.O. (wie Anm. 1), besonders S. 73-113 und 335.
[19] Floß, a.a.O. (wie Anm. 1).
[20] Hofmann, a.a.O. (wie Anm. 1), S. 92, Anm. 89.
[21] Zu den anderen Sachzeugnissen gehört u.a. eine Reliefdarstellung aus den Dreikönigslegenden, die eine Szene aus der Translation von Konstantinopel nach Mailand unter Bischof Eustorgius darstellt, aber nach allem Anschein ebenfalls ein recht spätes Entstehungsdatum hat.
[22] Angeblich hat in den sechziger Jahren des 18. Jahrhunderts der gelehrte Giuseppe Allegranza, der damalige Vorsteher der Kirche Sant' Eustorgio, der die Münze vom dortigen Dreikönigsaltar entfernte, weil er an deren Verehrung Anstoß nahm, diese einschmelzen lassen. Vgl. Hofmann, a.a.O. (wie Anm. 1), S. 79 (mit Anm. 35).

II. Die Erwerbung der Reliquien durch Erzbischof Rainald

1. DIE PERSON RAINALDS VON DASSEL [23]

Rainald aus der Familie der niedersächsischen Grafen von Dassel [24] war in jüngeren Jahren einer der professionellen Pfründenjäger, und schon früh hat der um 1120 geborene Kleriker vier Propsteien erlangt, darunter die Dompropstei seines Heimatbistums Hildesheim und die von Münster.[25] 1156 machte ihn Friedrich Barbarossa zu seinem Kanzler, und dem Kaiser verdankte er auch seine "Wahl" zum Erzbischof von Köln im Mai 1159.[26] Seither vereinigte er das sehr praxisbezogene, einflussreiche Amt eines kaiserlichen Kanzlers mit dem sehr hohen und politisch bedeutsamen Ehrenamt des Erzkanzlers für Italien (*archicancellarius per Italiam*), das – wenigstens in der Regel – mit dem Kölner Erzstuhl verbunden war. Für ihn war dieses Amt allerdings sicher kein nur wichtiger Titel. Er hat viel Zeit in Italien verbracht, wo er auch wie sein Vorgänger Erzbischof Friedrich (II.) von Berg und drei weitere Kölner Oberhirten des 12. Jahrhunderts seinen Tod fand.[27] Die enge Italienbeziehung Rainalds war ganz wesentliche Voraussetzung für seinen Erwerb der Dreikönigsreliquien. Erst mehrere Jahre nach seiner Wahl zum Vorsteher der Kölner Kirche empfing Rainald die Priester- und Bischofsweihe.[28] In seiner Bi-

---

[23] Zu diesem existiert eine Fülle von biographischer Literatur. In Auswahl seien genannt: Julius (von) Ficker: Reinald von Dassel. Reichskanzler und Erzbischof von Köln 1156-1167. Köln 1850. – Rainer Maria Herkenrath: Reinald von Dassel (um 1120-1167). In: Rheinische Lebensbilder. Bd. 4. Düsseldorf 1970, S. 7-21. – Werner Grebe: Rainald von Dassel im Urteil unserer und seiner Zeit. In: Jahrbuch des Kölnischen Geschichtsvereins 47 (1976), S. 115-122. – Helmuth Kluger: Friedrich Barbarossa und sein Ratgeber Rainald von Dassel. In: Stauferreich im Wandel. Hrsg. von Stefan Weinfurter. Stuttgart 2002, S. 26-40. – Heinz Finger: Rainald von Dassel (1159-1167). In: Manfred Becker-Huberti und Heinz Finger: Kölns Bischöfe von Maternus bis Meisner. Köln 2013, S. 100-104.

[24] Johannes Schildhauer: Die Grafen von Dassel. Herkunft und Genealogie. (Studien zur Einbecker Geschichte. 3.) Einbeck 1966.

[25] REK II, Nr. 675.

[26] Bezeichnenderweise wurde die auf Geheiß Barbarossas vorgenommene Wahl Rainalds von Papst Hadrian IV. nicht anerkannt. Dessen Beziehungen zu Barbarossa hatten sich spätestens seit dem Zeitpunkt von dessen päpstlicher Kaiserkrönung fortwährend verschlechtert, woran der Kanzler Rainald die Hauptschuld trug.

[27] Darunter war auch sein unmittelbarer Nachfolger Philipp von Heinsberg. Die weiteren in Italien im selben Jahrhundert verstorbenen Erzbischöfe von Köln waren Bruno (II.) von Berg und Hugo von Sponheim (Finger/Becker-Huberti, a.a.O., wie Anm. 23, S. 93, 99 und 110).

[28] Die Priesterweihe empfing Rainald am 29. Mai 1165 (REK II, Nr. 819), die Bischofsweihe am 2. Oktober desselben Jahres (ebenda, Nr. 822). Letztere empfing er durch seinen Suffraganbischof Philipp von Osnabrück. Rainald hätte einen Konsekrator aus der Anhän-

schofsstadt hielt er sich während seiner achtjährigen Amtszeit insgesamt nur etwa ein Jahr auf. Zu den vorbildlichen Oberhirten Kölns gehört er gewiss nicht, wohl aber zu den in der Geschichte des Erzbistums bedeutendsten.

Vor allem die weltliche Macht der Kölner Kirche hat er sehr gefördert, u.a. erwarb er den Reichshof Andernach[29] und die Silberminen von Eckenhagen.[30] Er war aber auch im religiösen Bereich nicht untätig. So war er an der Gründung zweier Nonnenklöster, St. Laurentius in Meer im Gebiet des heutigen Meerbusch und St. Walburgis vor den Mauern von Soest, beteiligt. Er erhob den Oktavtag von Mariä Himmelfahrt zum Feiertag innerhalb des Erzbistums.[31] An seiner besonderen Marienverehrung ist nicht zu zweifeln. Außerdem gründete er eine Almosenstiftung. Diese bestand in ihrem Kern aus einer großzügigen Almosenspende am Gründonnerstag jeden Jahres. Traditionell galt er auch als Gründer der stadtkölnischen Pfarrerbruderschaft.[32]

Als Kanzler des Kaisers schon vor seiner Erhebung zum Kölner Erzbischof hat Rainald dessen Politik, vor allem dessen Kirchenpolitik wesentlich mitbestimmt. Es ist sicher, dass er besonders für deren radikale Züge und für die unmittelbar gegen Papst Alexander III. gerichteten Aktionen die Hauptverantwortung trägt. Als der kaiserliche Gegenpapst Viktor IV. 1164 (also im Jahr der Dreikönigstranslation) starb, veranlasste Erzbischof Rainald eigenmächtig und gegen die Intentionen Barbarossas die Wahl des gegenpäpstlichen Nachfolgers Paschalis' III. und verlängerte dadurch die Kirchenspaltung. Papst Alexander III. nannte also nicht ohne Grund den Kölner Erzbischof "den Urheber und das Haupt der Wirrsal in der Kir-

---

gerschaft des von ihm selbst in das Amt gebrachten Gegenpapstes Paschalis' III., also eines Schismatikers, gerne vermieden. (Dies lässt die Deutung zu, dass dem Kölner Erzbischof die eigene Kirchenpolitik in religiöser Hinsicht nicht geheuer war! Zu Lebzeiten des Gegenpapstes Viktor hatte Rainald erfolgreich die Bischofsweihe vermieden.) Der Kaiser zwang ihn aber, sich von einem Bischof aus der Obödienz des Paschalis weihen zu lassen: "Falle selbst in die Grube, die du gegraben hast."

[29] REK II, Nr. 900. Dies war für das Erzstift wichtig, um den Pfalzgrafen (damals ein Halbbruder Barbarossas!) auf Distanz zu halten und hing mit der kölnischen Eroberung der Burg Rheineck mittelbar zusammen. (Wie Eckenhagen war Andernach ein kaiserliches Geschenk für Rainalds Sieg über die päpstlichen Truppen bei Tusculum 1167.)

[30] Ebenda. Vgl. auch Heinz Finger: Das Erzbistum Köln und die Grafschaft Berg vom 11. bis zur Mitte des 13. Jahrhunderts. In: Analecta Coloniensia 12 (2012), S. 209.

[31] Vgl. Herkenrath, a.a.O., wie Anm. 23, S. 20.

[32] Aus dieser ging später das einflussreiche *capitulum Coloniense* hervor, das die Funktion des ehemaligen *burdecanatus* (vereinfachend gesagt, des mittelalterlichen Kölner Stadtdekanates) ausübte. – Heinz Finger: Die Kölner Pfarre St. Kolumba im Kreis der alten stadtkölnischen Pfarreien. Ein Überblick aufbauend auf den Forschungen Eduard Hegels. In: Kaspar Ulenberg und die Kolumbapfarre. (Libelli Rhenani. 20.) Köln 2007, S. 15-94, hier S. 34.

che".³³ Johannes von Salisbury, der gelehrte Bischof von Chartres, bezeichnete Rainald als "den ständigen Verfolger der Kirche"³⁴ und den Unruhestifter unter den Nationen.

Gegen seine sittliche Lebensführung haben seine Feinde nie polemisiert. Er gab dazu keinerlei Anlass. Anstoß erregte er allerdings – freilich nur in Maßen – durch seine sehr prachtvolle Kleidung. Als noch junger Kleriker opponierte er auf der Reimser Synode von 1148 in Anwesenheit Papst Eugens III. gegen eine die Kanoniker betreffende Einschränkung des Kleiderluxus'. Abt Ekbert von Schönau, Rainalds früherer Studienfreund, kritisierte ihn, dass er als Erzbischof "sein vergängliches Fleisch mit kunstvoll gearbeiteten griechischen Seidenstoffen und russischen Pelzen, die dem Gold und Silber im Wert vorgezogen werden" schmücke.³⁵

Aufgrund von Rainalds Äußerungen und politischen Aktionen ist es nicht verwunderlich, dass sehr nationalistisch eingestellte deutsche Historiker des 19. Jahrhunderts in ihm – nicht ohne Bewunderung – einen prinzipiellen Papstfeind sahen. Der Kölner Domkapitular Arnold Steffens, der sicher nicht in diesen Kreis gehörte und weit entfernt davon war, Rainald zu verurteilen, nannte ihn "den Bismarck des Mittelalters".³⁶ Eine solche deutschnationale Interpretation von Rainalds Persönlichkeit ist selbst in gemäßigter Form genauso ahistorisch wie das gelegentlich gezeichnete Bild von ihm als von einem vorzeitigen Renaissancefürsten. Dieser Kölner Erzbischof war ganz und gar ein Kirchenfürst des 12. Jahrhunderts.³⁷

Innerhalb seiner Epoche hat Rainald von Dassel allerdings extreme Standpunkte theoretisch eingenommen und in der Praxis verfochten. In einem Brief an Kaiser Barbarossa, den der Erzbischof auch im Namen des Pfalzgrafen Otto von Wittelsbach schrieb, steht der eigentlich ungeheuerliche Satz: "Gott hat Euch gegenwärtig in eine solche Lage versetzt, dass Ihr, wenn Ihr wollt, Rom zerstören und mit Papst und Kardinälen nach Eurem Gutdünken verfahren könnt."³⁸ Irgendwelche Ansichten im Widerspruch zu den grundlegenden Dogmen der Kirche haben ihm aber

---

³³ Recueil des historiens des Gaules et de la France. Tom. XV. Paris 1878, S. 818.

³⁴ Migne PL 199, S. 200.

³⁵ Friedrich Wilhelm E. Roth: Die Visionen und Briefe der heil. Elisabeth und die Schriften der Aebte Ekbert und Emecho von Schönau. Nach den Orig.-Handschriften herausgegeben. 2. Aufl. Brünn 1886, S. 316.

³⁶ Arnold Steffens: Die Übertragung der hh. Drei Könige nach Köln. In: Beiträge zur Kölnischen Geschichte, Sprache, Eigenart I,1 (1914), S. 51-58, hier S. 55.

³⁷ Vgl. Werner Grebe: Studien zur geistigen Welt Rainalds von Dassel. In: Annalen des Historischen Vereins für den Niederrhein 171 (1969), S. 5-44.

³⁸ *Quia in tali statu deus vos in praesenti constituit, quod si vultis et Romam destruere et de papa et cardinalibus omnem vestram voluntatem habere.* (Registrum oder merkwürdige Urkunden für die deutsche Geschichte. Bearb. von Hans Sudendirt. I. II. Berlin 1851, Nr. 54 [S. 132].)

**Die Büste Rainalds von Dassel
(portraitähnlich?) am Dreikönigsschrein**

auch seine größten Kritiker unter den Zeitgenossen nicht vorgeworfen. Er war für sie immer "Schismatiker", nicht "Häretiker".

Bei der Bewertung von Erzbischof Rainald sollte man die starke intellektuelle Prägung seiner Persönlichkeit ebenso wenig übersehen wie seine Förderung von Kunst und Dichtung und seine Tätigkeit als Bauherr. Er war auf der damals in besonderer Blüte stehenden Hildesheimer Domschule ausgebildet worden und war dann zu weiteren Studien nach Paris gegangen. Aus letzterem kann man schließen, dass er vom dort bereits blühenden scholastischen Lehrbetrieb nicht unbeeinflusst war. Als Erzbischof förderte er auch gerade bei persönlicher Abwesenheit von seiner Bischofsstadt die Kölner Domschule. 1166 berief er den großen Rechtswissenschaftler Gérard Pucelle[39] nach Köln, der dort eine hoch bedeutende, wenn auch kurzlebige Kanonistenschule begründete, die sich auch mit Axiomen der allgemeinen Jurisprudenz beschäftigte, also auch das profane Römische Recht betraf.[40] Dies legt nahe, dass Erzbischof Rainalds Vorliebe für die sich entwickelnde Rezeption des Römischen Rechts (des "Kaiserrechts") nicht nur machtpolitisch begründet war, sondern auch tieferen Überzeugungen entsprach.

Ein indirektes literarisches Denkmal hat sich Rainald mit der Förderung des sogenannten Archipoeta gesetzt. Dieser pries ihn nicht nur als seinen Gönner, sondern auch in dessen Auftrag Barbarossa (vor allem durch seinen "Kaiserhymnus"). Als Dompropst in Hildesheim hatte Rainald sich schon durch eine wahre Bauwut ausgezeichnet. Das beste Ergebnis dieser Leidenschaft war die Errichtung eines neuen großen Spitals vor den Toren der Stadt. Das alte ließ er vollständig umbauen. In Köln verschönerte er den Dom mit zwei Türmen, und er errichtete eine glanzvolle Bischofspfalz an der Südseite des Domplatzes. Geplant haben soll er sogar, eine steinerne Rheinbrücke zu erbauen. Es passt zu seiner Persönlichkeit, dass sein Grabmal im Dom mit einer Statue des Verstorbenen geschmückt wurde, vermutlich das älteste vollplastische Bildnis einer nicht zu den Heiligen zählenden Person in einer Kölner Kirche.[41]

---

[39] Heinz Finger: Wissenschaft und Gelehrsamkeit in Köln vor der Gründung der Universität. In: Glanz und Größe des Mittelalters. Hrsg. von Dagmar Täube und Miriam Verena Fleck. Ausstellung Museum Schnütgen, 4. November 2011-26. Februar 2012. München 2011, S. 200-211, hier S. 207.

[40] Peter Landau: Die Kölner Kanonistik des 12. Jahrhunderts – ein Höhepunkt der Rechtswissenschaft. (Kölner Rechtsgeschichtliche Vorträge. 1.) Badenweiler 2008.

[41] Von seinem erzbischöflichen Nachfolger Philipp von Heinsberg verlangte Papst Alexander III., dass dieses "Götzenbild" aus dem Dom entfernt würde, was aber nicht geschah.

2. Die beiden Belagerungen und die Eroberung Mailands

In Mailand, das schon im 10. und 11. Jahrhundert einen beachtlichen wirtschaftlichen, kulturellen und politischen Aufstieg erlebt hatte, übernahm in den zwanziger Jahren des 12. Jahrhunderts die spätestens seit 1060 bedeutende Kommunale Bewegung[42] endgültig die Macht. Um 1150 war Mailand faktisch eine Stadtrepublik, die sich von der erzbischöflichen Stadtherrschaft weitgehend emanzipiert hatte, aber ihr Selbstbewusstsein weiterhin aus der Identifikation mit der *ecclesia Ambrosiana* ableitete. Die Größe und die Befestigung der Stadt hätten Politiker von weniger Selbstvertrauen, als es Rainald und Barbarossa besaßen, gewiss vom Versuch einer Belagerung abgeschreckt. Die Mailänder Kommune schuf sich ein großes Einflussgebiet und strebte die Kontrolle über die Verkehrswege an. 1111 wurde die Stadt Lodi unterworfen, 1127 der Konkurrent Como zerstört. Auf seinem zweiten Italienzug, der im Juni 1158 begann, war Kaiser Friedrich I. bemüht, die Reichsrechte – so wie er sie sich vorstellte – wieder zur Geltung zu bringen. Zur diplomatischen Vorbereitung dieser Aktion reisten der Kanzler Rainald von Dassel und der Pfalzgraf Otto von Wittelsbach voraus. Viele Städte leisteten dem Kaiser den Treueid, nach der Ankunft des Heeres unterwarfen sich fast alle mit Ausnahme des mächtigen Mailand. Die kleineren Städte der Lombardei, die sich von Mailand bedroht fühlten, gingen noch weiter im Engagement für Kaiser und stachelten diesen sogar zum Kampf gegen die große Metropole auf.[43] Darauf belagerte Barbarossa Mailand.

Die Mailänder bereiteten sich darauf u.a. dadurch vor, dass sie die Gebäude außerhalb ihrer Stadtmauern teilweise zerstörten und alles, was Wert hatte, in die Stadt in Sicherheit brachten. Aus der Kirche Sant' Eustorgio holten sie alle dort vorhandenen Reliquien. Der Ort, wo sie diese deponierten, war mit großer Sicherheit die Kirche San Giorgio al Palazzo. Sie brachten diese aber nicht in den Kirchenraum, sondern stellten sie im Turm ab. Daher ist es unwahrscheinlich, dass es sich um eine feierliche Überführung handelte, sondern es wird eher eine schlichte Bergungsaktion gewesen sein. Bei diesem Unternehmen waren die Dreikönigsgebeine – nach den Berichten zu urteilen – nicht das Wichtigste. Man glaubte schließlich nicht an ihre wirkliche Authentizität[44], ja war vielleicht erst bei der Rettungsaktion auf diese aufmerksam geworden.[45]

---

[42] Sie war in ihren Anfängen eingebettet in die religiöse Bewegung der *Pataria*, die damals vom Papsttum sehr unterstützt wurde und erst später zu einer häretischen Untergrundbewegung ohne besonders starke kommunale Implikation wurde.

[43] Vertreter der von Mailand unterworfenen Stadt Lodi hatten sich schon viele Jahre zuvor 1153, also noch vor der Kaiserkrönung Barbarossas, bei diesem in Konstanz über die Mailänder Herrschaft beschwert.

[44] Vgl. Hofmann, a.a.O. (wie Anm. 1), S. 91-95.

Die Einschließung der Stadt erfolgte am 6. August 1158. Am 8. September, also nach gut einem Monat, wurde die Stadt dem Kaiser übergeben, aber nicht bedingungslos, sondern auf Grund eines Vertrages. Im Herbst des Jahres folgte der Hoftag von Roncaglia, dessen wichtigste Verfügungen mit der Herstellung einer massiven kaiserlichen Herrschaft am 11. November getroffen wurde. Bemerkenswert ist, dass die Mailänder keine Veranlassung sahen, die Evakuierung der Vorstädte rückgängig zu machen. Die Reliquien blieben insgesamt in der Stadt.

Nach dem Hoftag von Roncaglia versuchte der Kaiser, Mailand politisch vollkommen zu isolieren. Dann sandte er mehrere kaiserliche Legaten – an ihrer Spitze Rainald von Dassel – in die Stadt, um die für den 1. Februar 1159 angesetzte Wahl der Konsuln durch die Ernennung eines kaiserlichen Podestà zu ersetzen. Dies widersprach dem Übergabevertrag Mailands vom September des vergangenen Jahres. Die berechtigte Empörung der Mailänder führte zu einem Tumult. Eine große Volksmenge forderte teilweise den Tod der kaiserlichen Gesandten, teilweise begnügte sie sich mit der Forderung nach ihrer gewaltsamen Vertreibung.[46] Steine flogen durch die Fenster der kaiserlichen Pfalz, wo sie sich aufhielten. Die Mailänder Konsuln waren außer Stande, den Volkszorn zu besänftigen. Rainald von Dassel und seine Begleiter mussten aus der Stadt fliehen. Ob Rainald seitdem starke persönliche Rachegefühle gegen Mailand hegte, was Julius Ficker in seiner Rainald-Biographie sehr entschieden bejahte[47], ist eine Frage, die der Historiker nicht entscheiden kann. Unter den zeitgenössischen Quellen tendiert die Mehrheit zur Annahme eines seither persönlichen Mailandhasses des Erzbischofs, am deutlichsten die "Gesta Federici I. Imperatoris in Lombardia".[48]

Anfang Februar erhob der Kaiser öffentliche formale Anklagen gegen die Stadt Mailand. Am 16. April wurden die Mailänder in einer abschließenden, förmlichen Gerichtssitzung zu Reichsfeinden erklärt. Die von Bologneser Juristen dafür gelieferte Begründung war, die Reichsgesetze von Roncaglia brächen die Gültigkeit vorheriger Vereinbarungen mit Mailand.[49] Dies war gewiss eine staatsnahe politische Entscheidung, die auch nach römischem Recht nicht ganz unproblematisch war. Den meisten mittelalterlichen Zeitgenossen erschien sie aber gewiss als kaum

---

[45] Gesta Federici I. Imperatoris in Lombardia. Auct. cive Mediolanensi (Annales Mediolanenes maiores). Ed. Oswald Holder-Egger. SS rer. Germ. in us. schol. 27. Hannover 1892, S. 58: "et tria alia corpora, [...] qu[a]e *dicebantur* esse Magorum trium".

[46] Johannes Laudage: Friedrich Barbarossa. Eine Biographie. Hrsg. [posthum] von Lars Hageneier und Matthias Schrör. Regensburg 2009, S. 136.

[47] Ficker, a.a.O. (wie Anm. 23), S. 29.

[48] Gesta Federici I. Imperatori in Lombardia, a.a.O. (wie Anm. 46), S. 36: *Ab illa autem die predictus cancellerius animosius summoque nixu operam dedit Mediolanum delere* ("Von jenem Tag an aber arbeite der genannte feindselige Kanzler mit seiner ganzen Kraft daran, Mailand zu zerstören").

[49] Ebenda, S. 139.

einsichtig. Die Belagerung der Stadt wurde vorbereitet, indem man begann, ihr Umland zu verwüsten. Die Mailänder waren also gut beraten gewesen, als sie nach dem Ende der ersten Belagerung die in die Stadt geholten Wertsachen erst einmal dort beließen.

Bei der Verwüstung der agrarisch genutzten Umgebung von Mailand wurde mit der neuartigen Rücksichtslosigkeit verfahren, die seit jenen Jahren Barbarossas Kriegsführung auszeichnete. In Rahewins Fortsetzung der "Gesta Frederici" Ottos von Freising werden dafür grausige Beispiele angeführt.[50] Werner Grebe hat zu Recht in Rainald von Dassel "den Wortführer bedingungsloser Kriegsführung" gesehen.[51] 1160 eroberte und zerstörte Barbarossa Crema. Beim vorausgehenden Kampf um diese Stadt wurden die Belagerungsmaschinen durch lebende Geiseln "geschützt". Erst 1161 begann die eigentliche zweite Belagerung Mailands. Im Frühjahr waren zahlreiche Fürsten aus Deutschland in die Lombardei gezogen, um das kaiserliche Heer zu verstärken, unter diesen mit einer großen Schar auch Rainald, der in der Zwischenzeit das Erzbistum Köln, das ihm der Kaiser 1159 verschafft hatte, in Besitz genommen hatte.

Am 7. August 1161 schickten die Mailänder aus der fest eingeschlossenen Stadt Unterhändler, um über eine Übergabe zu verhandeln, und zwar zunächst nicht unmittelbar zu Barbarossa, sondern zu einigen deutschen Fürsten, die ihnen freies Geleit zugesagt hatten. Sie wurden von Ministerialen des Kölner Erzbischofs überfallen. Die verhandlungsbereiten deutschen Fürsten, unter ihnen Barbarossas Bruder Pfalzgraf Konrad, waren außer sich[52], Rainald aber erklärte dem Kaiser, der Überfall sei ohne sein Wissen geschehen. Die Zeitgenossen wie die Nachwelt waren in der Frage nach seiner Glaubwürdigkeit uneins. Der rheinische Pfalzgraf Konrad von Staufen war seither jedenfalls sein unversöhnlicher Feind. Dafür gab es freilich auch territorialpolitische Gründe.

Im Winter 1161/62 stieg die Not in Mailand so sehr an, dass im neuen Jahr die Übergabe der Stadt unvermeidbar wurde. Man versuchte, wenigstens noch einige Übergabebedingungen auszuhandeln. Man war aber in Mailand durchaus bereit, einem Vertrag zuzustimmen, der die Stadt langfristig geschwächt und tief gedemü-

---

[50] Rahewin III, 43; IV 55 und 57. – Ottonis episcopi Frisingensis et Rahewini Gesta Frederici seu rectius Cronica. Die Taten Friedrichs oder richtiger Cronica. (Lat.-dt. Ausgabe.) Übers. von Adolf Schmidt. Hrsg. von Franz-Josef Schmale. (Ausgewählte Quellen zur deutschen Geschichte des Mittelalters. Freiherr vom Stein-Gedächtnisausgabe. 17.) Darmstadt 1965, S. 482/83, 614/15 und 616/17-618/19.

[51] Grebe, Studien, a.a.O. (wie Anm. 37), S. 36.

[52] Neben Konrad von Staufen gehörten zu diesem Kreis Landgraf Ludwig von Thüringen und Theobald, der Bruder des Königs von Böhmen. Diese Fürsten sahen sich durch den Bruch der Geleitzusage so sehr in ihrer Ehre verletzt, dass nur der Kaiser sie daran hindern konnte, den Kölner Erzbischof zu töten.

tigt hätte. Die Mehrzahl der Fürsten im kaiserlichen Lager riet in einer Ratsversammlung für die Annahme des Mailänder Angebots.

Doch der Kölner Erzbischof und eine Minderheit der Fürsten bestimmten Barbarossa, auf bedingungsloser Kapitulation zu bestehen. Am 1. März 1162 beschworen die Konsuln von Mailand, denen keine andere Wahl blieb, die vollständige Unterwerfung der Stadt auf Gnade oder Ungnade. Den Text der mailändischen Kapitulationsurkunde hatte Erzbischof Rainald von Dassel verfasst, und darin war peinlich genau darauf geachtet worden, dass Mailands totaler Vernichtung nichts im Wege stand. Am 6. März zog die gesamte Bevölkerung von Mailand in demütiger Haltung aus der Stadt vor den Kaiser. Der Mailänder Fahnenwagen (*carroccio*) wurde übergeben und auf Barbarossas Geheiß niedergelegt. Die Mauern wurden niedergerissen, die Gräben ausgefüllt. Dann wurde die Stadt vollständig zerstört. Die feindlichen kleineren Städte der Umgebung übernahmen diese schwere Arbeit mit großem Einsatz, ja mit Begeisterung. Ganz besonderen Eifer zeigte die Stadt Lodi, in der sich zusammen mit Barbarossa Erzbischof Rainald den ganzen Winter über aufgehalten hatte.

3. Der Verbleib der Reliquien vom März 1162 bis Juni 1164

Für den gesamten Zeitraum von über zwei Jahren zwischen der Kapitulation Mailands (1. März 1162) bzw. dem Einzug des Kaisers in die Stadt (26. März 1162) und der Schenkung der Reliquien an den Kölner Erzbischof (10. Juni 1164) können wir nichts Genaues über den Verbleib der Gebeine der Heiligen Drei Könige sagen. Wir sind also auf bloße Vermutungen angewiesen, wissen aber genau, dass die Stadt Mailand innerhalb dieser Zeit, und zwar schon im Jahr 1162, gründlich und systematisch, aber nicht in ihrer ganzen Bausubstanz vollständig zerstört wurde. Die Einwohner wurden in vier Großdörfer umgesiedelt.

Mit der Verwaltung der Einkünfte des Erzbistums Mailand beauftragte Barbarossa den Kölner Suffraganbischof Heinrich II. von Lüttich. Darüber hinaus machte er diesen faktisch zum Statthalter von Mailand.[53] Heinrich[54] war 1145 zum Bischof von Lüttich gewählt und im selben Jahr vom zuständigen Metropoliten Erzbischof Arnold I. von Köln geweiht worden. Seit 1154 spielte er in der Italienpolitik Barbarossas eine große Rolle.[55] Barbarossa schenkte ihm sein Vertrauen fast mehr noch

---

[53] Böhmer, Regesta Imperii (neubearb. von Ferdinand Opll) IV, 2 (1991), Nr. 1075.

[54] Seine familiäre Herkunft ist in der Forschung strittig. Diskutiert wird seine Abstammung von den Herren von Leez und von den Herren von der Leyen. Auch seine Herkunft aus dem limburgischen Herzogshaus wird erwogen.

[55] Er begleitete König Friedrich I. bereits auf seinem ersten Italienzug, der zu dessen Kaiserkrönung am 18. Juni 1155 in Rom führte.

als dem Kölner Erzbischof, aber folgte gewiss nicht ganz so oft wie diesem seinem Rat. Der Bischof von Lüttich war dem Kaiser wohl rein menschlich sympathischer, aber er besaß nicht Rainalds politischen Einfluss auf den Herrscher. Heinrichs Amt als kaiserlicher Statthalter über das zerstörte Mailand übertrug dieser schon wenige Monate nach der Übernahme an einen Stellvertreter mit Namen Pietro de Cumino.[56] Nachdem dieser durch übertriebene Härte aufgefallen war, beauftragte er einen Kleriker mit der Amtsverwaltung, von dem nur der Vorname Friedrich bekannt ist. Dieser machte sich aber noch unbeliebter.[57] Man gewinnt den Eindruck, dass Bischof Heinrich sich in Mailand "nicht die Finger schmutzig machen wollte". Damit ist es auch unwahrscheinlich, dass er sich mit Details wie dem Verbleib der in San Giorgio al Palazzo abgestellten Reliquien befasst hat.

Höchst einflussreich blieb er aber trotz seiner scheinbar zunehmenden Zurückhaltung in verschiedenen Bereichen bis zu seinem Tode. Als Rainald von Dassel nach dem Tod Viktors IV.[58] ohne Wissen des Kaisers einen neuen Gegenpapst wählen ließ (s.o.), war Heinrich von Lüttich dafür im Gespräch und lehnte ab. Ziemlich sicher war er dann aber Hauptkonsekrator bei der Bischofsweihe des neuen Gegenpapstes Paschalis III.[59] Es ist natürlich durchaus denkbar, dass Bischof Heinrich auch ohne besondere Beschäftigung mit den Verhältnissen im zerstörten Mailand von den Dreikönigsreliquien genaue Kunde hatte. In den "Gesta episcoporum Leodiensium" des Aegidius (Gilles) von Orval wird jedenfalls berichtet, dass der Lütticher Bischof die Reliquien vom Kaiser erbeten und dieser sie ihm versprochen habe.[60] Aegidius sagt, dass die Überführung nach Lüttich nur deshalb gescheitert wäre, weil Bischof Heinrich verstorben sei und dann Erzbischof Rainald die Dreikönigsgebeine erbeten und erhalten habe. Gegen diese Überlieferung spricht aber, dass Heinrich am 6. Oktober 1164 gestorben ist, also fast vier Monate, nachdem Rainald von Dassel sie erhalten hat, und gut zwei Monate nach ihrer tatsächlichen Ankunft in Köln.[61]

Es besteht natürlich sehr wohl die Möglichkeit, dass der Lütticher Bischof sich um den Besitz der Reliquien bemüht hat und als Suffragan gegenüber dem eigenen Metropoliten als Konkurrent keine Chance hatte. Nicht ganz auszuschließen ist

---

[56] Böhmer, Regesta Imperii, a.a.O. (wie Anm. 53), Nr. 1124.

[57] Ebenda, Nr. 1229.

[58] Dieser starb am 20. April 1164 in Lucca. Er wurde, da weder das Domkapitel seine Bestattung in der Kathedrale noch die Kanoniker von San Frediano eine Bestattung in ihrer Kirche zuließen, in einem Kloster außerhalb der Stadt beigesetzt (ebenda, Nr. 1347). Die Wahl des neuen Gegenpapstes erfolgte am 22. April ebenfalls in Lucca.

[59] Ebenda, Nr. 1351.

[60] Aegidius Aureaevallensis: Gesta episcoporum Leodiensium. Ed. Johannes Heller. MGH SS 25, S. 1-135, hier S. 107.

[61] Es ist zwar auch ein weniger wahrscheinliches früheres Sterbedatum überliefert, nämlich im August 1164. Auch das liegt aber deutlich nach der Ankunft der Reliquien in Köln.

auch, dass der Kaiser die Dreikönigsgebeine tatsächlich ursprünglich Bischof Heinrich mehr oder weniger versprochen hat, aber vorübergehend verärgert war, dass dieser sich nicht für die Wahl zum Gegenpapst zur Verfügung stellte (s.o.). Eine solche Vermutung äußerte Julius Ficker.[62] (Dies ist, da es hier einseitig um den Aspekt der Loyalität ging, kein Widerspruch zur Tatsache, dass Barbarossa die Wahl eines neuen Gegenpapstes eigentlich selbst nicht wünschte.)

Der Historiker bewegt sich bei der versuchten Klärung dieser Fragen notgedrungen im Bereich reiner Spekulation. Unter den zahlreichen unbeweisbaren Möglichkeiten erscheint letztlich die folgende am wenigsten unwahrscheinlich: Die Dreikönigsreliquien, die vor der Eroberung Mailands schon vor der ersten Belagerung ab August 1158 in den Campanile von San Giorgio al Palazzo verbracht worden waren, blieben auch nach der Eroberung zunächst an dieser Stelle, denn die Kirchen wurden nicht alle zerstört.[63] Die Dreikönigsreliquien befanden sich vielleicht sogar dort in San Giorgio, bis sich jemand, der sich durch die zweifelhafte Echtheit nicht abschrecken ließ, dafür interessierte. Dies war der Kölner Erzbischof Rainald von Dassel und vielleicht außerdem Bischof Heinrich von Lüttich. Den besiegten Mailändern waren die für sie nur angeblichen Dreikönigsgebeine vermutlich weit weniger bedeutend als die Reliquien von Felix und Nabor, die auch noch in San Giorgio waren, und vor allem als die von Gervasius und Protasius, deren Gebeine der Patron Mailands, der heilige Ambrosius selbst erhoben hatte und die sich vor ihrem Raub in der Nähe von dessen eigenem Grab in Sant' Ambrogio befanden.

4. Die kaiserliche Schenkung und die Begleitreliquien

Einen Tag bevor Kaiser Friedrich Barbarossa dem Kölner Erzbischof Rainald von Dassel die Dreikönigsreliquien schenkte, übertrug er ihm "wegen seiner unermesslichen und ungezählten Dienste" (*pro immensis et innumerabilibus seruitiis*) den Ort Raga[64] mit dem dazu gehörigen Bezirk und den darin gelegenen Dörfern und Burgen als Reichslehen.[65] Damit kam ein wertvolles Gebiet am Westufer des Tessin (Ticino) nicht nur in die Hand Rainalds, sondern auch die der Kölner Kirche. Dies war nicht deren erster Besitz in Italien[66], aber er ging ihr ebenso bald verloren

---

[62] Ficker, a.a.O. (wie Anm. 23), S. 62.

[63] Ganz sicher von der Zerstörung ausgenommen wurden die Kirchen von Sant' Ambrogio und San Maurizio. Der Dom wurde nach einigem Zögern zerstört, aber später als andere Kirchen und nachdem man zunächst den Campanile abgetragen hatte.

[64] Heute Dairago, ein Ort von rund 6.000 Einwohnern in der Provinz Milano an der Grenze zur Provinz Varese.

[65] Urkundenbuch für die Geschichte des Niederrheins. Hrsg. von Theodor Joseph Lacomblet. Bd. 1. Düsseldorf 1840 (Neudr. 1960), Nr. 407.

wie die älteren italienischen Reichslehen, deren theoretisch eindeutiger Besitzanspruch nie in der Praxis wirklich realisiert worden war. Faktisch geschah dies schon 1167 also drei Jahre später[66]; rechtlich war der Anspruch der Kölner Kirche auch schon bereits zu Barbarossas Lebzeiten 1185 verfallen.[68] Die Schenkung des Distrikts von Raga muss nicht nur deshalb im Zusammenhang der Dreikönigstranslation beachtet werden, weil sie unmittelbar vor der Reliquienschenkung erfolgte. In der Forschung wurde auch argumentiert, dass die Schenkung von Raga jede Notwendigkeit erübrigt habe, bei der Wegführung der Reliquien von Mailand heimlich vorzugehen.[69]

Weit bedeutender als das Lehen in Italien und wirksam bis zur Gegenwart war die kaiserliche Schenkung des folgenden Tages. Sie betraf die Dreikönigsgebeine und die Reliquien von Felix und Nabor, die eines heiligen Bekenners (angeblich eines Martinus) und vielleicht noch weitere Reliquien, nämlich die des heiligen Apollinaris und eventuell noch die von Gervasius und Protasius. (Sollten die der beiden zuletzt genannten Heiligen auch dabei gewesen sein, so gingen diese der Kölner Kirche freilich sehr bald, d.h. schon auf dem Weg nach Norden wieder verloren, s.u.).

Tatsächlich existierten Berichte nach denen Rainald noch viel mehr Reliquien erhielt. Genannt werden auch die Gebeine der Makkabäischen Brüder, des heiligen Gregor von Spoleto und die Hälfte der Gebeine des heiligen Ambrosius.[70] Nun befinden sich die Gebeine des heiligen Gregor von Spoleto bis heute im Dreikönigsschrein. Es spricht aber alles dafür, dass sie nicht erst Rainald von Dassel,

---

[66] Auch unter den "Mathildischen Gütern" waren aus Reichlehen stammende Kölner Besitzungen, die die Markgräfin Mathilde († 1115) als Afterlehen besaß. Sie lagen südlich des Gardasees und zwischen Mincio und Etsch sowie südöstlich von Modena.

[67] In diesem Jahr eroberte die politisch und militärisch wiedererstandene Kommune von Mailand das Gebiet zurück.

[68] Als Barbarossa 1185 Mailand nach dem Frieden von Konstanz (1183) die Regalien erteilte, wurde dabei auch das gesamte Gebiet von Seprio und Burgaria genannt, das den Distrikt von Raga mit umfasste. – Dabei spielte wahrscheinlich zweierlei eine Rolle. Das ursprünglich sehr gute Verhältnis von Rainalds Amtsnachfolger in Köln zum Kaiser hatte sich nach 1180 zunehmend verschlechtert. Möglicherweise war aber die Lehnsvergabe durch Barbarossa zwar keineswegs theoretisch zeitlich beschränkt, aber vielleicht war die Hauptabsicht, Rainald vor allem zusätzliche Einkünfte während seines Italienaufenthaltes zu verschaffen.

[69] Hofmann, a.a.O. (wie Anm. 1), S. 100: "Eine heimliche Entführung der Reliquien durch Reinald ist nicht sehr wahrscheinlich. Der Reichskanzler hatte keinen ersichtlichen Grund, nach Überlassung der Gebiete um Raga die Gebeine der Heiligen Drei Könige ohne Wissen und ohne Billigung des Kaisers mit sich nach Köln fortzutragen."

[70] Ebenda, S. 99. Dort werden außerdem die Gebeine der heiligen Valeria, der Mutter der heiligen Nabor und Nazarius, genannt. – Zur Verwechslung von Nabor und Nazarius mit Felix und Nabor vgl. Floß, a.a.O. (wie Anm. 1), S. 38.

37

sondern zwei Jahrhunderte zuvor Erzbischof Bruno der Heilige nach Köln geholt hat.[71] Als Ambrosiusreliquien bezeichnete kleinere Reliquien befinden bzw. teilweise befanden sich ebenfalls in Köln, und zwar an neun verschiedenen Stellen[72] in St. Maria im Kapitol seit der Hochaltarweihe im 11. Jahrhundert.[73] Die Annahme, dass Erzbischof Rainald aber gewagt haben soll, die Hälfte der Gebeine des Mailänder Stadtpatrons an sich zu nehmen, dürfte die Rücksichtslosigkeit selbst seiner bedenkenlosen und starken Persönlichkeit überschätzen. Bei den Gebeinen der Makkabäischen Brüder sollte eine Translation durch Rainald von Dassel freilich nicht unbedingt ausgeschlossen werden. Es ist durchaus denkbar, dass er selbst diese Reliquien dem Nonnenkonvent der Makkabäerkirche übergeben hat. Allerdings ist eine besondere Stätte der Verehrung der Makkabäischen Brüder in Köln auch schon im 11. und in der ersten Hälfte des 12. Jahrhunderts bezeugt.[74]

Neben den Reliquien soll Rainald von Dassel auch die Statue der "Mailänder Madonna", Vorgängerin der heute so bezeichneten berühmten Marienstatue im Kölner Dom, von Mailand nach Köln gebracht haben.[75] Wie immer es sich damit verhält, Teil der Reliquientranslation war dieser nur wahrscheinliche und nicht bewiesene Kunstraub des Hohen Mittelalters sicher nicht. Wenn Rainald tatsächlich eine Marienstatue von Mailand nach Köln gebracht hat, so war diese Teil der Beute und nicht Geschenk des Kaisers.

Die Reliquien waren Geschenk des Kaisers, aber ein Geschenk besonderer Art. Es ist keine Schenkungsurkunde erhalten, und es hat wohl auch nie eine gegeben. Man kann sogar sagen, Barbarossas Schenkung war mehr eine sehr persönliche Art der Überlassung als eine formale Dotation.

---

[71] Hans Joachim Kracht und Jakob Torsy: Reliquiarium Coloniense. (Studien zur Kölner Kirchengeschichte. 34.) Siegburg 2003, S. 276. – Zur berechtigten Annahme, dass bereits Erzbischof Bruno I. die Gebeine Gregors von Spoleto nach Köln brachte, vgl. auch: Dorothee Kemper: Gregor von Spoleto im Kölner Dom. In: Kölner Domblatt 72 (2007), S. 61-96, besonders S. 62 (mit Literaturangaben in Anm. 7).

[72] Ebenda, S. 135-136.

[73] Ebenda, S. 136.

[74] REK I, Nr. 1079. REK II, Nr. 303.

[75] Die m.E. älteste Nachricht darüber stammt erst aus dem 17. Jahrhundert (Aegidius Gelenius: De admiranda, sacra et civili magnitudine Coloniae Claudiae Agrippinensis Augustae Ubiorum Urbis. Coloniae Agrippinae 1645, S. 247.) – Der Name "Mailänder Madonna" ist allerdings schon seit dem 16. Jahrhundert belegt. (Renate Kroos: Liturgische Quellen zum Kölner Domchor. In: Kölner Domblatt 44/45. 1979/80, S. 35-202, hier S. 119 und 121.) – Ein noch älterer indirekter Hinweis auf Rainald als den Erwerber der Mailänder Madonna besteht darin, dass ihr älterer Standort im Dom axial auf das Grab Rainalds von Dassel ausgerichtet war (Rolf Lauer: Der Baldachin der Mailänder Madonna. Statuentabernakel oder Reliquiengehäuse. In: Ebenda 61. 1996, S. 147-162, hier S. 152.)

In den Dreikönigslegenden wird der historisch sichere Schenkungs- bzw. Überlassungsvorgang auch gelegentlich verfremdet dargestellt: Rainald habe die Reliquien heimlich an sich gebracht und lange vor der geschickt nachträglich erreichten Schenkung durch den Kaiser bereits nach Köln schaffen lassen. Man sieht daran, welche Winkelzüge man dem Erzbischof schon in früheren Zeiten zugetraut hat. Ebenso rein legendarisch ist die erst im 13. Jahrhundert nachweisbare und im 14. Jahrhundert verbreitete Erzählung, der Mailänder Asso de Turri habe aus eigensüchtigen Motiven Rainald den faktischen Besitz der Dreikönigsgebeine verschafft.[76]

Auch die Variante, der Kölner Erzbischof habe die Gebeine der Drei Könige in drei einzelnen Särgen nach Köln geschafft und zuvor in Italien erklärt, darin seien die Leichen von drei seiner bei den Feldzügen in der Lombardei verstorbenen Verwandten, ist wohl eine Erfindung.[77]

---

[76] Asso de Turri soll ein Barbarossa besonders verhasster Bürger von Mailand gewesen sein. Er habe dem Kölner Erzbischof die verborgenen Reliquien der Heiligen Drei Könige gezeigt und übergeben, damit dieser beim Kaiser für ihn um Gnade bitte. – Johannes von Hildesheim: Die Legende von den Heiligen Drei Königen. Mit zeitgenössischen Holzschnitten. Übertragung und Nachwort von Elisabeth Christern. Köln 1960, S. 108. (Eine sehr ähnliche Geschichte findet sich bereits in der "Legenda Aurea" des Jakobus von Voragine.)

[77] Dies gilt zumindest für die Aussage über die verstorbenen Verwandten in den Särgen. Dass die Überführung der Reliquien in drei verschiedenen Behältnissen erfolgte, ist immerhin denkbar, aber keineswegs belegt. (Entsprechende Belege zur Dreizahl kann man allenfalls aus Quellen des 13. Jahrhunderts, z.B. aus den Disibodener Annalen, durch spekulative Interpretation herauslesen, wenn dort im Plural von Sarkophagen die Rede ist.)

III. Art und Weise der Translation

1. RAINALDS BRIEF AN DIE KÖLNER

Der genaue Tag von Rainalds Aufbruch nach Köln lässt sich nicht absolut genau bestimmen, obwohl in der Historiographie meist ein exaktes Datum (der 10. oder der 11. Juni 1264) genannt wird. Am 12. Juni befand er sich jedenfalls mit den Reliquien in Vercelli.[78] Von dort schrieb er einen Brief an die Kölner, datiert *secundo idus iunii*[79] und adressiert an "die in Christus geliebten Söhne und Freunde", den Dompropst Hermann, den Domdechanten Philipp [von Heinsberg], die Prioren der Kölner Kirche und den gesamten Klerus, die [hochadeligen] Lehnsträger der Kölner Kirche, die Dienstleute des heiligen Petrus (*ministerialibus beati Petri ac sanctae coloniensis ecclesia*) und die Bürger der erhabenen Stadt Köln (*burgensibus almae urbis coloniae*).[80] Erzbischof Rainald berichtete in diesem Brief, dass der Kaiser ihm drei sehr kostbare Geschenke (*tria munera pretiosissima*)[81] gegeben habe: die Leiber der drei hochseligen Weisen und Könige (*corpora insignia beatissimorum trium magorum et regum*) und die Leiber der sehr heiligen Martyrer Nabor und Felix (*corpora sanctisissimorum martirum Naboris et Felicis*). Der Erzbischof nennt die Reliquien "einen unermesslichen Schatz, vergleichbar mit Gold oder jedem Edelstein".[82] So würde die Kölner Kirche und die Stadt auf die glücklichste Weise bereichert und für immer geziert.

---

[78] Erzbischof Rainald trat die Heimreise nach Köln nicht von Mailand, sondern von Pavia aus an. (Wie die Gebeine der Heiligen Drei Könige von Mailand nach Pavia gelangten, gehört zu den zahlreichen ungeklärten Fragen.) Vercelli liegt in nordwestlicher Richtung etwa 60 km entfernt von Pavia.

[79] REK II, Nr. 800.

[80] Der Brief ist nur in einer Abschrift des 16. Jahrhunderts in Wolfenbüttel (in: Cod. Ms. Guelf. 27,9) und drei Abdrucken des 17. bis 19. Jahrhunderts enthalten. Alle vier Fassungen gehen auf eine nicht erhaltene mittelalterliche Kopie im Archiv der Abtei Siegburg zurück. Vgl. Floß, a.a.O. (wie Anm. 1), S. 15-16. Der hier zitierte lateinische Text ist ein aus den überlieferten Fassungen von Floß textkritisch wiederhergestellter (Floß, ebenda, S. 113-115).

[81] Ob die Bezeichnung "tria munera" in Beziehung zur Bezeichnung der Geschenke von Gold, Weihrauch und Myrrhe in der Liturgie (so z.B. im Kölner Hymnus *Tria sunt munera*) steht, muss offen bleiben.

[82] Ob sich der Lobpreis des Reliquienschatzes als "unermesslich" und "unvergleichlich" speziell auf die Dreikönigsreliquien oder auf die Reliquien insgesamt bezieht (grammatisch naheliegend), ist nicht zu entscheiden. (Ebenso unklar bleibt, wie die im Brief genannte Dreizahl der Geschenke des Kaisers auf die fünf Heiligenleiber, die der Weisen und der zwei Martyrer, zu verteilen ist. Wahrscheinlich fasste Rainald die Dreikönigsreliquien als

Der Brief enthält auch Einzelheiten der Reiseplanung. So berichtet Rainald, dass er noch am selben Tag in Richtung Turin aufbrechen werde und dass er dann den Pass des Mont Cenis benutzen wolle. Er macht deutlich, dass der Weg nach Köln über Burgund und Gallien führen werde. Als Begründung gibt er an, dass der direkte Weg wegen "seiner und der Kölner Feinde" zu gefährlich, wörtlich "verdächtig" (*suspectus*) sei. Auf die Ankündigung des beträchtlichen Umwegs folgt unmittelbar die Versicherung, dass er mit größter Eile (*celerrime*) nach Köln ziehen werde.

Den Schluss des Briefes bildet ein sehr langer Satz, in dem Erzbischof Rainald in gehobener Sprache, ja in feierlicher, fast liturgischer Form indirekt seine Freude über den Reliquienerwerb zum Ausdruck bringt. Darin bittet er auch, dass zum Empfang in Köln alles gebührend vorbereitet werde. Der Satz lautet: "Daher ersuchen wir Eure aufrichtige Liebe angelegentlich und ermahnen Euch im Herrn, daß Ihr Euch zum würdigen Empfange so großer Gaben mit der bekannten Frömmigkeit und Feierlichkeit, wie wir zu Euch das Vertrauen hegen, vorbereiten; auch unseren Herrn und Gott aufs wärmste für uns ohne Unterlaß bitten möget, auf daß er uns mit denselben zur Ehre und zum Ruhme seines Namens und zum ewigen Heile Eurer Aller und des ganzen Vaterlandes unversehrt, heil und ohne Schaden zu Euch zurückzukehren die Gnade verleihen möge."[83]

2. DIE SYNODE VON VIENNE

So schnell der Translationszug voranzog, es gab im ersten Drittel einen größeren, keineswegs durch äußere Einflüsse erzwungenen Aufenthalt. Erzbischof Rainald hielt in Vienne eine regelrechte Synode ab. Das genaue Datum ist unbekannt[84], ebenfalls die Dauer der Versammlung. Man wird aber vermuten dürfen, dass die Synode schon recht bald nach Mitte Juni zusammentrat und ihr im gemeinsamen

---

ein Geschenk, die Reliquien von Nabor und Felix als zwei Geschenke auf, obwohl auch diese bei den Heiligen stets zusammen genannt und verehrt werden.)

[83] Übersetzung – anders als bei den vorhergehenden Zitaten – übernommen von Floß, a.a.O. (wie Anm. 1), S. 17. – Der lateinische Text (Floß, ebenda, S. 115): *Ideoque sincerissimam uestram dilectionem intime rogamus et commonemus in domino, quatenus ad condignam tantorum munerum susceptionem ea que nostis et quam de uobis confidimus devotione ac solennitate preparamini, dominum deum quoque affectuosissime pro nobis sine intermissione deprecemini, vt vna cum ipsis ad honorem et gloriam nominis sui et ad perpetuam omnium vestrum ac totius patrie salutem saluos incolumes et illesos nos vobis dignetur remittere.*

[84] Gelegentlich wird der 23. Juni 1264 genannt. Dieses Datum beruht aber ausschließlich auf einer gewagten Spekulation auf Grund eines Gedichtes des in Vienne anwesenden sogenannten "Archipoeta", also des Hofdichters Erzbischof Rainalds. (Die Haltlosigkeit dieser Spekulation wurde schon von Floß, a.a.O., wie Anm. 1, S. 25-26, erwiesen.)

Interesse Rainalds wie der versammelten Synodalen keine große Dauer beschieden war. Vienne, der Tagungsort, war Sitz eines Erzbischofs der den Titel eine päpstlichen Vikars trug und den Ehrenprimat in einer Reihe von arelatensischen und südfranzösischen Kirchenprovinzen innehatte.[85]

Seit 1157 war der Erzbischof von Vienne innerhalb des Reiches Erzkanzler für das Königreich Arelat-Burgund.[86] Somit war dieser Erzstuhl fast ein "Brückenkopf" kaiserlicher Herrschaft in dem faktisch nur lückenhaft ins Reich integrierten *Regnum Arelatense*.[87]

Rainald hatte die Synode einberufen, um den arelatensischen Episkopat auf den Gegenpapst Paschalis III. einzuschwören. Außerdem wollte er die Bischöfe und Grafen des Rhonegebiets zur Stellung von Hilfskontingenten für das kaiserliche Heer in Italien veranlassen. Im ersten Fall scheiterte er schon bei der einfachen Anerkennung des kaiserlichen Gegenpapstes. Dazu war die Versammlung nicht bereit.[88] Was die Hilfskontingente für Barbarossas Heer in Italien betraf, so erfuhr Rainald zwar keine glatte Ablehnung, aber es spricht nicht wenig dafür, dass solche in nennenswerter Anzahl jemals in der Lombardei eingetroffen sind.

Der Kölner Erzbischof setzte nun seine Hoffnung auf den Grafen Heinrich von Champagne, den er von Vienne aus zu einer Unterredung bat[89], die offenbar auf dem weiten Weg des Translationszuges nach Norden stattfinden sollte. Noch 1162 hatte Graf Heinrich am 31. Mai im Namen des französischen Königs mit dem Kaiser ein förmliches Freundschaftsbündnis geschlossen.[90] Er war einer der wenigen französischen Fürsten, die den im April 1164 verstorbenen Gegenpapst Viktor IV. anerkannt hatten. Nun war er aber offenbar nicht bereit, dessen Nachfolger Paschalis III. ebenfalls anzuerkennen. Er wich der Unterredung mit Erzbischof Rainald aus und reiste stattdessen nach Paris zu seinem Schwager König Ludwig VII., der zu der Zeit wieder größten politischen Stütze Papst Alexanders III.

---

[85] 1120/21 hatte Papst Calixtus II., der selbst zuvor Erzbischof von Vienne gewesen war, die diesbezüglichen Ansprüche von Vienne, die seit Jahrhunderten strittig waren, anerkannt.

[86] Die Ernennung geschah im Zusammenhang mit dem Reichstag von Besançon, der im Oktober 1157 stattfand.

[87] Vor allem die im Besitz des Hauses Barcelona befindliche Grafschaft Provence verhielt sich wie ein unabhängiges Fürstentum. Die einzige wirkliche Ausnahme stellte in Hochburgund die Grafschaft Burgund (die spätere Freigrafschaft) dar, seit Barbarossa Beatrix von Burgund 1156 geheiratet hatte. (Das östliche Hochburgund gehörte den Zähringern, zwar als unzweifelhaftes Reichsgebiet, aber mit faktisch weit gehender Autonomie.)

[88] Nach Floß, a.a.O. (wie Anm. 1), S. 26-27, waren einige Teilnehmer der Synode sogar bereit, in Anwesenheit Rainalds dessen Gegenpapst Paschalis III. zu exkommunizieren.

[89] Ebenda, S. 27.

[90] Laudage, a.a.O. (wie Anm. 46), S. 190.

3. Der Weg des Translationszuges – die legendarischen Wege

So vergeblich die Synode von Vienne und der Versuch, den Grafen der Champagne im Bündnis zu erhalten, für die Politik Rainalds von Dassel gewesen war, so triumphal gestaltete sich der weitere Weg mit den Dreikönigsgebeinen. Obwohl er nicht durch zeitgenössische Schriftquellen unmittelbar belegt ist, lässt er sich zumindest in groben Zügen sehr gut rekonstruieren. Rainald zog durch die Grafschaft Burgund (die spätere Franche Comté), das Heimatland von Barbarossas Gemahlin Beatrix. Überall auf seinem Zug entfachte Rainald "einen Sturm der Begeisterung", der noch deutlich in den erhaltenen Berichten nachklingt.[91] Zahlreiche Orte in der Freigrafschaft Burgund bewahren, bzw. bewahrten, die Tradition des Durchzuges (oder angeblichen Durchzuges) der Dreikönigsgebeine. Zu nennen sind vor allem Estrabonne, zwischen Besançon und Dôle mit seiner Dreikönigsquelle, Buffart und Sellières.[92]

Es soll in der burgundischen Grafschaft auch Adelige gegeben haben, die den Zug der Dreikönigsgebeine vergeblich behindern wollten, und zwar solche, die in doppelter Vasallität auch Lehen von der französischen Krone hatten und deshalb Papst Alexander III. näher standen als Erzbischof Rainald und seinem Gegenpapst. Durch die Burgundische Pforte erreichte Rainald den Oberrhein und gelangte dann zu Schiff nach Köln. Die Tatsache eines Aufenthalts und der Einschiffung in Breisach (wo die Gebeine von Gervasius und Protasius zurückgelassen worden sein sollen[93]) ist vielleicht nicht so legendär wie die Ausschmückung der diese Episode betreffenden Berichte.

Auf Grund einer keineswegs unzweifelhaften Überlieferung wird angenommen, dass die auch mitgeführten Reliquien des hl. Appolinaris unterwegs in Remagen zurückgelassen wurden. Durch ein Wunder soll nämlich die Weiterfahrt des Schiffes mit dessen Gebeinen verhindert worden sein. So wurde der Martinsberg von Remagen zum Appolinarisberg. Bis zur Gegenwart fällt der Appolinaristag, der in Remagen und Düsseldorf auch nach der großen Liturgiereform als Fest begangen wird, mit dem Gedenktag der Dreikönigstranslation zusammen. Auch auf der Rheinstrecke gibt es Orte, die der Nachwelt als vorübergehende Aufenthaltsorte

---

[91] Manfred Groten: Priorenkolleg und Domkapitel von Köln im Hohen Mittelalter. Zur Geschichte des kölnischen Erzstifts und Herzogtums. (Rheinisches Archiv. 109.) Bonn 1980, S. 212.

[92] Vgl. Hermann Crombach: Primitiae gentium seu Historia Trium Regum Magorum. Köln 1654, S. 638-646.

[93] Dagegen spricht vor allem das Zeugnis der Erfurter Annalen, die berichteten, Barbarossa selbst habe die Gebeine der beiden Martyrer nach Breisach gebracht. (Die Breisacher Ortstradition bevorzugt allerdings die Vorstellung der Verbindung der Translation von Gervasius und Protasius mit der Dreikönigstranslation.)

der Dreikönigsgebeine galten und in der Lokaltradition – vor allem, wenn durch ein örtliches Dreikönigspatrozinium (oder eine Dreikönigskapelle) gestützt – noch heute als solche angesehen werden.

Obwohl der tatsächliche Weg der Dreikönigsgebeine von Mailand nach Köln in seinen Grundzügen feststeht, haben sich Legendentraditionen gebildet, die andere Wege angeben. D.h., es wurden für die Translation direktere und normalere Wege unterstellt als der, den Erzbischof Rainald wählte. Diese nicht zutreffenden Wege sind weniger durch eigenständige Legendenvarianten belegt als vor allem dadurch, dass auf diesen unterstellten Wegen in einzelnen Orten die Überlieferung bestand, die Gebeine der Drei Könige seien dort vorbeigetragen oder sogar über Nacht abgestellt worden. Es handelt sich bei diesen Wegvarianten um solche mit Benutzung der auch im 12. Jahrhundert sehr wichtigen Alpenübergänge über den großen Sankt Bernhard und über den Brenner sowie über den erst im 13. Jahrhundert (wieder neu) erschlossenen Sankt Gotthard.[94]

4. Die Wahl des Weges und die Politik

Es gab für Rainald von Dassel wahrscheinlich mehrere Gründe, den Weg über den Mont Cenis nach Burgund zu wählen und nicht den direkten Weg über die zentralen Alpenpässe nach Köln. Der wichtigste lag unzweifelhaft in der Sicherheit des Translationszuges. Im zentralen Oberdeutschland hatte der Kölner Erzbischof mächtige Feinde, die er sich selbst nicht zuletzt beim gemeinsamen Kampf gegen Mailand und die Lombarden gemacht hatte. Ein zweiter Grund lag möglicherweise in der Tatsache, dass Rainald mit der Synode in Vienne ein kirchenpolitisches Konzept verfolgte, das selbst in der Sondersituation des Translationsvorhabens keinen Aufschub duldete.

Schließlich dürften auch propagandistische Absichten eine bedeutsame Rolle gespielt haben. Der Erzbischof von Köln führte die Heiligen Drei Könige durch die drei *regna* des Reiches vom Königreich Italien durch das Königreich Burgund (*Regnum Arelatense*) in das *Regnum Teutonicum* (Deutschland).[95] Seine Absicht, "Köln, die Stadt des Königskröners, zu einem Mittelpunkt des Reiches zu machen"[96], sollte auch im Königreich Arelat-Burgund publik gemacht werden. Ja der Zug durch dieses erst damals wieder stärker in das Gesamtreich der drei verbunde-

---

[94] Vgl. Floß, a.a.O. (wie Anm. 1), S. 86-88. – Dort werden u.a. in Bezug auf den Gotthard-Weg zwei Kapellen bei Como – beide San Poso ("heilige Rast") genannt – und eine Kapelle bei Luzern aufgeführt.

[95] Groten, a.a.O. (wie Anm. 91), S. 212.

[96] Ebenda.

nen *regna* integrierte arelatensische Königreich[97] war für Rainald von besonderem Wert. Er diente aber nicht nur u.a. dazu, diese Integration zu fördern, sondern bot auch die Möglichkeit propagandistisch auf Westeuropa einzuwirken. Schließlich besaß dieses dritte der drei *regna* besondere Verbindungen sowohl zu Frankreich wie zum nördlichen Spanien.[98]

Wenn der von Rainald gewählte Weg in Richtung Köln weit nach Westen ausschwenkte, so war der von ihm angekündigte Weg noch weiter westlich konzipiert. Es ist keine ganz haltlose Vermutung, dass neben der Absicht einer allgemeinen Täuschung über den wirklichen Weg es auch eine Rolle gespielt hat, dass der Erzbischof Papst Alexander III. provozieren wollte. Der Papst hat übrigens den Elekten des Erzstuhls von Lyon aufgefordert, Rainald auf seinem Weg auf keinen Fall zu unterstützen.[99] Noch deutlicher war Alexanders Brief an den Reimser Erzbischof vom 6. Juli 1164 mit dem Inhalt, dieser solle den Translationszug, von dem der Papst nach der Verlautbarung Rainalds annahm, er gehe über die Champagne und Flandern, nach Kräften behindern.[100]

Beim Triumphzug der Dreikönigsgebeine von Mailand nach Köln kam gewiss fromme Begeisterung zum Ausdruck, aber diese sollte zu einem Teil im Sinne des Kölner Erzbischofs Rainald von Dassel für die Reichsideologie instrumentalisiert werden. Dies geschah aber von Anfang an in weit geringerem Umfang, als es seinen Absichten entsprach. Er wäre allerdings gewagt und vermutlich ahistorisch, wenn man Rainalds eigenem Handeln absolut jede echt religiöse Komponente absprechen würde. Das gläubige Volk in Burgund wie am Rhein begeisterte sich für die Verehrung der Erstlinge aus dem Heidentum, die Christus huldigten. In diesen sahen Frankoprovenzalen wie Deutsche, die sich der Herkunft "aus den

---

[97] Im Grunde wurde das *Regnum Arelatense* (das um die Mitte des 10. Jahrhunderts aus der Vereinigung der Provence mit dem *Regnum Iurense* [Hochburgund] entstanden war), seit 1032 Teil des Reiches, erst durch Barbarossa wirklich in das Reichsganze einbezogen, und zwar vor allem auf zweierlei Weise. 1156, also acht Jahre vor der Dreikönigstranslation, heiratete er Beatrix, die Erbin der burgundischen Pfalzgrafschaft. Erst 1178 ließ er sich in Arles zum arelatensischen König krönen. Natürlich gehört auch die Ortswahl von Besançon für den Reichstag im Oktober 1157 zu den Maßnahmen, Burgund im Reich zu integrieren. – Problematisch blieb für Barbarossa die starke Stellung der Zähringer als *rectores Burgundiae* im transjuranischen Hochburgund. Dieses Gebiet wurde aber bezeichnenderweise vom Translationszug nicht berührt.

[98] Dies lag in der Tatsache begründet, dass Fürsten des Regnum Arelatense zugleich Herrscher in westlicheren Gebieten waren. Die Markgrafschaft Provence gehörte den Grafen von Toulouse, die Grafschaft Provence einem Zweig des Hauses Barcelona (s.o. Anm. 87), der Herzog von Burgund, französischer Pair, erhielt – freilich erst 1186 – Reichslehen im Arelatense. (Zur Doppelvasallität kleinerer Herren s.o.)

[99] Floß, a.a.O. (wie Anm. 1), S. 78.

[100] REK II, Nr. 803.

Völkern" also der heidenchristlichen Herkunft, bewusst waren, die eigenen Vorläufer. Vor allem aber freuten sich die Gläubigen in Hochburgund, am Rhein und bald in ganz Europa, neue mächtige Fürsprecher im Himmel gewonnen zu haben.

5. ANKUNFT IN KÖLN

Am 23., nicht wie gelegentlich vermutet wurde am 24. Juli 1164 erreichte der Zug mit den Gebeinen der Heiligen Drei Könige seinen Bestimmungsort Köln. Der 23. war der Tag nach dem Fest der heiligen Maria Magdalena ("in crastino Mariae Magdalenae"), der 24. der Vigiltag des Festes des Apostels Jacobus des Älteren ("in vigilia beati Jacobi"). Das erste Datum nennen die *Annales Colonienses*, das zweite die "Kölner Königschronik".[101] Dass das erste Datum, an dem die Kölner Kirche das Translationsfest mit Ausnahme einiger Jahrzehnte im 20. Jahrhundert stets gefeiert hat[102], das richtige ist, wird seit den Ausführungen von Floß[103] kaum noch bezweifelt.

Die Dreikönigsgebeine wurden mit großem Jubel und liturgischen Gesängen von den auf den Empfang gut vorbereiteten Kölnern in den Dom getragen. Einzelheiten über den Einzug der kostbaren Reliquien kennen wir nicht. Wenn man von einer letzten *statio* auf einer Rheininsel vor Köln spricht, so ist dies Spekulation. Auch die Überlieferungen über das sogenannte "Dreikönigenpförtchen" sind historisch nicht verifizierbar. Die später als solche bezeichnete recht kleine Pforte gehörte tatsächlich nicht zur Rheinmauer der Stadt, sondern zum Immunitätsbering des Stiftes von St. Maria im Kapitol.

Wollte man sie also als tatsächliche Pforte für den ersten Einzug der Dreikönigsgebeine in der Stadt Köln "retten", so muss man annehmen, man habe das neue und das größte Heiltum der Stadt zunächst nicht in den Dom, sondern in die Stiftskirche St. Maria im Kapitol gebracht. Genau diese Annahme wurde dann auch – freilich erst viele Jahrhunderte später[104] – als Theorie aufgestellt, und zur Begründung wurde St. Maria im Kapitol als vornehmste der Kölner Kirchen nach dem Dom bezeichnet. Dies dürfte aber schwerlich den Tatsachen entsprochen haben, auch

---

[101] REK II, Nr. 804.

[102] Belegt ist dieses Fest erst seit dem 13. Jahrhundert. Vgl. Jakob Torsy: Achthundert Jahre Dreikönigsverehrung in Köln. In: Kölner Domblatt 23/24 (1964), S. 15-162, hier S. 41.

[103] Floß, a.a.O. (wie Anm. 1), S. 33-36. – Von 1913 bis 1971 fand die Feier am 24. Juli statt. Grund war aber keineswegs die Annahme des 24. als des korrekten Datums, sondern ausschließlich die Absicht, eine Kollision mit dem am 23. gefeierten Apollinarisfest zu vermeiden, Vgl. Werner Wessel: Zur Geschichte der Kölner Eigenfeste. In: Das Lob Gottes im Rheinland. (Libelli Rhenani. 1.) Köln 2002, S. 124-128, hier S. 128.

[104] Exakt nachzuweisen ist dies erst für das 19. Jahrhundert.

nicht um die Mitte des 12. Jahrhunderts. Die im Rang der Kölner Kathedrale folgende Kirche war wohl immer St. Gereon. Auch dürfte es keinen Grund gegeben haben, warum Rainald dieses allerdings herausragende Kanonissenstift so auszeichnen wollte. Des Erzbischofs Schwester[105] war zwar in Köln Äbtissin, aber am zumindest nicht weniger bedeutenden Stift von St. Ursula. Hier ist also auch kein Grund für einen ersten Kölner Aufenthalt der Reliquien in Maria im Kapitol zu finden.

Somit ist das "Dreikönigenpförtchen" und seine Historie Teil des legendarischen Umfelds späterer kölnischer Dreikönigenverehrung und nicht Bestandteil der Translationsgeschichte.[106] Daran ändert auch die wohl in Mailand entstandene Legende nichts, die Kölner hätten das Dreikönigenpförtchen zumauern lassen[107], da eine Weissagung bestehe, die Reliquien würden die Stadt auf demselben Wege verlassen, auf dem sie gekommen wären. Es handelt sich dabei schlicht um ein weit verbreitetes Motiv in zahlreichen Wandersagen, in denen ebenfalls von aus ähnlichen Gründen zugemauerten Toren die Rede ist.

---

[105] Ihr nicht wirklich sicher überlieferter Name war Gepa (vgl. Herkenrath, a.a.O., wie Anm. 23, S. 8 [Stammtafel]. – Finger a.a.O. [wie Anm. 23], S. 100).

[106] Zu Beginn des 14. Jahrhunderts wurde über dem Pförtchen eine Darstellung der Anbetung der Heiligen Drei Könige angebracht. Sie wurde 1981 durch Kopien ersetzt, nachdem das Original ins Museum Schnütgen gebracht wurde. Erst nach dem 14. Jahrhundert wurde der ursprünglich romanisch gestaltete Mauerdurchlass gotiziert, der 1842 durch den Kölner Stadtbaumeister Johann-Peter Weyer restauriert wurde.

[107] Vgl. Michele Caffi: Della Chiesa di Sant' Eustorgio in Milano. Illustratione storico – monumentale – epicrafico. Milano 1841, S. 65.

IV. Zweck und Ziel der Translation

1. Reichsideologie und Politik der 60iger Jahre des 12. Jh.s

a) Barbarossa und das Papsttum

Kaiser Friedrich I. hat als König seine Herrschaft nicht als Papstfeind begonnen. Der die längste Zeit seiner Regierung bestimmende Gegensatz entwickelte sich erst im Umfeld seiner bereits drei Jahre nach seiner Königswahl (5. März 1152 in Erfurt) erfolgenden Kaiserkrönung (18. Juni 1155 in Rom). Zunächst hatten König und Papst gemeinsame Interessen und auch die baldige Kaiserkrönung Friedrichs war von Papst Hadrian IV. durchaus gewollt. Schon bald aber kam es zu Spannungen zwischen den beiden obersten Gewalten der Christenheit z.B. wegen des Klosters Farfa in der römischen Sabina. Farfa war, obwohl im Zentrum des päpstlichen Gebietes gelegen, Reichskloster gewesen, doch damals dem Reich schon länger entfremdet. Friedrich investierte Rusticus, den Abt von Farfa, mit den Regalien und publizierte diesen Rechtsakt wirkungsvoll. Obwohl eine beiderseitige Konfliktbereitschaft sich noch nicht entwickelt hatte, begann das Verhältnis von Papst und König von gegenseitigem Misstrauen geprägt zu werden. Zu einem "Zwischenfall" kam es auf dem Weg Friedrichs nach Rom in Grassano in der Nähe der dem Papst unterstehenden Stadt Sutri.

Als Hadrian IV. in das Feldlager Barbarossas einritt, weigerte sich dieser, das Pferd des Papstes am Zügel zu führen und Hadrian beim Abstieg den Steigbügel zu halten.[108] Dies war der Marschall- und Stratordienst, den in zeremonieller Form der Kaiser (bzw. der zukünftige Kaiser) dem Papst nach herkömmlichem Brauch schuldete.[109] Erst nach eintägigen Verhandlungen war König Friedrich dazu bereit. Angeblich erreichte Barbarossa dabei das Versprechen des Papstes, im Lateranpalast ein Bild (oder wenigstens seine Beschriftung) zu entfernen, das in drei Szenen die Vorgänge bei der Kaiserkrönung Lothars III. durch Papst Alexander II. wiedergab und sie durch eine Inschrift interpretierte, die den Kaiser als Lehnsmann des Papstes darstellte.[110] Tatsächlich gibt es aber keinen Beleg dafür, dass Papst

---

[108] Böhmer, Regesta Imperii (neubearb. von Ferdinand Opll) IV, Nr. 314.

[109] Der Brauch ging schon auf die Karolingerzeit zurück und Barbarossas Vorvorgänger Kaiser Lothar III. hatte ihn ohne Einwendungen geübt.

[110] Der wohl von Rahewin in seiner Fortsetzung der "Gesta Frederici" des Otto von Freising richtig überlieferte Text (a.a.O., wie Anm. 50, S. 416), ein Distichon, lautete: *rex venit ante fores iurans prius urbis honores, / post homo fit papae, sumo quo dante coronam.* Die entscheidenden Worte sind *post homo fit papae* ("danach wurde er zum Lehnsmann des Papstes").

Hadrian seinen Anspruch auf Lehnshoheit gegenüber dem Kaiser als dem Vogt der Römischen Kirche grundsätzlich aufgegeben hat.[111] Bei der Verweigerung des Marschalldienstes hatte es von Anfang an soviel Aufregung um die Sache gegeben, dass die den Papst begleitenden Kardinäle in das befestigte Civita Castellana geflohen waren.

Nach der Kaiserkrönung in St. Peter, die etwas improvisiert ausfiel[112], verschlechterten sich die Beziehungen zwischen Barbarossa und Hadrian IV. weiter. Der von ersterem 1153 Hadrians Vorgänger Eugen III. versprochene Feldzug gegen die süditalienischen Normannen fand zur großen Enttäuschung des Papstes nicht statt. Dies war allerdings nicht die Schuld des soeben gekrönten Kaisers. Die ihn begleitenden deutschen Fürsten lehnten den Feldzug ab (bzw. verschoben ihn auf später).[113] Barbarossa musste gegen seinen Willen nach Deutschland zurückkehren. Der Papst ging nun allein gegen die Normannen vor und konnte nichts erreichen. Dies führte zu einer totalen Wende in seiner Politik. Er schloss mit dem Normannenkönig Wilhelm I. das Konkordat von Benevent[114], was wiederum Barbarossa aufs höchste verärgerte.

Der nächste Papst-Kaiser-Konflikt ergab sich, als der dänische Erzbischof Eskil von Lund auf der Rückreise von Rom in Deutschland überfallen, ausgeraubt und eingekerkert wurde. Er galt am Kaiserhof als Reichsfeind. Dort wollte man die vom Papst geförderte Unabhängigkeit der skandinavischen Kirche vom Metropolitanverband des Erzbistums Hamburg-Bremen nicht akzeptieren.[115] Nun schickte der

---

[111] Johannes Laudage: Alexander III. und Friedrich Barbarossa. (Beihefte zu J.F. Böhmer, Regesta Imperii. 16.) Köln, Weimar, Wien 1997, S. 77-79.

[112] Die Krönung fand sehr früh morgens und nicht an einem Sonn- oder Feiertag, sondern an einem Samstag statt. Die Stadt Rom, die sich in Papst und Kaiser gleichermaßen feindseliger Opposition befand, konnte vom neu gekrönten Kaiser nicht betreten werden. (Möglicherweise waren Tageswahl und frühe Stunde von Papst und Kaiser vereinbart worden, um Störungen durch die Römer zu vermeiden, die dann aber – freilich nach der Zeremonie – doch erfolgten. Der *Populus Romanus* hatte zuvor von sich aus – den Papst und Barbarossa gleichermaßen düpierend – die Verleihung der Kaiserwürde durch das römische Volk angeboten. Dabei wurden eine hohe Geldsumme und Sicherheitseide verlangt. Beides hatte Friedrich empört abgelehnt.)

[113] Dafür gab es keine politischen Gründe. Die Fürsten wollten lediglich ihre zum kaiserlichen Heer gehörigen Kontingente, die bereits durch Seuchen dezimiert waren, vor noch größeren Verlusten bewahren.

[114] Dies wurde im Juni 1156 gegen den Willen der Mehrheit der Kardinäle zwischen dem Papst und dem König von Sizilien vereinbart.

[115] Hadrian IV. hatte vor seiner Wahl zum Papst als Kardinallegat selbst Erzbischof Eskil das Pallium, das entscheidende Zeichen der erzbischöflichen Würde, überbracht. – Letztlich ging es aber weniger um eine Erhebung von Lund zum Metropolitanbistum, war diese doch zumindest prinzipiell schon 1104 (!) erfolgt, sondern um die 1153 eingeleitete Promotion des dänischen Erzbischofs zum Primas für den gesamten Norden im Zusammenhang mit

Papst zwei Kardinallegaten zum Kaiser (u.a., um sich über die Behandlung Eskils zu beschweren), die im Oktober 1157 auf dem Reichstag in Besançon auftraten. Dort kam es zum Eklat.

In dem von den Legaten überbrachten päpstlichen Schreiben wurde das Kaisertum als *beneficium* bezeichnet, was die mögliche, aber nicht notwendige Übersetzung zuließ, das Kaisertum sei ein vom Papst verliehenes Lehen.[116] Derjenige, der das lateinische Schreiben den versammelten Fürsten in deutscher Übersetzung verlas, war der Kanzler Rainald von Dassel, und der entschied sich für die Konflikt bringende Variante. Mit dieser Deutung verursachte er einen Sturm der Entrüstung bei den Teilnehmern am Reichstag. Einige, unter ihnen der bayerische Pfalzgraf Otto von Wittelsbach, wollten gar die päpstlichen Legaten umbringen.

Der bis dahin gegenüber dem Papst bereits sehr misstrauische Kaiser wurde nun zum Papstgegner. Diese Situation verschärfte sich nach dem Tod Hadrians IV. (1. September 1159), denn bei der zwiespältigen Wahl (5. September) entschied sich Barbarossa naturgemäß für den ihm freundlich gesinnten Kandidaten der Minderheit[117], für Viktor IV.[118] Er tat dies aber erst auf einer von ihm als Kaiser einberufenen Synode in Pavia, die dann im Februar 1160 zusammentrat[119], von der sich

---

dem Ausbau der schwedischen Kirchenorganisation. Dadurch wurde die Frage aufgeworfen, ob der Erzstuhl von Hamburg-Bremen, der zur Reichskirche gehörte, über Skandinavien, Island und Grönland (eventuell auch die Hebriden zuzüglich der Isle of Man) weiterhin eine wie immer geartete Primatialstellung besäße. Diese lag im Interesse des Reiches, aber nicht der römischen Kurie.

[116] Natürlich konnte *beneficium* auch im wörtlichen Sinne "Wohltat" bedeuten, eine Interpretation, auf die sich die Vertreter der Kurie schließlich zurückzogen. Der Auftritt der Legaten beim Reichstag von Besançon wurde in der Forschungsliteratur überaus oft dargestellt und kommentiert. Genannt sei hier: Peter Rassow: Honor Imperii. Die neue Politik Friedrich Barbarossas 1152-1159. München, Berlin 1940 (Neudr. Darmstadt 1961), S. 78-79. – Michele Maccarone: Papato e impero dalla elezione di Federico I alla morte die Adriano IV (1152-1159). (Lateranum, Nova Series. XXV, 1-4.) Rom 1959, S. 158-243. – Grebe, Studien, a.a.O. (wie Anm. 37), S. 38-43. – Walter Heinemeyer: "beneficium – non feudum, sed bonum factum". Der Streit auf dem Hoftag von Besançon 1157. In: Archiv für Diplomatik, Schriftgeschichte, Siegel- und Wappenkunde 15 (1969), S. 159-178. – Odilo Engels: Die Staufer. (Urban-Taschenbücher. 154.) 7. Aufl. Stuttgart [u.a.] 1998, S. 79-80.

[117] Die Wahl in der römischen Peterskirche erfolgte zunächst nicht ohne Turbulenzen. Nach ihrer Verlegung nach Trastevere wurde die Mehrheit für Rolando Bandanelli noch deutlicher. Er wurde dann in Cisterna bei Aricia am 18. September als Alexander III. inthronisiert und zwei Tage später in Ninfa zum Bischof geweiht.

[118] Zu Kaiser und Schisma insgesamt vor dem Hintergrund der reichspolitischen Gegebenheiten: Jochen Johrendt: The Empire and the schism of 1159. In: Pope Alexander III (1159-81). The Act of Survival. Ed. by Peter D. Clarke and Anne J. Duggan. London 2012, S. 99-126. – Zur Situation und Überzeugungen der Alexandriner: 'At last we reached the port of salvation'. The Roman Context of the Schism of 1159. In: Ebenda, S. 51-98.

der französische und englische Episkopat geschlossen fernhielt. Die Bischöfe dieser beiden Länder entschieden dann auf einer gemeinsamen Synode im Oktober 1160 in Toulouse für den Mehrheitskandidaten Alexander III., der als Kardinal Kanzler Hadrians IV. gewesen war und einer der beiden Legaten, die dieser nach Besançon geschickt hatte.[120] Bald waren Barbarossa und sein Gegenpapst isoliert.[121] Außerhalb des Reiches hatte Viktor IV. kaum Anhänger; im Reich zweifelten viele, die es (noch) nicht wagten, gegen den kaiserlichen Willen Alexander III. anzuerkennen, an Viktors Rechtmäßigkeit.[122] Die Verbitterung im Kampf zwischen dem Kaiser und dem Papst nahm zu und erreichte ihren Höhepunkt seit Frühsommer des Jahres 1165, also ein Jahr nach der Dreikönigstranslation.[123]

Der Höhepunkt des Streites wurde durch denselben Erzbischof Rainald veranlasst, dessen Tod später erst das Ende der Hochphase der Auseinandersetzung einleitete. Rainald von Dassel hat ja wenige Tage nach dem Tod des Gegenpapstes (20. April 1164) und wenige Wochen vor dem Aufbruch des Translationszuges nach Köln (10. Juni 1164) den neuen Gegenpapst Paschalis III. wählen lassen (s.o.).

---

[119] Ihr Beginn war ursprünglich für den 13. Januar, den Oktavtag von Erscheinung, angesetzt, aber die Belagerung des hartnäckig verteidigten Crema durch den Kaiser zog sich länger hin als erwartet.

[120] Papst Alexander III., vor seiner Wahl Roland Bandinelli, Kardinal von San Marco, war schon unter Hadrians IV. Vorgänger Eugen III. Kanzler und wichtigster päpstlicher Berater gewesen.

[121] Dass das normannische Süditalien von Anfang an für Alexander eintrat, muss kaum erwähnt werden. Auch Ungarn entschied sich sehr bald geschlossen für Papst Alexander III. In Abständen folgte der Rest Europas.

[122] Öffentlich in diesem Sinne geäußert hatten sich bei der Synode von Pavia nur wenige. – Der erste Metropolit, der sich später offen für Alexander erklärte, war Erzbischof Eberhard I. von Salzburg. Ihm folgte zunächst zögerlich erst ziemlich genau zur Zeit der Dreikönigstranslation – aufgeschreckt durch die Wahl des zweiten Gegenpapstes unter der Regie des Kölner Metropoliten Rainald – Erzbischof Konrad I. von Mainz. Dieser wurde daraufhin, freilich mit erheblicher zeitlicher Verzögerung, von Friedrich Barbarossa abgesetzt. Er floh nach Frankreich und wurde schließlich vom Papst Alexander III. zum Kardinalpriester von San Marcello und dann zum Kardinalbischof von Santa Sabina erhoben. Vgl. Rudolf Hiestand: Konrad von Wittelsbach und Wilhelm von Champagne oder Mainz, Reims und die Kurie am Ende des 12. Jahrhunderts. In: Bischöfe, Klöster, Universitäten und Rom. Gedenkschrift für Josef Semmler (1928-2011). Hrsg. von Heinz Finger und Rudolf Hiestand. (Libelli Rhenani. 41.) Köln 2012, S. 83-139, hier S. 94-96 und 100-106.

[123] Auf dem Reichstag von Würzburg Pfingsten 1165 suggerierte Erzbischof Rainald der Versammlung den Übergang Englands zum Gegenpapst, der nie erfolgte, und bereitete die Stimmung für den durch den Kaiser von jedem Fürsten verlangten Eid, Alexander niemals als Papst anzuerkennen.

b) Westkaiser und Byzantinisches Reich

Das Verhältnis Kaiser Friedrichs I. zum byzantinischen Kaiser Manuel I. (1143-1180) und seinen Nachfolgern [124] hat für diesen nie eine so entscheidende Bedeutung gehabt wie das zur römischen Kurie. Die Entwicklung in den wechselseitigen Beziehungen wies aber gerade in den Jahren vor und nach der Dreikönigstranslation eine besondere Brisanz auf. Ein weiterer Grund, näher darauf einzugehen, besteht auch darin, dass Konstantinopel in allen Dreikönigslegenden und in der Einleitung mancher Translationsberichte eine ganz herausragende Stellung einnimmt.

Auch die Feindschaft mit Byzanz hat Friedrich Barbarossa wie die zum Papsttum nicht geerbt. Sein Onkel und Vorgänger König Konrad III. war zeitweilig mit Kaiser Manuel I. Komnenos verbündet gewesen [125], obwohl ihr Verhältnis zu Beginn des zweiten Kreuzzuges eher von wechselseitiger Ablehnung und Misstrauen geprägt war.[126] Im sogenannten Vertrag von Thessalonike (1148/49) hatten die miteinander verschwägerten Herrscher dann sogar vereinbart, dass im Falle eines gemeinsamen Sieges über die Normannen des Königreichs Sizilien Byzanz wieder Landbesitz im ehemals byzantinischen Italien erhalten sollte.[127] Barbarossa aber stand wohl vom Anfang seiner Regierung an jedem Versuch der Rückeroberung westlicher Gebiete durch Byzanz absolut feindselig gegenüber, obwohl er zunächst die Verhandlungen mit Ostrom weiterführte.

Rekuperationen in Italien waren aber für Kaiser Manuel eines der Hauptziele seiner Politik. Von 1155 bis 1156 und 1167 war er im faktischen Besitz der bedeutenden adriatischen Hafenstadt Ancona als einer Art von Protektorat, besaß also einen Brückenkopf in Mittelitalien. Er fand innerhalb Italiens auch stets – freilich wech-

---

[124] Alexios II. Komnenos (unter der Regentschaft seiner Mutter Xene von Antiochia 1180-1182); Andronikos I. Komnenos (1182-1185), Isaak II. Angelos (1185-1195).

[125] Ferdinand Chalandon: Les Comnène. Études sur l'empire byzantine au XIe et au XIIe siècles. T. II,1. Paris 1912, S. 327-342.

[126] Ralph-Johannes Lilie: Byzanz und die Kreuzzüge. (Urban-Taschenbücher. 595.) Stuttgart 2004, S. 96-97.

[127] Zu den Verhandlungen von Thessalonike und deren Vor- und Nachgeschichte insgesamt: Konrad Josef Heilig: Ostrom und das Deutsche Reich um die Mitte des 12. Jahrhunderts. In: Kaisertum und Herzogsgewalt im Zeitalter Friedrichs I. Studien zur politischen und Verfassungsgeschichte des hohen Mittelalters. Hrsg. von Theodor Mayer. (Schriften Monumenta Germaniae Historica. 9.) Leipzig 1944 (3. unveränderter Nachdruck Stuttgart 1973), S. 1-271, hier S. 159-166. – Vgl. auch Hanna Vollrath: Konrad III. und Byzanz. In: Archiv für Kulturgeschichte 59 (1977), S. 321-365. – Umfassend und alle Aspekte exakt berücksichtigend: Rudolf Hiestand: *Neptis* tua und *factus* Graecorum. Zu den deutsch-byzantinischen Verhandlungen um 1150. In: Deutsches Archiv für Erforschung des Mittelalters 49 (1993), S. 501-555. – Eher volkstümliche Darstellung: Karl Heinz Hegele: Die Staufer und Byzanz. Rivalität und Gemeinsamkeit im Europa des Hochmittelalters. Schwäbisch Gmünd 2009, S. 46-49.

selnde – Bündnispartner.[128] Wie weit deren probyzantinische Sympathien nur taktisch bedingt waren, ist allerdings schwer zu bestimmen.

Hinter der in Einzelheiten flexiblen Italien- und Westpolitik des byzantinischen Kaisers stand letztlich ein stets unveränderter "Großer Plan".[129] Dieser war ganz sicher die höchstrangige politische Leitidee Manuels I. Er, den die staufische Reichsideologie zum "König der Griechen" abqualifizierte, wollte das in Ost und West gespaltene römische Kaisertum in seiner Person wiedervereinigen. Dies konnte nach Lage der Dinge nur auf eine einzige Weise geschehen. Der Papst musste ihm, dem oströmischen Kaiser, das weströmische Kaisertum übertragen.[130] Dies war in Manuels Vorstellung deshalb möglich, weil das Westkaisertum vakant war, da Barbarossa, der derzeitige Träger des Titels, als hartnäckiger Schismatiker unmöglich rechtens Kaiser sein konnte. Bemerkenswert ist, dass auf diese Weise deutlich wird, wie im Denken Manuels (und vielleicht in dem aller Kaiser der Komnenendynastie) das Kaisertum des Westens implizit in einer Weise anerkannt war, die in früheren Zeiten für Byzantiner undenkbar gewesen wäre.[131]

Papst Alexander III., der durchaus nicht mit Kaiser Manuel brechen wollte und ihn auch gelegentlich unterstützte[132], hat sich dessen Sichtweise letztlich nicht zu Eigen gemacht. Zu tief war das römische Misstrauen gegen die ja selbst nach päpstlicher Überzeugung schismatische griechische Kirche. Einige Monate vor der Dreikönigstranslation hat Manuel sein (später wiederholtes) Ansinnen, zum Westkaiser gekrönt zu werden, Papst Alexander III. unterbreitet. Dieser konnte sich aus gutem

---

[128] Darunter waren Genua und Pisa und fast seit seiner Gründung der Lombardenbund. Obwohl Manuel mit Pisa und Genua tendenziell gemeinsam gegen Venedig agierte, kam es auch zu einem zeitweiligen Bündnis mit Venedig (das an die enge Kooperation des 11. Jahrhunderts anknüpfte), dem allerdings 1171 ein in Manuels Regierungszeit nicht mehr heilbarer fundamentaler Bruch folgte. – Zu geringe militärische Stärke ließ kaum eine bewaffnete Intervention zu. Diese erfolgte allerdings in den mittelitalienischen "Marken" an der Adria. Byzantinisches Geld spielte aber insgesamt eine große Rolle. (Für Manuels Ansehen in Italien war auch seine Spende für den Bau des Domes in Pisa nicht ohne Bedeutung.)
[129] Chalandon, a.a.O. (wie Anm. 125),T. II, 2, Paris 1912, S. 555-558.
[130] Er stellte ein solches Ansinnen, nachdem sich Viktors Gegenpapsttum im Reichsgebiet gefestigt hatte, aber im übrigen Europa keine Anhänger fand (vgl. Franz Xaver Seppelt: Geschichte der Päpste. Bd. 3. München 1956, S. 241-242).
[131] Dies passt zur allgemein erkennbaren (relativen) Verwestlichung von Byzanz um die Mitte des 12. Jahrhunderts. (Diese, die auch mit dynastischen Verbindungen der Komnenen mit Westeuropa zusammenhängt, äußerte sich z.B. kulturell in Konstantinopel stattfindenden Turnieren. Soziopolitisch nahm im damaligen Byzanz die Institution der *Pronoia* gewisse Züge eines westeuropäischen Lehens an.)
[132] Der Papst veranlasste 1163 sogar eine byzantinische Gesandtschaft an König Ludwig VII. von Frankreich. Verhandlungsgegenstand war ein umfangreiches Bündnis gegen Barbarossa (ebenda, S. 247).

Grund zu einer solchen Wende, die die Revision Jahrhunderte langer päpstlicher Politik bedeutet hätte, nicht entscheiden. Manuel hat aber im lateinischen Europa großen Eindruck hinterlassen. Alle Dreikönigslegenden lassen ihre Gebeine aus Konstantinopel nach Mailand gelangen. Diese Übertragung wird in die Regierung verschiedener byzantinischer Kaiser datiert. In den populärsten Legendenfassungen trägt dieser Kaiser den Namen Manuel, obwohl der erst zur Zeit der Translation nach Köln regierende Kaiser der erste dieses Namens war.

c) Imperium und "reges provinciarum"

Auch der für Kaiser Friedrich I. so wichtige außenpolitische Bereich seiner Beziehungen zu Frankreich und England (letzteres inhaltlich zutreffender mit dem historischen Kunstbegriff "Angiovinisches Reich" bezeichnet) hat erst nach einigen Jahren seiner Regierung den Charakter eines gespannten Verhältnisses angenommen. Die nach außen nur periodisch zur Schau gestellte Verachtung für die als "Provinzkönige" oder im Diminutiv gar als *reguli* bezeichneten Herrscher Englands und Frankreichs[133] war wohl eine Entscheidung Rainalds von Dassel. Ob ihre Ursache die Verärgerung des Erzbischofs oder taktische Überlegungen waren, sei dahingestellt. Tatsächlich waren sich der Kanzler und sein Kaiser durchaus des politischen und kirchenpolitischen Gewichts beider Reiche in Europa bewusst. Dies belegt das Auftreten des Kölner Erzbischofs als Gesandter in England im Frühjahr 1165. Rainald warb um zwei Königstöchter, eine für den damals noch mit Barbarossa eng verbundenen Herzog Heinrich den Löwen, die andere für den noch nicht einjährigen Sohn des Kaisers. Nur die Ehe mit dem Welfenherzog kam zu Stande. Daher waren die Folgen für das Haus der Staufer letztlich eher negativ. Diese Eheschließung verschaffte den Welfen für Jahrzehnte einen Verbündeten, zumindestens aber einen starken politischen Rückhalt, gerade auch gegenüber den später mit ihnen verfeindeten Staufern.

In einem Punkt war die Behauptung der Superiorität des Reiches gegenüber den westeuropäischen Königen ganz kompromisslos gemeint. Kanzler und Kaiser glaubten wohl allen Ernstes, der Papst sei vor allem der Erste der Reichsbischöfe und habe daher unter den Herrschern der Welt nur einen Partner, nämlich den Kaiser.[134] Auf diesen fundamentalen Irrtum hat sie vor allem der französische König Ludwig VII. aufmerksam gemacht. Er erklärte im Herbst 1162 dem Kölner Erzbischof – Barbarossa war nach einem ersten mehr zufällig missglückten Treffen nicht persönlich

---

[133] Grebe, Studien, a.a.O. (wie Anm. 37), S. 209. – Immerhin hat auch Kaiser Friedrich I. selbst die Bezeichnung *provinciarum reges* gebraucht, als er im September 1162 erklärte, er habe diese, also die westeuropäischen Könige, nur gnadenhalber zu Verhandlungen über die Beendigung des Schisma eingeladen (vgl. Laudage, a.a.O. wie Anm. 46, S. 209).

[134] Vgl. Grebe, ebenda, S. 32-33. – Herkenrath, a.a.O. (wie Anm. 23), S. 13.

erschienen – bei der Grenzortschaft Saint-Jean de Losne[135], ob der Kaiser nicht wisse, dass Christus dem Petrus aufgetragen habe, alle seine Schafe zu weiden, ob er glaube, Frankreichs Bischöfe und Könige seien davon ausgenommen.[136]

2. Die Heiligen Drei Könige und die Kanonisation Karls des Großen

Die Heiligsprechung Karls des Großen war nach der Translation der Dreikönigsreliquien die folgenreichste Tat Rainalds von Dassel. Beide standen in engster Beziehung zueinander, denn nach Rainalds Absicht sollte beides demselben Zweck dienen, der Sakralisierung des Imperiums. Der zeitliche Abstand betrug anderthalb Jahre.

Im zwölften Jahrhundert hatten schon viele Länder Europas einen als Heiligen verehrten ehemaligen König, wenn man so will einen auch politisch nutzbaren Landespatron. Dass ein solcher auch für das Reich erstrebenswert sei, hatte schon Barbarossas Vorgänger Konrad III. erkannt und die lokalen Bestrebungen Bambergs in Bezug auf den kaiserlichen Gründer dieses Bistums gefördert. Damit soll keineswegs behauptet werden, dass dabei nicht auch Konrads echte Frömmigkeit mitwirkte. 1146 erlangte man von Papst Eugen III. eine Kanonisationsbulle für den gewiss frommen Kaiser Heinrich II. (1002-1024).[137] Der heilige Kaiser Heinrich wird bis heute verehrt, aber eine Politisierung seines Kults fand nicht statt. Eine solche wäre aber für Barbarossa und seinen Kanzler Rainald erstrebenswert gewesen.

Bei der Suche nach einem zu den Heiligen Drei Königen zusätzlichen Reichsheiligen bot sich in der damaligen kirchenpolitischen Situation Karl der Große aus mindestens drei Gründen an. Erstens war sein Andenken als das an den ersten Westkaiser und ideellen Stammvater des *Imperium sacrum* politisch-ideologisch besonders nutzbar. Zweitens war die Gelegenheit für seine Kanonisation besonders günstig. Erzbischof Rainald verfügte zur Legitimation der Heiligsprechung über einen vermutlich willfährigen, weil vollständig ohnmächtigen Gegenpapst als legitimierende Autorität. Schließlich war der Kaiser und Frankenkönig Karl auch für

---

[135] Zu den Verhandlungen bei Saint-Jean de Losne insgesamt: Walter Heinemeyer: Die Verhandlungen an der Saône im Jahr 1162. In: Deutsches Archiv für Erforschung des Mittelalters 20 (1964), S. 155-189.

[136] Laudage, a.a.O. (wie Anm. 46), S. 209.

[137] Der Weg zur Heiligsprechung ist dargestellt in: Renate Klauser: Der Heinrichs- und Kunigundenkult im mittelalterlichen Bistum Bamberg. Bamberg 1957, S. 22-68. – Vgl. auch Klaus Guth: Kaiser Heinrich II. und Kaiserin Kunigunde. 2. Aufl. Petersberg 2002, S. 101-104.

Frankreich von größter Bedeutung.[138] Da Karls des Großen Grab in Aachen auf Reichsgebiet lag, war seine Verehrung auch geeignet, eine ideologische Superiorität des Imperiums über Frankreich zu behaupten.[139]

Am 29. Dezember 1165 wurde Karl der Große durch den für das im Bistum Lüttich gelegene Aachen zuständigen Metropoliten, den Kölner Erzbischof Rainald, dort in Aachen heiliggesprochen.[140] Am 8. Januar 1166 ließ Kaiser Friedrich Barbarossa darüber eine Urkunde ausstellen. Diese ist, wenn auch in verfälschter Form, erhalten.[141] In unmittelbarem Zusammenhang zur Kanonisation steht auch die Stiftung des bis heute im Aachener Münster erhaltenen sogenannten Barbarossaleuchters durch den Kaiser. Naturgemäß wurde diese Kanonisation vom rechtmäßigen Papst Alexander missbilligt. Immer wieder wurde daher die Frage nach ihrer Rechtmäßigkeit gestellt. Sie ist trotz vieler und einfallsreicher Rechtfertigungen (bis in die jüngere Zeit[142]) zu verneinen. Nachträglich ist seine Verehrung in Aachen aber gestattet worden. Im Januar 1226 weihte der päpstliche Legat Konrad von Urach, Kardinalbischof von Porto, im Aachener Münster Karl dem Großen einen Altar.[143] Im 17. Jahrhundert war dann die Feier des Karlsfestes in Aachen Gegenstand von Streitschriften.[144] Im 18. Jahrhundert wurde aber die Verehrung Karls des Großen als *beatus* durch Papst Benedikt XIV. in örtlicher Beschränkung ausdrücklich zugestanden.[145]

---

[138] Dies belegen u.a. das bereits um 1100 oder wenig später abgefasste Rolandslied und der indirekte (d.h. nicht an eine förmliche Heiligsprechung gebundene) Karlskult der Königsabtei Saint-Denis bei Paris. Dabei ist allerdings zu berücksichtigen, dass letzterer erst nach der Aachener Heiligsprechung wirklich aufblühte, obwohl er davon wohl nicht unmittelbar profitierte.

[139] Tatsächlich blieb die Tatsache, dass Aachen (bis ins 11. Jahrhundert vom Westfrankenreich mit ganz Lothringien immer wieder einmal beansprucht) schließlich dauerhaft im Reichsgebiet lag, für den französischen Karlskult ein Problem. Wurde doch sogar in der Neuzeit das Bahrtuch der französischen Könige nach deren Bestattung zum Aachener Münster gebracht.

[140] REK II, Nr. 829.

[141] Martin Kneer: Die Urkunde der Heiligsprechung Karls des Großen v. 8. Januar 1166 und ihr Verfasser in der Kanzlei Friedrichs I. (Erlanger Abhandlungen zur mittleren und neueren Geschichte. 6.) Erlangen 1930.

[142] Hauptargument war dabei die an und für sich richtige Erkenntnis, dass Kanonisationen im 12. Jahrhundert zumindest faktisch dem Papst noch nicht reserviert waren. Die Heiligsprechung sei mit der Zustimmung mehrerer Bischöfe erfolgt. Dabei wird dann aber nicht beachtet, dass diese sich zu diesem Zeitpunkt im Schisma befanden und der Bischof von Lüttich erst kurz zuvor vom Schismatiker Rainald geweiht worden war.

[143] Emil Pauls: Die Heiligsprechung Karls des Großen und seine kirchliche Verehrung in Aachen bis zum Schluss des 13. Jahrhunderts. In: Zeitschrift des Aachener Geschichtsvereins 25 (1903), S. 335-354, hier S. 344-346.

[144] Ebenda, S. 335.

[145] Viktor Gielen: Im Banne des Kaiserdoms. Aachen 1978, S. 88. (Dort auch Hinweis auf eine Predigt zum Karlsfest 1978 durch den Aachener Bischof Klaus Hemmerle.)

Im Unterschied zur Dreikönigsverehrung ist der Kult des heiligen Kaisers Karl immer zumeist in dem Maße der Idee des *Imperium sacrum* verbunden geblieben, wie es von Erzbischof Rainald von Dassel geplant war. Wenige Beter werden im Laufe der Jahrhunderte in ihrer persönlichen Not Karl den Großen um Fürsprache angerufen haben. Im Unterschied zu den Heiligen Drei Königen war Karl der Große ein echter Reichsheiliger. Allerdings entwickelte sich der große Frankenherrscher auch als politischer Heiliger zukünftig nicht immer in den von Rainald und seinem Kaiser gewünschten Bahnen. In Reichsitalien wurde sein Ansehen (da man ihn eher als Franzosen denn als Deutschen begriff) von den Guelfen bis ins Spätmittelalter mehr als von den sich (theoretisch) auf die staufische Tradition beziehenden Ghibellinen gepflegt.[146]

Von der Intention Erzbischof Rainalds von Dassel her liegen die Dreikönigstranslation und die Heiligsprechung Karls des Großen sehr nah beieinander. Die Rezeptionsgeschichte und die Wirkung könnten aber kaum verschiedener sein.

3. WEITERFÜHRUNG UND VERÄNDERUNG DES POLITISCHEN TRANSLATIONSZIELS

a) Der vierte König des Dreikönigsschreins

Bei der Wahl König Ottos IV. spielte der Kölner Erzbischof Adolf von Altena nach anfänglichem Zögern die Hauptrolle.[147] Er krönte den Welfen auch am 12. Juli 1198 in Aachen.[148] Dies geschah nicht mit der "echten" Krone, denn diese befand sich im Besitz des staufischen Gegenkandidaten Philipps von Schwaben, der bereits vor Otto von den Stauferanhängern gewählt, aber erst am 8. September mit der echten Krone in Mainz gekrönt wurde.[149] Die Tatsache, dass die Krönung Ottos mit der falschen Krone (und überhaupt mit nachgebildeten Reichsinsignien) erfolgte, wurde in der Historiographie sehr – vielleicht sogar zu sehr[150] – betont. Vor

---

[146] Vgl. Volker Reinhardt: Geschichte von Florenz. München 2013, S. 19.

[147] Hugo Stehkämper: Der Kölner Erzbischof Adolf von Altena und die deutsche Königswahl. In: Beiträge zur Geschichte des mittelalterlichen Königtums (= Historische Zeitschrift, Beiheft 2, NF). Hrsg. von Theodor Schieder. München 1973, S. 5-83. – Ders.: Über das Motiv der Thronstreitsentscheidungen des Kölner Erzbischofs Adolf von Altena 1198-1205. Freiheit der fürstlichen Königswahl oder Aneignung des Mainzer Erstkurrechts? In: Rheinische Vierteljahrsblätter 67 (2003), S. 1-20.

[148] REK II, Nr. 1547.

[149] Coronator war aber nicht der Mainzer Erzbischof, sondern ersatzweise der Erzbischof von Tarantaise aus dem Königreich Arelat ("Niederburgund").

[150] Es ist gewiss richtig, dass die Laien sicher mehr als der Klerus der "Echtheit" der Reichsinsignien, vor allem der Krone, große Beachtung schenkten. Andererseits war aber

allem aber wurde zwischen dem Fehlen der echten Krone und der gewiss politisch motivierten besonderen Dreikönigsverehrung Ottos IV. in der Forschung ein unmittelbarer Zusammenhang gesehen.

Die besondere Indienstnahme des Dreikönigskults für die Legitimierung der eigenen Königsherrschaft zeigte sich in der Tat bei dem von Otto IV. am 6. Januar 1200 in Köln abgehaltenen Hoftag.[151] Er stiftete auf diesem drei Kronen für die Drei Könige und setzte sie wohl selbst den Häupterreliquien auf.[152] Schon Hofmann interpretierte dies mit dem Satz: "Der Welfe gab drei Kronen für eine."[153] Noch deutlicher zeigte sich das Bestreben Ottos IV., der auch reiche Stiftungen an Gold und besonders Edelsteinen für die Vollendung des Schreins gemacht haben soll, die heiligen Könige zu Garanten des eigenen Königtums zu machen, in seiner eigenen Abbildung auf diesem Schrein.

Auf der Vorderseite des Dreikönigsschreins ist seine Statuette den anbetenden Drei Königen als vierte angereiht. In seiner Hand hält er als Geschenk ein Kästchen. Nach traditioneller Deutung (Aegidius Gelenius und andere) übergibt er wie auch einer der Drei Weisen dem Jesuskind Gold, das Symbol der Königsherrschaft. Bemerkenswert ist, dass die Figuren der Drei Könige und die Ottos nicht vergoldet, sondern aus purem Gold verfertigt sind. Dies wird allgemein mit der überreichen Spende Ottos erklärt. In welchem Jahr die Statuette des Königs (und seit 1209 Kaisers) Otto IV. angefertigt wurde, ist nicht bekannt.

Für eine mögliche Datierung muss bedacht werden, dass die Stadt Köln dem am Ende als Herrscher gescheiterten Welfen besonders lange die Treue hielt. Es ist allerdings schwer denkbar, dass die Darstellung Ottos IV. auf dem Dreikönigsschrein eingefügt wurde[154], nachdem Erzbischof Adolf schon zur Partei Philipps

---

das Aufsetzen der Krone gar nicht der wichtigste Teil der Zeremonie, sondern die Salbung und (vielleicht noch mehr) das Weihegebet des Coronators. (Der Coronator, der Erzbischof von Köln, war aber zweifelsfrei bei Otto IV. der Richtige.) Die Königskrönung war also im eigentlichen Sinn eine "Königsweihe". (Das französische *sacre* für die Krönung eines Königs hat diesen Aspekt gut bewahrt.)

[151] REK II, Nr. 1573.

[152] Annales Sancti Trudperti. Ed. Georg Heinrich Pertz. MGH SS 17, S. 285-294, hier S. 292 (dort unter dem Jahr 1199 aufgeführt): *Otto rex Colonie curiam celebrans tres coronas de auro capitibus Trium Magorum imposuit.* – Ob diese Kronen mit denen identisch waren, die 1794, als man den Dreikönigsschrein und die Reliquien nach Arnsberg brachte, spurlos verschwanden, war schon für Floß (a.a.O. wie Anm. 1, S. 95) eine offene Frage.

[153] Hofmann, a.a.O. (wie Anm. 1), S. 305.

[154] Dazu musste die künstlerische Gesamtkonzeption der Stirnseite des Schreins verändert werden. Während überall sonst auf dem Schrein jede Figur in einer eigenen Nische steht, mussten sich nun, um Platz für König Otto zu gewinnen, zwei der Heiligen Drei Könige eine Nische teilen. – Insgesamt zur Darstellung König Ottos auf dem Dreikönigsschrein

Die Anbetung der Könige am Schrein. Hinter ihnen kleiner und ohne Krone Otto IV.

(ohne deren Datierung) vgl. auch in jüngster Zeit Rolf Lauer: Der Schrein der Heiligen Drei Könige. (Meisterwerke des Kölner Doms. 9.) Köln 2006, S. 20.

von Schwaben übergegangen war[155] und bevor er nach der Absetzung durch den Papst durch Erzbischof Bruno von Sayn ersetzt wurde.[156] D.h. zwischen Herbst 1204 und Herbst 1205 wird die Statuette Ottos noch nicht auf dem Schrein angebracht worden sein.

Es hat zumindest den Anschein, als ob Otto IV. sich langfristig um eine Verbindung seines Königtums mit den Drei Königen bemüht. Zu Beginn des Jahres 1209, also vor seiner Kaiserkrönung durch Papst Innozenz III. am 4. Oktober, hielt er wiederum am Dreikönigstag in Augsburg einen Hoftag ab. Nun ist allerdings zu berücksichtigen, dass dieses Datum für Hof- und später Reichstage grundsätzlich wie Hochfeste überhaupt recht beliebt war. Auf eine wahrscheinlich indirekte besondere Dreikönigsbeziehung hat Hofmann aufmerksam gemacht. Im April 1210 hat Otto IV. der Stadt Mailand ein Freiheitsprivileg (*Privilegium Confirmationis Libertatis Communitatis Mediolani*) verliehen. Das entsprechende Dokument wurde dann eigenartiger Weise in der Kirche Sant' Eustorgio, dem früheren Aufbewahrungsort der Dreikönigsgebeine, deponiert.[157]

b) Konrad von Hochstaden, die Drei Könige und eine neue Reichsidee

Unter den so zahlreichen bedeutenden Ereignissen in der Amtszeit des Kölner Erzbischofs Konrad von Hochstaden (1238-1261) ist keines der Erinnerung der Nachwelt so sehr eingeprägt wie die Grundsteinlegung des gotischen Domneubaus 1248 im selben Jahr, in dem Albertus Magnus ein *studium generale* des Dominikanerordens in Köln einrichtete.[158] Traditionell wird der Domneubau als Werk des Domkapitels angesehen. Erzbischof Konrad schien nach Ansicht vieler Historiker bei der feierlichen Grundsteinlegung nur die ihm zustehende zeremonielle Funktion ausgeübt zu haben.[159] Tatsächlich konnte ein Domneubau nicht ohne die Selbstverpflichtung des Kapitels begonnen werden. Da diese in seiner Amtszeit vom Domkapitel nicht zu erlangen war, wurde unter Erzbischof Engelbert I. "dem Hei-

---

[155] Dies geschah endgültig im November 1204.
[156] Gewählt wurde Bruno am 25. Juli 1205, aber er brauchte einige Zeit, sich wenigstens im Zentrum der Erzdiözese durchzusetzen.
[157] Hofmann, a.a.O. (wie Anm. 1), S. 306-307.
[158] Walter Senner: Albertus Magnus als Gründungsregens des Kölner "Studium generale" der Dominikaner. In: Geistesleben im 13. Jahrhundert. Hrsg. von Jan A. Aertsen und Andreas Speer. (Miscellania Mediaevalia. 27.) Berlin, New York 2000, S. 149-169.
[159] Hier sei nur ein besonders deutliches Beispiel für diese Ansicht genannt: Arnold Stelzmann: Illustrierte Geschichte der Stadt Köln. Köln 1958, S. 107: "Wenn Konrad von Hochstaden immer wieder als 'Begründer' des gotischen Doms bezeichnet wird, so entspricht das nicht den Tatsachen."

ligen" der von diesem geplante Neubau nicht in Angriff genommen, obwohl er selbst eine jährliche sehr hohe Spende bindend zusagte.[160]

Für die entscheidende Rolle des Finanzierungsproblems spricht auch, dass die Grundsteinlegung keineswegs im Jahr 1247 erfolgte, in dem das Kapitel den Baubeschluss fasste[161], sondern erst im Folgejahr, in dem es am 13. April einen diesbezüglichen Finanzplan beschloss.[162] Dass der neue gotische Dom im besonderen Grabeskirche der Heiligen Drei Könige sein sollte, steht außer Zweifel. Es wäre aber sachlich falsch, zusätzliche Absichten dabei auszuschließen. Immerhin erfolgte die Grundsteinlegung am Hochfest der *Assumptio Beatae Mariae Virginis*[163] am 15. August. Außerdem bekam der neue Dom neben dem traditionellen Petruspatrozinium ein Marienpatrozinium. Letzteres hatten praktisch alle gotischen Kathedralen Frankreichs, und die französischen Kathedralen waren in baulicher Hinsicht Vorbild für den neuen Kölner Dom[164] in dem in Deutschland noch nicht verbreiteten modernen Stil.

Im neuen gotischen Dom erhielt Konrad sein Grab in der Achskapelle und dies war damit eindeutig sowohl als Stiftergrab konzipiert[165] wie auch in eine Linie mit dem damaligen Standort des Dreikönigsschreins gestellt. Eine im Gegensatz zur allgemein vorherrschenden Meinung durchaus aktive Rolle beim Domneubau unterstellten Konrad von Hochstaden mit Recht Odilo Engels[166] und Franz Reiner Erkens.[167] Dass der Hochstadener eine neue Reichsidee vertrat und dass diese in totalem Widerspruch zu der seines Vorgängers Rainald von Dassel ein knappes Jahrhundert zuvor stand, aber auch er den Dreikönigskult darin integrierte, bedarf einer längeren Ausführung. Zunächst zu seiner Vorstellung von Reich, die eine Folge des Scheiterns der staufischen Reichsideologie war.

---

[160] Caesarius Heisterbachensis: Vita Engelberti. Hrsg. von Fritz Zschaeck. In: Alfons Hilka: Die Wundergeschichten des Cäsarius von Heisterbach. Bd. 3. Bonn 1937, S. 225-328, hier S. 148. – Vgl. Heinz Finger: Die heiligen Bischöfe und Erzbischöfe Kölns. In: Heinz Finger und Werner Wessel: Heilige Kölner Bischöfe. (Libelli Rhenani. 44.) Köln 2013, S. 17-182, hier S. 148.
[161] Belegt ist dies durch den sogenannten Thesaurarvertrag vom 25. März 1247.
[162] REK III, Nr. 1386.
[163] Auch im Mittelalter war die Festbezeichnung Mariä Himmelfahrt (seltener als in der Neuzeit) eine bloß volkstümliche.
[164] Unmittelbares Vorbild war die noch im Bau befindliche Kathedrale von Amiens.
[165] Herbert Rode: Zur Grablege und Grabmal des Erzbischofs Konrad von Hochstaden. In: Kölner Domblatt 44/45 (1979/80), S. 203-222. – Konrads Grab wurde erst im 14. Jahrhundert, vermutlich 1322, in die Johanneskapelle transloziert.
[166] Odilo Engels: Die Stauferzeit. In: Rheinische Geschichte. Hrsg. von Franz Petri und Georg Droege. Bd. 1,3. Düsseldorf 1983, S. 264.
[167] Franz Reiner Erkens: Die Erzbischof von Köln und die deutsche Königswahl. (Studien zur Kölner Kirchengeschichte. 21.) Siegburg 1987, S. 46.

Die autokratische Übersteigerung der monarchischen Autorität und die gleichzeitige Überhöhung des Stauferhauses zum Weltkaisergeschlecht, zu der *prosapia imperialis*[168], fand im *Regnum Teutonicum* wenig innere Zustimmung. Die Fürsten lehnten beides ab, an ihrer Spitze der faktisch mächtigste Reichsfürst, der Erzbischof von Köln. Dies zeigt – schon vor der vollen Ausbildung dieser Theorie vom Weltkaisergeschlecht – die Rolle Adolfs von Altena beim Erbreichsplan Heinrichs VI.[169], die auf ältere Kölner Traditionen bis zum Kampf Erzbischof Friedrichs I. gegen den letzten Salier zurückgreifen konnte.[170] Mit der Ablehnung der Vorstellung vom über den Gesetzen stehenden Kaiser (des *princeps legibus solutus* antiker Tradition) war aber nicht die Ablehnung des Reiches verbunden. Die Reichsidee wurde vielmehr durch ihre Verrechtlichung und Entpersonalisierung möglicherweise sogar gestärkt. Ein Reich mit juristisch definierten *membra imperii* und einem Gefüge kontrollierbarer Rechtsbeziehungen war auch dem Papsttum, das im staufisch interpretierten Kaisertum die Macht des Antichristen erkannte, genehm.

Nichts lag dem Hochstadener ferner als die Absicht, das Reich zu beseitigen. Vielmehr ließ er sich von dem von ihm auf den Thron gebrachten König Wilhelm von Holland (1247-1256) ausdrücklich als in *imperio nobilius membrum*, als "edleres", d.h. durch besonderen Vorrang ausgezeichnetes Glied des Reiches bezeichnen.[171] Erzbischof Konrad begann überhaupt im Zusammenhang mit der Wahl König Wilhelms immer mehr Reichsbewusstsein zu zeigen. Die damals gerade voll entwickelte so genannte "Kölner Theorie", die dem Kölner Erzbischof mit dem Krönungsrecht auch ein Approbationsrecht in Bezug auf den König zusprach[172], hatte eben notwendigerweise ein reichsrechtlich gedachtes Fundament. In letzter Konsequenz setzte sie für das *Regnum Teutonicum* den Kölner Erzbischof an die Stelle, die nach (erst im 14. Jahrhundert wieder angefochtener) kurialer Vorstellung der Papst im *Imperium* einnahm. Es entwickelte sich vorübergehend so etwas

---

[168] Als erster "Chefideologe" der besonderen staufischen Kaiseridee muss Gottfried von Viterbo gelten. – Odilo Engels: Gottfried von Viterbo und seine Sicht des staufischen Kaiserhauses. In: Aus Archiven und Bibliotheken. Festschrift für Raymund Kottje zum 65. Geburtstag. Hrsg. von Hubert Mordek. (Freiburger Beiträge zur mittelalterlichen Geschichte. 3.) Frankfurt a.M. [u.a.] 1992, S. 327-345.

[169] Stehkämper, a.a.O. (wie Anm. 147), S. 77. – Erkens, a.a.O. (wie Anm. 167), S. 25-26.

[170] Rudolf Schieffer: Die Zeit der späten Salier (1056-1125). In: Rheinische Geschichte. Bd. I,3. Düsseldorf 1983, S. 121-198, hier S. 143-144. – Zur umfassenden, langfristig gepflegten und keineswegs nur punktuellen Kölner Tradition der politischen Distanz zum Stauferhaus: Hugo Stehkämper: Konrad von Hochstaden, Erzbischof von Köln (1238-1261). In: Jahrbuch des Kölnischen Geschichtsvereins 36/37 (1962), S. 95-116, hier S. 98. – Bruno Leying: Niederrhein und Reich in der Königspolitik Konrads von Hochstaden bis 1256. In: Vestische Zeitschrift 73/74/75 (1971-73), S. 183-248, hier S. 217-228.

[171] Lacomblet, Urkundenbuch II, Nr. 338.

[172] Erkens, a.a.O. (wie Anm. 167), S. 45-52.

wie ein spezifisch kölnisches Reichsbewusstsein, bei dem der eigene Erzbischof das Reich mehr verkörperte als der König.

Odilo Engels sprach bereits 1983 vom "Willen der Kölner Kirche, das Reich zu repräsentieren".[173] In einer Fortsetzung zum dritten, dem nach 1216 verfassten Kölner Bischofskatalog, wird behauptet, Erzbischof Konrad habe vom Papst das Privileg erhalten, dass der, der vom Kölner Erzbischof zum *Rex Romanus* gewählt und von ihm gesalbt und gekrönt worden sei, solange im unbestreitbaren Besitz des *Imperium Romanum* bleibe, bis er durch ein rechtmäßiges Urteil abgesetzt werde.[174] Bezeichnenderweise wird in einer englischen und damit Konrad von Hochstaden nahestehenden Quelle der Kölner Erzbischof, der ja *archicancellarius per Italiam* war, *sacri imperii protocancellarius* genannt.[175]

Diese besondere kölnische Reichsauffassung war in ausgebildeter Form an das Pontifikat Erzbischof Konrads gebunden.[176] Sie war zwar mit der Betonung des Kölner Krönungsrechts verbunden, erschöpfte sich aber keineswegs darin. Den Kölner Erzbischöfen wollte er ganz grundsätzlich nach einem angestrebten Umbau des Reiches die Führung übertragen, die aber keinesfalls monarchisch sein sollte. Konrads Reichsidee war prinzipiell wenigstens korporativ, auch der Kölner Erzbischof war in die Kollegialität der Kurfürsten eingebunden. Nur sollte dieser einen realen Vorrang haben, also kein bloßer *primus inter pares* sein. Den König wollte Konrad nicht ausschalten, aber in seiner Macht wie auch ebenso eindeutig in seinem Ansehen beschränken. Darin lag keine Hybris, sondern dafür gab es gute Gründe, vor allem durch die Analogie zum päpstlichen Sieg über das von den Staufern übersteigerte Kaisertum. Außerdem stand er hier in einer schon lange zurückreichenden Tradition nicht unbegründeter Kölner Kritik am staufischen Kaisertum.[177] Dieses hatte sich nämlich vom Reich gelöst, wie eine in jüngster Zeit von

---

[173] Engels, Stauferzeit, a.a.O. (wie Anm. 166), S. 260.

[174] Catalogi archiepiscoporum Coloniensium. Ed. Hermann Cardauns. In: MGH SS 24. Hannover 1879, S. 332-367, hier S. 356. – Natürlich wird es ein solches päpstliches Privileg nicht wirklich gegeben haben, aber die Eintragung zeigt mit Sicherheit den Anspruch des Kölner Erzstuhls unter Konrad von Hochstaden.

[175] So Matthäus Paris in seiner *Chronica majora* (vgl.: Erkens, a.a.O., wie Anm. 167, S. 49-50, mit Quellenangabe).

[176] Engelbert (II.) von Valkenburg (1261-1274), Konrads unmittelbarer Nachfolger, gab sie nicht freiwillig auf, hatte aber auf Grund seiner glücklosen Politik keinerlei Gelegenheit, "das Reich zu repräsentieren". Siegfried von Westerburg teilte die Vorstellung Konrads vermutlich in hohem Maße, aber dem Verlierer der Schlacht bei Worringen waren schließlich politisch die Hände gebunden.

[177] Sowohl Erzbischof Philipps von Heinsberg zeitweilige Opposition gegen Kaiser Friedrich Barbarossa wie auch Erzbischof Adolfs von Altena führende Opposition gegen den Erbreichsplan Kaiser Heinrichs VI. sind hier zu nennen. (Die prostaufische Einstellung Erzbischof Engelberts I. hatte sehr enge Grenzen und endete schon vor seinem gewaltsamen

Stefan Weinfurter vertretene, wohl begründete These aussagt.[178] Zwischen dem "Weltkaiser" und der Verfassungswirklichkeit im *Regnum Teutonicum* klaffte eine nicht mehr überbrückbare ideologische Lücke. In dieser Situation entwickelte sich die neue Konzeption vom Reich, die sich hauptsächlich auf das *Regnum Teutonicum* bezog, in Köln ihr Zentrum fand und in ihrer Vollform auf Köln bezogen war.

Der Bauherr des neuen, vor allem für die Dreikönigsreliquien errichteten Doms hat in politischer Hinsicht den größten Kölner Heilsschatz für seine Modifikation der Reichsidee genutzt. Er knüpfte dabei wieder an die Politik Erzbischof Adolfs von Altena an. In der Zwischenzeit war bei Königserhebungen kein Zusammenhang mit den Drei Königen hergestellt worden. Friedrich II. war am 9. Dezember 1212 durch den Mainzer Erzbischof in Mainz gekrönt worden.[179] Der Kölner Erzbischof Adolf von Altena hatte seinen Mainzer Kollegen selbst entgegen dem sonst üblichen unbedingten Festhalten an seinem Krönungsrecht darum gebeten.[180] Derselbe Erzbischof wiederholte die Krönung 1215 in Aachen am Jakobstag (25. Juli).[181]

Tod. Vgl. Heinz Finger: Der hl. Erzbischof Engelbert und die Diskussion über seinen gewaltsamen Tod. In: Annalen des Historischen Vereins für den Niederrhein 216 [2013], S. 17-39, hier S. 19-20.) Diese antistaufische Tradition hat bei den Kölnern auch noch nach den Zeiten Konrads von Hochstaden weitergewirkt. Selbst der eindeutig antikurialistisch eingestellte Kölner Kleriker Alexander von Roes (der viele Lebensjahre in Rom verbrachte) sprach verächtlich vom "Suevorum imperium": *Et ita sub Suevorum imperio potestas et auctoritas imperialis augeri desiit et vehementius decrescere incepit.* Alexander de Roes: Memoriale de prerogativa Romani imperii. In: MGH, Staatsschriften des späteren Mittelalters I. Hrsg. von Herbert Grundmann und Hermann Heimpel. Stuttgart 1958, S. 91-148, hier S. 135. – Über den Kölner Erzbischof als "Königsmacher" analog zum Papst als Konsekrator des Kaisers dachte Alexander von Roes, der immerhin den ghibellinischen (!) Kardinälen aus dem Hause Colonna nahestand, genau wie Konrad von Hochstaden Jahrzehnte zuvor über sich selbst: *Coloniensis archiepiscopus regem Romanorum eligere, sed electum pre omnibus aliis principibus tenetur et debet consecrare, in hoc precurrens pontificis Romani officium, quod regem electum et consecratum canonice in imperatorem consecrat Romanorum* (Ebenda, S. 147). – Zur geistesgeschichtlichen Stellung des Alexander von Roes: Harald Horst: Weltamt und Weltende bei Alexander von Roes. (Libelli Rhenani. 2.) Köln 2002.

[178] Stefan Weinfurter: Das Reich im Mittelalter. Kleine deutsche Geschichte von 500 bis 1500. München 2008, S. 150-180.

[179] Coronator war Siegfried II. von Eppstein (1200-1230), ein zunächst welfisch gesinnter Kirchenfürst. (Friedhelm Jürgensmeier: Pro und Contra: Die Stellung der Erzbischöfe [1160-1249] im Reichsgeschehen. In: Handbuch der Mainzer Kirchengeschichte. Hrsg. von dems. Bd. I, 1. Würzburg 2000, S. 332-346, hier S. 341.)

[180] REK III, Nr. 111.

[181] Jürgensmeier (wie Anm. 179), ebenda.

König Heinrich (VII.)[182] wurde am 8. Mai 1222 durch den Erzbischof Engelbert I. ("den Heiligen") in Aachen gekrönt.[183] Dessen Halbbruder König Konrad IV. wurde 1237 auf Veranlassung seines Vaters Friedrichs II. in Wien gewählt, vermutlich aber nie gekrönt. Der den Staufern von der päpstlichen Partei entgegengestellte König Heinrich Raspe wurde am 22. Mai 1246 in Veitshöchheim gewählt[184], aber in seiner durch den frühen Tod (16. Februar 1247) nicht einmal einjährigen Regierungszeit ebenfalls nicht gekrönt.

Als Konrad von Hochstaden die Königswahl nach dem Tod des vom Mainzer Erzbischof geförderten Heinrich Raspe in die Hand nahm, waren die Heiligen Drei Könige seit etwa einem halben Jahrhundert als Reichsheilige zurückgetreten. Dabei war entscheidend gewesen, dass die Staufer den Dreikönigskult in keiner Weise als konstitutiv für ihre Herrschaftsideologie ansahen. "Bei insgesamt vier Aachener Krönungen an Stauferkönigen (1169, 1206, 1215, 1222) kommt es nur nach einer (1215) zu einem Köln-Besuch, ohne daß dafür eine Dreikönigsandacht als Anlaß gemeldet wird. Die Überlieferung rühmt keine besondere Maßnahme eines Stauferherrschers zugunsten der Heiligen Drei Könige und ihrer Verehrung. [...] Die Sakralisierung des staufischen Herrschertums fand ohne die Heiligen Drei Könige statt; ihre Gebeine spielten bei den herrscherlichen Staatsakten keine ausgezeichnete Rolle."[185]

Umso mehr bot sich daher für Erzbischof Konrad von Hochstaden die Möglichkeit, den Dreikönigskult zu einer besonderen geistlichen Stütze seiner neuen und auf Köln zentrierten Auffassung vom Reich zu machen, wobei das Reich – anders als für die auf Italien fixierten Staufer – wesentlich aus dem *Regnum Teutonicum* bestand. Dies wurde allerdings durchaus als "römisch" aufgefasst. Sein Herrscher war nicht etwa *Rex Teutonicus*, sondern *Rex Romanus*. Wilhelm von Holland wurde am 3. Oktober 1247 in unmittelbarer Nähe Kölns, in Worringen, unter der Regie Erzbischof Konrads gewählt.[186] Am Anfang stand der neue König, den man mit einem sehr weitherzigen Verwandtschaftsbegriff gelegentlich als Neffen Konrads bezeichnet hat, geradezu unter einer Art von "Vormundschaft" des Erzbischofs, von der er sich dann später – nicht zuletzt mit Hilfe des Papstes, dem zwar die

---

[182] Da König Heinrich "der Junge" 1235 durch seinen Vater Friedrich II. abgesetzt (und durch harte Gefangenschaft 1242 in den Tod getrieben wurde), hat der 1308 zum König gewählte Heinrich von Luxemburg die Ordinalzahl VII. übernommen. Die Konvention der Historiker setzt daher die Zählung dieses staufischen Königs in Klammern.

[183] REK III, Nr. 352.

[184] Jürgensmeier, a.a.O. (wie Anm. 179), S. 346.

[185] Hugo Stehkämper: Könige und Heilige Drei Könige. In: Die Heiligen Drei Könige – Darstellung und Verehrung. Katalog zur Ausstellung des Wallraff-Richartz-Museums in der Josef-Haubrich-Kunsthalle Köln. 1. Dezember 1982 bis 30. Januar 1983. Köln 1982, S. 37-50, hier S. 38-39.

[186] REK III, Nr. 1335.

Richtung, nicht aber die Rücksichtslosigkeit der Reichspolitik des Hochstadeners ganz geheuer war – schrittweise zu emanzipieren versuchte.[187] Die Krönungsstadt Aachen stand fest auf staufischer Seite. Der Erzbischof von Köln und sein König hatten die größte Mühe es zu erobern, obwohl der Papst die Aachener exkommunizierte und schließlich sein Legat gegen sie sogar einen Kreuzzug predigen ließ.[188] Erst am Allerheiligenfest 1248 konnte daher die Königsweihe in Aachen stattfinden[189], nachdem die Stadt sich endlich am 18. Oktober ergeben hatte.[190]

Zwei Monate später folgte der große Auftritt des neuen vom Kölner Erzbischof gewählten Königs vor dem Dreikönigsschrein. Am 6. Januar 1249 war Wilhelm von Holland das erste Mal als gesalbter König Verehrer der Heiligen Drei Könige.[191] Am 6. Januar 1251 geschah dies zum zweiten Mal an einem Dreikönigstag.[192] Insgesamt hat Wilhelm in seiner Regierungszeit nicht weniger als neunmal Köln besucht.[193] Wenn er auch zunehmend bemüht war, eine eigenständige Politik zu betreiben und sich nicht seine Einzelentscheidungen vom Kölner Erzbischof vorschreiben zu lassen, in die Grundkonzeption des Hochstadeners vom Reich waren seine eigenen Vorstellungen bis zu seinem gewaltsamen Tod am 28. Juni 1256 in einer regionalen Fehde grundsätzlich integrierbar.

Wie hoch unabhängig von der persönlichen Politik der Kölner Erzbischöfe die Bedeutung der Dreikönigsreliquien allgemein im 13. Jahrhundert eingeschätzt wurde, belegt die Vorstellung, der Grund für den Zug der mongolischen Reiterheere nach Westen sei deren Absicht, die Gebeine der Heiligen Drei Könige in den Orient zurückzuholen. Sie findet sich – freilich als Gerücht – in den "Marburger Annalen".[194]

---

[187] Diese Entwicklung, die schließlich dazu führte, dass Erzbischof Konrad 1255 in Neuss das Haus anzünden ließ, in dem König Wilhelm und der päpstliche Legat übernachteten, war anfangs noch unvorhersehbar.

[188] REK III, Nr. 1383. Vgl. Andreas Büttner: Der Weg zur Krone. Rituale der Herrschererhebung im spätmittelalterlichen Reich. Teilband 1. (Mittelalter-Forschung. 35,1.) Ostfildern 2012. S. 182.

[189] REK III, Nr. 1429.

[190] REK III, Nr. 1427.

[191] Stehkämper, a.a.O. (wie Anm. 185), S. 40.

[192] Bei welchem Besuch die ihm zugeschriebenen Schenkungen gemacht wurden, lässt sich nicht bestimmen.

[193] Johannes Helmrath: Die Stadt Köln im Itinerar der Könige des Mittelalters. In: Geschichte in Köln 4 (1979), S. 51-94, hier S. 81.

[194] MGH SS 17, S. 142-180, hier S. 175: *Dicebant tamen quidam, quod versus Coloniam vellent ire et tres Magos de gente eorum natos ibidem accipere.*

V. Frömmigkeit besiegt Ideologie

1. DIE GRÜNDE FÜR DAS STAUFISCHE DESINTERESSE

Während der Erzbischof Rainald nach der Dreikönigstranslation verbliebenen Lebenszeit von drei Jahren und drei Wochen hat Kaiser Friedrich Barbarossa Köln nur einmal besucht. Dies war anlässlich der Bischofsweihe Rainalds im Oktober 1165.[195] Er wird die Reliquien der Heiligen Drei Könige sicherlich dort verehrt haben, einen Beleg dafür gibt es aber nicht. Rainalds von Dassel Amtsnachfolger Philipp von Heinsberg war von Barbarossa faktisch selbst wie Rainald als Kölner Erzbischof eingesetzt worden. Der Kaiser forderte die Kölner auf, Philipp zu wählen und äußerte in dem betreffenden Schreiben, er kenne niemanden, der Erzbischof Rainald so ähnlich sei.[196] Tatsächlich sollte sich herausstellen, dass diese Äußerung Barbarossas ein krasses Fehlurteil war.[197] Mehr als ein Jahrzehnt lang war Philipp dann immerhin als Kölner Erzbischof ein treuer und überaus nützlicher Gefolgsmann des Kaisers. Erst nach 1180, nach dem gemeinsamen Sieg über Heinrich den Löwen, verschlechterte sich das bis dahin ungetrübte Verhältnis von Kaiser und Erzbischof. Es hatte also noch nichts mit einer Entfremdung zwischen Barbarossa und Philipp von Heinsberg zu tun, wenn der Kaiser bei der Königskrönung seines Sohnes Heinrich durch den Kölner Erzbischof in Aachen am 15. August 1169[198] nicht persönlich anwesend war.

---

[195] REK II, Nr. 822. – Ferdinand Opll: Das Itinerar Kaiser Friedrich Barbarossas (1152-1190). (Forschungen zur Kaiser- und Papstgeschichte. Beihefte zu J.F. Böhmer, Regesta Imperii. 1.) Wien [u.a.] 1978, S. 36. – Zur besonderen, persönlichen Problematik Rainalds in Bezug auf diese Bischofsweihe s.o. Anm. 28.

[196] *Quia non invenimus ei* [i.e. Rainaldo] *similem in toto imperio nostro*, [si] *non solum Philippum cancellarium nostrum.* (REK II, Nr. 906). – Vgl. Heinz Finger: Philipp I. von Heinsberg (1167-1191). In: Manfred Becker-Huberti und Heinz Finger: Kölns Bischöfe von Maternus bis Meisner. Köln 2013, S. 105-110, hier S. 105-106.

[197] Finger, ebenda, S. 106: "Wenn der Historiker rückblickend die Amtszeit der beiden Kölner Oberhirten miteinander vergleicht, wird er diesem Urteil nicht zustimmen können. Als Heerführer war Philipp weniger erfolgreich als Rainald, was für einen Bischof ja keineswegs ein Makel ist. Wenn Rainald bei aller Klugheit dennoch als impulsiver Draufgänger erscheint, so wird man diese Eigenschaft bei Philipp weit weniger finden. Auch Rainalds gelegentlich zur Hybris gesteigerter Hochmut war ihm fremd." – Außerdem sollte sich herausstellen, dass Philipp von Heinsberg auf Grund seiner Überzeugungen ein anderes Verhältnis zum Papsttum entwickelte als Rainald. Um die Mitte der Siebzigerjahre des Jahrhunderts gelang es ihm zeitweilig, es sowohl dem Papst wie dem Kaiser recht zu machen. Er war die treibende Kraft bei der Vorbereitung des 1177 zwischen ihnen geschlossenen Friedens von Venedig.

[198] REK II, Nr. 933.

Bemerkenswert ist aber, dass der junge König (er war vier Jahre alt) offenbar nicht unmittelbar nach der Krönung nach Köln geleitet wurde, um die Dreikönigsreliquien zu verehren, was sehr nahe gelegen hätte und später für jeden in Aachen gekrönten König fester Brauch wurde. Jedenfalls ist darüber nichts überliefert, und in diesem Fall ist das Übergehen eines solchen Ereignisses in den Quellen, die über die Krönung berichten[199], schwer zu erklären. Im Juni 1171 hielt sich Barbarossa in wichtigen Angelegenheiten in Köln auf.[200] Erzbischof Philipp erscheint als Zeuge in einer dort am 24. Juni ausgestellten kaiserlichen Urkunde.[201] Von einer – diesmal sicher anzunehmenden – Dreikönigsverehrung Barbarossas schweigen die Quellen wiederum.

Barbarossa hat Köln vielleicht noch einmal 1174 besucht. Er hielt sich im Frühjahr jenes Jahres am Niederrhein auf, ein Aufenthalt in Köln ist aber nicht belegt. Dies ist umso bemerkenswerter, weil er das Osterfest (24. März 1174) mit großer Feierlichkeit in Aachen beging und anschließend nacheinander die Kaiserpfalz in Nijmegen und das Reichsgut in Sinzig besuchte.[202] Eine Reise von Nijmegen nach Sinzig ist eigentlich schwer vorstellbar, ohne Köln zu berühren. Sie war ja tatsächlich nur auf dem Rhein oder vielleicht – da stromaufwärts – unmittelbar seinem Ufer folgend denkbar.

Selbst, wenn man eine Kette von Überlieferungszufällen annimmt, bleibt der Eindruck, dass Friedrich Barbarossa weder eine besondere Vorliebe für Köln hatte noch ein besonderer Verehrer der Dreikönigsreliquien war. Am schwersten für ein solches Urteil wiegen dabei zwei Tatsachen: Erstens Kaiser Friedrich hat offenbar nicht veranlasst, dass sein Sohn nach der Aachener Krönung den Heiligen Drei Könige seine besondere Reverenz erwies. D.h., er sah in ihnen wohl keine wichtigen "Reichsheiligen". Zweitens seine relative Distanz zu Köln und den Dreikönigsreliquien lässt sich nicht damit begründen, dass er ein schlechtes Verhältnis zum Kölner Erzbischof hatte. Die Anzeichen für diese Distanz fallen nämlich bereits in die Zeit vor seinem Zerwürfnis mit Erzbischof Philipp von Heinsberg, ja selbst in die Jahre des besten Einvernehmens der beiden.

Kaiser Heinrich VI. soll während seiner Regierungszeit (1189-1197) nie in Köln gewesen sein[203], obwohl er Aachen mehrmals besuchte und obwohl er zu Erzbischof Philipp ein besseres Verhältnis hatte als sein Vater und Vorgänger in dessen letzten Jahren. Heinrich hatte z.B. durch seine Vermittlung Philipp von Heinsberg

---

[199] Es sind ausschließlich Kölner Quellen (ebenda).
[200] Opll, a.a.O. (wie Anm. 195), S. 53. Es ging vor allem um die Versöhnung des Kaisers mit den Bürgern von Köln. Dort wurden aber auch Verhandlungen mit Byzanz geführt.
[201] Die Urkunde an sich war von weniger großer Bedeutung (vgl. REK II, Nr. 954). Es war nur die Bestätigung eines Privilegs Konrads III. für das Regularkanonikerstift von Springiersbach.
[202] Vgl. Opll, a.a.O. (wie Anm. 195), S. 60.

davon abgehalten, provokativ den Hoftag in Mainz 1184 (das "Mainzer Fest") zu verlassen. Nach Barbarossas Tod gelang es Erzbischof Philipp dann Heinrich VI. auf dessen Wunsch mit Heinrich dem Löwen zu versöhnen. Philipp handelte auch mit Papst Cölestin III. die Konditionen für Heinrichs VI. 1191 in Rom erfolgte Kaiserkrönung aus. Worin liegen also die wirklichen Gründe für das staufische Desinteresse am Dreikönigskult, das sich unter König Philipp von Schwaben und Kaiser Friedrich II. fortsetzte?

Einer wurde in anderem Zusammenhang und ohne Bezug zur hier gestellten Frage bereits leicht angedeutet.[204] Die von ihren Kritikern als geradezu blasphemisch empfundene Überhöhung des Stauferhauses zum Weltkaisergeschlecht ließ die Indienstnahme des Dreikönigskultes für die Reichsideologie überflüssig erscheinen. Ja in gewisser Weise war eine solche Instrumentalisierung sogar kontraproduktiv. Ein Kaiser, den der von Rainald geförderte Archipoeta als "Herrn der Welt" (*mundi domine*) anredet[205] und der im *Ludus de Antichristo*[206] zum eschatologischen Endkaiser wird, muss sich nicht wie der Welfe Otto IV. als vierter König demütig dem Zug der *Reges Magi* anschließen. Freilich wird man bei der Interpretation der den Kaiser verherrlichenden Formeln vorsichtig sein müssen.[207] Dennoch bleibt bestehen, dass die Staufer mehr noch als die Welfen zu einer keineswegs unproblematischen Überhöhung der Herrschaftsvorstellung neigten.[208]

---

[203] Stehkämper, Könige, a.a.O. (wie Anm. 185), S. 38 mit Berufung in Anm. 27 auf: Peter Thorau: Kaiser Heinrich VI. Karte der Aufenthaltsorte 1189-1197. In: Die Zeit der Staufer. Geschichte – Kunst – Kultur. Ausstellungskatalog. Bd. IV. Stuttgart 1977, Karte V.

[204] S. o. Anm. 168.

[205] Vgl. Odilo Engels: Friedrich Barbarossa im Urteil seiner Zeitgenossen. In: Stauferstudien. Beiträge zur Geschichte der Staufer im 12. Jahrhundert. [Erstveröffentlichung in italienischer Sprache unter dem Titel "Federico Barbarossa nel giudizio dei suoi contemporanei" in: Annali dell' Instituto storico italo-germanico 10, 1982, S. 45-81.] Hrsg. von Erich Meuthen und Stefan Weinfurter. Sigmaringen 1988, S. 225-245, hier S. 231.

[206] In diesem wird der Endkaisermythos im staufischen Sinne gedeutet. Eine davon teilweise abweichende Interpretation findet sich freilich bei: Hans-Dietrich Kahl: Der sog. "Ludus de Antichristo" (De Finibus saeculorum) als Zeugnis frühstaufischer Gegenwartskritik. In: Mediaevistik 4 (1991), S. 53-148.

[207] Hierzu Engels, a.a.O. (wie Anm. 205). – Hermann Jakobs: Weltherrschaft oder Endkaiser? Ziele staufischer Politik im ausgehenden 12. Jahrhundert. In: Die Staufer im Süden. Sizilien und das Reich. Hrsg. von Theo Kölzer. Sigmaringen 1996, S. 13-28. – Eine starke Relativierung der Bedeutung Gottfrieds von Viterbo für die staufische Reichsideologie vertritt: Gerhard Baaken: Zur Beurteilung Gottfrieds von Viterbo. [Erstveröffentlichung in Festschrift Löwe. Hrsg. von Karl Hauck und Hubert Mordek. Köln, Wien 1978, S. 373-396.] In: Ders.: Imperium und Papsttum. Köln [u.a.] 1997, S. 159-180.

[208] Damit soll nicht bestritten werden, dass auch die Preislieder Walters von der Vogelweide im "Ottenton" extreme Formulierungen gebrauchen. Es hat eben niemals eine speziell staufische oder welfische Weltanschauung gegeben. Zum häufigen Wandel in der Bewertung von Staufern und Welfen durch die Nachwelt: Werner Hechberger: Bewundert –

Ein zweiter, mindestens ebenso gewichtiger Grund für das fehlende staufische Interesse am Dreikönigskult lag gewiss in der Tatsache, dass sich in Köln sehr bald eine ebenso fromme wie volkstümliche Verehrung der *Reges Magi* entwickelte, die gegen eine politische Instrumentalisierung weitgehend immun war, wenn die ideologische Indienstnahme auch später noch von Erzbischöfen wie Konrad von Hochstaden (s.o. S. 60-66) unter neuen Vorzeichen versucht wurde. Der am Ende rein religiös motivierte Kult zeigte sich in einem Wallfahrtsbetrieb, der Köln in eine Reihe mit den bedeutendsten Pilgerzielen der Christenheit stellte.

2. Die Köln-Wallfahrt im Zusammenhang der großen Wallfahrten

a) Die Dreikönigswallfahrt im Kontext der Fernwallfahrten (Jerusalem, Rom, Santiago)

Die mittelalterlichen Wallfahrten zu den großen Pilgerzielen stellten jede für sich fast einen besonderen Typ von Pilgerfahrt dar. Es ist also nicht damit nicht getan, Köln in diesen Kreis einzufügen, ohne seine besondere Eigenart darin zu bestimmen. Das höchste Ziel für Wallfahrer war eigentlich Jerusalem mit Bethlehem und den anderen Heiligen Stätten Palästinas. Das Heilige Land war aber schwer zu erreichen und die Reise dorthin gefahrvoll. Dies galt auch für die Zeit, in der die Translation der Dreikönigsreliquien stattfand und zu der Palästina auf Grund der vorübergehenden Existenz der Kreuzfahrerstaaten relativ leichter als vorher und nachher zu erreichen war. Es ist davon auszugehen, dass ein nicht geringer (aber nicht genau bestimmbarer) Teil der Pilger von einer solchen Pilgerfahrt nicht zurückkehrte. Dafür gab es zwei Gründe. Es gab durchaus Christen im Mittelalter wie schon in der Spätantike, die gar nicht die Absicht hatten, aus Palästina in ihre Heimat zurückzukehren, sondern dort bis zu ihrem Tode geblieben sind, weil sie dort an heiliger Stätte ihr restliches Leben religiösen Übungen weihen wollten. Noch größer war die Gruppe derer, die auf dem Hin- oder Rückwege durch Entbehrungen oder Krankheiten zu Tode kamen.

Not und Gefahren auf der Jerusalemfahrt und auf anderen großen Fernwallfahrten forderten geradezu besondere Pilgerpatrone. Diese fanden die Christen des Mittel-

---

instrumentalisiert – angefeindet. Staufer und Welfen. Hrsg. von Werner Hechberger und Florian Schuller. Regensburg 2009, S. 216-238. – Gänzlich unsinnig erscheint mit Recht in der heutigen Forschung ein älterer Ansatz, der allen Ernstes von Ghibellinentum und Guelfentum mit ideologischer Grundlage auch in Bezug auf die Verhältnisse nördlich der Alpen sprach. Als Beispiel sei genannt: Arthur Diederichs: Staufer und Welfen. (Beiträge zur mittelalterlichen, neueren und allgemeinen Geschichte. 10.) Jena 1943.

alters besonders in den Heiligen Drei Königen. (Neben diese traten natürlich auch andere Patrone, die wie die Weisen aus dem fernen Morgenland unabhängig vom Ziel der Pilgerreise ausgewählt wurden.) So stellte sich der durch den ausführlichen Bericht über seine große Pilgerreise bekannte Jülicher Ritter Arnold von Harff vor Antritt seiner Fahrt unter den besonderen Schutz der Heiligen Drei Könige.[209] Die Anrufung der Drei König war fester Bestandteil des (nicht ausschließlich für Pilger bestimmten) kirchlichen Reisesegens. In der spätmittelalterlichen Votivmesse für Reisende entsprach die Evangelienperikope der des Erscheinungsfestes.[210]

Rom und Santiago waren leichter zu erreichen als Jerusalem, aber auch diese waren für die meisten Pilger Ziele aufwendiger Fernwallfahrten. Für die Gläubigen des Mittelalters gehörten – anders als für Christen von heute – Rom und Santiago als Gnadenorte im Grunde zwar keineswegs demselben, aber einem ähnlichen Typ an. In beiden Fällen, nicht nur in Santiago, ging es um Apostelgräber. Gewiss reisten viele, vor allem Kleriker, aber auch Laien nach Rom als dem Sitz des Papstes und der Kurie. Sie suchten dort Privilegien oder Indulte zu erlangen. Die eigentlichen Pilger aber wollten vor allem an den Gräbern der Apostelfürsten Petrus und Paulus beten, sie kamen nicht wie in späterer Zeit besonders deshalb, weil sie den Heiligen Vater sehen oder den Zentralort der Weltkirche besuchen wollten. Der Unterschied zwischen Rom und Santiago de Compostela bestand darin, dass Rompilger neben den Apostelgräbern zahlreiche andere Stätten, vor allem auch alle anderen offiziellen Hauptkirchen, besuchten, die Santiago-Wallfahrt aber punktuell auf das Jakobusgrab ausgerichtet war.

Mit der Dreikönigswallfahrt nach Köln hatte das Pilgern nach Rom und Santiago wie vor allem die Jerusalemfahrt gemeinsam, dass es sich um religiöse Reiseziele handelte, die unmittelbaren Bibelbezug hatten. Außerdem waren in Köln wie in Rom und in Santiago das Grab bzw. die Gebeine der Heiligen Zentrum der Wallfahrt.[211] Dadurch unterschieden sie sich von den großen Marienwallfahrtsorten, die trotz keineswegs geringerer Marienverehrung im Mittelalter nicht ganz so bedeutend waren wie in der neueren Zeit.

Für Pilger aus Nordeuropa und von den britischen Inseln wurde die Köln-Wallfahrt häufig mit der Rom- oder Santiago-Wallfahrt, viel seltener mit beiden, in einer Reise kombiniert. Alle drei Wallfahrtsziele waren entsprechend ihrer religiösen

---

[209] Torsy, a.a.O. (wie Anm. 4), S. 80. (Die Tatsache, dass Vieles im Bericht des Ritters erdichtet ist, hat im Zusammenhang hier keine Bedeutung.)

[210] Adolph Franz: Die Messe im Deutschen Mittelalter. Beiträge zur Geschichte der Liturgie und des religiösen Volkslebens. Freiburg i.Br. 1902 (Nachdruck: Darmstadt 1963), S. 216.

[211] Auf die Problematik, dass man in Rom im Mittelalter zwar auf die Gräber, aber nicht eigentlich auf die Reliquien der Apostelfürsten verweisen konnte, ist hier nicht einzugehen.

Bewertung in der Volksfrömmigkeit in etwa gleichrangig. Dennoch galt die Pilgerfahrt zum heiligen Jakobus – vermutlich auf Grund der peripheren und abgelegenen Lage von Compostela innerhalb der europäischen Christenheit – als die ihrer Leistung entsprechend angesehenste. Wie hoch aber auch die Kölner Wallfahrt eingeschätzt wurde, belegt die schon für das 13. Jahrhundert berichtete Pilgerfahrt eines Custos der Kathedrale von Santiago nach Köln.[212] Für die mittelalterlichen Christen Deutschlands, Nordfrankreichs und der Niederlande waren die Pilgerfahrten nach Jerusalem, Rom und Santiago, wenn auch in abgestufter Weise, insgesamt sehr beschwerliche weite Wallfahrten, die nur aus großer Frömmigkeit oder zur Abbüßung einer schweren Schuld übernommen wurden.

b) Dreikönigswallfahrt und Aachener Heiligtumsfahrt

Die Kölner Dreikönigswallfahrt stand für die Pilger aus Zentraleuropa unter gänzlich anderen, sehr verschiedenen Bedingungen. Am ehesten war sie mit der Aachener Heiligtumsfahrt zu vergleichen und wurde auch, wenn es sich ergab – letztere fand nur alle sieben Jahre statt – gerne mit dieser verbunden.

Die Kölner Dreikönigswallfahrt ist älter als die Aachener Heiligtumsfahrt. Sie begann wohl schon bald nach der Überführung der Dreikönigsgebeine nach Köln[213], während die Aachen-Wallfahrt erste zu Beginn des 14. Jahrhunderts entstand[214], obwohl der Kernbestand des Aachener Reliquienschatzes auf die Zeit Karls des Großen zurück geht.[215] Erst als im späteren Mittelalter ein zunehmendes Schaubedürfnis der Gläubigen im Zusammenhang mit einem allgemeinen Wandel der Frömmigkeitsformen zum Zeigen der zuvor stets im Schrein verschlossenen Reliquien führte, entwickelte sich die Aachener Heiligtumsfahrt. Etwa gleichzeitig

---

[212] Floß, a.a.O. (wie Anm. 1), S. 121-122. – Floß hat die gesamte "Relatio de tribus magis", S. 116-122 nach der Handschrift in der Königlichen Bibliothek in Den Haag abgedruckt. Zu dieser wird noch 2014 eine Untersuchung von Clemens Bayer (Bonn) erscheinen, die mir der Autor vorab freundlich zugänglich machte. Nach den von Bayer bestätigten Forschungen von Konrad Bund und Ed [Edward Teunis] van der Vlist ist das Manuskript nicht in Köln, sondern im Zisterzienserkloster Cambron im Hennegau entstanden. Eine textkritische Ausgabe der "Relatio" steht noch aus.

[213] Bereits 1204 soll bereits ein armenischer Bischof nach Köln gekommen sein, um die Weisen zu verehren (Torsy, a.a.O., wie Anm. 4, S. 55). – Zwei Kölner Pilgerzeichen werden sogar ins 12. Jahrhundert datiert. Vgl. Edith Meyer-Wurmbach: Kölner "Zeichen" und "Pfennige" zu Ehren der Heiligen Drei Könige. In: Kölner Domblatt 23/24 (1964), S. 205-292, hier S. 207 und 261.

[214] Sie ist seit 1312 nachweisbar. Dieter P.J. Wynands: Die Aachener Heiligtumsfahrt. Kontinuität und Wandel eines mittelalterlichen Reliquienfestes. Siegburg 1996, S. 10.

[215] Ebenda, S. 9.

Hermann Crombach: Historia Trium Regum Magorum.
Köln 1654. Titelblatt des Gesamtwerkes.
Diözesan- und Dombibliothek: Ae 552

Hermann Crombach: Historia Trium Regum Magorum.
Köln 1654. Titelblatt von Tom. III.
Diözesan- und Dombibliothek: Ae 552

wird man in Köln den Beginn der Öffnung des Dreikönigenschreins an besonderen Verehrungstagen ansetzen können.

Während die Verehrung der Heiligen Drei Könige in Köln sozusagen ganzjährig und in allen Jahren möglich war, fand die Zeigung der Aachener Heiligtümer vom 17. bis 24. oder 25. Juli nur alle sieben Jahre statt. Dieser feste Turnus von sieben Jahren besteht (jedenfalls im Prinzip) seit 1349.[216] Zumindest die von weither kommenden Pilger haben dann immer auch den Dreikönigsschrein in Köln besucht.[217] Dabei kamen dann besonders auch Tschechen und Ungarn in besonders großer Zahl zum Dreikönigsschrein nach Köln. Anders als für die kontinuierlich stattfindende Köln-Wallfahrt, zu der natürlich auch in allen Jahren Pilger aus diesen Nationen aufbrachen, stellten Tschechen und vor allem Ungarn bei der Aachener Wallfahrt einen besonders großen Anteil unter den Pilgern.[218] Die Ungarnkapelle im Aachener Münster erinnert noch heute daran. Die Wallfahrer zum Kölner Dreikönigsschrein kamen schon um 1300 weitgehend unterschiedslos aus den verschiedensten Ländern, wenn auch vielleicht die Westeuropäer, Franzosen und Bewohner der britischen Inseln und der iberischen Halbinsel, in der Mehrzahl waren.[219]

c) Verbindung zu weiteren rheinischen Wallfahrtsorten

Die Verbindung der Köln-Wallfahrt mit dem Besuch von anderen rheinischen Wallfahrtsorten als Aachen ist ebenfalls nachweisbar. Es lag eben nahe, mit dem Aufwand einer großen Pilgerreise so viel Gnade wie irgend möglich zu erlangen. Alle diese Orte waren im Rang der Wallfahrtsstätten Köln untergeordnet. Nicht selten war das Bestreben insgesamt, einschließlich dem Hauptziel Köln, sieben Wallfahrtsorte zu besuchen. Darunter waren u.a. Remagen, das schon historisch durch die Geschichte der Translation des heiligen Apollinaris mit dem Dreikönigsschrein verbunden schien, aber auch Neuss mit dem Quirinusschrein und zeitweilig Düsseldorf, das am Ende des 14. Jahrhunderts kurzfristig zu einem bedeutenden Wallfahrtsort avancierte, ein Zustand, der allerdings nicht von Dauer war.[220] Ein weiterer, eher ephemerer rheinischer Wallfahrtsort, mit dessen Besuch die Fernpil-

---

[216] Dieter [P.J.] Wynands: Zur Geschichte der Aachener Heiligtumsfahrt. In: Birgit Lermen und ders.: Die Aachenfahrt in Geschichte und Literatur. Aachen 1986, S. 7-31, hier S. 16.
[217] Vgl. Erich Stephany: Der Zusammenhang der großen Wallfahrtsorte an Rhein – Maas – Mosel. In: Kölner Domblatt 23/24 (1964), S. 163-179.
[218] Wynands, a.a.O. (wie Anm. 212), S. 13.
[219] Vgl. Torsy, a.a.O. (wie Anm. 4), S. 53.
[220] Heinz Finger: Neuss und Düsseldorf als Wallfahrtsorte. In: Heiligenverehrung und Wallfahrten am Niederrhein. Hrsg. von Dieter Geuenich. (Schriftenreihe der Niederrhein-Akademie / Academie Nederrijn. 6.) Essen 2004, S. 119-131.

ger die Siebenzahl erreichten, war Gräfrath (heute Stadtteil von Solingen) im Herzogtum Berg.[221] Mit der Siebenzahl zusammenhängend ist die Bezeichnung "Römerfahrt" (*Romesche fart*) für die fromme Gesamtunternehmung.[222] Der Besuch von genau sieben Wallfahrtsstätten erinnert an die Siebenzahl der im Heiligen Jahr in Rom unbedingt zu besuchenden Hauptkirchen. Dies legt den Schluss nahe, dass der um den Besuch am Dreikönigsschrein zentrierte Wallfahrtskomplex mit einem Ablass ähnlich dem Jubiläumsablass der Rompilger im Heiligen Jahr ausgestattet war.

Mit der Heiligtumsfahrt zum Heiligen Rock nach Trier, die erst an der Schwelle zur Neuzeit begann, ergaben sich kaum Beziehungen zur Dreikönigswallfahrt. Vor der ersten Ausstellung, der am 3. Mai (Fest Kreuzauffindung) des Jahres 1512, gab es praktisch keine große auf diese Herrenreliquie bezogene Wallfahrt, und zunächst wurde dann deren Echtheit ja auch in Trier selbst bestritten.[223] Im Mittelalter war die später so hoch verehrte *tunica Christi*, die bis 1512 in einem Altar eingemauert gewesen war, mit geringen zeitlichen Ausnahmen wenig beachtet worden. Den Anstoß zu Ausstellung gab der massiv vorgetragene Wunsch des auch bei der Kölner Dreikönigswallfahrt sehr engagierten Kaisers Maximilian I.

Nachdem die Heiligrockwallfahrt etabliert und seit 1517 dem Siebenjahresrhythmus der Aachener Heiligtumsfahrt synchron angepasst worden war[224], geriet bald schon die Dreikönigswallfahrt in eine durch die Reformationszeit bedingte Krise, die um die Jahrhundertmitte bekanntlich indirekt zur Einstellung des Kölner Dombaus führte.

3. KÖNIGE UND FÜRSTEN ALS PILGER

Die unpolitische, ganz religiöse Entwicklung, die der Dreikönigskult nahm, zeigt sich nicht zuletzt auch in den Besuchen pilgernder Könige und Fürsten beim Dreikönigsschrein, bei denen eine unmittelbare Instrumentalisierung dieses Kultes für politische Zwecke nicht erkennbar ist. Nun wird man sicher bei jedem öffentlichen

---

[221] Cornelia Herbers: Die Mirakelberichte des *monasterium S. Mariae* in Gräfrath. (Libelli Rhenani. 18.) Köln 2007, S. 78-81. – Die Wallfahrt nach Gräfrath galt den dortigen Reliquien der heiligen Katharina von Alexandrien.
[222] Finger, a.a.O. (wie Anm. 220), S. 126.
[223] Vgl. Heinz Finger: Humanistische Geschichtsschreibung im Rheinland des 16. Jahrhunderts. In: Düsseldorfer Jahrbuch 67 (1996), S. 185-218, hier S. 189. – Zur Vorgeschichte und Geschichte der ersten Zeigung des Heiligen Rocks: Bernhard Schneider: Sinnbild des Anfangs und Vollendung. Kurze Geschichte des Heiligen Rocks und seiner Verehrung in Trier. Trier 2009, S. 7-83, hier S. 27-33.
[224] Schneider, ebenda S. 35.

Auftritt von Herrschern die Politik nicht ganz ausschließen können, aber sie erschöpfte sich dabei im zeremoniellen Umfeld, direkte Intentionen verbanden sich nicht damit. Was allerdings einschränkend zu den königlichen und fürstlichen Pilgern zu sagen ist, betrifft die Tatsache, dass sie sich oft aus wallfahrtsfremden Gründen bereits nach Köln oder in dessen Nähe begeben hatten. Dies trifft aber keineswegs in allen Fällen zu.

In chronologischer Folge stellen sich die bedeutendsten dieser Besuche wie folgt dar[225]: 1322 erschien König Edward II.[226], 1338 König Edward III. von England. 1363 kam der König von Zypern Peter von Lusignan. In den Jahren 1364 und 1475 waren jeweils dänische Könige unter den Pilgern. Unter den fürstlichen Besuchen sind der des portugiesischen Infanten Pedro (in der Kölner Lokaltradition auch als König bezeichnet) 1426 und Herzog Philipps des Guten von Burgund im Jahre 1440 hervorzuheben. Nicht persönlich erschien König Ludwig XI. von Frankreich. Dieser stiftete aber im Juni 1482 den Heiligen Drei Königen ein Geldgeschenk von 3.000 Livres.[227] Dies geschah mit Sicherheit nicht als große Geste aus politischer Berechnung, sondern als Dank an die heiligen Weisen wegen seiner geglückten Rekuperationen aus dem burgundischen Erbe für die französische Krone.[228]

Bei den Besuchen der römisch-deutschen Kaiser und Könige des späten Mittelalters (wie z.B. durch den Wittelsbacher Ruprecht und den Luxemburger Sigismund) und der frühen Neuzeit (durch Habsburger) sollte man sich über die persönliche Intention der Herrscher nicht durch für solche Auftritte aus dem Früh- und Hochmittelalter überkommene Rituale täuschen lassen. In diesen kamen oft formelhaft Vorstellungen über das Königsamt zum Ausdruck, die schon zur Zeit der Dreikönigtranslation theologisch veraltet waren. Sie täuschten eine Ansicht von der religiösen Sendung des Herrschers als *rex et sacerdos* vor, die längst obsolet war. Nur

---

[225] Ausführliche Darstellung: Torsy, a.a.O. (wie Anm. 4), S. 55-56. – Stehkämper, Könige, a.a.O. (wie Anm. 185), S. 40-45. – Eine knappe übersichtliche Zusammenfassung gibt: Hofmann, a.a.O. (wie Anm. 1), S. 134-135: "König Eduard II. von England nach 1322; König Eduard III. von England 1338; König Peter von Cypern 1363; König Waldemar [IV.] Atterdag von Dänemark 1364; Dom Pedro, Sohn des Königs von Portugal am 24. Februar 1426; König Christian I. von Dänemark am 6. Januar 1475. Andere angesehene weltliche Persönlichkeiten: Herzog Philipp der Gute von Burgund 1440; [...] Anna von Österreich, Tochter Maximilians II. und künftige Gemahlin Philipps II. von Spanien, 1570; Herzog und Herzogin von Lothringen am 6. bzw. 24. Mai 1599."

[226] Eigentümlicherweise gibt es über diesen nicht zu bezweifelnden königlichen Besuch keine erhaltene Kölner Lokaltradition.

[227] Text der Schenkungsurkunde ediert bei: Floß, a.a.O. (wie Anm. 1), S. 129-132.

[228] Diese, die vor allem das Stammland des Hauses Valois-Bourgogne, das Herzogtum Burgund, und die strategisch wichtige Picardie betrafen, wurden zwar erst durch den Frieden von Arras im Dezember 1482 diplomatisch abgesichert, waren aber im Juni des Jahres bereits faktisch gewonnen.

bei ahistorischer Betrachtung wird man also daraus eine noch bestehende Politisierung der Dreikönigenverehrung ableiten können.

In den Bereich persönlicher Frömmigkeit wird man daher auch die intensive Dreikönigsverehrung durch Kaiser Friedrich III. und seinen Sohn Kaiser Maximilian I. (auch schon als Römischer König) einordnen müssen. Ihr persönlicher Dreikönigskult ging weit über das hinaus, was mit dem traditionellen Besuch der Reliquien in Köln nach der Aachener Krönung herkömmlich zeremoniell verbunden war. Als Kaiser Maximilian am 1. Juli 1494 nach einem fast zweiwöchigen Besuch Köln verließ, verabschiedete er sich eigens im Dom von den Drei Weisen.[229] Auch Maximilians Enkel Kaiser Karl V. scheint eine über die Konvention hinausgehende besondere Verehrung für die Heiligen Drei Könige gepflegt zu haben. Nach seinem Sieg im Geldrischen Krieg stiftete er bei einem persönlichen Besuch im Dom am 13. Januar, dem Oktavtag von Epiphanie, eine Votivtafel von ungewöhnlicher Größe und künstlerischer Ausstattung.[230]

Die Verehrung der Drei Könige gleichermaßen durch (römisch-)deutsche, wie durch auswärtige Herrscher demonstriert geradezu noch einen zusätzlichen Grund, warum diese schwerlich Reichsheilige werden konnten. Die Weisen aus dem Morgenland waren nun einmal biblische und darum universale Heilige, die kein Land für sich beanspruchen konnte, und universal war das "Römische" Reich des 12. Jahrhunderts ja nur dem Anspruch nicht der Realität nach. Als Heilige ihrer jeweiligen Königreiche konnten die "nationalen" Könige, die kultisch verehrt wurden, viel eher fungieren, auch – oder vielleicht gerade – weil sie in den allgemeinen Vorstellungen über die himmlische Hierarchie einen niedrigeren Rang einnahmen. Die drei heiligen Herrscher der drei nordischen Reiche (Knut von Dänemark, Olav von Norwegen und Reich von Schweden), der heilige König Stephan von Ungarn – die Reihe ließe sich um mehr als das doppelte verlängern – waren eindeutig Reichsheilige mit besonderer Zuständigkeit für ihr *regnum*. Entsprechendes war für Kaspar, Melchior und Balthasar undenkbar.

---

[229] Stehkämper, Könige, a.a.O. (wie Anm. 185), S. 42.
[230] Leonard Ennen: Neuere Geschichte der Stadt Köln. Bd. 1. Köln, Neuss 1875, S. 458-459. Dieses nicht mehr erhaltene Weihegeschenk ging vermutlich in den Jahren zwischen 1794 und 1802 verloren (Torsy, a.a.O., wie Anm. 4, S. 34-35). Die Inschrift lautete in ihrer vom rein formelhaften Majestätskult geprägten Sprache: *Invictissimus atque potentissimus Carolus V. Rom(anorum) Imperator et Hisp(aniae) Rex augustiss(imus) Deo omnipotenti, B(eatae) Mariae, S(anctis) tribus Regibus die Ianuarii anno 1544 praeclarum munus dono obtulit.*

VI. Die Drei Könige verändern die Kölner Kirche und die Stadt

1. DIE DREIKÖNIGSTRANSLATION UND DER AUFSTIEG DES KAPITELS

"Das einschneidenste Ereignis in der Geschichte des Kölner Domkapitels überhaupt war die Übertragung der Reliquien der Heiligen Drei Könige von Mailand nach Köln im Jahre 1164".[231] Noch um 1150 war das gemeinsame Vermögen der Kölner Domkleriker ungeteilt. Es wurde vom Dompropst verwaltet und dieser verteilte die *stipendia* für den Lebensunterhalt unter den einzelnen *fratres*.[232] 1165, also ein Jahr nach der Translation ist zum ersten Mal von einer Mehrzahl von Präbenden die Rede, also doch wohl von einer Aufteilung des Kapitelvermögens in einzelne Pfründen.[233] Seit 1179 ist die Einrichtung des Gnadenjahres für die Domkapitulare zu erschließen.[234] Damals muss also die Aufspaltung in Einzelpfründen ganz sicher bereits etabliert gewesen sein. Aber nicht nur in diesem Bereich veränderte die Anwesenheit der Dreikönigsreliquien die Brüdergemeinschaft der Domkleriker. Auch die Titulatur des Dompropstes änderte sich. Aus dem *praepositus maioris ecclesiae* wurde der *praepositus maior*. Aus dem Propst der vornehmsten Kirche in der Diözese wurde nach 1164 der vornehmste Propst in der Diözese. Es ist sicher, dass die Änderung der Amtsbezeichnung nicht simpel als sprachliche Abkürzung erfolgte.[235]

Die genaue Anzahl der Domkleriker wurde nun ebenfalls fixiert[236], letztlich eine simple Konsequenz aus der Schaffung der Einzelpfründen. Die Art und Weise, wie dann weiter verfahren wurde, zeigt aber ebenfalls die vermehrte Bedeutung des Kapitels. Noch im 12. Jahrhundert wurde nämlich die Zahl der Pfründen drastisch vermehrt.[237] Notwendigerweise war zuvor das Kapitelvermögen ebenfalls sehr vermehrt worden. Seit der Dreikönigstranslation ergaben sich auch Veränderungen

---

[231] Groten, a.a.O. (wie Anm. 91), S. 211.
[232] Friedrich Wilhelm Oediger: Das Bistum Köln von den Anfängen bis zum Ende des 12. Jahrhunderts. (= Geschichte des Erzbistums Köln, Bd. I.) 2. Aufl. Köln 1971, S. 334.
[233] Groten, a.a.O. (wie Anm. 91), S. 216.
[234] Ebenda, S. 218. (Das sogenannte Gnadenjahr bedeutet, dass bei den einzelnen Pfründeninhabern die Einkünfte noch ein Jahr nach ihrem Tod gewährt wurden. So konnten eventuelle Schulden des Pfründeninhabers bezahlt werden und eventuell für diesen eine Seelgerätstiftung errichtet werden, vor allem, wenn dieser – beispielsweise, wenn in jüngeren Jahren gestorben – selbst keine für sich geschaffen hatte.)
[235] Vgl. Groten, ebenda, S. 214-215.
[236] Ebenda, S. 219.
[237] Ebenda, S. 220.

in der Form der Gütererwerbungen. Das Kapitel bemühte sich um die räumliche Konzentration seiner Besitzungen auf bestimmte Kernzonen. Abgelegene Einzelgüter verkaufte man, um diese Kerngebiete durch Neuerwerbungen zu verstärken. Von zunehmender Bedeutung wurde auch der Immobilienbesitz des Kapitels in der Stadt Köln. Zahlreiche Häuser wurden dann an Kölner Bürger vermietet, was regelmäßige Einnahmen erbrachte. Am bemerkenswertesten ist, dass insgesamt für das Domkapitel der Erwerb von Grundbesitz durch Kauf bedeutender wurde als der durch Schenkung. Es ist wohl nicht zu kühn davon auszugehen, dass die verstärkte Finanzkraft des Kapitels auf Einnahmen aus dem sofort nach der Translation aufblühenden Wallfahrtsbetrieb basierte.

Unbestreitbar führte der Reichtum der Gemeinschaft auch zu einer gewissen Verweltlichung in der Lebensform der Domherren. Es hat dagegen sicher auch eine fromme Opposition gegeben. Selbst wenn man die vielleicht erst im 15. Jahrhundert im Neusser Oberkloster entstandene Tradition[238], dieses Regularkanonikerstift sei von Kölner Domherren gegründet worden, die sich der Verweltlichung (und dabei vor allem der Aufgabe der *vita communis*) widersetzten, für eine Legende hält, es bleibt auffällig, dass die Gründung genau in den Jahren entstand, als vermutlich die Verweltlichung gerade eingetreten war. Die Stiftungsurkunde Erzbischof Philipps von Heinsberg wird auf das Jahr 1181 datiert[239], und in der Zeugenliste sind zuerst der Kölner Dompropst (und spätere Erzbischof) Bruno von Berg und Domdechant Theoderich (von Broich?) genannt, was allerdings bei einem allgemein großen Anteil der Urkunden ganz selbstverständlich üblich, nicht allzu viel besagt.

Wichtiger noch als die sozialen und wirtschaftlichen Veränderungen war für das Kölner Domkapitel die neue rechtliche und politische Stellung, die es nach der Translation einnahm. Es wurde eine eigenständige Körperschaft, die sich in gewisser Weise ohne jede Übertreibung vom Erzbischof "emanzipiert" hatte.[240] Unbestritten war ihr Recht, sich ohne Einberufung durch den Bischof zu versammeln. Gegen Eingriffe des Erzbischofs in seine Selbstverwaltung hatte es sich erfolgreich "abgeschottet". Für Schulden des Erzbischofs haftete das Kapitel nicht. Anfang des 13. Jahrhunderts wurde ihm dies ausdrücklich von Papst Gregor IX. verbrieft.[241] In die Wahl der Kapiteldignitäre durfte sich der Erzbischof nicht einmischen.

---

[238] Erich Wisplinghoff: Das kirchliche Neuss bis 1814, Pfarrverhältnisse und geistliche Institute. (= Geschichte der Stadt Neuss, Bd. 4) Neuss 1989, S. 120-121.
[239] REK II, Nr. 1160.
[240] Dabei hatte vor der Translation 1164 das Kölner Domkapitel gegenüber dem Bischof weniger Rechte als die Kapitel vieler anderer Ortskirchen. Es ist deutlich, dass das Kapitel in Köln zuvor "hinter der allgemeinen Entwicklung zurückgeblieben war" (Groten, a.a.O., wie Anm. 91, S. 215).
[241] REK III, Nr. 749.

Noch wesentlicher als die Emanzipation vom *ordinarius* wog die Tatsache, dass das Kapitel das Priorenkolleg seit der Wende zum 13. Jahrhundert zu verdrängen begann.[242] Schließlich verlor das Priorenkolleg seine Rolle als Wahlgremium des Erzbischofs an die Domkanoniker.[243] Am klarsten kann der Vorrang des Kapitels schon zuvor dadurch zum Ausdruck, dass Dompropst und Domdechant seit etwa 1200 mehr als Häupter des Kapitels denn als Führer der Prioren aufgefasst wurden[244], obwohl sie auch letzteres blieben. Der Zeitpunkt, wann sich das Priorenkolleg endgültig auflöste, ist nicht genau zu bestimmen. Es scheint nämlich, dass vor allem in erzbischöflichen Urkunden formalhaft noch von der Zustimmung der Prioren die Rede war, als diese als Kollegium schon nicht mehr oder nur noch rein theoretisch existierten.

Die neue Macht und der neue Einfluss des Domkapitels war letztlich dadurch begründet, dass die Domherren den Kölner Dreikönigskult organisierten. Ihr Hauptorgan war dabei die Dreikönigskustodie. 1197 ist zuerst der Name eines Dreikönigskustoden Daniel überliefert. Die *Officiati sive Custodes Regum* unterstanden dem Kapitel. Sie verfügten aber über vom Kapitelvermögen getrennte Einkünfte.[245] (Zur weiteren Geschichte der Dreikönigskustoden s.u. S. 83-84) Seit dem 13. Jahrhundert sind auch die Namen der von dem Kapitel im weiteren Sinne (d.h. ohne Stimmrecht) angehörenden Vikare des Dreikönigsaltars im Dom tradiert.[246]

---

[242] Das Priorenkolleg, dessen Existenz eine Kölner Eigenart war, die in der gesamten Kirche nur im Kölner Suffraganbistum Utrecht eine gewisse Entsprechung hatte, repräsentierte den Diözesanklerus. Es war ein bestimmter, doch nicht wirklich exakt definierter Kreis von Stiftspröpsten aus dem Erzbistum, zu dem auch meist Äbte der wichtigsten Abteien herangezogen wurden. Den innersten Kern bildeten aber die Vorsteher der großen Seelsorgebezirke. An ihrer Spitze stand der Dompropst, Leiter des Archidiakonats Köln, und der Domdechant, Leiter des Archidiakonats Neuss. Durch diese beiden waren also Priorenkolleg und Domkapitel durch ihre gemeinsamen Häupter verklammert. Die "Prioren" wählten nicht nur den Erzbischof, sondern sie waren auch dessen wichtigstes Beratergremium. Bei großen Entscheidungen holte der Erzbischof sogar deren offizielle Zustimmung ein. Diese Zustimmung ist in vielen überlieferten Urkunden schriftlich vermerkt.

[243] Dies geschah endgültig erst 1274, und es ist zu beachten, dass damit die Kölner Verhältnisse dem allgemeinen Kirchenrecht angepasst wurden, in dem generell die Domkapitel die für die Bischofswahl zuständigen Gremien waren, und zwar seit dem frühen 13. Jahrhundert in recht exklusiver Weise.

[244] 1191 war es noch anders gewesen (vgl. Groten, a.a.O., wie Anm. 91, S. 155).

[245] Hofmann, a.a.O. (wie Anm. 1), S. 144.

[246] Ebenda, S. 143-144.

2. Der Erzbischof und die Dreikönigsverehrung – der "Kämmerer der Drei Könige"

Nach der "Relatio de tribus magis"[247] wurde unter Erzbischof Philipp von Heinsberg (1167-1191) für die Gebeine der Heiligen Dreikönige ein kostbarer Schrein angefertigt und diese darin umgebettet: "Zu Zeiten des Herrn Erzbischofs Philipp, der Rainald nachfolgte, wurde für sie ein Schrein von wunderbarer Schönheit aus Gold und kostbaren Edelsteinen geschaffen und ihre Leiber darin niedergelegt (*temporibus domini philippi archiepiscopi, qui successit reinaldo, fabricata est eis capsa mire pulcritudinis et auro et gemmis preciossimis, in qua reposita sunt corpora eorum*)."[248] Wenn auch dem Wortlaut nach nur von "den Zeiten" Philipps von Heinsberg die Rede ist, so haben doch alle bisherigen Forscher in ihm selbst den Auftraggeber des Schreins gesehen und ganz selbstverständlich angenommen, dass auch er selbst die Deposition der Gebeine in diesen Schrein vorgenommen hat.[249] Man wird dieser sicheren oder zumindest sehr naheliegenden Interpretation nicht widersprechen können. Wenn man allerdings daraus ganz konkret auch auf eine besondere Dreikönigsprozession, die aus Anlass der Deposition von Erzbischof Philipp durchgeführt, schließen wollte[250], so hat man doch wohl zu viel in die Nachricht der "Relatio" hineininterpretiert.

In jedem Fall ist sicher, dass auch nach dem Tod Rainalds von Dassel, der ja bereits drei Jahre nach der Translation erfolgte, und obwohl das Domkapitel unmittelbar vom Datum der Übertragung der Dreikönigsreliquien nach Köln an aus dieser größten Ansehensgewinn zog, noch lange der Erzbischof als der unbestritten erste Diener und Verehrer der Heiligen Drei Könige galt. Ganz deutlich wurde dieses unter Erzbischof Engelbert dem Heiligen. Dieser wurde von Walther von der Vogelweide nicht grundlos "drîer künege kamerære", also Kämmerer der Heiligen Drei Könige, genannt.[251] Gut bezeugt ist sein Versuch, den Beginn des Neubaus des Kölner Doms im neuen gotischen Stil bereits in seiner Amtszeit zu veran-

---

[247] Ediert, a.a.O. (wie Anm. 212), S. 120.

[248] Es folgt (ebenda) die Angabe, dass im unteren Teil des Schreins die Reliquien der Drei Könige, im oberen die von Felix und Nabor wären: *inferius quidem reges, superius duo superdicti martires*. – Die Gebeine des heiligen Gregor von Spoleto werden dort nicht erwähnt. Dies mag bedeuten, dass sie sich zur Zeit der Abfassung der "Relatio" noch nicht im Dreikönigsschrein befanden. Ihre Deposition dort blieb in der bisherigen Forschung ohne genau Datierung. (Auch Kracht/Torsy, Reliquiarium, wie Anm. 71, gibt keine Angabe.)

[249] Genannt seien: Floß, wie Anm. 1, S. 94; Torsy, wie Anm. 4, S. 17-18; Hofmann, wie Anm. 1, S. 130 und 304-305 (hier weit vorsichtiger als allgemeine Ansicht formuliert!)

[250] Hofmann, ebenda, S. 130.

[251] Heinz Finger: "Drîer künege kamerære". Zu Selbstverständnis und "Selbstdarstellung" der Kölner Kirche und ihrer Erzbischöfe im Mittelalter. In: Analecta Coloniensia 1 (2001), S. 51-88, hier S. 71-72.

lassen, um für die Dreikönigsreliquien ein noch würdigeres Gotteshaus zu errichten.[252] Die enge Bindung Erzbischof Konrads von Hochstaden an die Dreikönigsverehrung wurde schon unter der zunächst noch trotz aller bereits lange zuvor wirksamen gegenläufigen Tendenzen weitergeführten, aber in der Richtung veränderten ursprünglichen Politisierung behandelt (s.o. S. 60-66).

Erst später wurde der Erzbischof allmählich vom Kapitel aus der unmittelbaren spirituellen und rituellen Nähe zu den Drei Königen verdrängt. Dass zunächst der Kölner Erzbischof der Nächste am Dreikönigsschrein war, beweisen die Zeremonien bei seiner Einkleidung und seinem Begräbnis. Da solche Riten ganz allgemein wenig Änderungen unterworfen sind und höchst konservativ in ihren alten Art und Weise bewahrt werden, lässt ihre Form auf die ursprünglich sehr enge Beziehung der Kölner Oberhirten zu den Dreikönigsreliquien schließen. Die feierliche Einkleidung (*investitura*) des neu gewählten Erzbischofs fand *ad Sanctos Tres Reges* also vor dem Dreikönigsschrein statt.[253]

Wenn die Leiche des verstorbenen Erzbischofs in den Dom getragen wurde, brachte man sie bis vor den Schrein. Dort wurde sie dann mit der Totenbahre dreimal vor den Reliquien geneigt, bevor sie zur Totenmesse im Chor aufgestellt wurde.[254] Dass die relative Verdrängung des Erzbischofs auch im ausgehenden Mittelalter nicht von allen Amtsträgern akzeptiert wurde, belegt das Grabmal Erzbischof Dietrichs von Moers (1414-1463) sowohl auf Grund seiner Lage wie seiner Gestaltung.

3. Die mittelalterliche "Hofhaltung" der Heiligen Drei Könige

a) Verwaltungsämter des "Hofstaates"

In den Jahrzehnten und Jahrhunderten nach der Translation der Dreikönigsreliquien bildete sich in Köln ein ganzer institutioneller "Apparat", der mit der rechten Ordnung ihrer Verehrung befasst war. Am wichtigsten waren die bereits kurz erwähnten *Officiati sive Custodes Regum*, die Kustoden der Heiligen Drei Könige.[255] Es gab stets zwei von ihnen und sie gehörten anscheinend immer dem Domkapitel an,

---

[252] S.o. S. 61 mit Anm. 160.
[253] Hofmann, a.a.O. (wie Anm. 1), S. 201.
[254] Ebenda (mit Angabe der Quelle): *der lichgaem sall gedragen werden [...] bis in den Dhoem für die heilige drey koeningen her, und daer sallen sie dreymalh mit der leich neygen und daer negst in den Chor dragen.*
[255] Zum Folgenden vgl.: Jakob Torsy: Vikare und Offizianten des Domes in der ersten Hälfte des 18. Jahrhunderts. [Lässt teilweise einige Rückschlüsse auf ältere Verhältnisse zu.] In: Kölner Domblatt 10 (1955), S. 89-118. – Ders., a.a.O. (wie Anm. 4), S. 51-53. – Hofmann, a.a.O. (wie Anm. 1), S. 143-151.

was ihren außerordentlich hohen Rang innerhalb des Kölner Klerus belegt. Gleichzeitig ist sicher, dass ihnen in ihrer Amtsverwaltung große Selbstständigkeit zukam.

Sie hatten im Dom eine eigene Kapelle mit eigenem Altar, ein eigenes Archiv und vor allem die Schließbefugnis für das durch Gitter geschützte Heiligtum der Heiligen Drei Könige, das von ihnen jeden Tag vor der Matutin im Dom geöffnet und abends, in der Regel nachdem die Komplet gesungen worden war, geschlossen wurde. Sie waren also auch wörtlich die "Wächter" der Könige. Als solche beaufsichtigten sie auch die großen zum Schrein drängenden Pilgerscharen, wobei die hohen Herren gewiss von schlichten, aber würdig diskreten, ordnenden Helfern unterstützt wurden. Vor allem verwalteten die Kustoden die zahlreichen Opfergaben.

Drei Kerzen mussten Tag und Nacht vor dem Dreikönigsschrein brennen, wenn nicht hohe Feste oder besondere Anlässe eine höhere, oft sehr hohe Anzahl verlangten. Das Auswechseln der Kerzen gehörte zu den vornehmsten, aber sicher delegierbaren Pflichten der Kustoden. Wesentlich innerhalb ihrer Aufgaben war auch das Ausstellen von amtlichen Zeugnissen über den Besuch der Pilger beim Dreikönigsschrein. Dafür verfügten sie über ein eigenes Siegel. Noch bedeutender war, dass sie von den Pilgern mitgeführte Devotionalien oder andere dafür bestimmte Gegenstände mit dem Schrein in Berührung brachten und so diese zu Kontaktreliquien machten.

Die Kustodie verfügte über eigene Einkünfte, ja sogar über eigenen Grundbesitz wie u.a. Ländereien bei Worringen. 1361 erklärten Dompropst, Domdechant und das gesamte Kapitel ausdrücklich, die Dreikönigskustodie sei seit unverdenklichen Zeiten ein eigenständiges Amt, das vom Kapiteleigentum getrennte Güter und Renten besitze. 1337 war ihr die reich dotierte Pfarrei St. Pankratius in Glehn westlich von Neuss inkorporiert worden.[256] Die Kustoden setzten den dort amtierenden Seelsorger ein, soweit er nicht zeitweilig vom Papst providiert wurde.[257] Natürlich hatte die Kustodie auch regelmäßige Ausgaben, z.B. die Präsenzgelder für die offiziell verpflichteten Teilnehmer bei bestimmten Gottesdiensten zu Ehren der Heiligen Drei Könige und die Unkosten für die mit diesen Feiern verbundene Weinspenden.

Neben der Kustodie gab es auch eine *Vicaria Sanctorum Trium Regum* am Kölner Dom. Sie ging letztlich auf eine Stiftung Herzog Heinrichs I. von Brabant zurück, auf dessen Kosten 1221 ein neuer Altar zu Ehren der Drei Könige errichtet worden

---

[256] Den Patronat hatten die Herren von Helpenstein, die ihn von den Liedbergern (zwei Drittel) und den Grafen von Jülich (ein Drittel) übernommen hatten, 1333 an das Kölner Domkapitel gegeben. Letzteres war 1337 mit der Inkorporation der Pfarrei in die Dreikönigskustodie einverstanden.

[257] Dies geschah in der Zeit von 1372 bis 1445.

war.[258] Der Dreikönigsvikar, auch Rektor genannt, was für seine Bedeutung spricht, hatte die Aufgabe, an diesem Altar die Heilige Messe zu lesen. Sein Amt wurde formal vom Domdechanten verliehen. Eine Päpstliche Provision für dieses Amt im 14. Jahrhundert schuf in Köln gewisse Probleme.[259] Wie die Kustodie bestand auch die Vikarie bis zum Ende des 18. Jahrhunderts.

b) Dreikönigsbruderschaften

Wann in Köln die erste Dreikönigsbruderschaft gegründet wurde, ist nicht bekannt. Ältester Beleg ist eine Rentenschenkung an eine *Fraternitas Sanctorum Trium Regum* von 1258.[260] Im Jahr 1263 erhielt eine Bruderschaft *ad illuminundum tres Reges* ein Haus im Westen von Köln, genauer dort, wo heute die Straße "Auf dem Berlich" verläuft, als Geschenk eines Domkapitulars.[261] Es ist sicher, dass es sich in beiden Fällen um dieselbe Fraternität gehandelt hat, für die sich dann die Quellenbelege häufen. Sie ist im Mittelalter die einzige Dreikönigsbruderschaft geblieben. Diese bestand sowohl aus Klerikern wie aus Laien, Männern wie Frauen.[262]

Die mittelalterliche Dreikönigsbruderschaft war sehr wohlhabend. Dies lag an ihrer sozialen Zusammensetzung. Den Kern der Laienmitglieder bildeten die Schöffen des (erzbischöflichen!) Hohen Gerichts in der Stadt. Jedenfalls gaben sie innerhalb der Bruderschaft den Ton an. Die geistlichen Mitglieder umfassten die Spitzen des Kölner Klerus. Im 15. Jahrhundert gehörte der Bruderschaft sogar der Kölner Erzbischof Dietrich von Moers (1414-1463) an. Es ist natürlich nicht anzunehmen, dass er oder die meist ihr beigetretenen Dignitäre des Kapitels den regelmäßigen Versammlungen der Fraternität beiwohnten. Mehrmals im Jahr (!) fanden Bruderschaftsmähler statt. An bestimmten Festtagen versandte die Bruderschaft als besonderes Präsent eine Süßigkeit, die bezeichnenderweise "Schöffenkuchen" genannt wurde. Die so Ausgezeichneten waren gehalten, sich durch eine beträchtliche Spende zu revanchieren. Im 16. Jahrhundert verlieren sich die Spuren dieser mehr vornehmen als für die Kirche unmittelbar nützlichen Vereinigung. Der soziale

---

[258] Die Stiftungsurkunde der Präbende für den Vikar ediert bei Floß, a.a.O. (wie Anm. 1), S. 123-124. Die besondere Dreikönigenverehrung des Brabanter Herzoghauses, die bis zu seinem Aussterben 1355 andauerte, hing auch mit einer gewissen Verbindung der Dynastie mit der Stadt Köln zusammen. Die Brabanter Herzöge besaßen längerfristig einen Stadtpalast in unmittelbarer Nähe des Kölner Doms. – Die burgundischen Herzöge, die Brabant nach einer Zwischenzeit der Dynastie der Luxemburger 1406 erwarben, übernahmen deren im 14. Jahrhundert eh verringerte Verbundenheit zur Stadt Köln keineswegs, wohl aber bis zu einem gewissen Grade deren Dreikönigenverehrung.
[259] Torsy, a.a.O. (wie Anm. 4), S. 48.
[260] Hermann Keussen: Topographie der Stadt Köln im Mittelalter. Bd. 1. Bonn 1910, S. 345.
[261] Ebenda, S. 267.
[262] Torsy, a.a.O. (wie Anm. 4), S. 85. – Dort auch zum Folgenden.

Einfluss – auch der im Interesse der Kölner Kirche ausgeübte – sollte aber nicht unterschätzt werden.

In der frühen Neuzeit entstanden zwei weitere Dreikönigsbruderschaften. Am 8. November 1671 gründete der Kölner Erzbischof Maximilian Heinrich von Bayern (1650-1688) eine neue Dreikönigsbruderschaft.[263] Von Anfang an war sie offen für Männer und Frauen jeglichen Standes. Papst Clemens X. hatte ihr auf Bitten des Erzbischofs schon am 23. Mai 1671, also vor ihrer Gründung, besondere Ablässe verliehen. Diese wurden 1704 und 1764 von späteren Päpsten bestätigt und vermehrt.

Eine schon zuvor 1608 gegründete "Dreikönigsbruderschaft" ist wohl eher als Sodalität anzusprechen. Außerdem hatte sie als Hauptpatronin die allerseligste Jungfrau Maria. Sie hieß "Bruderschaft von der Verkündigung Mariens und den heiligen Drei Königen" und stand unter jesuitischer Leitung.[264] Letztlich war sie eine Tochter der in Rom 1584 an der Kirche Santa Maria sopra Minerva von Papst Gregor XIII. errichteten Erzbruderschaft von der Verkündigung Mariens. Die Kölner Sodalität spielte im religiösen Leben der Stadt eine große Rolle. Auf Grund ihrer hohen Mitgliederzahl wurde sie im 17. Jahrhundert in drei Gruppen aufgeteilt, indem eine Junggesellen- und eine Lehrlingssodalität von ihr abgetrennt wurden. Die Muttersodalität wurde volkstümlich schlicht als "Bürgersodalität" bezeichnet.[265]

4. DIE DREI KÖNIGE ALS STADTPATRONE

a) Die Entstehung des neuen Stadtpatronats

Vor der Translation hatte die Stadt Köln wie die Kölner Kirche den Apostel Petrus als ihren Schutzpatron und den Garanten ihrer Romverbundenheit. Dies kam in ihrem älteren Siegel deutlich zum Ausdruck.[266] Das städtische Siegel, bereits vor 1120 entstanden, wurde nicht verändert. Auch das gotische (zweite) Siegel zeigte den heiligen Petrus und trug die alte Umschrift.[267] Dieses neue Siegel entstand vermutlich 1268.[268] Das Wappen der Stadt Köln, das seit dem ersten Viertel des

---

[263] Text der Errichtungsurkunde bei Floß, a.a.O. (wie Anm. 1), S. 135-137.
[264] Torsy, a.a.O. (wie Anm. 4), S. 85. Dort (S. 85-87) auch zum Folgenden. – Die jesuitische Führung belegt eigentlich von Anfang an den Sodalitätscharakter der Vereinigung. Dabei ist allerdings zu berücksichtigen, dass die Gesellschaft Jesu im Falle dieser Kölner Gemeinschaft zunächst ganz bewusst den traditionellen Bruderschaftsbegriff verwandte.
[265] Andreas Müller: Die Kölner Bürger-Sodalität. Paderborn 1909.
[266] In der Umschrift wurde Köln als "treue Tochter Roms" bezeichnet. Die gesamte Umschrift lautete: SANCTA COLONIA ROMANAE ECCLESIAE FIDELIS FILIA.
[267] Toni Diederich: Die alten Siegel der Stadt Köln. Köln 1980, S. 47-50.
[268] Ebenda, S. 47.

14. Jahrhunderts belegt ist[269], und kaum vor 1300 geschaffen wurde, zeigt von Anfang an die drei Kronen, die später auch außerhalb des Wappens den stadteigenen Besitz innerhalb Kölns kennzeichneten. (Die elf Zungen entstanden bekanntlich erst sehr viel später durch Umdeutung des zunächst dargestellten Hermelinkragens.)

Spätestens von dieser Zeit an waren die Heiligen Drei Könige die Hauptpatrone Kölns. Wahrscheinlich waren sie dies in der Empfindung der Bürger schon Jahrzehnte zuvor. Es liegt nahe, die Schlacht bei Worringen als das dafür entscheidende Ereignis anzusehen. Die Worringer Schlacht, die natürlich größte Bedeutung hat, ist freilich darüber hinaus zu einem Mythos in der Geschichte der Stadt geworden. Faktisch hat weder der Erzbischof in den Jahren zuvor Köln beherrscht, noch hat er nach der Schlacht allen Einfluss in der Stadt verloren.[270]

Wir wissen nicht, zu wie vielen Heiligen die Kölner vor der Schlacht gebetet haben. Wir wissen aber ganz genau, wem sie vor allem für den Sieg gedankt haben. Dies war der Heilige des Tages (5. Juni), an dem die Schlacht stattfand, St. Bonifatius. Ihm wurde auf Veranlassung des Kölner Rates vermutlich nach 1300 eine Kapelle errichtet[271], in der lange Zeit jährlich ein feierlicher Dankgottesdienst gefeiert wurde. Auch die Drei Könige erhielten eine Dankkapelle für ihre Hilfe bei Worringen. Diese, eine Seitenkapelle der Kollegiatskirche von St. Gudula in Brüssel, war aber keine Stiftung der Stadt Köln, sondern ihres Verbündeten in jener Schlacht, des Herzogshauses von Brabant.[272]

Fast noch merkwürdiger berührt die trotz hochlobender Worte geringe Rolle, die die Drei Könige in Gottfried Hagens 1270 vollendeter Reimchronik der Stadt Köln[273] spielen. In der hagiographischen Einleitung von immerhin 686 Versen werden sie überhaupt nicht erwähnt. In den abschließenden Ermahnungen des Autors sind ihnen nur sechs Verse gewidmet.[274] Der alte Stadtpatron, der heilige Pet-

---

[269] Die älteste Abbildung findet sich in den zwischen 1304 und 1315 entstandenen Glasfenstern im Kölner Domchor. (Heiko Steuer: Das Wappen der Stadt Köln. Köln 1981, S. 24-25.)

[270] Heinz Finger: Der Anspruch der Erzbischöfe auf die Stadtherrschaft über Köln nach der Schlacht bei Worringen. In: Annalen des Historischen Vereins für den Niederrhein 209 (2006), S. 45-76.

[271] Keussen, a.a.O. (wie Anm. 260), S. 191-192.

[272] Vgl. Karel-Frans Stallaert: Geschiedenis van Hertog Jan den Eersten van Brabant en zijn tijdvak. Brussel 1859, S. 222.

[273] Gottfried Hagen: Reimchronik der Stadt Köln. Hrsg. von Kurt Gärtner, Andrea Rapp und Désirée Welter unter Mitarb. von Manfred Groten. Historischer Kommentar von Thomas Bohn. (Publikationen der Gesellschaft für Rheinische Geschichtskunde. 74.) Düsseldorf 2008.

[274] V. 5870-5875. Die folgenden vier Verse sind den anderen im Dreikönigsschrein präsenten Heiligen gewidmet, Felix, Nabor und Gregor. Dabei verwechselt Gottfried Hagen den heiligen Gregor von Spoleto mit Gregor dem Thebäer.

rus, bringt es zusammen mit dem ersten Kölner Bischof Maternus auf 118 Verse allein in der Einleitung.[275] Dort ist die heilige Ursula mit ihrer Schar durch 247 (!) Verse vertreten.[276] Auf St. Gereon und seine Gefährten entfallen 33 Verse.[277]

All dies besagt natürlich keineswegs, dass die Heiligen Drei Könige von den Kölner Bürgern in den ersten 120 Jahren nach der Translation nicht besonders verehrt wurden. Das Gegenteil war der Fall. Sie waren seither auch für die Bewohner der Stadt die wichtigsten Heiligen. Dies belegen u.a. deren Stiftungen zu Ehren der Drei Könige. Es lässt aber erkennen, wie schwer es war, die älteren Stadtpatrone auch formal von ihren führenden Plätzen zu verdrängen und den neuen Hauptpatronen funktional unterzuordnen.

Nachdem die Stadt Köln endlich im Januar 1474 vom Kaiser Friedrich III. das Recht, eigenständig Münzen zu prägen, erhielt, erschienen dann auch selbstverständlich bald auf diesen sowohl die Symbole der Heiligen Drei Könige wie auch ihre figürliche Darstellung. Den Höhepunkt stellte dann 1516 die sogenannte Dreikönigsmünze dar.

b) Das neue Selbstverständnis der Bürgerschaft als kommunaler Kultgemeinde der Drei Könige

Jede mittelalterliche Stadt war auch eine religiöse Gemeinschaft. Bei den Bischofsstädten war sie dies fast immer – wie in Köln beispielsweise auch im Stadtsiegel ausgedrückt – in enger Verbindung zum Bistum, seiner Kathedrale und dem Bistumspatron. Mit der Übernahme der Drei Könige als Hauptpatronen der Stadt änderte sich dies nicht grundsätzlich, wurde aber erheblich modifiziert.

In dem Maße, wie das Domkapitel seit der Dreikönigstranslation schrittweise als eigene Rechtsperson neben den Erzbischof trat, zeigte sich auch im kirchlich bestimmten Teil des Selbstverständnisses der Kölner Bürger eine Tendenz zur Eigentümlichkeit. Der Stadt wurde auch in diesem Bereich ansatzweise die Möglichkeit geboten, neben Erzbischof und Kapitel als "Dritte Kraft" zu agieren. Dies führte in der langfristigen Entwicklung dazu, dass die Stadt sogar führend bei der Organisation von Prozessionen wurde.[278] Von daher ist es kaum verwunderlich, wenn sich

---

[275] V. 44-151.
[276] V. 152-395.
[277] V. 394-326. Dabei wird allerdings in Kurzform der Bericht über den Kampf an der Ulrepforte "in der heiligen Mohren Nacht" 1268 eingeschoben.
[278] Die bedeutendste Prozession Kölns, wichtiger als die Fronleichnamsprozession, die "Große Gottestracht" (*Theophoria magna*) wurde ausschließlich vom Kölner Rat ausgerichtet. Sie fand seit 1423 stets am zweiten Freitag nach Ostern, dem "Fest der heiligen Lanze und der Nägel", statt. Wie der Name der Prozession schon eindeutig besagt, war es eine Sakramentsprozession. Sie war der einzige liturgische Umgang um die Stadt (geradezu

Die sogenannte Dreikönigsmünze (vergrößerte Abbildung)
Avers des kölnischen Guldengroschens von 1516

auch ein besonderes stadtkölnisches Verhältnis zu den Dreikönigsreliquien, dem größten Heiltum Kölns, entwickelte.

Die Stadt Köln fühlte sich genau so verantwortlich für Verehrung und Bewahrung der Dreikönigsgebeine wie Erzbischof und Kapitel. Folge ihrer Überführung nach Köln war also auch eine Veränderung in den Aufgaben und Ansprüchen der Stadt. In der öffentlichen Wahrnehmung wurde das stadtkölnische Patrozinium der Heiligen Drei Könige sogar – entgegen den Fakten – auf die Bischofskirche übertragen.

---

ironischer Weise dem sogenannten "Bischofsweg" folgend) und hatte auch daher einen besonderen Status für das Selbstverständnis der Kommune.

In der berühmten, 1531 entstandenen Stadtansicht von Köln des Anton Woensam wird der Kölner Dom als *Templum S. Petri et S.* [Singular!] *Trium Regnum* bezeichnet und das Marienpatrozinium bleibt unerwähnt.

Wie sehr sich die Stadt Köln selbst als Hüterin der Dreikönigsgebeine auch gegenüber Erzbischof und Domkapitel begriff, zeigte sich zu Beginn des 15. Jahrhunderts. Nachdem es ab 1440 zu schweren Spannungen zwischen dem Domkapitel und Erzbischof Friedrich (III.) von Saarwerden (1370-1414) nach vorangegangenen bischöflichen Visitationen in mehreren Kollegiatskirchen gekommen war, hatte der Erzbischof den größeren Teil der Domherren exkommuniziert. Diese flohen nach Düsseldorf und unterstellten sich dem Schutz des Herzogs von Berg mit dem sie teilweise verwandt waren.[279] 1402 planten die noch in Düsseldorf weilenden Domkapitulare, die Dreikönigsgebeine aus dem Dom fortzubringen. Der Rat der Stadt Köln unternahm geeignete Schritte, um dies auf jeden Fall zu verhindern.[280]

Als nach dem Tod Erzbischof Friedrichs von Saarwerden (9. April 1414) eine Minderheit von Domkapitularen in Köln den Elekten von Paderborn Wilhelm von Berg zum Erzbischof wählte und mit massiver Hilfe der Herzöge von Jülich und Berg zu inthronisieren versuchte, machte sich der Unwille der Kölner Bürger über diese Usurpation Luft, und es wurde geäußert, unter solcher Art von Domherren seien die Dreikönigsgebeine im Dom nicht vor Entführung sicher.[281]

Der Mehrheit, die in Bonn Dietrich von Mörs wählten und dann zunächst unter seiner Leitung versammelt waren, teilte der Kölner Rat mit, dass die Stadt die Gebeine der Heiligen Drei Könige sorgsam behüten würde. Die Stadt Köln erlangte als innerkirchliche Absicherung schließlich auch päpstliche Anweisungen, die Dreikönigsreliquien sollten von niemandem aus Köln weggeführt werden. Dies sollte wohl am meisten gegenüber dem Kölner Erzbischof helfen, gegen den die Stadt zeitweilig (möglicherweise ganz unbegründeten) Verdacht hegte, er wolle die Dreikönigsgebeine in seine Residenzstadt Bonn entführen und ins Bonner Münster verbringen. Den Papst als Verbündeten gegen den eigenen Erzbischof zu gewinnen, war im Spätmittelalter überhaupt ein großer Wunschtraum der Stadt Köln.[282]

---

[279] Wilhelm Janssen: Das Erzbistum Köln im späten Mittelalter. (= Geschichte des Erzbistums Köln. Bd. 2,1.) Köln 1995, S. 256 und 307.

[280] Leonard Ennen: Geschichte der Stadt Köln. Bd. 3. Köln, Neuß 1869, S. 155.

[281] Ebenda, S. 172-173.

[282] Finger, Anspruch, a.a.O. (wie Anm. 270), S. 61-63. – Vgl. auch Karlotto Bogumil: Die Stadt Köln, Erzbischof Friedrich von Saarwerden und die päpstliche Kurie während des Schöffenkrieges und der ersten Jahre des Großen Abendländischen Schismas (1375-1387). In: Köln, das Reich und Europa. Abhandlungen über weiträumige Verflechtungen der Stadt Köln in Politik, Recht und Wirtschaft im Mittelalter. (Mitteilungen aus dem Stadtarchiv von Köln. 60.) Köln 1971, S. 279-303.

c) Die Dreikönigsverehrung und die Vorstellung von Köln als dem "Dritten Rom"

Es ist auffallend, dass die bedeutendste Fassung der Dreikönigslegende, die des Johannes von Hildesheim, Konstantinopel, den legendären Aufenthaltsort der Reliquien vor Mailand, als Zentrum der Welt, wörtlich als *in medio mundi*, gelegen bezeichnet.[283] Der besondere Charakter Konstantinopels – als *Nova Roma* Nachfolgerin der Stadt, die "dem Erdkreis gebietet", – war aber sicherlich allgemeine Kenntnis des späten Mittelalters wie der vorausgehenden Jahrhunderte. Nun sind die für das mittelalterliche (und auch noch neuzeitliche) Köln nachweisbaren Zeugnisse einer besonderen Romimitation ungemein zahlreich. Sie betreffen sowohl die Kölner Kirche[284] wie auch im allgemeinen Sinn besonderer Romverbundenheit auch den zivilen Bereich.[285]

Von daher ist es nicht eigentlich abwegig, auch in der Kölner Dreikönigsverehrung Züge zu suchen, die einer Annäherung Kölns an Rom dienlich waren. Sie waren tatsächlich vorhanden, deutlich hervorgetreten sind sie aber nicht. Als *Romanae ecclesiae fidelis filia* konnte sich die *Sancta Colonia* wohl besser durch ihr Petruspatrozinium erweisen. Sicher aber hat auch der Dreikönigskult dennoch mit dazu beigetragen, die nur suggerierte, nie ausgesprochene Vorstellung von Köln als einem Dritten Rom zu stützen, die ja schon aus der bloßen Betonung des Aufenthalts der Reliquien in Konstantinopel (Neu-Rom) als der Mitte der Welt vage gefolgert werden konnte. In diesem Zusammenhang ist allerdings festzuhalten, dass Köln kein Monopol auf besondere Romverbundenheit, ja Romimitation besaß. So gab es u.a. auch in Trier und Mainz Ansätze dazu, ähnliche Ansprüche zu entwickeln, die im frühen Mittelalter dort sogar eher stärker gewesen waren als in Köln.

5. DIE DREI KÖNIGE UND DIE STÄDTISCHE UNIVERSITÄT

Die Kölner Universität, die erste von einer städtischen Kommune gestiftete Universität im Reich und in Westeuropa überhaupt, wurde durch eine päpstliche Bulle

---

[283] Johannes Hildesheimensis: Historia trium regnum. Köln 1978, 96, Fol. 40^v. – Köln 1481, Fol. 76^r.

[284] Vgl. Finger, "Drîer künege", a.a.O. (wie Anm. 251), S. 57-67. – Einen Beleg noch für das 19. Jahrhundert stellen mehrere Formulierungen in der sog. "Kölner Papstadresse" von 1848 dar. (Die Kölner Papstadresse von 1848. Nachdruck der Hs. Köln 1987.)

[285] Im späteren Mittelalter entstand die Überlieferung von der stadtrömischen Abstammung der fünfzehn, später dreimal fünfzehn alten, ratsfähigen Geschlechter, die freilich schon bald, nämlich 1499 in der sogenannten Koelhoff-Chronik den Spott deren Verfassers hervorrief.

Urbans VI., datiert auf den 21. Mai 1388, gegründet.[286] In dieser Bulle wurde das Amt des Universitätskanzlers, nicht nur ad personam, sondern auf Dauer dem Kölner Dompropst und nicht wie meist üblich dem Ortsbischof verliehen. Der Vorlesungsbetrieb wurde am Dreikönigstag 1389 aufgenommen. Die erste Vorlesung hielt der Theologieprofessor Gerhart Kikpot von Kalkar über Jes 60,1 "Auf! Werde licht, Jerusalem! Siehe, es kommt dein Licht; Die Herrlichkeit ging strahlend auf über dir (*surge inluminare [Jerusalem] quia venit lumen tuum et gloria Domini super te orta est*)", also über den ersten Vers der Epistel des Festtages.[287] Hier wurde der Stern von Bethlehem zum Vorbild und Symbol für die wissenschaftliche Erleuchtung der in Köln erhofften Studierenden.

1392 wird das Große Siegel der Universität zuerst erwähnt.[288] Das Siegelbild stellt die Anbetung der Heiligen Drei Könige dar. Die Umschrift lautet: "Siegel der Universität der heiligen Stadt Köln (*S[igillum] universitatis studii s[an]c[t]e civitatis Coloniensis*)". Deutlicher konnte man die Beziehung von Stadt und Universität und ihre gemeinsame Verehrung für die Drei Könige nicht demonstrieren.

Als die Universität Köln an der Gründung der ersten schottischen Universität in Glasgow 1451 durch ehemalige Kölner Studenten als dortige Gründungsprofessoren indirekt beteiligt war[289], wurde dies auch durch andere kölnisch-schottische Beziehungen begleitet. Archibald Whitelaw, Sekretär König Jakobs III. (1460-1488), hatte zuvor jahrelang an der Laurentianerburse der Kölner Universität als Magister unterrichtet. "Neben Klassikern brachte er eine Geschichte der Heiligen Drei Könige nach Schottland."[290] Dass das im 16. Jahrhundert von den Jesuiten begründete, zur Universität gehörende Gymnasium Tricoronatum diesen Namen erhielt, verdankte es zwar formal nur dem städtischen Hoheits- und Besitzzeichen der drei Kronen an seinem Gebäude. Der Name wurde aber auch so ein Symbol für die Verbindung der städtischen Universität mit den Stadtpatronen.

---

[286] Text und Übersetzung in: Älteste Stadtuniversität Nordwesteuropas. 600 Jahre Kölner Universität. [Ausstellungskatalog.] Hrsg. von Manfred Groten. Köln 1988, S. 13-95.

[287] Erich Meuthen: Die alte Universität. (= Kölner Universitätsgeschichte. Bd. 1.) Köln, Wien 1988, S. 57.

[288] Hubert Graven: Das große Siegel der alten Kölner Universität vom Jahre 1392. In: Jahrbuch des Kölnischen Geschichtsvereins 16 (1934), S. 193-214. – Ders.: Die Hoheitszeichen der alten Kölner Universität und ihre Zusammenhänge im Geistesleben der Kunst ihrer Zeit. In: Festschrift zur Erinnerung an die Gründung der alten Universität Köln im Jahre 1388. Hrsg. von dems. Köln 1938, S. 384-459, hier S. 405-423.

[289] Meuthen, a.a.O. (wie Anm. 287), S. 200.

[290] Ebenda.

VII. Dreikönigsverehrung und Liturgie

1. Das Erscheinungsfest in der Kölner Diözesanliturgie

Das Hochfest der Erscheinung des Herrn war bis zur Liturgiereform im Gefolge des Zweiten Vatikanum ranghöher als das Weihnachtsfest. (Dass dies vom gläubigen Volk in Nordeuropa wohl schon seit dem frühen Mittelalter anders empfunden wurde, wird man allerdings kaum bestreiten können.[291]) Epiphanie war Duplex-Fest erster Klasse mit privilegierter Oktav zweiter Ordnung (wie Fronleichnam) und stand nur Ostern und Pfingsten nach.[292] Das vermutlich etwas jüngere Weihnachtsfest[293] stand bis zur Liturgiereform im Rang gleich mit dem Fest Christi Himmelfahrt (*Ascensio Domini*) und (allerdings erst seit 1889[294]) dem Herz-Jesu-Fest. Festgeheimnis von Epiphanie ist in der Ostkirche vor allem die Taufe Jesu und dann seine Offenbarung auf der Hochzeit zu Kana. Im Westen trat früh die Anbetung der Weisen in den Vordergrund, der die orthodoxen und (alt)orientalischen Kirchen eher an Weihnachten gedenken, und die Taufe Jesu wurde in jüngster Zeit im lateinischen Ritus zum eigenen Fest am ehemaligen Oktavtag von Erscheinung, nachdem dieses Fest in der nachkonziliaren Reform seine Oktav verloren hatte.[295] Dass die beiden Hochfeste der Geburt und der Epiphanie Christi innerhalb des Kirchenjahres trotz unterschiedlicher Aspekte letztlich eine Doppelung darstellen, kann eigentlich kaum bezweifelt werden. Diese ist liturgiegeschichtlich entstanden und wird nur von der Armenischen Kirche vermieden. In dieser Doppelung liegt auch eine Voraussetzung dafür, dass in der lateinischen Kirche insgesamt, vornehmlich aber in Mittel- und Nordeuropa das Fest Epiphanie eine volkstümliche Umdeutung erfahren konnte.

---

[291] Bemerkenswerter Weise war sogar in der Bistumsliturgie Kölns das Weihnachtsfest mehr betont als das Fest der Epiphanie. Vgl. Heinz Finger: Kölns Liturgie im Hoch- und Spätmittelalter. In: Das Lob Gottes im Rheinland. (Libelli Rhenani. 1.) Köln 2002, S. 26-36, hier S. 28-29.

[292] Adolf Adam / Winfried Haunerland: Grundriss Liturgie. 9. völlig neubearb. und erweiterte Auflage. Freiburg im Breisgau 2012, S. 432.

[293] Epiphanie wurde von den ägyptischen Christen wohl schon im späten 3. Jahrhundert gefeiert. Das Weihnachtsfest entstand im lateinischen Westen des Römischen Reiches bald nach Beginn des 4. Jahrhunderts.

[294] Nachdem Papst Pius IX. es 1856 für die ganze Kirche verbindlich eingeführt hatte, erhob Leo XIII. das Herz-Jesu-Fest (*Festum Sacratissimi Cordis Jesu*) 1899 zum Duplex-Fest erster Klasse mit Oktav zweiter Ordnung.

[295] Nur Ostern und Weihnachten behielten eine Oktav mit eigener Ordnung für die Messfeier und die Liturgie des Stundengebets.

Dennoch bleibt der – freilich niemals offizielle – Wandel vom Erscheinungs- zum Dreikönigsfest, der sich verständlicherweise in Köln besonders deutlich darstellte, ein in der Frömmigkeitsgeschichte geradezu einzigartiger Vorgang. Eines der bedeutendsten Herrenfeste wurde in der Empfindung vieler Christen zu einem Beinahe-Heiligenfest. Dies ist umso bemerkenswerter, weil – auch in Köln! – eine Alternativlösung denkbar gewesen wäre.

Die Tage vor Epiphanie am 6. Januar und nach dem Fest der Beschneidung des Herrn (*Circumcisio Domini*) am 1. Januar hätten sich für eine Verehrung der *reges magi* geradezu angeboten.[296] Dies ist keine absonderlich praxisferne Theorie. Dieser Weg wurde in zumindest einem Fall in Italien auch faktisch beschritten.[297] In Köln ging man ihn nicht, obwohl er dort noch zusätzlich auf Grund der Individualfeste der einzelnen Könige besonders nahe gelegen hätte. Zwar hat es auch in der Erzdiözese Köln wahrscheinlich einen sehr zaghaften Versuch in diese Richtung gegeben. Jedenfalls lässt sich eine Bemerkung des Aegidius Gelenius so deuten. Er bemerkt zum 12. Januar, dem vorletzten Tag der Oktav von Epiphanie: *Hac die pleraeque ecclesiae peragunt communem aniversarium commemorationem Sanctorum trium Regum, quia caeteris diebus aliorum Christi mysteriorum et festivitatum solemnitatibus praepediantur.*[298]

Selbstverständlich wurde kirchenoffiziell und mit liturgischer, ja allgemein theologischer Notwendigkeit auch im Erzbistum Köln zu allen Zeiten am 6. Januar das Fest Epiphanie gefeiert. Man wird aber spätestens seit dem ausgehenden 12. Jahrhundert davon ausgehen können, dass zunehmend weniger Gläubige es auch so genannt haben. Es war in der gesamten Christenheit und natürlich ganz besonders im Kölner Sprengel ein hoher Feiertag sowohl *in choro* wie auch *in foro*. Dabei nahmen mancherorts die weltlichen Feiern in relativ geringem Maße auch Elemente auf, die sich auf den Jahreswechsel bezogen, der in der Liturgie unbeachtet blieb.[299]

---

[296] Sie waren und sind Ferialtage der Weihnachtszeit, bzw. Tage einfacher Heiligenfeste. Es wäre also keinerlei höheres Fest verdrängt worden. (Nur vorübergehend im 20. Jahrhundert wurde das schon ältere Namen-Jesu-Fest am 2. Januar gefeiert.)

[297] In Busta Arsizio unweit von Mailand wurden die *festa Trium Magorum* in der dortigen Kollegiatskirche San Giovanni Battista ganz offiziell vom 3. bis 5. Januar gefeiert. Hofmann, a.a.O. (wie Anm. 1), S. 313.

[298] Aegidius Gelenius: De admiranda, sacra, et civile magnitudine Coloniae. Köln 1645, S. 661. (In keinem der in der Kölner Diözesan- und Dombibliothek vorhandenen handschriftlichen oder gedruckten Missalien des alten Kölner Diözesanritus konnte ein solcher Gedenktag gefunden werden.)

[299] Diese Nichtbeachtung war vor allem dadurch bedingt, dass der Jahresanfang im Mittelalter lange noch regional ganz unterschiedlich angesetzt wurde – im Kölner Sprengel war es schon früh der erste Januar – und auch das liturgische Jahr erst seit dem 13. Jahrhundert mit dem ersten Adventssonntag begann.

Die Dreikönigssequenz im Graduale von Mariengraden (14./15. Jh.)
Diözesan- und Dombibliothek: Dom Hs. 226, fol. 80

Beginn der ersten Antiphon zur Matutin von Epiphanie
im Kölner Kreuzherren-Antiphonar (Anfang 16. Jh.)
Diözesan- und Dombibliothek: Dom Hs. 224, fol. 14

Gemäß dem hohen Rang und Charakter des Herrenfestes *Epiphania Domini* waren auch in der Erzdiözese Köln die Texte des Stundengebetes wie noch eindeutiger die der heiligen Messe erstaunlich wenig diözesanliturgisch geprägt. Sie entsprachen fast ganz der römischen Liturgie. Allerdings hatten – nach Ausweis auch noch der frühneuzeitlichen Kölner Breviere – in der gesamten Erzdiözese die Lesungen der Matutin an Epiphanie (wie an Weihnachten) eine besondere angehängte Schlussformel[300], die auf das Fest Bezug nahm.

2. Die Feier in der Kathedralliturgie

a) Das "festum decani"

Im Ceremoniale des Kölner Doms wird das Fest der Erscheinung des Herrn in einer Randglosse als *festum decani* bezeichnet.[301] Seit wann genau dem Domdechanten die liturgische Leitung zukam, ist unbekannt.[302] Nun war der *decanus capituli* grundsätzlich der Hauptverantwortliche für die Kathedralliturgie, dennoch fällt es schwer, in ihm den Hauptzelebranten des Hochfestes Epiphanie zu sehen. Es spricht aber vieles dafür, dass er dies sogar zu einem früheren Zeitpunkt im späten Mittelalter geworden ist.

Der erste Grund dafür war, dass die erwählten Erzbischöfe häufig weder die Bischofs- noch die Priesterweihe besaßen und deren Empfang sehr oft jahrelang – auch mit besonderer päpstlicher Dispens – aufschoben, ja die Höheren Weihen zum Teil niemals erhielten. Der Dompropst, ohnehin mehr mit der Vertretung des Kapitels nach außen befasst und seit dem 13. Jahrhundert zunehmend mehr neben dem Kapitel stehend als ihm angehörend[303], musste nicht Priester sein. Der Dom-

---

[300] Heinz Finger: Die ehemaligen Eigenliturgien der rheinischen Erzdiözesen. In: Analecta Coloniensia 3 (2003), S. 121-170, hier S. 143.

[301] Gottfried Amberg: Ceremoniale Coloniense. Die Feier des Gottesdienstes durch das Stiftskapitel an der Hohen Domkirche zu Köln bis zum Ende der reichsstädtischen Zeit. (Studien zur Kölner Kirchengeschichte. 17.) Siegburg 1982, S. 82. – In ganz ähnlicher Art wird auch Fronleichnam, ein Fest gleichen liturgischen Ranges, als *festum decani* bezeichnet (ebenda, S. 208).

[302] Das von Amberg herausgegebenen und umfänglich kommentierte und interpretierte Ceremoniale ist nur in einer beglaubigten Abschrift aus dem 18. Jahrhundert erhalten. Zur Geschichte des im Kern mittelalterlichen Textes: Amberg, ebenda, S. 13-20.

[303] Schon 1244/46 zählte sein Amt nicht mehr zu den *officia* des Domkapitels. Die vermögensrechtliche Trennung zwischen Propstei und Kapitel erfolgte 1284 (REK III, Nr. 3035) und endgültig 1373 (REK VIII, Nr. 932 und 953). Im 15. Jahrhundert kämpfte ein Dompropst um das Recht der Teilnahme an den Kapitelsitzungen. (Janssen, a.a.O., wie Anm. 279, S. 293-294).

dechant war aber zumindest in der Regel geweihter Priester, auch wenn dies formal wie bei den anderen sogenannten "Domprälaturen" wohl nicht verlangt war. In jedem Fall hatte er – anders als der Dompropst – ein enges Verhältnis zu den acht Priesterkanonikern im Kapitel. Wichtig für die Einschätzung der Bedeutung des Domdechanten in engerem Sinne geistlichen Dingen schon im Mittelalter ist die Tatsache, dass dieser schon 1308 den Erzbischof bei der Leitung der Diözesansynode vertrat.[304]

b) Zum liturgischen Ablauf am Vigiltag und am Erscheinungsfest

Wie jedes hohe Fest und auch die schlichteren Duplex-Feste begann Epiphanie mit der ersten Vesper am Vortag. Aber der Vigiltag hatte schon als Ganzes eine eigene auf das Erscheinungsfest bezogene Liturgie. Abweichend von der römischen Liturgie war die Perikope der Lesung bei der Messe am Vigiltag. Im Kölner Erzbistum entsprach sie Röm 3,19-26.[305] Eine Erklärung dafür wurde bisher nicht versucht. (Im Ambrosianischen Ritus wurde die Perikope mit exakt derselben Abgrenzung am Sonntag zwischen Christi Himmelfahrt und Pfingsten als Epistel verwendet.) Die Messantiphonen waren nach dem Kölner Missale die der zweiten Weihnachtsmesse. Bei der ersten Vesper versammelte sich der gesamte Stiftsklerus der Stadt im Dom.[306] Während der nachfolgenden Nacht wurde Nachtwache vor dem Dreikönigsschrein gehalten.[307] an dieser waren die Domkapitulare persönlich nicht beteiligt.

Am Festtag selbst versammelte sich wiederum der gesamte Klerus der Stadt, d.h., diesmal wahrscheinlich nicht nur die Kanoniker der Kollegiatskirchen, und viele Gläubige zur Verehrung der Drei Könige im Dom. Der Zeitpunkt des Beginns ist nicht überliefert. Die auf die Festmesse folgende Verehrung zog sich wohl über den ganzen Tag hin. Währenddessen wurden auch Predigten gehalten. Eigentümlich im Kölner Offizium, bzw. in seiner im Dom praktizierten Form, war, dass am Morgen des Festes bei der Matutin das Inviatorium entfiel.[308]

An Epiphanie wurde der im Dom mit Bedacht seit Weihnachten nicht verwendete Weihrauch[309] traditionell besonders reichlich gebraucht, gehörte er doch zu den Geschenken der Weisen. Die Inzens beim Magnifikat der ersten und zweiten Vesper und beim Benedictus der Laudes wurde jeweils auf die Dreikönigsreliquien

---

[304] Janssen, ebenda, S. 99.

[305] Franz Joseph Peters: Beiträge zur Geschichte der Kölnischen Messliturgie. (Colonia Sacra. 2.) Köln 1951, S. 122-123.

[306] Torsy, a.a.O. (wie Anm. 4), S. 39. – Hofmann, a.a.O. (wie Anm. 1), S. 139.

[307] Hofmann, ebenda, S. 140.

[308] Amberg, a.a.O. (wie Anm. 301), S. 84-85.

[309] Finger, Eigenliturgien, a.a.O. (wie Anm. 291), S. 143.

ausgedehnt. Es spricht alles dafür, dass beim Hochamt ein liturgisches Dreikönigsspiel vor Beginn der eigentlichen Gabenbereitung eingeschoben wurde.[310] In welchen Jahrhunderten dies Brauch war und zu welcher Zeit nicht, lässt sich aber nicht feststellen. Ebenso ist der Text des wohl im Kölner Dom üblichen Dreikönigsspiels nicht überliefert, wohingegen die Texte vieler andernorts in Europa gebräuchlichen (auch liturgischen!) Dreikönigsspiele bekannt sind.

Überhaupt ist festzustellen, dass die Quellen keine Möglichkeit bieten, den wesentlichen Ablauf der Liturgie am Festtag selbst vollständig zu rekonstruieren. Es sind eigentlich immer nur eher akzidentielle Fakten, die überliefert sind. Man wird den Grund dafür wohl darin sehen müssen, dass das kölnische Erscheinungsfest auch im Dom in seinem liturgischen Kern ganz "römisch" ablief, was auf Grund der sonst nicht wenigen Besonderheiten der Kölner Diözesanliturgie geradezu verwundert. Was die abweichenden Akzidenzien aber betrifft, so bleibt ihre jeweilige Zeitstellung eher unergründlich.

c) Der Oktavtag und der "Tanz der Subdiakone"

Der Oktavtag von Erscheinung trug in Köln auch die Bezeichnung "*tripudium subdiaconorum*". "tripudium" (eigentlich mittellateinisch "tripodium") ist mit "Dreischritt" zu übersetzen. Dies meint eine in gemessen würdiger Form ausgeführte dreiteilige Schrittfolge. Schon Aegidius Gelenius hat das aber im 17. Jahrhundert nicht mehr so verstanden. Er deutete dies als eine dreifache feierliche Wiederholung der Gesänge.[311] Tatsächlich wird man richtiger "annehmen, daß vielleicht ursprünglich im Ablauf der festlichen Handlung auch ein Tanz, möglicherweise ein liturgischer Reigen, Platz gehabt hatte".[312] Dazu passt, dass nicht nur die Subdiakone, sondern alle offiziell hervorgehobenen Teilnehmer am Hauptgottesdienst im Dom mit Girlanden bekränzt waren, in denen farbige Bänder eingeflochten waren. Die Girlanden bestanden aus Efeu, dem einzigen Grün, das im mittelalterlichen Rheinland im Januar dazu zur Verfügung stand.

Der Grund für diese ungewöhnliche, aber nicht unziemliche Form der Feier ist im überall in mittelalterlichen Domkirchen verbreiteten "Fest der Subdiakone" zu sehen. Dieses wurde in der Regel am Fest der Unschuldigen Kinder (28. Dezember) gefeiert, nur in Köln fand es am 13. Januar, dem Oktavtag von Epiphanie statt. Bemerkenswert ist, dass über die Feier in Köln keine der Würde des Gotteshauses unangemessenen Bräuche überliefert wurden, wie sie beispielsweise von französischen Kathedralen bekannt sind. Bereits zur Vesper am 12. Januar zog der von den

---

[310] Torsy, a.a.O. (wie Anm. 4), S. 39.
[311] Gelenius, a.a.O. (wie Anm. 298), ebenda.
[312] Torsy, ebenda, S. 41. – Dort, S. 39-42, auch zum Folgenden.

Subdiakonen gewählte "König" mit seinem Gefolge, den Subdiakonen des Doms und der Stiftskirchen Mariengraden und St. Kunibert in den Dom ein.

Dass ein "König" und nicht wie sonst in Europa ein "Bischof" an der Spitze der Subdiakone stand, wird als Kölner Eigenart auch den Drei Königen zu verdanken gewesen sein. Bedeutsam war, dass an der Feier am Epiphanieoktavtag ganz offiziell und – nicht einfach unter den anwesenden Gläubigen einbegriffen – die Schöffen des erzbischöflichen Hohen Gerichts in der Stadt Köln und dessen Vorsitzender der Greve teilnahmen. In der frühen Neuzeit wurden solche an die Liturgie angegliederten im Grund eher weltlichen Bräuche im ganzen Erzbistum Köln abgeschafft, und zwar durch einen recht scharf formulierten Erlass Erzbischof Ferdinands I. vom 6. April 1644, der mit dem Brauch des "*festum Hypodiaconorum*" und Ähnlichem sowie den in die Liturgie integrierten Spielen an bestimmten Feiertagen aufräumen wollte.[313]

In der eigentlichen Liturgie wies der Oktavtag keine echten kölnischen Eigentümlichkeiten auf, weder im Dom noch sonst in der Erzdiözese. Im Dom wurde er zwar äußerlich wie ein besonderes Fest begangen, was sich im Glockengeläut und bei der Inzens in der Vesper äußerte[314], aber die Texte wiesen keine Besonderheiten auf. Innerhalb der Oktav fiel am 11. Januar die Feier des Todestages des dritten Königs. An diesem Tag wurde der Schrein geöffnet, so dass man die gekrönten Häupterreliquien sehen konnte. Außerdem wurden die Gittertüren geöffnet, um das Umschreiten des Schreins zu ermöglichen.[315]

3. Die Votivmesse und das Votivoffizium von den Heiligen Drei Königen, die Aachener Krönungsmesse

Zur Votivmesse von den Heiligen Drei Königen existieren zwei besondere Forschungsprobleme. Zunächst ist unbekannt, seit wann es diese Votivmesse gibt. Außerdem ist nicht vollkommen klar, welche Art von Beziehung zwischen der Votivmesse und der Messe zur Krönung des *Rex Romanus* in Aachen (bzw. später in Frankfurt) besteht. Dass es eine solche Beziehung gibt, kann man kaum bezweifeln.

Bei den Dreikönigsvotivmessen sind grundsätzlich zwei Formen zu unterscheiden. Es gab die Votivmesse *De tribus regibus pro itinerantibus*, die für Pilger und Rei-

---

[313] Das erzbischöfliche Edikt ("*De repraesentationibus*") ist ediert als Anlage 2 zu: Karl Füssenich: Die Volksmission in den Herzogtümern Jülich und Berg während des 18. Jahrhundert. In: Annalen des Historischen Vereins für den Niederrhein 78 (1904), S. 117-141, hier S. 138-141.

[314] Hofmann, a.a.O. (wie Anm. 1), S. 140. – Amberg, a.a.O. (wie Anm. 301), S. 86-87.

[315] Amberg, ebenda, S. 28.

sende gefeiert wurde[316], und die im Erzbistum Köln an Dienstagen erlaubte Messe zu Ehren der Drei Könige, bei der verschiedenste Messintentionen denkbar waren. Natürlich durfte auch sie nur an einer *feria vacans* zelebriert werden, auf keinen Fall aber an einem Fest mit neun Lesungen, einem Fest mit Vigiltag oder einem Tag innerhalb einer feierlichen Oktav.[317] Außerdem war ihre Feier nicht gestattet in der Zeit von Weihnachten bis zum Ende der Oktav von Epiphanie.[318]

An den dann verbleibenden Dienstagen war es dann selbstverständlich auch erlaubt, das entsprechende Votivoffizium zu beten. Die Texte der kölnischen Votivmesse und des Votivoffiziums entsprachen im wesentlichen denen des Erscheinungsfestes wie denen – sich freilich in kleinen Details (zeitweilig z.B. den Orationen) davon unterscheidenden – des Translationsfestes. Im 1618 gedruckten Kölner Brevier sind die Regelungen für den Gebrauch des allgemeinen Votivoffiziums *De patronis* weitgehend denen für den Gebrauch dieses Dreikönigsoffiziums angenähert.[319] Man kann davon ausgehen, dass zumindest im Spätmittelalter die Votivmesse "von den Dreikönigen" relativ oft gefeiert wurde und dass man sich nicht immer an die zeitlichen Einschränkungen gehalten hat. Dies ergibt sich einmal aus der großen Willkür mit der viele Priester sich über die Beschränkungen hinwegsetzten, wenn sie diese überhaupt genau kannten[320], und zum anderen aus der bis ins 15. Jahrhundert noch kontinuierlich wachsenden großen Dreikönigsverehrung in Stadt und Erzbistum.

Die vom Kölner Erzbischof als dem Coronator in Aachen gefeierte Krönungsmesse war zwar strikt theologisch und liturgisch betrachtet auch eindeutig eine Votivmesse, sie wurde aber kaum von der Öffentlichkeit als solche angesehen. Auch textlich gab es kaum einen Unterschied zur Kölner Votivmesse. Es wurde aber nicht nur an hohen Feiertagen eindeutig das Proprium vom Erscheinungsfest, nicht vom Translationsfest verwandt.[321] Wenn allerdings die Krönungsmesse in Aachen ausnahmsweise an einem Werktag oder – weit häufiger – nachmittags stattfand, wurde die weniger feierliche Form einer Votivmesse ohne Gloria und Credo und wie an

---

[316] Franz, a.a.O. (wie Anm. 210), S. 216.
[317] Peters, a.a.O. (wie Anm. 305), S. 163.
[318] Ebenda.
[319] Ebenda.
[320] Dies galt natürlich nicht nur speziell für Köln. Vgl. Franz, a.a.O. (wie Anm. 210), S. 149-152.
[321] Josef Semmler: Die Weihe des deutschen Königs und die pontifikale Meßliturgie Kölns. In: Mittelalterliche Handschriften der Kölner Dombibliothek. Erstes Symposion, November 2004. Hrsg. von Heinz Finger. (Libelli Rhenani. 12.) Köln 2005, S. 108-141, hier S. 139.

einfachen Ferialtagen gewählt.³²² Bei der Krönung des Luxemburgers Heinrichs VII. im Jahr 1309 am Erscheinungsfest selbst wurde allerdings auch kein Gloria in der Krönungsmesse gesungen.³²³ Doch dafür gab es eine – selbstverständlich nicht vom Votivmessencharakter bestimmte – liturgische Begründung. Vor den Skrutinien und den Krönungsversprechungen (*promissiones*) des Königs wurde die Allerheiligenlitanei gesungen. Vermutlich erinnerte man sich an eine alte Vorschrift, dass nach der Allerheiligenlitanei in der der Messe vorausgehenden Liturgie das Gloria innerhalb der Messe entfallen solle.³²⁴ – Dass innerhalb der Allerheiligenlitanei bei der Aachener Krönung stets die Heiligen Drei Könige angerufen wurden, ist nicht verbürgt, aber anzunehmen. Im Erzbistum Köln wurden sie schon bald nach der Translation, also vor dem Ende des 12. Jahrhunderts in diese eingefügt.³²⁵

4. Das Translationsfest und seine Geschichte

Seit der Mitte des 13. Jahrhunderts ist das Translationsfest belegt³²⁶, es mag aber älter sein. Die Geschichte dieses Festes und heutigen Gedenktages ist außerordentlich wechselhaft verlaufen, höchste Wertschätzung wechselte mit geringer Beachtung, und am Ende des zweiten Jahrtausends könnte man von einer Beinahe-Nichtbeachtung sprechen.³²⁷

Auf einer Diözesansynode im Frühjahr 1308 unter Erzbischof Heinrich von Virneburg wurde festgelegt, dass der Translationstag im Rang wie ein Apostelfest in der Stadt Köln zu feiern sei.³²⁸ Hier sollte es abgesehen von seinem liturgischen Rang dementsprechend auch ein arbeitsfreier, öffentlicher Feiertag sein. Vierzehn Jahre später wird das Fest in einer Provinzialsynode desselben Bischofs nicht er-

---

³²² Schon lange vor dem Verbot Papst Sixtus' V., die Messe zu beginnen, nachdem die Sonne bereits den Zenit erreicht hat, sollten Messen am Nachmittag grundsätzlich ohne Gloria gefeiert werden. – Vgl. Finger, a.a.O. (wie Anm. 300), S. 138.

³²³ Semmler, a.a.O. (wie Anm. 321), S. 134.

³²⁴ Diese Vorschrift ist schon im Sacramentarium Hadrianum überliefert (ebenda).

³²⁵ Friedrich Wilhelm Oediger: St. Maria im Kapitol und Remiremont. Bemerkungen zu einem Kollektar des 12. Jh.s. In: Jahrbuch des Kölnischen Geschichtsvereins 36/37 (1961/62), S. 73-93, hier S. 76.

³²⁶ Torsy, a.a.O. (wie Anm. 4), S. 41. – Hofmann, a.a.O. (wie Anm. 1), S. 141.

³²⁷ Vorübergehend war es nach dem Zeugnis der jährlichen Direktorien des Erzbistums Köln ausschließlich als Gedenktag in der Stadt Köln vorgesehen und in einigen Jahren auch dort nicht als verpflichtend angezeigt.

³²⁸ Statua seu decreta provincialium et dioecesanarum synodorum sanctae ecclesiae Coloniensis, Köln 1554, S. 67: *Et volumus crastinum B. Mariae Magdalenae, quo corpora trium Regum beatorum Coloniam pervenerunt, [...] Coloniae tantum sicut dies apostolorum cum solennitate divinorum et celebratione populi observavi.*

wähnt[329], man sollte daraus aber keine voreiligen Schlüsse ziehen. In erhaltenen liturgischen Handschriften diözesankölnischer Provenienz des Spätmittelalters ist das Fest berücksichtigt. Schon für das 14. Jahrhundert ist es auch für das Stift Gerresheim belegt.[330] Wesentlich ist, dass generell nach den Messorationen *Collecta, Super secretis, Postcommunio* stets als jeweils zweite Oration die von den Martyrern Nabor und Felix und als dritte die des heiligen Apollinaris gebetet wurde.[331] Die Heiligen, die nach der Überlieferung die Gebeine der Drei Könige von Mailand aus bei der Überführung begleiteten, wurden also am Translationsfest kommemoriert.

In einer Handschrift des 14. oder 15. Jahrhunderts (Graduale und Antiphonar)[332] ist die alte Sequenz des Translationsfestes, die sehr lange Hymnensequenz *Majestati sacrosanctae*, überliefert.[333] Der mittelalterliche Vesperhymnus des Festes *Hymnis laudum praeconiis* wurde später durch den Hymnus *Jesu vocator gentium*[334] ersetzt. Bei der Feier des Translationsfestes im Kölner Dom begab sich nach der Komplet der Klerus in feierlicher Prozession und unter dafür bestimmten besonderen Gesängen einschließlich des Psalms 129 zum Grab Erzbischof Rainalds von Dassel. Dort wurde für ihn das Gebet für verstorbene Bischöfe entsprechend dem allgemeinen (römischen) Text gebetet.[335]

In Spätmittelalter wurde das Translationsfest zumindest teilweise auch im Kölner Suffraganbistum Utrecht gefeiert, ja vereinzelt war es sogar in Mitteldeutschland verbreitet (Bistümer Merseburg und Stettin).[336] Wenn man aus heutiger Sicht Rang und Verbreitung der Feier der Translation in früherer Zeit als ungewöhnlich empfindet, sollte man bedenken, dass bei einigen Heiligen das Hauptfest am Translationstag und nicht am Todestag gefeiert wird. Darunter sind auch solche, deren

---

[329] Statuta provincialia Coloniensia ac synodalia Monasteriensia. Münster 1486, fol. 2-14.

[330] Torsy, a.a.O. (wie Anm. 4), S. 42.

[331] Peters, a.a.O. (wie Anm. 305), S. 43.

[332] Diözesan- und Dombibliothek Köln: Dom-Hs. 226.

[333] Analecta hymnica. Bd. 55, S. 365-367 (Nr. 331). – Schulting vermutete den Propst Heinrich des Kölner Stiftes Mariengraden (1220-1231) als Verfasser. (Cornelius Schulting: Bibliotheca ecclesiastica seu Commentarii sacri de expositione et illustratione missalis et breviarii. Tom. I. Köln 1599, S. 165.)

[334] Analecta hymnica, Bd. 23, S. 264 (Nr. 467). – Dieser Hymnus ist zuerst im Stift St. Viktor in Xanten nachzuweisen. Er gehört wohl erst dem 15. Jahrhundert an. Er blieb auch nach der Liturgiereform im Gefolge des Zweiten Vatikanum Bestandteil des Kölner Proprium im Stundengebet am 23. Juli. Vgl.: Die Feier des Stundengebets. Eigenfeiern des Erzbistums Köln III. Köln 1978, S. 17*-18* (als Hymnus zu Laudes) und S. 20* (in deutscher Nachdichtung als Hymnus zu Vesper). In der 2. korrigierten deutschsprachigen Ausgabe von 2002 steht er (S. 74*-75*) ohne Übersetzung lateinisch als Hymnus zur Laudes und deutsch zur Vesper.

[335] Amberg, a.a.O. (wie Anm. 301), S. 217.

[336] Hofmann, a.a.O. (wie Anm. 1), S. 141.

Todestag durchaus genau bekannt ist. Im 16. Jahrhundert wurde auf der Kölner Diözesansynode von 1549 die Bestimmung über die Festfeier aus der Diözesansynode von 1308 erneuert.[337] Die liturgischen Texte wurden auch in der Neuzeit noch etwas verändert. Vor allem wurden die populären, aber in keiner Weise historischen Namen Kaspar, Melchior, Balthasar aus den Texten gestrichen.

Heute ist das Gedächtnis der Dreikönigstranslation gebotener Gedenktag in der Stadt Köln und fakultativer im Erzbistum. Seit 1976 lautet seine offizielle Bezeichnung "Gedenktag der Übertragung der Hauptreliquien des Dreikönigsschreins".[338]

---

[337] Acta et decreta Synodi Dioecesanae Coloniensis, Anno domini Millesimo Quingentesimo nono, secunda Octobris celebratae. Köln 1549, fol. V^r.
[338] So erstmalig im Directorium des Erzbistums Köln für das Jahr 1976, S. 105.

Zitierte Literatur

Die zitierte Sekundärliteratur ist hier vollständig aufgeführt und zwar alphabetisch. Innerhalb des Autorenalphabets sind die Schriften der einzelnen Autoren dann chronologisch verzeichnet. Zitierte reine Quelleneditionen wurden nicht berücksichtigt.

Adam, Adolf und *Haunerland, Winfried*: Grundriss Liturgie. 9. völlig neubearb. und erweiterte Auflage. Freiburg im Breisgau 2012.

Älteste Stadtuniversität Nordwesteuropas. 600 Jahre Kölner Universität. [Ausstellungskatalog.] Hrsg. von *Manfred Groten*. Köln 1988.

Amberg, Gottfried: Ceremoniale Coloniense. Die Feier des Gottesdienstes durch das Stiftskapitel an der Hohen Domkirche zu Köln bis zum Ende der reichsstädtischen Zeit. (Studien zur Kölner Kirchengeschichte. 17.) Siegburg 1982.

Baaken, Gerhard: Zur Beurteilung Gottfrieds von Viterbo. [Erstveröffentlichung in Festschrift Löwe. Hrsg. von *Karl Hauck* und *Hubert Mordek*. Köln, Wien 1978, S. 373-396.] In: Ders.: Imperium und Papsttum. Köln [u.a.] 1997, S. 159-180.

Becker-Huberti, Manfred: Die Heiligen Drei Könige. Geschichten, Legenden und Bräuche. Köln 2005.

Becker-Huberti, Manfred und *Finger, Heinz*: Kölns Bischöfe von Maternus bis Meisner. Köln 2013.

Beissel, Stephan: Die Aachenfahrt. Verehrung der Aachener Heiligtümer seit den Tagen Karls des Großen bis in unsere Zeit. (Ergänzungshefte zu den "Stimmen aus Maria-Laach". 82.) Freiburg im Breisgau 1902.

Bogumil, Karlotto: Die Stadt Köln, Erzbischof Friedrich von Saarwerden und die päpstliche Kurie während des Schöffenkrieges und der ersten Jahre des Großen Abendländischen Schismas (1375-1387). In: Köln, das Reich und Europa. Abhandlungen über weiträumige Verflechtungen der Stadt Köln in Politik, Recht und Wirtschaft im Mittelalter. (Mitteilungen aus dem Stadtarchiv von Köln. 60.) Köln 1971, S. 279-303.

Brückner, Annemarie: [Artikel] Drei Könige. In: Lexikon für Theologie und Kirche. 3. Aufl., Bd. 3 (1995), Sp. 364-366.

Büttner, Andreas: Der Weg zur Krone. Rituale der Herrschererhebung im spätmittelalterlichen Reich. Teilbd. 1-2, (Mittelalter-Forschungen. 35,1-2.) Ostfildern 2012.

Caffi, Michele: Della Chiesa di Sant' Eustorgio in Milano. Illustratione storico-monumentale-epicrafico. Milano 1841.

Chalandon, Ferdinand: Les Comnène. Études sur l'empire byzantine au XIe et au XIIe siècles. T. II,1. Paris 1912.

Diederich, Toni: Die alten Siegel der Stadt Köln. Köln 1980.

Diederichs, Arthur: Staufer und Welfen. (Beiträge zur mittelalterlichen, neueren und allgemeinen Geschichte. 10.) Jena 1943.

Duggan, Anne J.: 'At last we reached the port of salvation'. The Roman Context of the Schism of 1159. In: Pope Alexander III (1159-81). The Act of Survival. Ed. by *Peter D. Clarke* and *Anne J. Duggan*. London 2012, S. 51-98.

Engels, Odilo: Die Stauferzeit. In: Rheinische Geschichte. Hrsg. von Franz Petri und Georg Droege. Bd. 1,3. Düsseldorf 1983

Engels, Odilo: Gottfried von Viterbo und seine Sicht des staufischen Kaiserhauses. In: Aus Archiven und Bibliotheken. Festschrift für *Raymund Kottje* zum 65. Geburtstag. Hrsg. von *Hubert Mordek*. (Freiburger Beiträge zur mittelalterlichen Geschichte. 3.) Frankfurt a.M. [u.a.] 1992.

Engels, Odilo: Friedrich Barbarossa im Urteil seiner Zeitgenossen. In: Stauferstudien. Beiträge zur Geschichte der Staufer im 12. Jahrhundert. [Erstveröffentlichung in italienischer Sprache unter dem Titel "Federico Barbarossa nel giudizio dei suoi contemporanei" in: Annali dell' Instituto storico italo-germanico 10, 1982, S. 45-81.] Hrsg. von Erich Meuthen und Stefan Weinfurter. 2. Aufl. Sigmaringen 1996, S. 225-245.

Engels, Odilo: Die Staufer. (Urban-Taschenbücher. 154.) 7. Aufl. Stuttgart [u.a.] 1998.

Ennen, Leonard: Geschichte der Stadt Köln. Bd. 3. Köln, Neuß 1869.

Ennen, Leonard: Neuere Geschichte der Stadt Köln. Bd. 1. Köln, Neuss 1875.

Erkens, Franz Reiner: Die Erzbischof von Köln und die deutsche Königswahl. (Studien zur Kölner Kirchengeschichte. 21.) Siegburg 1987.

Ficker, Julius (von): Reinald von Dassel. Reichskanzler und Erzbischof von Köln 1156-1167. Köln 1850.

Finger, Heinz: Humanistische Geschichtsschreibung im Rheinland des 16. Jahrhunderts. In: Düsseldorfer Jahrbuch 67 (1996), S. 185-218.

Finger, Heinz: "Drîer künege kamerære". Zu Selbstverständnis und "Selbstdarstellung" der Kölner Kirche und ihrer Erzbischöfe im Mittelalter. In: Analecta Coloniensia 1 (2001), S. 51-88.

Finger, Heinz: Kölns Liturgie im Hoch- und Spätmittelalter. In: Das Lob Gottes im Rheinland. (Libelli Rhenani. 1.) Köln 2002, S. 26-36

Finger, Heinz: Die ehemaligen Eigenliturgien der rheinischen Erzdiözesen. In: Analecta Coloniensia 3 (2003), S. 121-170.

Finger, Heinz: Neuss und Düsseldorf als Wallfahrtsorte. In: Heiligenverehrung und Wallfahrten am Niederrhein. Hrsg. von *Dieter Geuenich*. (Schriftenreihe der Niederrhein-Akademie / Academie Nederrijn. 6.) Essen 2004, S. 119-131.

Finger, Heinz: Der Anspruch der Erzbischöfe auf die Stadtherrschaft über Köln nach der Schlacht bei Worringen. In: Annalen des Historischen Vereins für den Niederrhein 209 (2006), S. 45-76.

Finger, Heinz: Die Kölner Pfarre St. Kolumba im Kreis der alten stadtkölnischen Pfarreien. Ein Überblick aufbauend auf den Forschungen Eduard Hegels. In: Kaspar Ulenberg und die Kolumbapfarre. (Libelli Rhenani. 20.) Köln 2007, S. 15-94.

Finger, Heinz: Das Erzbistum Köln und die Grafschaft Berg vom 11. bis zur Mitte des 13. Jahrhunderts. In: Analecta Coloniensia 12 (2012), S. 165-216.

Finger, Heinz: Wissenschaft und Gelehrsamkeit in Köln vor der Gründung der Universität. In: Glanz und Größe des Mittelalters. Hrsg. von *Dagmar Täube* und *Miriam Verena Fleck*. Ausstellung Museum Schnütgen, 4. November 2011-26. Februar 2012. München 2011, S. 200-211.

Finger, Heinz: Der hl. Erzbischof Engelbert und die Diskussion über seinen gewaltsamen Tod. In: Annalen des Historischen Vereins für den Niederrhein 216 (2013), S. 17-39.

Finger, Heinz: Die heiligen Bischöfe und Erzbischöfe Kölns. In: *Heinz Finger* und *Werner Wessel*: Heilige Kölner Bischöfe. (Libelli Rhenani. 44.) Köln 2013, S. 17-182.

Floß, Heinrich Joseph: Dreikönigenbuch. Die Übertragung der hh. Dreikönige von Mailand nach Köln. Köln 1864.

Franz, Adolph: Die Messe im Deutschen Mittelalter. Beiträge zur Geschichte der Liturgie und des religiösen Volkslebens. Freiburg i.Br. 1902 (Nachdruck: Darmstadt 1963).

Gelenius, Aegidius: De admiranda, sacra, et civili magnitudine Coloniae Claudiae Agrippinensis Augustae Ubiorum Urbis. Coloniae Agrippinae 1645.

Gielen, Viktor: Im Banne des Kaiserdoms. Aachen 1978.

Graven, Hubert: Das große Siegel der alten Kölner Universität vom Jahre 1392. In: Jahrbuch des Kölnischen Geschichtsvereins 16 (1934), S. 193-214.

Graven, Hubert: Die Hoheitszeichen der alten Kölner Universität und ihre Zusammenhänge im Geistesleben der Kunst ihrer Zeit. In: Festschrift zur Erinnerung an die Gründung der alten Universität Köln im Jahre 1388. Hrsg. von *dems*. Köln 1938, S. 384-459.

Grebe, Werner: Studien zur geistigen Welt Rainalds von Dassel. In: Annalen des Historischen Vereins für den Niederrhein 171 (1969), S. 5-44.

Grebe, Werner: Rainald von Dassel im Urteil unserer und seiner Zeit. In: Jahrbuch des Kölnischen Geschichtsvereins 47 (1976), S. 115-122.

Groten, Manfred: Priorenkolleg und Domkapitel von Köln im Hohen Mittelalter. Zur Geschichte des kölnischen Erzstifts und Herzogtums. (Rheinisches Archiv. 109.) Bonn 1980.

Guth, Klaus: Kaiser Heinrich II. und Kaiserin Kunigunde. 2. Aufl. Petersberg 2002.

Hechberger, Werner: Bewundert – instrumentalisiert – angefeindet. Staufer und Welfen. Hrsg. von *Werner Hechberger* und *Florian Schuller*. Regensburg 2009, S. 216-238.

Hegele, Karl Heinz: Die Staufer und Byzanz. Rivalität und Gemeinsamkeit im Europa des Hochmittelalters. Schwäbisch Gmünd 2009.

Heilig, Konrad J.: Ostrom und das deutsche Reich um die Mitte des 12. Jahrhunderts. In: Kaisertum und Herzogsgewalt im Zeitalter Friedrichs I. Studien zur politischen und Verfassungsgeschichte des hohen Mittelalters. Hrsg. von *Theodor Mayer*. (Schriften der Monumenta Germaniae Historica. 9.) Leipzig 1944 (3. unveränderter Nachdruck Stuttgart 1973), S. 1-271.

Heinemeyer, Walter: "beneficium – non feudum, sed bonum factum". Der Streit auf dem Hoftag von Besançon 1157. In: Archiv für Diplomatik, Schriftgeschichte, Siegel- und Wappenkunde 15 (1969), S. 159-178.

Helbach, Ulrich und *Oepen, Joachim*: Kleine illustrierte Geschichte des Erzbistums Köln. Köln 2013.

Helmrath, Johannes: Die Stadt Köln im Itinerar der Könige des Mittelalters. In: Geschichte in Köln 4 (1979), S. 51-94.

Herbers, Cornelia: Die Mirakelberichte des *monasterium S. Mariae* in Gräfrath. (Libelli Rhenani. 18.) Köln 2007.

Herkenrath, Rainer Maria: Reinald von Dassel (um 1120-1167). In: Rheinische Lebensbilder. Bd. 4. Düsseldorf 1970, S. 7-21.

Heydasch-Lehmann, Susanne: [Artikel] Magierhuldigung. In: Reallexikon für Antike und Christentum, Bd. 23 (2010), Sp. 957-962.

Hiestand, Rudolf: Neptis tua und *factus* Graecorum. Zu den deutsch-byzantinischen Verhandlungen um 1150. In: Deutsches Archiv für Erforschung des Mittelalters 49 (1993), S. 501-555.

Hiestand, Rudolf: Konrad von Wittelsbach und Wilhelm von Champagne oder Mainz, Reims und die Kurie am Ende des 12. Jahrhunderts. In: Bischöfe, Klöster, Universitäten und Rom. Gedenkschrift für Josef Semmler (1928-2011). Hrsg. von *Heinz Finger* und *Rudolf Hiestand*. (Libelli Rhenani. 41.) Köln 2012, S. 83-139.

Hofmann, Hans: Die Heiligen Drei Könige. Zur Heiligenverehrung im kirchlichen, gesellschaftlichen und politischen Leben des Mittelalters. (Rheinisches Archiv. 94.) Bonn 1975.

Horst, Harald: Weltamt und Weltende bei Alexander von Roes. (Libelli Rhenani. 2.) Köln 2002.

Jakobs, Hermann: Weltherrschaft oder Endkaiser? Ziele staufischer Politik im ausgehenden 12. Jahrhundert. In: Die Staufer im Süden. Sizilien und das Reich. Hrsg. von Theo Kölzer. Sigmaringen 1996, S. 13-28.

Janssen, Wilhelm: Das Erzbistum Köln im späten Mittelalter. (= Geschichte des Erzbistums Köln. Bd. 2,1.) Köln 1995.

Johrendt, Jochen: The Empire and the schism of 1159. In: Pope Alexander III (1159-81). The Act of Survival. Ed. by *Peter D. Clarke* and *Anne J. Duggan*. London 2012, S. 99-126.

Jürgensmeier, Friedhelm: Pro und Contra: Die Stellung der Erzbischöfe [1160-1249] im Reichsgeschehen. In: Handbuch der Mainzer Kirchengeschichte. Hrsg. von dems. Bd. I, 1. Würzburg 2000, S. 332-346.

Kahl, Hans-Dietrich: Der sog. "Ludus de Antichristo" (De Finibus saecolorum) als Zeugnis frühstaufischer Gegenwartskritik. In: Mediaevistik 4 (1991), S. 53-148.

Kemper, Dorothee: Gregor von Spoleto im Kölner Dom. In: Kölner Domblatt 72 (2007), S. 61-96.

Keussen, Hermann: Topographie der Stadt Köln im Mittelalter. Bd. 1. Bonn1910.

Klauser, Renate: Der Heinrichs- und Kunigundenkult im mittelalterlichen Bistum Bamberg. Bamberg 1957.

Kluger, Helmuth: Friedrich Barbarossa und sein Ratgeber Rainald von Dassel. In: Stauferreich im Wandel. Hrsg. von *Stefan Weinfurter*. Stuttgart 2002, S. 26-40.

Kneer, Martin: Die Urkunde der Heiligsprechung Karls des Großen v. 8. Januar 1166 und ihr Verfasser in der Kanzlei Friedrichs I. (Erlanger Abhandlungen zur mittleren und neueren Geschichte. 6.) Erlangen 1930.

Kracht, Hans Joachim und *Torsy, Jakob*: Reliquiarium Coloniense. (Studien zur Kölner Kirchengeschichte. 34.) Siegburg 2003.

Kroos, Renate: Liturgische Quellen zum Kölner Domchor. In: Kölner Domblatt 44/45 (1979/80), S. 35-202.

Landau, Peter: Die Kölner Kanonistik des 12. Jahrhunderts – ein Höhepunkt der Rechtswissenschaft. (Kölner Rechtsgeschichtliche Vorträge. 1.) Badenweiler 2008.

Laudage, Johannes: Alexander III. und Friedrich Barbarossa. (Beihefte zu J.F. Böhmer, Regesta Imperii. 16.) Köln, Weimar, Wien 1997.

Laudage, Johannes: Friedrich Barbarossa. Eine Biographie. Hrsg. [posthum] von *Lars Hageneier* und *Matthias Schrör*. Regensburg 2009.

Lauer, Rolf: Der Baldachin der Mailänder Madonna. Statuentabernakel oder Reliquiengehäuse. In: Kölner Domblatt 61 (1996), S. 147-162.

Lauer, Rolf: Der Schrein der Heiligen Drei Könige. (Meisterwerke des Kölner Doms. 9.) Köln 2006.

Leying, Bruno: Niederrhein und Reich in der Königspolitik Konrads von Hochstaden bis 1256. In: Vestische Zeitschrift 73/74/75 (1971-73), S. 183-248.

Lilie, Ralph-Johannes: Byzanz und die Kreuzzüge. (Urban-Taschenbücher. 595.) Stuttgart 2004.

Maccarone, Michele: Papato e impero dalla elezione di Federico I alla morte die Adriano IV (1152-1159). (Lateranum, Nova Series. XXV, 1-4.) Rom 1959.

Meuthen, Erich: Die alte Universität. (= Kölner Universitätsgeschichte. Bd. 1.) Köln, Wien 1988.

Meyer-Wurmbach, Edith: Kölner "Zeichen" und "Pfennige" zu Ehren der Heiligen Drei Könige. In: Kölner Domblatt 23/24 (1964), S. 205-292.

Müller, Andreas: Die Kölner Bürger-Sodalität. Paderborn 1909.

Oediger, Friedrich Wilhelm: St. Maria im Kapitol und Remiremont. Bemerkungen zu einem Kollektar des 12. Jh.s: In: Jahrbuch des Kölnischen Geschichtsvereins 36/37 (1961/62), S. 73-93.

Oediger, Friedrich Wilhelm: Das Bistum Köln von den Anfängen bis zum Ende des 12. Jahrhunderts. (= Geschichte des Erzbistums Köln, Bd. I.) 2. Aufl. Köln 1971.

Opll, Ferdinand: Das Itinerar Kaiser Friedrich Barbarossas (1152-1190). (Forschungen zur Kaiser- und Papstgeschichte. Beihefte zu J.F. Böhmer, Regesta Imperii. 1.) Wien [u.a.] 1978.

Pauls, Emil: Die Heiligsprechung Karls des Grossen und seine kirchliche Verehrung in Aachen bis zum Schluss des 13. Jahrhunderts. In: Zeitschrift des Aachener Geschichtsvereins 25 (1903), S. 335-354.

Peters, Franz Joseph: Beiträge zur Geschichte der Kölnischen Messliturgie. (Colonia Sacra. 2.) Köln 1951.

Rassow, Peter: Honor Imperii. Die neue Politik Friedrich Barbarossas 1152-1159. München, Berlin 1940 (Neudr. Darmstadt 1961).

Reinhardt, Volker: Geschichte von Florenz. München 2013.

Rode, Herbert: Zur Grablege und Grabmal des Erzbischofs Konrad von Hochstaden. In: Kölner Domblatt 44/45 (1979/80), S. 203-222.

Roth, Friedrich Wilhelm E.: Die Visionen und Briefe der heil. Elisabeth und die Schriften der Aebte Ekbert und Emecho von Schönau. 2. Aufl. Brünn 1886.

Scheeben, Matthias Joseph: Festbüchlein zur Feier des 700jährigen Jubiläums der Übertragung der hh. drei Könige nach Köln im Jahre 1864. Köln 1864.

Schieffer, Rudolf: Die Zeit der späten Salier (1056-1125). In: Rheinische Geschichte. Bd. I,3. Düsseldorf 1983, S. 121-198.

Schildhauer, Johannes: Die Grafen von Dassel. Herkunft und Genealogie. (Studien zur Einbecker Geschichte. 3.) Einbeck 1966.

Schneider, Bernhard: Sinnbild des Anfangs und Vollendung. Kurze Geschichte des Heiligen Rocks und seiner Verehrung in Trier. Trier 2009, S. 7-83.

Schulting, Cornelius: Bibliotheca ecclesiastica sei Commentarii sacri de expositione et illustratione missalis et breviarii. Tom I. Köln 1599.

Semmler, Josef: Die Weihe des deutschen Königs und die pontifikale Meßliturgie Kölns. In: Mittelalterliche Handschriften der Kölner Dombibliothek. Erstes Symposion, November 2004. Hrsg. von *Heinz Finger*. (Libelli Rhenani. 12.) Köln 2005, S. 108-141.

Senner, Walter: Albertus Magnus als Gründungsregens des Kölner "Studium generale" der Dominikaner. In: Geistesleben im 13. Jahrhundert. Hrsg. von *Jan A. Aertsen* und *Andreas Speer*. (Miscellania Mediaevalia. 27.) Berlin, New York 2000, S. 149-169.

Seppelt, Franz Xaver: Geschichte der Päpste. Bd. 3. München 1956.

Stallaert, Karel-Frans: Geschiedenis van Hertog Jan den Eersten van Brabant en zijn tijdvak. Brussel 1859.

Steffens, Arnold: Die Übertragung der hh. Drei Könige nach Köln. In: Beiträge zur Kölnischen Geschichte, Sprache, Eigenart 1,1. 1914, S. 51-58.

Stehkämper, Hugo: Konrad von Hochstaden, Erzbischof von Köln (1238-1261). In: Jahrbuch des Kölnischen Geschichtsvereins 36/37 (1962), S. 95-116.

Stehkämper, Hugo: Der Kölner Erzbischof Adolf von Altena und die deutsche Königswahl. In: Beiträge zur Geschichte des mittelalterlichen Königtums (= Historische Zeitschrift, Beiheft 2, NF). Hrsg. von *Theodor Schieder*. München 1973, S. 5-83.

Stehkämper, Hugo: Könige und Heilige Drei Könige. In: Die Heiligen Drei Könige – Darstellung und Verehrung. Katalog zur Ausstellung des Wallraff-Richartz-Museums in der Josef-Haubrich-Kunsthalle Köln. 1. Dezember 1982 bis 30. Januar 1983. Köln 1982, S. 37-50.

Stehkämper, Hugo: Über das Motiv der Thronstreitsentscheidungen des Kölner Erzbischofs Adolf von Altena 1198-1205. Freiheit der fürstlichen Königswahl oder Aneignung des Mainzer Erstkurrechts? In: Rheinische Vierteljahrsblätter 67 (2003), S. 1-20.

Stelzmann, Arnold: Illustrierte Geschichte der Stadt Köln. Köln 1958.

Stephany, Erich: Der Zusammenhang der großen Wallfahrtsorte an Rhein – Maas – Mosel. In: Kölner Domblatt 23/24 (1964), S. 163-179.

Steuer, Heiko: Das Wappen der Stadt Köln. Köln 1981.

Torsy, Jakob: Vikare und Offizianten des Domes in der ersten Hälfte des 18. Jahrhunderts. In: Kölner Domblatt 10 (1955), S. 89-118.

Torsy, Jakob: Achthundert Jahre Dreikönigsverehrung in Köln. In: Kölner Domblatt 23/24 (1964), S. 15-162.

Vollrath, Hanna: Konrad III. und Byzanz. In: Archiv für Kulturgeschichte 59 (1977), S. 321-365.

Weinfurter, Stefan: Das Reich im Mittelalter. Kleine deutsche Geschichte von 500 bis 1500. München 2008.

Wessel, Werner: Zur Geschichte der Kölner Eigenfeste. In: Das Lob Gottes im Rheinland. (Libelli Rhenani. 1.) Köln 2002, S. 124-128.

Wisplinghoff, Erich: Das kirchliche Neuss bis 1814, Pfarrverhältnisse und geistliche Institute. (= Geschichte der Stadt Neuss, Bd. 4) Neuss 1989.

Wynands, Dieter P.J.: Zur Geschichte der Aachener Heiligtumsfahrt. In: Birgit Lermen und *ders.*: Die Aachenfahrt in Geschichte und Literatur. Aachen 1986, S. 7-31.

Wynands, Dieter P.J.: Die Aachener Heiligtumsfahrt. Kontinuität und Wandel eines mittelalterlichen Reliquienfestes. Siegburg 1996.

Die *Zeit* der Staufer. Geschichte – Kunst – Kultur. Ausstellungskatalog. Bd. IV. Hrsg. von *Reiner Hausherr*, Stuttgart 1977.

Einzeluntersuchungen

Die Namen der Heiligen Drei Könige und ihre Bedeutung

von

Ursula Kern

Kaspar, Melchior und Balthasar – mit diesen persönlichen Namen werden die Heiligen Drei Könige allgemein bezeichnet. Dabei ist in der Bibel nur von "Weisen aus dem Morgenland" die Rede. Aus der Erzählung im Matthäus-Evangelium geht weder hervor, dass es sich um Könige handelt, noch wird die Zahl Drei erwähnt. Doch schon im 2. Jahrhundert bezeichnete Tertullian die Weisen erstmals als Könige. Er interpretierte Stellen aus dem Alten Testament als Hinweis auf die Huldigungsszene im Matthäus-Evangelium.[1] Dass es sich um drei Personen handeln musste, erschloss Origenes aus den Gaben, die dem neugeborenen Gottessohn dargebracht wurden: Gold, Weihrauch und Myrrhe.[2] In einer ursprünglich griechischen Schrift, die Ende des 7. oder Anfang des 8. Jahrhunderts unter dem Titel "Excerpta Latina Barbari" in lateinischer Übersetzung erschien, werden die drei Könige erstmals mit spezifischen Namen in Verbindung gebracht: Bithisarea, Melichior und Gathaspa.[3]

Die Namensformen Melchior, Caspar und Balthasar sind zuerst bei Beda Venerabilis (674-735) schriftlich belegt. Damit dürfte die gelegentlich geäußerte Theorie, die Namen seien sekundäre Erfindung auf Grund der bei der Haussegnung am 6. Januar über die Türen geschriebenen Buchstaben C+M+B (für "**C**hristus **M**ansionem **B**enedicat") als nicht zutreffend erwiesen sein. Diese Form der Benediktion ist nämlich erst wesentlich später belegt. Beda beschreibt in seiner Schrift "Collectanea et flores" auch Gestalt und Kleidung der "Magier" und teilt ihnen die einzelnen Gaben zu.[4]

---

[1] "Völker wandern zu deinem Licht und Könige zu deinem Glanz." (Jes 60,3). "Die Könige von Tarschisch und von den Inseln bringen Geschenke, die Könige von Saba und Seba kommen mit Gaben." (Ps 72,10).

[2] Vgl. Becker-Huberti, Manfred: Die Heiligen Drei Könige. Geschichten, Legenden und Bräuche, Köln: Greven Verlag, 2005, S. 10.

[3] Vgl. Küppers, Leonhard: Die Heiligen Drei Könige, Recklinghausen: Bongers, 1964, S. 7.

[4] Eine deutsche Übersetzung des betr. Textabschnitts der "Collectanea et flores" ist zu finden bei Hugo Kehrer: Die Heiligen Drei Könige in Literatur und Kunst, Bd. 1, Leipzig 1908, S. 67. Demnach überreicht Melchior Gold, Kaspar Weihrauch und Balthasar Myrrhe.

Die Reihenfolge und Schreibweise der Namen wechselt im Lauf der Zeit[5] bis sich schließlich die Form Kaspar, Melchior und Balthasar durchsetzt. Der Name Kaspar stammt aus dem Persischen und bedeutet "Schatzmeister". Melchior ist aus dem Hebräischen abgeleitet und wird mit "König des Lichts" übersetzt. Der ebenfalls hebräische Name Balthasar bedeutet "Gott schütze sein Leben".[6]

---

[5] Im Codex Egberti (heute Stadtbibliothek Trier), der im Kloster Reichenau für den Trierer Erzbischof Egbert (977-993) angefertigt wurde, werden nur zwei Namen genannt. Diese lauten: Pudizar und Melchias (Küppers, a.a.O., ebenda).

[6] Linnartz, Kaspar: Unsere Familiennamen, Bd. 2, Aus deutschen und fremden Vornamen im Abc erklärt, 3. Aufl., Bonn: Dümmler, 1958.

Die Darstellung der Dreikönigstranslation in Umberto Ecos Roman Baudolino

von

Claudia Hompesch

Von den unbekannten Fremden im Matthäus-Evangelium bis zu den Heiligen Drei Königen im Kölner Dom – die Fakten

DER ANFANG: MATTHÄUS

"Als Jesus zur Zeit des Königs Herodes in Betlehem in Judäa geboren worden war, kamen Sterndeuter aus dem Osten nach Jerusalem und fragten: Wo ist der neugeborene König der Juden? Wir haben seinen Stern aufgehen sehen und sind gekommen, um ihm zu huldigen. Als König Herodes das hörte, erschrak er und mit ihm ganz Jerusalem. Er ließ alle Hohenpriester und Schriftgelehrten des Volkes zusammenkommen und erkundigte sich bei ihnen, wo der Messias geboren werden solle. Sie antworteten ihm: In Betlehem in Judäa; denn so steht es bei dem Propheten: *Du, Betlehem im Gebiet von Juda, bist keineswegs die unbedeutendste unter den führenden Städten von Juda; denn aus dir wird ein Fürst hervorgehen, der Hirt meines Volkes Israel.* Danach rief Herodes die Sterndeuter heimlich zu sich und ließ sich von ihnen genau sagen, wann der Stern erschienen war. Dann schickte er sie nach Betlehem und sagte: Geht und forscht sorgfältig nach, wo das Kind ist; und wenn ihr es gefunden habt, berichtet mir, damit auch ich hingehe und ihm huldige. Nach diesen Worten des Königs machten sie sich auf den Weg. Und der Stern, den sie hatten aufgehen sehen, zog vor ihnen her bis zu dem Ort, wo das Kind war; dort blieb er stehen. Als sie den Stern sahen, wurden sie von sehr großer Freude erfüllt. Sie gingen in das Haus und sahen das Kind und Maria, seine Mutter; da fielen sie nieder und huldigten ihm. Dann holten sie ihre Schätze hervor und brachten ihm Gold, Weihrauch und Myrrhe als Gaben dar. Weil ihnen aber im Traum geboten wurde, nicht zu Herodes zurückzukehren, zogen sie auf einem anderen Weg heim in ihr Land."[1]

Die Geschichte von den Sterndeutern aus dem Osten steht in einer Erzählungseinheit über Ereignisse nach der Geburt Jesu, die nicht als historischer Bericht miss-

---

[1] Quelle: Evangelium nach Matthäus 2,1-12. Einheitsübersetzung nach: Schnackenburg, Rudolf: Matthäusevangelium. 1,1-16,20. Würzburg 2005. (Die neue Echter-Bibel. 1,1), S. 22-25.

verstanden werden darf.² Untrennbare Komponenten sind der Stern und die Magier.³ Der Sternglaube ist ein gemeinsam durchgehender Zug im Wesen der orientalisch-griechisch-römischen Kulturwelt.⁴ Die Magier wiederum werden durch ihre Huldigungsgeschenke als Anbeter des orientalischen Sonnengottes, also des aus Persien stammenden und in der antiken Welt weit verbreiteten Mithraskultes identifiziert. Die Gleichwertung Jesu mit diesem Sonnengott wird dem frühen Christentum rasch geläufig.⁵ Die Legende entspricht somit der Aussageabsicht des Evangelisten. Historisch ist lediglich die Geburt Jesu in der Regierungszeit des Königs Herodes des Großen (gest. 4 v.Chr.).⁶ Zudem wird sie in das Licht biblischer, d.h. alttestamentlicher Aussagen und jüdischer Traditionen gerückt.⁷ Schon Matthäus nutzt die Symbolkraft: der Stern als Gottes Führung, die Sterndeuter als Zeichen des Aufbruchs der Völkerwelt. In späteren Zeiten hat sie die Volksfrömmigkeit reich befruchtet.⁸

AUSSCHMÜCKUNGEN

Die Festlegung der Anzahl der Magier⁹ entsprechend den drei symbolischen Geschenken auf drei Personen wird schon früh Allgemeingut. Mit Verweis auf Ankündigungen im Alten Testament kommen die Könige ins Spiel, zu denen sich die Sterndeuter im 6. Jahrhundert endgültig wandeln. Sie repräsentieren die drei Lebensalter: Jüngling, Mann und Greis. Bis zum 9. Jahrhundert bilden sich endgültig die Namen Kaspar (Schatzmeister), Melchior (Gottesschutz) und Balthasar (Lichtkönig) aus. Zunächst Kaspar, dann aber Melchior gilt als "Mohr" und Vornehmster unter ihnen. Da sie für die drei damals bekannten Kontinente Asien, Europa und Afrika stehen, erhalten sie die passenden Reittiere Kamel, Pferd und Elefant. Sie haben sich taufen lassen, sollen später zu Priestern und Bischöfen geweiht worden und kurz hintereinander 53 n.Chr. gestorben sein.¹⁰

---

² Schnackenburg a.a.O. S. 21.
³ Kehrer, Hugo: Die Heiligen Drei Könige in Literatur und Kunst. 2 Bände in einem Band. Nachdr. d. Ausg. Leipzig, 1908-1909. Hildesheim 1976, Bd. 1, S. 1.
⁴ Kehrer a.a.O. S. 4.
⁵ Kehrer a.a.O. S. 5-7.
⁶ Schnackenburg a.a.O. S. 23.
⁷ Schnackenburg a.a.O. S. 21.
⁸ Schnackenburg a.a.O. S. 25.
⁹ Von griechisch mágoi – im engeren Sinn Angehörige der medisch-persischen Priesterkaste, im weiteren Astrologen, Orakel- bzw. wie hier Sterndeuter.
¹⁰ Zusammengestellt aus: Becker-Huberti, Manfred u. Beikircher, Konrad: Kölner Reliquien. Heilige Knöchelchen schräg betrachtet. Köln 2012, S. 86-95.

WUNDER ÜBER WUNDER

Ab 324 unternahm Kaiserin Helena, die Mutter Konstantins des Großen, Pilgerreisen nach Palästina, wo sie wunderbarerweise eine Reihe von bis heute bedeutenden Reliquien der Christenheit auffand – u.a. das Kreuz Christi, den Heiligen Rock, die Gebeine des Apostels Matthias und eben auch die Heiligen Drei Könige.[11] Letztere wurden – so die Legende – zunächst nach Konstantinopel geschickt und von dort im 4. Jahrhundert von Bischof Eustorgius I., einem gebürtigen Griechen, nach Mailand verbracht, wo sie jahrhundertelang in einem großen römischen Sarkophag in Sant' Eustorgio ruhten. Kaiser Friedrich Barbarossa bemächtigte sich ihrer 1162 nach der Eroberung Mailands und schenkte sie seinem Kanzler, dem Kölner Erzbischof Rainald von Dassel, der sie 1164 zusammen mit anderen Heiligenreliquien (u.a. der Märtyrer Felix und Nabor) feierlich in die Stadt Köln überführte.[12]

Damit endete ihre lange Zeit unspektakuläre Existenz, und in Köln begann ihr kometenhafter Aufstieg. Zunächst wurde ein Schrein "von noch nie gekanntem Ausmaß" beim größten Meister der Zeit in Auftrag gegeben. Als der 1239 fertig war, erschien der alte Dom nicht mehr adäquat, weshalb man einen Neubau beschloss: "nach Kölner Art – gigantisch, unnachahmlich und unbezahlbar". Die eher dürftigen Kenntnisse über die betreffenden Personen wurden um eine blumenreiche Vorgeschichte bis zur Auffindung der Gebeine in Mailand bereichert. Denn über Ursprung und Geschichte der "neuen Stars am Kölner Heiligenhimmel" war nichts bekannt, was über Mailand und die Aufschrift auf ihrem Schrein hinausführte.[13]

Dieses Manko wurde ca. 200 Jahre später behoben. Johannes von Hildesheim verfasste im Auftrag des Kölner Chorbischofs und späteren Bischofs von Münster Florentius von Wevelinghoven eine "Historia Trium Regum".[14] Dieses Werk – auch ins Deutsche und andere Sprachen übersetzt, vielfach abgeschrieben und ab 1476 in zahlreichen Drucken erschienen – erzählt "die Legende der Heiligen Drei Könige und ihres Sternes, vom Ausgang der Kinder Israels aus Ägypten an bis zur fortwährenden Verehrung ihrer Reste in Cöln" (Johann Wolfgang von Goethe).[15]
Die ausschweifende Erzählung schöpft aus verschiedenen älteren Quellen wie dem Matthäus-Evangelium und apokryphen Texten, syrischen und persischen Legenden sowie damals bekannten Reiseberichten und wird ihrerseits wieder zur Grundlage

---

[11] Becker-Huberti, Beikircher a.a.O. S. 101.
[12] Becker-Huberti, Beikircher a.a.O. S. 88.
[13] Becker-Huberti, Manfred u. Beikircher, Konrad: Heilige in Köln. Ein bisschen schräg, ein Stückchen anders. Köln 2012, S. 11-12.
[14] Becker-Huberti, Manfred: Die Heiligen Drei Könige. Geschichten, Legenden und Bräuche. Köln 2005, S. 17f.
[15] Zitiert nach Becker-Huberti a.a.O. S. 17.

aller folgenden Dreikönigslegenden sowie zur Quelle der daraus entstandenen Dreikönigsbräuche.[16]

Johannes von Hildesheim ergänzt die bekannten Elemente um geographische und historische Angaben aus zum Teil phantastischen Pilger- und Reiseberichten. Die Magier, Könige in drei verschiedenen Indien, kennen sich nicht, bevor sie durch den Stern in Jerusalem zusammen geführt werden. Sie ziehen gemeinsam nach Bethlehem, wie Matthäus berichtet, und dann nach Hause. Die weitere Geschichte schmückt er durch seine bzw. die bekannten Phantasien des Mittelalters aus: Später werden die ehedem heidnischen Magier vom Apostel Thomas getauft und zu Erzbischöfen geweiht. Sie sterben kurz hintereinander – Melchior im Alter von 116 Jahren, Balthasar im 112. Lebensjahr und Caspar mit 109 Jahren. Außerdem verknüpft er sie mit den seinerzeit bekannten Informationen über die Thomas-Christen (Nestorianer) in Indien und die vagabundierenden Ideen vom Reich des Priesters Johannes.[17] Diesem, der ausdrücklich nicht Kaiser oder König genannt werden soll, und seinen Erben vertrauen sie die weltliche Herrschaft über ihre Reiche an.[18]

CUI BONO?

Gesicherte Tatsachen aus der Reliquiengeschichte der Heiligen Drei Könige gibt es erst aus der Mitte des 12. Jahrhunderts. Die in der außerhalb der Mailänder Stadtmauern gelegenen Kirche Sant' Eustorgio 1158 entdeckten drei Särge mit den Überresten von drei Personen wurden allgemein für die aus Konstantinopel herübergebrachten Gebeine der Heiligen Könige gehalten.[19] Anlässlich der Belagerung Mailands durch Kaiser Friedrich Barbarossa wurden sie innerhalb der Stadt im Glockenturm von San Giorgio al Palazzo in Sicherheit gebracht. 1162 wurde Mailand erobert, aber erst zwei Jahre später belohnte der Kaiser seinen Reichskanzler, den Kölner Erzbischof Rainald von Dassel, zum Dank für die Unterstützung seiner Politik mit Ländereien und Besitzungen – und mit wertvollen Reliquien, vor allem den "wie mit einem Paukenschlag" aufgetauchten Heiligen Drei Königen. Mit diesem unvergleichlichen Schatz trat Rainald sofort die Reise nach Köln an, wo er am 23. Juli unter dem Jubel der Bevölkerung eintraf.[20]

Der Kölner Erzbischof oblag es im Deutschen Reich, den jeweiligen König zu salben. Er nahm also unter den sieben Kurfürsten, die den König wählten, eine herausragende Position ein. Rainald, entschieden mehr Politiker als Seelenhirte, hatte wohl sofort begriffen, welches Potential diese Reliquien auch für ihn besaßen. Die

---

[16] Becker-Huberti a.a.O. S. 17-18.
[17] Becker-Huberti a.a.O. S. 73.
[18] Becker-Huberti a.a.O. S. 58.
[19] Kehrer a.a.O. S. 81.
[20] Becker-Huberti a.a.O. S. 11-15.

Mitte des 12. Jahrhunderts war geprägt durch den Kampf um die Vorherrschaft im Christentum zwischen dem Kaiser in Byzanz, dem Kaiser des Heiligen Römischen Reiches und dem Papst in Rom. Und nun konnte der "Königsmacher" des Reiches seine Autorität und die der deutschen Könige auf die ältesten Könige im Christentum stützen: Der deutsche König und Kaiser hätte sein Amt nicht von des Papstes Gnaden, sondern mit Hilfe der Heiligen Drei Könige von "Gottes Gnaden".[21] Ihre Bedeutung für die Reichspolitik lässt sich daher auch an ihrem Schrein ablesen. An der Frontseite steht hinter den dreien ein vierter König: Otto IV., von 1209 bis 1211 deutscher Kaiser, der das Gold für diese Seite gestiftet hatte.[22] Kaspar, Melchior und Balthasar galten als Reichsheilige, waren den deutschen Herrschern, die nach ihrer Krönung in Aachen zum Gebet vor dem Dreikönigsschrein nach Köln zogen, Vorbild und Fürbitter.[23] Auch die Stadt Köln, nicht zuletzt dank der Heiligen Ursula und ihrer angeblich 11.000 Gefährtinnen mit "kölschen und rheinischen Knöchelchen"[24] überreich gesegnet, profitierte in jeder Hinsicht: rückte sie mit dem Besitz der Dreikönigsreliquien, deren Verehrung bis in die Neuzeit hinein über alles bekannte Maß hinausging, zu einem der großen europäischen Wallfahrtszentren auf – "gleichberechtigt neben Rom und Santiago de Compostela".[25]

Zweitrangig war und ist dabei die Echtheitsfrage. Bei einer Diskussion an der Universität wurden Kölner Hörer von dem Historiker Odilo Engels[26] mit der These aufgeschreckt, "Die Wahrscheinlichkeit, dass die Gebeine der Heiligen Drei Könige authentisch seien, bewege sich um den Nullpunkt". Heute werden keine hochgelehrten Disputationen um die Authentizität von Heiligenreliquien mehr geführt.[27] Aber auch in früheren Zeiten galt: Ob sie nun wirklich gelebt hatten oder eher Gestalten der Legende waren – entstanden aus frommen Vorstellungen und Träumen – "die einmal erschaffenen Heiligen und ihre ihnen zugeordneten Reliquien wurden im Dasein der Menschen zur selbstverständlichen Realität".[28] Entscheidend ist die Geschichte ihrer Wirkung [...].

Nur – wessen Überreste liegen dann im Kölner Dreikönigsschrein? Als er am 21. Juli 1864 geöffnet wurde, fand man die nahezu vollständigen Gebeine von männlichen Personen, die im Alter von etwa zwölf, dreißig und fünfzig Jahren gestorben

---

[21] Becker-Huberti, Manfred u. Beikircher, Konrad: Kölner Reliquien. Heilige Knöchelchen schräg betrachtet. Köln 2012, S. 93.
[22] Becker-Huberti u. Beikircher a.a.O. S. 93-94.
[23] Becker-Huberti u. Beikircher a.a.O. S. 89.
[24] Becker-Huberti u. Beikircher a.a.O. S. 11.
[25] Müller, Rüdiger: Salz und Sauerteig. Kölner Heilige - Heilige in Köln. Köln 1989, S. 70.
[26] Müller a.a.O. S. 77.
[27] Legner, Anton: Kölner Heilige und Heiligtümer. Ein Jahrtausend europäischer Reliquienkultur. Köln 2003, S. 9.
[28] Legner a.a.O. S. 8.

sind, also die von den Heiligen Drei Königen dargestellten Lebensalter repräsentieren. Die damals entnommenen Stoffproben konnte man erst 1979 wissenschaftlich untersuchen mit einem Ergebnis, das auf die Zeit vor dem 4. Jahrhundert unserer Zeitrechnung und auf Syrien verweist. Die Bestandteile Seide und Gold sowie die immens kostbare Purpurfärbung verweisen auf eine hohe Herkunft.[29] Der Befund bestätigt also: die Legende! Damit ist die eingangs gestellte Frage eine, die nur weitere Fragen aufwirft, nicht beantwortet werden kann und daher sowohl Spekulationen Vorschub leistet als auch die Phantasie von Romanautoren beflügelt.

Umberto Eco: Baudolino

DER AUTOR

Umberto Eco wird am 5. Januar 1932[30] in der piemontesischen Provinzhauptstadt Alessandria geboren. Der 1168 von der Bevölkerung der Gegend Kaiser Friedrich Barbarossa zum Trotz gegründeten, nach dessen Gegner, Papst Alexander III., benannten und von den kaiserlichen Truppen 1174/75 sechs Monate lang erfolglos belagerten Stadt[31] setzt er in "Baudolino" augenzwinkernd ein literarisches Denkmal. In Ecos Geburtsjahr steht Benito Mussolini auf dem Höhepunkt seiner Macht.[32] Staat und Katholische Kirche haben sich in beiderseitigem Interesse arrangiert. Italien ist "eine faschistische Diktatur mit katholischer Staatsreligion". Der 1887 abgeschaffte Religionsunterricht an den Schulen wird wieder eingeführt. Die Zwangsintegration der Kinder und Jugendlichen in die Bewegung erfolgt über Organisationen für alle Altersstufen vom Kindergarten bis zur Universität, vor allem jedoch über den Schulunterricht. Ohne diesen Hintergrund ist Ecos intellektuelle Entwicklung nicht zu verstehen.[33] Wie können Eltern ihre Kinder vor dieser totalen Indoktrination schützen? Besonders die gläubige Mutter hofft, dass die Glaubensbotschaften der Kirche dem ideologischen Fanatismus Grenzen setzen können.[34]

---

[29] Becker-Huberti u. Beikircher a.a.O. S.94-94.

[30] Nerlich, Michael: Umberto Eco. Reinbek bei Hamburg 2010. (Rowohlts Monographien. 50562), S. 7. Der Umschlagtext bezeichnet Eco als "einen der erfolgreichsten Romanciers der Gegenwart, [dessen] Werke von Millionen Menschen in aller Welt gelesen [werden]. Doch schon vor seinem literarischen Durchbruch war er eine international bekannte Koryphäe: als Mediävist, Philosophiegeschichtler, Literaturtheoretiker und Fachmann für Semiotik."

[31] Wies, Ernst W.: Kaiser Friedrich Barbarossa. Mythos und Wirklichkeit. Biographie. Esslingen, München 1990, S. 242-243.

[32] Nerlich a.a.O. S. 8.

[33] Nerlich a.a.O. S. 10-11. Diese Erfahrungen arbeitet er im Roman "Die geheimnisvolle Flamme der Königin Loana" auf.

Beim Zusammenbruch des faschistischen Regimes befindet sich Umberto Eco mit der Mutter und der jüngeren Schwester in Nizza Monferrato, einem Dorf südwestlich von Alessandria, wohin sie 1944 vor den Bombardierungen der Stadt geflüchtet waren. Den Krieg erlebt er aus drei Perspektiven: des bloßen Zuschauers, des Opfers ("[...] mir ist noch eine Nacht der Bombardierung Alessandrias in Erinnerung"[35]) und als Beobachter des Partisanenkriegs. Hier kommt er auch in Kontakt zum Oratorium der Salesianer Don Boscos und erhält nach eigener Aussage "erstmals eine vertiefte religiöse Erziehung". Nach dem Krieg engagiert sich Eco neben dem Gymnasium im Jugendclub der Kapuziner und in verschiedenen Leitungsfunktionen in der kirchlichen Jugendarbeit bis hin zur "Gioventù Italiana di Azione Cattolica".[36] Ideologische Grabenkämpfe zwischen den von der konservativen Kirchenhierarchie gestützten Reaktionären einerseits und den progressiven studentischen Mitgliedern andererseits führen zu einer Rücktrittswelle, der sich auch Umberto Eco anschließt. Er erlebt eine "sowohl religiöse als auch politische Neuorientierung", braucht aber insgesamt acht Jahre für den Abschied vom Katholizismus. Vermutlich veranlassen ihn viele Gründe, sich vom Glauben ab- und der Wissenschaft zuzuwenden.[37]

Entgegen dem Wunsch seines Vaters, eines Buchhalters, der ihn lieber als Jurist gesehen hätte, beginnt Eco 1950 in Turin Literatur und Philosophie zu studieren. Bei Nicola Abbagnano lernt er "vor allem eine skeptische Grundhaltung und ein Misstrauen vor jedem Dogmatismus".[38] Er entwickelt Interesse an der Geschichte der Ästhetik und promoviert bei Luigi Pareyson über "Il problema estetico in San Tommaso D'Aquino". Zeitgleich bringen ihn die geschilderten Konflikte auf kritische Distanz zur katholischen Kirche.[39] Der Verlust des Glaubens schließlich führt ihn zum geschichtlichen, auf Erforschung gesellschaftlicher Verhältnisse gründenden Denken und zum Nachdenken über Interpretation und Kommunikation beziehungsweise über das Decodieren von Zeichen. Ein Ausblick am Ende seiner Arbeit verweist auf den Weg, den er einschlagen wird: "Eine Neukonzeption der mittelalterlichen Ästhetik, die Kleidung, Schmuck, Waffen und Architektur genauso berücksichtigen müsse wie Handwerksbücher zur Glasmalerei oder Metallverarbeitung oder die Beobachtungen der Rhetoriker, die Schriften der Mystiker, der Kunstsammler, der Pädagogen, der Enzyklopädisten, der Interpreten der Heiligen Schriften sowie die literarisch-poetischen Werke der Zeit."[40]

---

[34] Nerlich a.a.O. S. 18-19.
[35] Nerlich a.a.O. S. 12.
[36] Nerlich a.a.O. S. 23-24.
[37] Nerlich a.a.O. S. 24-25.
[38] Nerlich a.a.O. S. 26.
[39] Nerlich a.a.O. S. 28. Bei der 2. Edition 1970 ändert er den Titel: Il problema estetico in Tommaso d'Aquino.
[40] Nerlich a.a.O. S. 29.

Zunächst schlägt Eco keine akademische Laufbahn ein. Von 1954 bis 1958 ist er Mitarbeiter beim Fernsehen der öffentlich-rechtlichen Rundfunkanstalt RAI. Er wird mit journalistischer Arbeit, Technik und Sendestrategien vertraut und nach zwei Jahren im Kulturprogramm (alles außer Sport und Politik mit Spielraum für kreative Produktionen) eingesetzt, begegnet dort zahlreichen Schriftstellern, Künstlern und Komponisten. 1958 hält er beim Internationalen Philosophenkongress in Venedig einen Vortrag über "Das Problem des offenen Kunstwerks", der von seinen Erfahrungen im Umgang mit Thomas von Aquin, James Joyce und dem Fernsehen bestimmt ist[41]: Der Künstler legt zwar sein Werk so an, dass die verstehende Aufnahme durch den Betrachter, Leser oder Hörer – des Einzelnen ebenso wie die Reaktionen des Kulturbetriebs und der Kritiker – wie von ihm geplant verläuft. Jedoch stehen auf der anderen Seite Individuen, die unterschiedliche soziokulturelle Prägungen und Voraussetzungen mitbringen. Auch wenn diese sich bemühen, die Absicht des Produzenten zu verstehen, ist diese Rezeption unvermeidbar individuell und von Person zu Person entsprechend unterschiedlich. Dies berücksichtigt der Produzent durch die Einbeziehung einer entsprechenden Offenheit seines Werkes. "Diese Dialektik von definitezza (Endgültigkeit, Abgeschlossenheit) und apertura (Offenheit) scheint uns wesentlich für ein Verständnis von Kunst als kommunikativer Handlung und zwischenmenschlichem Dialog zu sein."[42]

1959 findet Umberto Eco eine Anstellung als Sachbuchlektor beim Verlag Bompiani[43] in Mailand und lernt dort auch seine Frau kennen, die deutsche Graphikerin Renate Ramge, später Dozentin für Kommunikation und Design. Bei der 1961 erschienenen "Storia figurata delle invenzioni" (Illustrierte Geschichte der Erfindungen), die tiefe Spuren in Ecos Werk hinterlassen wird, arbeiten sie zusammen. Die Heirat folgt 1962, der Sohn Stefano wird 1 Jahr, die Tochter Carlotta 2 Jahre später geboren.[44]

1961 erhält Umberto Eco an der Universität Turin die Lehrbefugnis für Ästhetik und beginnt dort sowie 1964 an der Architekturfakultät in Mailand mit Lehrveranstaltungen.[45] Er stellt die Weichen für eine Theorie der Welterkenntnis, die auf geschichtlicher Lebenserfahrung und ihrer interaktiven Kommunikation in allen Bereichen des Seins gründet und damit Ausgangsbasis für eine auf sozialer Praxis beruhende Ästhetik und Hermeneutik sein kann und in seinem Werk auch sein wird.[46] Ecos Theorien lösen heftige Reaktionen sowohl von der (politischen) Rech-

---

[41] Nerlich a.a.O. S. 33.
[42] Nerlich a.a.O. S. 33.
[43] Nerlich a.a.O. S. 33. Dort erscheinen die italienischen Ausgaben seiner Werke bis heute.
[44] Nerlich a.a.O. S. 33-41.
[45] Nerlich a.a.O. S. 34.
[46] Nerlich a.a.O. S. 36. Die Sprache ist das Mittel, das jede Kommunikation begründet, und die eigentliche Grundlage der Kultur.

ten als auch der Linken aus: Er plädiere mit seiner "banalen Prosa" für Kunst als "Mittel der Unterhaltung" statt für Kunst als "Mittel der Erkenntnis".[47] Eco steckt nicht zurück, lässt sich auch in keine dogmatische Schublade stecken. Zwischen denen, die Massenmedien grundsätzlich verdammen, und denjenigen, die ihnen unkritisch-positiv gegenüberstehen, ("Apokalyptiker und Integrierte") sucht er einen Mittelweg: "Niemand kann bestreiten, dass durch eine schlüssige Kulturkritik [...] Teile der Programme verbessert werden konnten." Er führt den historischen Nachweis, dass es nie undurchlässige Grenzen zwischen "niederer" und "hoher" Kultur gegeben hat, und hört nie auf, sich mit neuen Medien und Massenkultur, speziell Film und Fernsehen, und der sogenannten Trivialliteratur wie Comics, Abenteuer- und Kriminalromanen, auseinanderzusetzen.[48]

Aufgeräumt werden muss mit dem Vorurteil, "der literarisch unausgewiesene Akademiker Eco habe Ende der siebziger Jahre beschlossen, Romane zu schreiben". Er hat als Schriftsteller begonnen, hat die künstlerische Produktion neben seiner wissenschaftlichen Arbeit jedoch nie aufgegeben und glaubt nicht an eine "derart saubere Trennung" zwischen "wissenschaftlich (akademisch, theoretisch)" und "kreativ". Seine Geschichte der Philosophie erscheint 1958 als Comic mit dem Titel "Filosofi in libertà" (Philosophen auf freier Wildbahn). Mit in Eugen-Roth-Manier gereimten Strophen vermittelt er die wichtigsten Lehrsätze von Thales über Descartes und Kant bis Husserl so, dass "manch italienischer Schüler sich [damit] erfolgreich auf das Abitur vorbereiten konnte".[49] Ab 1957 arbeitet Eco an der ein Jahr zuvor gegründeten und nach dem Mailänder Aufklärer Pietro Verri benannten Zeitschrift "Il Verri" mit und verfasst eine monatliche Kolumne mit Glossen über den Zeitgeist, Betrachtungen über die Sitten und Bräuche, Moralia und literarischen Parodien. Die Parodie sieht er "wie das Komische überhaupt [als] zeit- und raumgebundenes Genre". Sie benötige daher oft historischer und kultureller Zusatzinformationen, damit der Leser die Parodie als Parodie erkennen und mitlachen kann.[50]

Nach der Glaubenskrise bestimmt die Vernunft als weltanschauliches Prinzip Ecos Denken und Handeln. Jedoch maßvoll-vernünftig zu denken und zu handeln wird im Italien der Epoche mit der extremen Rechten, Hardlinern aus dem Lager der DC (Democrazia Cristiana) und der wachsenden Bedeutung der vor allem von Studenten gebildeten außerparlamentarischer Splittergruppen zunehmend schwierig. Als einer der führenden Köpfe der jüngeren Schriftstellergeneration gehört er zu den Gründungsmitgliedern des Zirkels, der sich als Hommage an die deutsche "Gruppe 47" den Namen "Gruppo 63" gibt. Für ihn liegt deren Bedeutung im Nachdenken über die Sprach- und Formexperimente ihrer Mitglieder und über die Massenkultur. Seit

---

[47] Nerlich a.a.O. S. 37.
[48] Nerlich a.a.O. S. 38-39.
[49] Nerlich a.a.O. S. 40-42.
[50] Nerlich a.a.O. S. 44-46.

1966 Dozent für Visuelle Kommunikation an der Architekturfakultät der Universität Florenz mit studentischen Aktivitäten konfrontiert, missbilligt er Boykotte von Wahlen und kulturellen Veranstaltungen und lehnt es ab, von der Diskussion über Literatur und Kultur zur Bauanleitung für Molotow-Cocktails überzugehen.[51]

Als der "Gruppo 63" 1968 auseinanderbricht, ist Eco Verlagslektor, Journalist, Verfasser von Comics, Parodien und Kinderbüchern, aber auch Philosoph, Mediävist, Literaturtheoretiker.[52] 1971 legt er mit "Die Formen des Inhalts" einen neuen Traktat zur Semiologie vor, die er aber seit 1969 nur noch Semiotik nennt.[53] Damit beginnt er die Abkehr von der linguistisch orientierten Zeichenkonzeption zugunsten einer Ausweitung auf "alle Zeichen im Innern des gesellschaftlichen Lebens".[54] Die Erkenntnis des Richtigen für das menschliche Leben (Wahrheitsfindung) erfolgt im Kommunikationsprozess, dessen Entfaltung (oder Semiose) zwar durch Art, Zahl und Konfiguration der Zeichen festgelegt, gleichzeitig aber unendlich ist, da sein Gegenstand die Totalität des Seins ist. Eco plädiert für Ersatz oder Ergänzung der herkömmlichen Wörterbuch-Referenz in der Semiotik durch eine undogmatische Enzyklopädie-Referenz: Jeder Mensch verfüge im Grunde über enzyklopädisches Wissen, wie chaotisch-fragmentarisch es auch sein mag. Er erarbeitet ein undogmatisches historisch-materialistisches Konzept des philosophischen Nachdenkens über die sich entwickelnde Welt in ihrer geschichtlichen Realität.[55] Mitte der siebziger Jahre ist er zu einer internationalen Autorität in der Semiotik geworden, gilt aber konservativen Geisteswissenschaftlern als unseriös, insbesondere wegen seiner literarischen Produktivität.[56]

Daher hinkt seine akademische Karriere in Italien seinem internationalen Ansehen (u.a. Lehrtätigkeit in New York und Argentinien) hinterher. Erst 1975 wird er an der Universität Bologna zum ordentlichen Professor für die in Italien wesentlich von ihm begründete Semiotik ernannt. In "Der Übermensch für die Massen" veröffentlicht er 1976 seine Studien über die dialektische positive und negative Funktion des Unterhaltungsromans.[57] Italien wird von Studentenunruhen, Arbeitslosigkeit, Regierungskrisen und Terrorakten erschüttert. Eco vergleicht die nationalen und internationalen Krisen der Gegenwart mit dem Zerfall des römischen Reiches und den im Mittelalter entstandenen europäischen Mächten. Der Traum der Achtundsechziger von Revolution entspreche der Sehnsucht der mittelalterlichen Intellektuellen nach der Erneuerung des Heiligen Römischen Reiches. Allerdings hätten

---

[51] Nerlich a.a.O. S. 50-54.
[52] Nerlich a.a.O. S. 61.
[53] Nerlich a.a.O. S. 62.
[54] Nerlich a.a.O. S. 63.
[55] Nerlich a.a.O. S. 64.
[56] Nerlich a.a.O. S. 65.
[57] Nerlich a.a.O. S. 65-67.

sie damals die Universitäten erfunden, um im Zeichen aristotelischer Vernunft nach wissenschaftlichen Lösungen zu suchen, während man nun vorhätte, die Universitäten im Namen neuer Heilsbotschaften zu zerstören.[58]

Eco steht den neuen Entwicklungen kritisch, zum Teil aber auch wohlwollend gegenüber – wie der Gründung von "Radio Alice" und deren Manifest "Anleitungen für eine subversive Kommunikation". Als der Sender 1977 von der Polizei besetzt wird, will er zur Beruhigung der Situation beitragen, doch werden seine Kommentare sowohl von links als auch von rechts attackiert.[59] Während Eco sich zur parlamentarischen Demokratie bekennt, deren Vorteil darin besteht, "ohne Anspruch auf absolute Wahrheiten vernünftige Grenzen zu ziehen", rechtfertigen die "Roten Brigaden" ihre Terroranschläge. Auch im Fall der Entführung und Ermordung des Politikers Aldo Moro bleibt Ecos Appell an die Vernunft ungehört. Das Bombenattentat vom 2. August 1980 im Bahnhof von Bologna kostet 85 Menschenleben. Umberto Eco hört nicht auf, sich gegen den politischen Wahnsinn zu engagieren.[60]

In diesen Jahren verwirklicht Eco einen seit frühester Jugend beabsichtigten und theoretisch vorbereiteten Plan: er schreibt einen Roman. Im Oktober 1980 (deutsch 1982) erscheint "Der Name der Rose", der seinen Weltruhm als Schriftsteller begründet. Eco selbst sieht ihn als historischen Roman, konzipiert ihn aber auch als Rekonstruktion eines verlorenen Manuskripts und baut ihn wie einen Kriminalroman auf.[61] Er verarbeitet darin die ihm wichtigen Themen und Erkenntnisse vom offenen Kunstwerk über ein Stück erzählter Semiotik bis hin zur Parallele zu den Gegenwartsereignissen.[62] Während der Roman sich als Bestseller herausstellt, in über dreißig Sprachen übersetzt und 1986 verfilmt wird, die internationale Kritik, in Deutschland auch Geisteswissenschaftler und das Publikum ihn begeistert aufnehmen, gefällt sich das deutsche Feuilleton darin, den "Professorenroman" nach Strich und Faden zu verreißen: er sei "ungenießbar und weltfremd", "Bildungsballast".[63] Der Folgeroman "Das Foucaultsche Pendel" (1988, deutsch 1989) wird als "ein kalkuliertes Industrieprodukt" bezeichnet.[64] Spätestens zu Beginn der neunziger Jahre ist Eco ein weltbekannter Schriftsteller, eine internationale Moralinstanz.[65] Er wird nicht müde, seine warnende Stimme zu erheben, in Italien vor Berlusconi, international zu Fragen von Diskriminierung, Intoleranz, Rassismus, Antisemitismus und

---

[58] Nerlich a.a.O. S. 68.
[59] Nerlich a.a.O. S. 69-70.
[60] Nerlich a.a.O. S. 71-73.
[61] Nerlich a.a.O. S. 74.
[62] Nerlich a.a.O. S. 82-83.
[63] Nerlich a.a.O. S. 84-85.
[64] Nerlich a.a.O. S. 95.
[65] Nerlich a.a.O. S. 103.

vor der Wiederkehr des Faschismus.[66] Auch in Bezug auf die Wissenschaft und seine literarische Tätigkeit steckt er nicht zurück. Nach seiner Überzeugung sind dies "zwei Seiten desselben Nachdenkens über das Sein des Menschen in dieser Welt".[67] Auch sein dritter Roman, "Die Insel des vorigen Tages" (1994, deutsch 1995) wird von einigen Rezensenten missverstanden: "Sprechblasen".[68] "Baudolino" (2000, deutsch 2001), wird in Deutschland von Historikern mit Beifall bedacht, einige Feuilletonisten nehmen jedoch wohl übel, dass ein Italiener wichtige Ereignisse der deutschen Nationalgeschichte gestaltet.[69] In neueren Biographien über historische Personen dieser Zeit wird er erstaunlich oft zitiert.[70]

Seither hat Eco noch zwei Romane veröffentlicht: "Die geheimnisvolle Flamme der Königin Loana" (2004) und "Der Friedhof in Prag" (2010, deutsch 2011).[71] Seine akademische Laufbahn an der Universität Bologna endet 2008.[72] Weiterhin erscheint von ihm oder in Zusammenarbeit mit ihm fast jedes Jahr ein neues Buch.[73] Eco erhält zahlreiche Ehrungen und Auszeichnungen sowohl gesellschaftlicher wie akademischer Art, darunter allein (bis 2010) von 37 Universitäten weltweit die Ehrendoktorwürde – in Deutschland von der FU Berlin 1998.[74]

EIN "SCHELMENROMAN"

Mit "Baudolino" begibt sich Umberto Eco zum zweiten Mal ins Mittelalter. In "Der Name der Rose" entwickelt er in der Einheit von Raum und Zeit eine spannende Krimihandlung, verquickt sie wie nebenbei mit der antiken Philosophie, der abendländischen Kirchengeschichte und seinen Ansichten zu Büchern und Bibliotheken[75] und vermittelt seinen Lesern so, womit er sich wissenschaftlich beschäftigt. Diesmal hat er noch draufgesattelt: Auf 600 Seiten entfaltet er eine Fülle von Chroniken – die Chronik des Heiligen Römischen Reiches unter Kaiser Friedrich

---

[66] Nerlich a.a.O. S. 101-102.
[67] Nerlich a.a.O. S. 103.
[68] Nerlich a.a.O. S. 107 und 148.
[69] Nerlich a.a.O. S. 119 und 148.
[70] Barbarossa (Görich), Rainald (Ruina mundi).
[71] Natürlich ist sein Gesamtwerk (bis hin zu "Die Fabrikation des Feindes und andere Gelegenheitsschriften" 2014) wesentlich umfangreicher und dank seines kongenialen Übersetzers Burkhart Kroeber auf Deutsch verfügbar. (Quelle: Die Deutsche Nationalbibliothek über KVK).
[72] http://de.wikipedia.org/wiki/Umberto_Eco. Stand: 19. April 2014.
[73] Quelle: Die Deutsche Nationalbibliothek.
[74] Wikipedia a.a.O.
[75] Eco, Umberto: Die Bibliothek. [Der Text entstand als Festvortrag zum 25-jährigen Jubiläum der Mailänder Stadtbibliothek im Palazzo Sormani am 10. März 1981]. München u.a. 1987.

Barbarossa zwischen 1155 und 1190, die Chronik eines für mittelalterliche Verhältnisse langen Menschenlebens, in der Rahmenhandlung die Chronik der Zerstörung Konstantinopels 1204. Gleichzeitig nimmt er sich die zeitgenössischen Mirakel, Legenden, Fälschungen, Reiseberichte [...] ja alle herumgeisternden Geschichten und Chroniken vor, für die er auch die Quelle nennt: Baudolino steckt dahinter! Das ist komisch, teils sogar parodistisch, aber trotzdem nicht immer leicht zu lesen. Denn Eco, der literarischen Parodie und dem Komischen überhaupt zugetan, macht es seinen Lesern mit seinem geschickt konstruierten Vexierbild nicht leicht: Baudolino ist ein Lügner, der Roman eine Lügengeschichte [...] Was ist dann die Wahrheit? Was ist wahr? Cui bono? Es kostet einiges an Mühe und Durchhaltevermögen, die Antworten zu finden in den verschiedenen Erzählsträngen zwischen der Rahmenhandlung, Baudolinos Bericht und den chronikartigen Zusammenfassungen, die – das ist der einzige wesentliche Kritikpunkt – den Spannungsbogen immer wieder unterbrechen. Aber es lohnt sich!

Im vorangestellten Motto zeigt sich Ecos Programm:

"Mit großem Überdruß erfüllen mich jene,
Die ständig nach dem höchsten Gute suchen
Und es bis heute nicht gefunden haben.
Und wenn ich's wohl bedenke, scheint mir,
Daß solches nur geschieht,
Weil es nicht dort ist, wo sie's suchen.
Diese Doktoren haben nie recht verstanden,
Sind nie den richtigen Weg gegangen,
Der sie zu höchstem Gute führen kann.
Denn meiner Meinung nach muß,
Wer etwas werden will,
Die Phantasie anstrengen.
Und mit der Erfindung spielen und raten,
Und kannst du nicht geradeaus gehen,
So können dir tausend andere Wege helfen.
Dies, dünkt mich, lehrt uns die Natur:
Wenn einer nicht auf dem gewohnten Weg vorankommt,
Sucht er sich hintenrum eine bessere Straße.
Die Art der Erfindung ist sehr mannigfaltig;
Doch um das Gute zu finden, muß man, ich hab's erprobt,
In umgekehrte Richtung gehen.
Such etwas Böses, und schon hast du es [das Gute] gefunden;
Doch höchstes Gut und höchstes Übel
Paaren sich wie das Federvieh auf dem Markt."[76]

Der Roman beginnt mit Baudolinos persönlicher Chronik – der Zwölf- oder Dreizehnjährige (so genau kennt er sein Alter nicht) schreibt "Anno Domini MCLV" (1155) noch recht ungelenk im mit Latein durchsetzten Originalidiom seiner Heimat, das Ecos Übersetzer Burkhart Kroeber in ein von Orthographieregeln freies Quasi-Mittelhochdeutsch übersetzt hat. Neben der Erleichterung, dass der restliche Roman dem modernen Leser sprachlich zugänglicher ist, gesellt sich bereits auf der ersten Seite die Erkenntnis, dass Baudolino für seine Chronik die Pergamente mit der Weltchronik seines Lehrers Otto von Freising[77], entwendet und abgeschabt hat. Auf diesem Palimpsest entfaltet er nun seine eigene Sicht zu der von ihm erlebten Geschichte, doch der Ursprungstext blitzt manchmal noch hervor.[78] Aber Vorsicht! Ist Baudolino glaubwürdig? Er ist zweifellos ein Sprachtalent, das sich fast alle fremden Sprachen in Nullkommanix allein durch Zuhören aneignet. Das wird ihm, sobald er seine Heimat verlassen hat, noch sehr zugute kommen. Wenn er durch den Wald der "Frasketa"[79] streift, hat er Visionen, besonders bei Nebel. Er sieht ein Einhorn, oder der Heilige Baudolino[80] erscheint ihm [...]. Aber sein Vater, der Bauer Gagliaudo, sagt über ihn "[...] dieser Kerl ist noch verlogener als Judas und denkt sich das alles nur aus um nicht arbeiten zu müssen!"[81]

Ein Zeitsprung katapultiert den Chronisten und seine Leser über ein halbes Jahrhundert hinweg in die Rahmenhandlung, die im Konstantinopel des Jahres 1204 spielt. Die oströmische Großmacht war nicht zuletzt durch den Zusammenbruch der Herrscherdynastie der Komnenen am Ende und wurde unter der Dynastie der Angeloi zunehmend zum Spielball auswärtiger Interessen (d.h. der an den Kreuzzügen beteiligten Länder resp. ihrer Herrscher und Venedigs, das den Seetransport der Expedition auf Kredit finanzierte und dafür den größten Anteil der Beute –

---

[76] Eco, Umberto: Baudolino. Roman. Aus dem Italienischen von Burkhart Kroeber. München u.a. 2001. Lizenzausg. für Buchgemeinschaften. 2002, S. 6-7: Galileo Galilei, Contro il portar la toga.

[77] Otto, um 1112-1158, Zisterzienser und Bischof von Freising, Onkel von Kaiser Friedrich Barbarossa, Geschichtsschreiber: 1143-46 "Chronica sive Historia de duabus civitatibus" in 8 Bänden, "Gesta Friderici I Imperatoris", vollendet von seinem Schüler und Kaplan Rahewin (Quelle: LThK).

[78] http://specials.hanser.de/eco/buch.htm Baudolino III.

[79] Piemont, obere Poebene. Die 1168 dort gegründete Stadt Alessandria, die Geburtsstadt Umberto Ecos, liegt auf einer Meereshöhe von 95 Meter am Ufer des Flusses Tanaro. (Quelle: Wikipedia, Stand: 24.12.2013).

[80] Ortsheiliger, von dessen hellseherischen Fähigkeiten Paulus Diaconus im 8. Jahrhundert berichtet, überstand die große Säuberung der Heiligenliste 1969, der bekanntere wie Barbara, Christophorus und Katharina zum Opfer fielen. Gedenktag: 10. November (Quelle: Fuhrmann, Horst: Das Mittelalter in der Literatur – Umberto Eco und sein Roman "Baudolino". Wolnzach 2003. (Eichstätter Universitätsreden. 110), S. 32.).

[81] Baudolino S. 13.

auch von Eroberungen und Plünderungen christlicher Städte – kassierte).[82] Am 9. April 1204 wird Konstantinopel von den Kreuzfahrern unter Führung des venezianischen Dogen Enrico Dandolo angegriffen, in wenigen Tagen erobert, niedergebrannt und geplündert.[83] Inmitten dieses Chaos finden wir Baudolino wieder, dem es gelingt, nicht nur sich selbst in Sicherheit zu bringen, sondern auch Niketas Choniates[84], "vormals Redner am Hofe [...] und Logothet der Sekreta – oder wie man bei den Lateinern sagen würde – Kanzler des Kaisers von Byzanz, zugleich Geschichtsschreiber vieler Komnenen sowie der Angeloi"[85], und dessen Familie. Aber auch Niketas kann etwas für Baudolino tun, der bis auf die ersten Seiten seine gesamten Aufzeichnungen verloren hat – schlimmer noch, sich zwar an die Fakten erinnert, aber alles durcheinander bringt und nicht mehr imstande ist, ihnen einen Sinn zu geben. Während sie nun bei den Genuesen unterkommen, warten, bis sie mit deren Hilfe aus der Stadt fliehen können, auf der Flucht und am Ziel in Selymbria[86] erzählt Baudolino ihm seine Geschichte und so entsteht nebenbei die Chronik – ja welche eigentlich? "Und weißt du, Kyrios Niketas, wenn du etwas erzählst, was du dir ausgedacht hast, und die anderen sagen in einem fort: 'Genauso ist es!', dann glaubst du's am Ende selber."[87]

Baudolino begegnet dem Kaiser[88], der sich in Wald und Nebel verirrt hat, bei einem seiner Streifzüge. Ohne zunächst zu wissen, dass der fremde Ritter nicht nur zu den Truppen des Kaisers gehört, sondern dieser selbst ist, bietet er ihm in der elterlichen Hütte Unterkunft für die Nacht an. Weil er ihm eine Freude machen will, sagt er ihm eine siegreiche Belagerung von Tortona voraus. Das habe ihm der Heilige Baudolino, der ihm in den Nebelschwaden des heimatlichen Waldes er-

---

[82] Grünbart, Michael: Das Byzantinische Reich. Darmstadt 2014. (Geschichte kompakt), S. 110-113.
[83] Grünbart a.a.O. S. 112.
[84] Grünbart a.a.O. S. 102 u. 112 und Wikipedia (Stand: 10.05.2014): Niketas Choniates (um 1155-1217) Richter, Verwalter der Finanzen, schließlich Großlogothet. Der 4. Kreuzzug wurde auch für Niketas zu einer persönlichen Katastrophe. Er verlor seinen Besitz und konnte nur sein Leben und das seiner Familie retten. Sein Hauptwerk ist die Chronike diegesis, welche in 21 Büchern die Geschichte des (byzantinischen) Kaiserreiches von 1118 bis 1206 zum Gegenstand hat. Zudem widmete er ein Werk den Baudenkmälern Konstantinopels, die während der Plünderung 1204 zerstört wurden.
[85] Baudolino S. 21.
[86] Selymbria, heute Silivri, Hauptstadt des gleichnamigen Landkreises der türkischen Provinz İstanbul im europäischen Teil der Türkei (Quelle: Wikipedia, Stand: 30.03.2013).
[87] Baudolino S. 42.
[88] Friedrich I. Barbarossa (um 1125-1190), seit 1152 deutscher König, 1. Italienzug 1154. Er begrenzt die Freiheit der lombardischen Städte, nimmt im April 1155 Tortona ein und wird zum König der Lombarden gekrönt, am 18. Juni dann in Rom durch Papst Hadrian IV. zum Kaiser. (Quelle: Wies, Ernst W.: Kaiser Friedrich Barbarossa. Mythos und Wirklichkeit. Biographie. Esslingen, München 1990, S. 336-337).

schienen war, geoffenbart [...] Der Fremde will ihn mitnehmen – "Kint komm mit und dein glück ist gemacht"[89] – was die Eltern auch zulassen, der Vater eher erleichtert (Ein unnützer Esser weniger!), die Mutter weinend, aber in der Einsicht, dass sich hier eine einmalige Chance bietet. Als Baudolino den Ritter zum Lager der Kaiserlichen zurück führt, erfährt er, wem er das Märchen aufgetischt hat. Es ist Friedrich Barbarossa selbst, der will, dass er die Botschaft nun vor allen, auch vor den Gesandten aus Tortona, wiederholt. Die Stadt ergibt sich dem Kaiser, jetzt, wo sogar die Heiligen gegen sie sind. Und Baudolino macht in der Tat sein Glück. Er wird von Friedrich adoptiert, zieht mit ihm nach Rom, dann wieder nach Norditalien, über die Berge schließlich nach Deutschland: "[...] war ich auf einmal im Zentrum des Universums".[90] Und er ist immer wieder der Berater des Kaisers: "Ich habe ihn geliebt. Er war der erste Mensch, der wirklich zuhörte, wenn ich redete."[91] Baudolino kommt zunächst zur Ausbildung in die Obhut von Friedrichs Onkel, Otto von Freising, und dessen Sekretär Rahewin. Otto erkennt seine rasche Auffassungsgabe aber auch seinen Hang zur Lüge, verurteilt diesen aber nicht – im Gegenteil: "Willst du ein Mann der Schrift werden und womöglich eines Tages auch Historien schreiben, so mußt du auch lügen und Geschichten erfinden können, sonst wird deine Historia langweilig. Aber du mußt es in Maßen tun."[92] Von Otto hört er auch erstmalig vom "Reich eines Priesterkönigs im äußersten fernen Osten, des sogenannten Presbyters Johannes [...] dessen Vorfahren jene Magier aus dem Morgenlande gewesen seien, Priesterkönige auch sie, aber Inhaber einer uralten Weisheit, die das Jesuskind in der Krippe besucht hatten."[93]

Als Otto stirbt, ist sein Vermächtnis für Baudolino, den Kaiser auf den Presbyter Johannes hinzuweisen, denn "von dort [dem Osten] kommt das Licht, das ihn beleuchten wird als den größten aller Könige. Er muß sich fernhalten von einem Reich [Italien], in dem auch ein Papst befiehlt. Sonst ist er immer nur zur Hälfte Kaiser."[94] Auch wie er das notfalls anstellen soll, sagt Otto ihm: "Also wenn du keine anderen Nachrichten über jenes Reich hast, erfinde welche. Merk dir, ich bitte dich nicht zu bezeugen, was du für falsch hältst – das wäre Sünde –, sondern

---

[89] Baudolino S. 17.
[90] Baudolino S. 43.
[91] Baudolino S. 43.
[92] Baudolino S. 57.
[93] Baudolino S. 60. Ein um die Mitte des zwölften Jahrhunderts entstandenes und sich schon bald zu einem gesamtabendländischen Mythos verdichtendes Gerücht besagte, dass ein machtvoller christlicher König im fernen Asien, der über kaum zählbare Völkerschaften und unermeßliche Schätze gebiete, entschlossen sei, die bedrängten Kreuzfahrer tatkräftig zu unterstützen. Otto von Freising erwähnt ihn als erster namentlich. (Quelle: Kaltenbrunner, Gerd-Klaus: Johannes ist sein Name. Priesterkönig, Gralshüter, Traumgestalt. Zug/Schweiz 1993. [Die graue Reihe. 12], S. 15).
[94] Baudolino S. 72.

falsch zu bezeugen, was du für richtig hältst. Das ist ein gutes Werk, denn es behebt den Mangel an Beweisen für etwas, das zweifellos existiert oder geschehen ist [...]"[95] Otto hat den Kaiser gebeten, Baudolino zum Studium nach Paris zu schicken. Er soll Rhetorik studieren ("[...] die Kunst, auf elegante Weise etwas zu sagen, von dem man nicht sicher weiß, ob es wahr ist") und die Dichter lesen (die [...] haben die Pflicht, schöne Lügen zu erfinden"). Auch ein bisschen Theologie schadet nicht, aber nicht zu viel, denn "mit den Dingen des Allmächtigen soll man nicht scherzen".[96]

Doch zunächst kehrt Baudolino zum Hof zurück und gibt Friedrich weise Ratschläge, von denen sich sogar dessen Kanzler, Rainald von Dassel[97] noch eine Scheibe abschneiden kann. Friedrich fragt seinen Adoptivsohn: "Ich mühe mich ab, die Städte Italiens unter ein einheitliches Gesetz zu stellen, aber jedesmal muß ich wieder von vorne anfangen Vielleicht ist mein Gesetz falsch?" Baudolino lenkt ihn auf die richtige Spur: "Er [der Kaiser] ist nicht Kaiser, weil er die richtigen Ideen hat, sondern die Ideen sind richtig, weil ER sie hat, und basta!" Rainald bleibt nur noch, diesen genialen Gedanken in geschliffenes Latein zu übersetzen: "Quod principi placuit legis habet vigorem – was dem Fürsten gefällt, hat Gesetzeskraft."[98] Um das Ganze rechtlich abzusichern, schlägt Baudolino vor, dass die Rechtsgelehrten der Universität von Bologna eine entsprechende Erklärung verfassen. Der Kaiser wiederum sichert ihnen Unabhängigkeit von jedweder geistlichen oder weltlichen Macht zu, sie sollen allein dem Recht verpflichtet sein. Ausgestattet mit dieser Würde verhelfen sie dem Kaiser zu seinem Recht: Auf diese Weise profitieren beide Seiten, und Baudolino hat mal kurz nebenbei die Reichsidee stabilisiert. Immer wieder wird er Friedrich mit Kritik, Rat und Tat sowie seinen Lügengeschichten (oder vielmehr der von ihm selbst geschaffenen Wahrheit) zur Seite stehen.

Er zieht nun, finanziell gut gepolstert zum Studium nach Paris, vom wohlwollenden Interesse der fast gleichaltrigen Kaiserin Beatrix[99] begleitet, die ihn bittet, sie über sein Leben auf dem Laufenden zu halten, und die nicht ahnt, dass Baudolino sich unsterblich in sie verliebt hat. Unerfahren wie er ist, weiß er damit nicht um-

---

[95] Baudolino S. 71.
[96] Baudolino S. 71.
[97] Rainald von Dassel (wahrsch. 1118/1120-1167), Reichskanzler (1156) und Erzbischof von Köln (1158), radikaler Verfechter der Reichsrechte gegenüber dem Papsttum (Reichstag von Besançon 1157), vertrat imperiale Ziele in Italien: Reichslegat 1158 (Quelle: LThK).
[98] Baudolino S. 74.
[99] Beatrix von Burgund (1144-1184), 2. Gemahlin Friedrichs I. Barbarossa (Die erste Ehe wurde kinderlos geschieden.), Heirat 1156, 8 Söhne und 3 Töchter. Sie soll nach zeitgenössischen Quellen gebildet, intelligent und sehr schön gewesen sein. (Quelle: Görich, Knut: Friedrich Barbarossa. Eine Biographie. München 2011, S. 256-262).

zugehen, will ja auch die Loyalität gegenüber seinem Adoptivvater nicht verraten – und findet aus diesem Dilemma mal wieder seinen ganz eigenen Ausweg: Er schreibt glühende Liebesbriefe an Beatrix, die er selbstverständlich nicht abschickt. Diese spenden ihm vorübergehend Trost, bis es ihm unerträglich wird, nie eine Antwort zu erhalten, und er ihre Antworten kurzerhand selber schreibt. In Paris studiert er fleißig, lässt aber auch die Annehmlichkeiten, Freuden und Abenteuer des Studentenlebens nicht aus (wovon er der Kaiserin beim besten Willen nichts berichten kann) und trifft nach und nach auf die Freunde, welche ihn auf seinem Lebensweg begleiten werden.

Baudolinos erster Gefährte ist ein Rittersohn aus Köln, der anstelle des Kriegshandwerks die schönen Künste vorzieht. Der "frühreife Dichter", von allen nur "der Poet"[100] genannt, hat allerdings noch nie ein Gedicht geschrieben, sondern belässt es bei der bloßen Ankündigung. Auf das Vortragen fremder Gedichte versteht er sich allerdings [...] Baudolino hingegen beginnt damit, Gedichte und Trinklieder zu schreiben – und schenkt sie seinem ob seiner mangelnden Begabung zum Verseschmieden verzweifelten Freund, damit er sie als seine eigenen ausgeben kann. Er macht diese Werke des Poeten auch am Kaiserhof bekannt, wo Rainald von Dassel, ein "Liebhaber der Poesie"[101], diesen Dichter gern in seine Dienste nehmen würde. So geht er als "Archipoeta", gewissermaßen Erzdichter in den Dienst des gerade zum Erzbischof von Köln Ernannten, im Gepäck einen Vorrat von Baudolinos Versen und dessen Versprechen, weitere zu liefern. Baudolino hingegen genügt es, der einzige zu sein, der die Wahrheit kennt.

Die Vorlesungen führen Baudolino mit Abdul[102] zusammen, dessen provenzalische Vorfahren väterlicherseits sich nach der Eroberung Jerusalems in Syrien niedergelassen hatten, während die Mutter aus Hibernia (Irland) stammte: ein braungebrannter Junge mit roten Haaren, der auf Arabisch denkt, provenzalisch erzählt und singt und sich nach einer "fernen Prinzessin" verzehrt. Über ihn, dessen Onkel Kanonikus der Abtei von Sankt Viktor ist, erhält Baudolino Zugang zur dortigen Bibliothek, einem "Hort der universalen Gelehrsamkeit"[103], wo er seine Zeit mit der Lektüre phantastischer Texte über ferne Länder und deren seltsame Bewohner

---

[100] Im Umfeld des Reichskanzlers und Kölner Erzbischofs Rainald von Dassel gab es tatsächlich einen berühmten, aber "anonym gebliebenen Dichter, der Archipoeta (Erzpoet), eine der ausgeprägtesten literarischen Persönlichkeiten des Hochmittelalters", der nicht nur wie andere das Lob des Kaisers sang, sondern auch witzige, parodistische Verse schrieb, wie die an Rainald gerichtete sog. Vagantenbeichte. (Quelle: Fuhrmann, Horst: Das Mittelalter in der Literatur - Umberto Eco und sein Roman "Baudolino". Wolnzach 2003. [Eichstätter Universitätsreden. 110], S. 16-17).

[101] Baudolino S. 100.

[102] Abdul ist ein Name aus dem Arabischen, der zu Deutsch so viel wie "Diener des [...]" bedeutet. (Quelle: Wikipedia, Stand: 26.3.2014).

[103] Baudolino S. 86.

verbringt – Menschen mit Riesenohren oder nur einem Bein. Bei der Lektüre über Indien denkt er wieder an das Reich des Presbyters Johannes und sucht zusammen mit seinem Freund nach Hinweisen, wo es zu finden ist. Jagen sie einem Phantom nach? Sie nehmen Abduls "grünen Honig"[104] zur Hilfe, eine berauschende Substanz, die Halluzinationen verursacht, also "das Niegesehene real und handgreiflich erscheinen"[105] lässt. Unter Einfluss dieser Droge entscheiden sie, dass der Priesterkönig existiert, "denn es gibt keine Gründe, die gegen seine Existenz sprechen" – so Baudolino – und Abdul ergänzt, "er habe von einem Scholaren gehört, daß es jenseits des Landes der Meder und Perser christliche Könige gebe [...]"[106]

Damit kommt Boron ins Spiel, ein fahrender Scholar und offenbar Ausbund an Gelehrsamkeit, den etwas umtreibt, über das er mit niemandem spricht. Er redet nur sehr unbestimmt von einem "höchsten Gegenstand [...] den es zu finden gilt".[107] Die Beschäftigung mit dem Priester Johannes, bisher eine Art intellektuelles Spiel, wird für Baudolino durch den Auftrag Rainalds von Dassel[108] schließlich zur Pflicht. Deshalb unternimmt er etwa ein Jahr lang nichts, bis der Poet von Rainald nach Paris geschickt wird. Die Freunde erschaffen dem Priesterkönig zunächst eine Residenz, die seiner Bedeutung als "rex et sacerdos"[109] entspricht: ein Palast,

---

[104] Eco schafft es hier, auch noch die Legende über den "Alten vom Berge" (ein Führer der Assassinen s.u.) unterzubringen: Marco Polo beschrieb die Assassinen als Sekte, die Haschisch konsumierte, orgiastische Feste feierte und Dolch- und Giftmorde an hochgestellten Persönlichkeiten verübte. Er hielt sich mit den Quellen jedoch vage und gab nach heutiger wissenschaftlicher Einschätzung überwiegend seinerseits gehörte Erzählungen wieder. Die Zeit des Wirkens der Assassinen wurde in der Folgezeit auf die Jahre zwischen 1080 und 1270 eingegrenzt. 1140 konnten die Assassinen ihren Hauptsitz, die Burg Masyaf, erobern. Um 1150 wurde der berühmteste Assassine, der so genannte "Alte vom Berge" Raschid ad-Din Sinan (1133-1193) [im Roman Aloadin], Machthaber in Masyaf. Er konnte durch eine erfolgreiche Schaukelpolitik zwischen Saladin und Kreuzfahrern die Stellung der Assassinen in Syrien weiter konsolidieren. (Quelle: Wikipedia, Stand: 9.5.2014) Abdul wird als Zehnjähriger auf diese Burg entführt und entdeckt dort, wie junge Männer mittels der durch den Grünen Honig hervorgerufenen Halluzinationen von einem Paradiesgarten voller Lüste zu Attentätern abgerichtet werden. Er kann fliehen, bevor es ihm auch so ergeht.
[105] Baudolino S. 112.
[106] Baudolino S. 112.
[107] Baudolino S. 113. Durch den Namen des Scholaren verrät Eco bereits um welche Legende es hier geht: Der Heilige Gral (im Roman Gradal von dem latein. Gradalis) ist die Schale, deren sich Christus beim letzten Abendmahl bediente und in der Joseph von Arimathaia das Blut des Herrn unter dem Kreuz auffing. Die Grundzüge der Legende finden sich schon in frühchristlicher Zeit. Stark verknüpft mit persischen Mythen, die durch die Kreuzzüge nach Europa gelangten, wurde sie wahrscheinlich zuerst in Frankreich zwischen 1180 und 1200 poetisch bearbeitet durch Robert de Boron (!) und Chrétien de Troyes. Beide Dichter berufen sich auf frühere Bearbeitungen (Quelle: LThK).
[108] S. das folgende Kapitel.
[109] Baudolino S. 144.

der die Residenzen sämtlicher christlichen Herrscher zu Hundehütten degradiert und ein Tempel, der die Kirchen des Papstes wie finstere Löcher erscheinen lässt. Für die Konstruktion brauchen sie aber jemanden, der den Wirrwarr alttestamentlicher Angaben auflösen kann und geraten an den noch jungen aber schon hochberühmten Rabbiner Solomon von Gerona[110], der sich an der Suche nach dem Reich des Priesters Johannes sehr interessiert zeigt. Denn auch die jüdischen Texte sprechen von einem geheimnisvollen Reich im fernen Osten, wo noch die zehn verstreuten Stämme Israels leben sollen und wo es vielleicht ein vorbildliches Zusammenleben aller Religionen in Frieden und Harmonie gibt.

Solomon hat von den Arabern in Spanien eine Geschichte über einen Seefahrer namens Sindbad gehört. Dieser gerät an den Hof des unermesslich reichen und mächtigen Prinzen von Sarandib, der ihm für den Kalifen Harun al-Raschid einen Brief und ein "bescheidenes Geschenk" mitgibt, dass aus einem bis zum Rand mit Perlen gefüllten Rubinpokal besteht.[111] Baudolino vermutet sofort den Priester Johannes dahinter und eine Lüge, denn der sei ein Christ, wenn auch ein nestorianischer[112], und würde daher seinen Brief an den Kaiser Friedrich richten. Der Poet schlägt vor, diesen Brief zu schreiben. Auf der Suche nach den notwendigen Daten und Fakten treffen die Freunde auf einen gewissen Kyot[113], einem jungen Mann aus der Champagne, der den Kopf voller Geschichten über Ritter, Zauberer, Feen und Geister aus der Bretagne hat. Dieser erwähnt erstmals den Gradal, der dort in einem Schloss aufbewahrt werden soll, und Boron lüftet nun das Geheimnis um die "kostbarste Reliquie der ganzen Christenheit".[114]

Die sechs machen sich nun ans Werk – ohne den "grünen Honig", denn sie brauchen einen klaren Kopf. Baudolino diktiert, Abdul schreibt, die anderen diskutieren mit. Und es entsteht der Brief des "Presbyter Johannes, kraft der Macht und Herrlichkeit Gottes und Unseres Herrn Jesus Christus Herr der Herrschenden, an Fried-

---

[110] Der Name des Rabbiners soll wohl an einen der führenden Kabbalisten in Spanien erinnern: Ezra Ben Solomon aus Gerona (Region Katalonien), ca. 1160-1238 (oder 1245). (Quelle: Encyclopaedia Judaica. 2. Ed. 2007 Vol. 6.) Kabbala (Überlieferung) bedeutet im engeren Sinn die besondere mystische Geheimlehre des Judentums. Sie entstand ab 1150 in der Provence, breitete sich von dort nach Spanien aus und wurde Ende des 16. Jh. zu einer weithin anerkannten religiösen Bewegung. (Quelle: LThK)

[111] Baudolino S. 156-157.

[112] Die nestorianische Kirche erlebte zeitweise eine umfangreiche Ausbreitung nach Osten bis Malabar, Nordarabien, Indien, teilweise sogar China (Quelle: LThK), also die Gegenden, in denen das Reich des Priesters Johannes vermutet wurde.

[113] Hier schließt Eco den Kreis zur Gral/Gradal: Kyot ist der fiktive literarische Gewährsmann des Wolfram von Eschenbach, Verfassers des Epos "Parzival". (Quelle: Künstler, Dichter, Gelehrte. Hrsg. von Ulrich Müller. Konstanz 2005 (Mittelalter-Mythen. 4), S. 573.

[114] Baudolino S. 157-158.

rich, den Kaiser des Heiligen Römischen Reiches, dem er Gesundheit und fortdauernden Genuß der göttlichen Gnade wünscht".[115] Während sich Baudolino und Abdul mit Wein begnügen und Salomon aus der Distanz des Juden von den hochheiligen Dingen unbeeindruckt bleibt, stimulieren sich Boron, Kyot und der Poet schließlich doch mit dem "grünen Honig" bis die Phantasie mit ihnen und ihrem gesammelten Wissen durchgeht. "[...] das Reich des Priesters Johannes muß als ein Ort erscheinen, wo es den Christen gelingt, Gottes Gebote zu befolgen, während es dem Papst nicht gelungen ist, bei seinen Kindern etwas auch nur annähernd Ähnliches zu erreichen, im Gegenteil, er lügt selber, sogar noch mehr als die anderen. Im übrigen, je mehr du darauf insistierst, daß dort niemand lügt, desto einleuchtender wird, daß alles, was Johannes sagt, die reinste Wahrheit ist."[116] Aus dieser Gemengelage entsteht schließlich der vollständige Brieftext[117], der im folgenden Jahr immer wieder gelesen, überarbeitet und ergänzt wird. Bis er schließlich, weil sich die Verhältnisse geändert haben, der Kaiser anderweitig beschäftigt ist und Rainald in Rom an der Pest stirbt, für den ursprünglichen Zweck nicht mehr benötigt wird.

Ab 1168 finden wir Baudolino wieder am Hof des Kaisers, der ihn in geheimer Mission in die italienischen Teile des Reiches schickt, wo es erneut brodelt. Baudolinos Heimat hat sich verändert. Er trifft seine Eltern wieder, die sich am Bau einer neuen Stadt beteiligen, mit der die Bewohner der Gegend dem Kaiser Widerstand leisten wollen. Ein Problem ist ihr Existenzrecht, weshalb die zukünftigen Einwohner sie nach dem Papst benennen und diesem zum Geschenk machen – natürlich "demjenigen, der auf der Seite des Gesetzes steht, also Alexander III."[118] Baudolino sitzt zwischen allen Stühlen: er ist Adoptivsohn und Ministeriale[119] des Kaisers und die Leute, die gerade auf Konfrontationskurs gehen, sind seine Familie, Freunde, Nachbarn von früher. Aber vielleicht kann er ja vermitteln?

---

[115] Baudolino S. 160.

[116] Baudolino S. 167-168.

[117] Kaltenbrunner, Gerd-Klaus: Johannes ist sein Name. Priesterkönig, Gralshüter, Traumgestalt. Zug/Schweiz 1993. (Die graue Reihe. 12). Das Buch vermittelt einen guten Überblick über den gesamten Themenkomplex: Vom Jünger, den Jesus liebte, zur mystischen Dynastie der Johanniden. Ein gewisser Johannes, König und Priester (u.a. Anfänge der Gralssage; Das Zeugnis des Bischofs und Geschichtsschreibers Otto von Freising; Die Heiligen Drei Könige; Geschenke der Magier als Indizien; Gold, Weihrauch und Myrrhe; Caspar, Melchior und Balthasar; "Sacrum Imperium" und "Sancti Tres Reges"; Rainald von Dassel). Das Sendschreiben des Priesterkönigs. Wie der heilige Gral zum Priesterkönig kam. Gralsdämmerung. Hagia Phantasia und plagiatorisches Schöpfertum. [...] usw.

[118] Baudolino S. 192 – Alexandria = Alessandria, der Geburtsort von Umberto Eco.

[119] Kaiserlicher Beamter: Erst im 11. Jahrhundert, in dem sich die Ministerialen begannen auszubreiten, sollte sich der Begriff als endgültige Bezeichnung für eine privilegierte Gruppe unfreier Dienstmannschaften durchsetzen. Im 12. Jahrhundert durften sich die Ministerialen mit dem Titel "milites", also Ritter, bezeichnen, der bis dahin dem niederen und höheren Adel vorbehalten war. (Quelle: Wikipedia Stand: 4.4.2014).

Während Baudolino häufig im kaiserlichen Auftrag unterwegs ist, hat sich der Poet nach Rainalds Tod einigermaßen komfortabel am Hof eingerichtet. Auch die restlichen Pariser Freunde treten in den Kanzleidienst ein, wodurch sich Baudolino quasi einen eigenen kleinen Hofstaat schafft. 1174 zieht Friedrich wieder einmal nach Italien – gegen den Lombardenbund und vor allem gegen die Neugründung Alexandria, aus seiner Sicht eine Provokation, ja Beleidigung.[120] Die Belagerung der Stadt wird nach Monaten und einem vereitelten Versuch, heimlich in die Stadt einzudringen, ergebnislos abgebrochen, was wiederum Baudolinos Ideen und listigem Eingreifen zu verdanken ist.[121] Zwei Jahre später kommt er bei der Niederlage Friedrichs in der Schlacht von Legnano gerade rechtzeitig hinzu, um den im Getümmel verloren gegangenen Kaiser wieder zu finden und ihm dadurch das Leben zu retten. Erst jetzt ist Friedrich offen für Baudolinos Rat, nicht weiter in Italien um seine Rechte zu kämpfen, sondern den Blick nach Osten zu richten auf den Priesterkönig Johannes, um mit dessen Unterstützung den Papst endlich zu übertrumpfen. Baudolino erzählt ihm nun von dem bereits geschriebenen Brief.

Unter Baudolinos Leitung arbeiten er und seine Freunde nun daran, den Brief des Priesters Johannes nach den Regeln für wichtige Dokumente der christlichen Welt umzuarbeiten und Gerüchte von seiner Existenz durchsickern zu lassen. Jedoch muss Baudolino nach Venedig, um dort die Versöhnungszeremonie zwischen Friedrich und dem Papst vorzubereiten.[122] Hier trifft er auf einen byzantinischen Spion, einen Mönch namens Zosimos aus Chalkedon[123], der zwar nicht sein Freund aber sein Zechkumpan wird. Um dessen Schilderungen der Wunder Konstantinopels zu übertrumpfen, gibt Baudolino ihm den Brief des Priesters Johannes zu lesen – ein schwerer Fehler. Zosimos behauptet nun, der Priester sei der Herr

---

[120] Görich, Knut: Friedrich Barbarossa. Eine Biographie. München 2011, S. 372-373.

[121] Zum Stadtmythos von Alessandria gehört die letzte lebende Kuh des Bauern Gagliaudo (im Roman Baudolinos Vater), der die Belagerten den Bauch mit dem letzten Korn gefüllt hatten und auf die Weide führten, zum Beweis, dass die Stadt noch über genügend Vorräte verfügte. Eine Figur dieses legendären Gagliaudo befindet sich an der Kathedrale. (Quelle: Fuhrmann, Horst: Das Mittelalter in der Literatur – Umberto Eco und sein Roman "Baudolino". Wolnzach 2003. [Eichstätter Universitätsreden. 110], S. 30).

[122] 1177 kommt es zum Frieden von Venedig, mit dem das jahrzehntelange Schisma beendet wird. (Quelle: Görich, Knut: Friedrich Barbarossa. Eine Biographie. München 2011, S. 384).

[123] Das LThK nennt mehrere Personen dieses Namens: u.a. einen byzantinischen (heidnischen) Geschichtsschreiber um 500 n.Chr. und einen Papst (417-418) griechischer Herkunft. Vermutlich zielt Eco mit seinem Mönch auf beide Personen. Chalkedon, heute Kadiköy, ist eine Stadt in Kleinasien, gegenüber Konstantinopel und wurde bekannt durch das Konzil (451), das eine Synthese zwischen Kirche und Staat, Papst und Kaiser sowie West und Ost schuf. (Quelle: LThK).

der drei Indien[124] – und er hätte eine gute Karte für den Weg zu dessen Reich. Auch in mehreren Saufgelagen gelingt es Baudolino nicht, Einzelheiten zu erfahren. Und dann ist Zosimos verschwunden. Was aber kurze Zeit später auftaucht ist der Brief des Priesters Johannes, der Friedrichs Reichskanzlei auf vertraulichen Wegen aus Konstantinopel erreicht. Gerichtet ist er an den oströmischen Kaiser Manuel[125], ansonsten aber mit der an Friedrichs Hof ausgetüftelten Fassung identisch bis auf einige Ergänzungen, an denen Baudolino erkennt, dass Zosimos ihn hereingelegt hat. Als dann auch noch ruchbar wird, dass der Papst seinerseits einen Brief an den Priesterkönig geschrieben und bereits einen Boten damit losgeschickt hat[126], fühlt Baudolino sich um die Arbeit von zwanzig Jahren betrogen. Aber etwas Gutes hat diese Entwicklung in seinen Augen doch, wie er dem Kaiser auseinandersetzt: "Mein Vater, jetzt hat die Sache mehr Sinn als vorher, denn vorher konntest du fürchten, daß jenes Reich bloß eine von meinen Phantastereien sei, aber jetzt weißt du, daß auch der griechische Basileus und der Papst in Rom daran glauben, und in Paris wurde mir gesagt, wenn unser Geist imstande ist, etwas zu konzipieren, von dem es kein Größeres gibt, dann existiert dieses Etwas gewiß."[127]

Die nächsten Jahre bescheren Baudolino mit einem Mädchen aus Alexandria eine kurze, glückliche Ehe, die jedoch tragisch endet. Von seiner Trauer abgelenkt wird er durch einen Auftrag des Kaisers, der mit den lombardischen Städten einen dauerhaften Frieden schließen will. Auch mit Alexandria sucht er den Ausgleich, und Baudolino soll das Ganze in die Wege leiten, was diesem auch zur beiderseitigen Zufriedenheit gelingt. Um Friedrich unnütze Wege zu ersparen, darf er für ihn als Gesandter die zeremonielle Huldigung entgegen nehmen. Ein raffinierter Schachzug, denn seine Landsleute sind mächtig stolz auf ihn und merken gar nicht so richtig, dass sie ja nicht ihm, sondern dem Kaiser huldigen. 1184 stirbt die Kaiserin. Baudolino findet Zosimos Spur wieder, reist mit seinen Freunden – zur Sicherheit als orientalische Handelskarawane verkleidet – erstmals nach Konstantinopel und gerät mitten in einen Staatsstreich. Der Mönch beteiligt sich mittels Schwarzer Kunst und Totenbeschwörungen an den Intrigen der byzantinischen Kaiser. Baudolino will jetzt die Karte haben, von der Zosimos gesprochen hat, aber diesem gelingt es erneut – und nicht zum letzten Mal – ihn an der Nase herumzuführen. Sie müssen ihn, der in Konstantinopel nicht mehr sicher ist, zu Friedrich mitnehmen, denn die Karte hat er angeblich nur in seinem Kopf.

---

[124] Der Subkontinent Indien wird immer wieder mit dem Priester Johannes zusammengebracht. (Quelle: Kaltenbrunner, Gerd-Klaus: Johannes ist sein Name. Priesterkönig, Gralshüter, Traumgestalt. Zug/Schweiz 1993. [Die graue Reihe. 12], S. 89).

[125] Kaltenbrunner a.a.O., S. 109-122: Der überlieferte Brief des Priesters Johannes, von dem sowohl Friedrich als auch Alexander Abschriften erhalten haben.

[126] Diesen Brief gibt es tatsächlich. (Quelle: Kaltenbrunner a.a.O., S. 128).

[127] Baudolino S. 262.

Dafür aber findet Baudolino endlich den Gradal: Seine Mutter ist inzwischen gestorben und sein alter Vater will deshalb auch nicht mehr leben. Baudolino bleibt bei ihm, füllt ihm seine hölzerne Trinkschale mit Wein und erzählt ihm vom Reich des Priesters Johannes und vom Gradal, dem goldenen Kelch des letzten Abendmahles. Da bringt ihn der Alte auf den richtigen Gedanken: "Unser Herr Jesus war der Sohn eines Zimmermanns und lebte zusammen mit Hungerleidern, die noch ärmer waren als er. Es wär schon viel gewesen, wenn er so eine Schale wie diese da gehabt hätte. So was hält ein Leben lang."[128] Nach dem Tod des Vaters nimmt Baudolino die Schale als Andenken an sich. Er spült sie sorgfältig, damit sie nicht mehr nach Wein riecht, wenn man eines Tages sagen würde, dies sei der Gradal. Mit einer neuen Legende versehen jubelt er die Schale dem Kaiser als Gradal unter, aber in bester Absicht für dessen Wohl und das des Reiches, damit sie sich endlich auf den Weg zum Priester Johannes machen, dem er offensichtlich gestohlen worden ist. Keiner zweifelt an der Echtheit, alle sind wie verwandelt, denn "wenn man eine Reliquie für echt hält, richt man ihren mystischen Geruch".[129]

Im Mai 1189 bricht Friedrich mit einer großen Armee zum zweiten Mal in seinem Leben zum Kreuzzug[130] auf. Baudolino und seine Freunde sind dabei, auch viele Italiener, sogar sein Schwager und andere Männer aus Alexandria. Nach einem entbehrungsreichen, nach Verlassen Europas immer wieder durch Kämpfe unterbrochenen Zug gelangt das dezimierte Heer an den Fluss Saleph, wo es sein Lager aufschlägt. Friedrich mit 10 Begleitern sowie Baudolino und dessen Freunde finden sicheres Quartier auf der Burg eines armenischen Alchimisten, der auch Reliquien herstellt, weil die sich gut verkaufen lassen. Aktuell hat er sieben identische Reliquiare mit dem Kopf Johannes des Täufers. Auf dieser Burg kommt der Kaiser auf zunächst unerklärbare Weise ums Leben [...] oder ist er doch beim Schwimmen im Fluss ertrunken? Baudolino wird die Lösung erst viel später finden. Zunächst zieht es ihn an das Ziel seines Lebens: "Gegen Ende Juni Anno Domini 1190 brachen wir auf, zwölf an der Zahl wie die Magier aus dem Morgenland, wenn auch nicht so tugendhaft wie sie, um endlich das Land des Priesters Johannes zu erreichen."[131] Aber das weitere ist fast schon eine andere Geschichte [...].

---

[128] Baudolino S. 315.
[129] Baudolino S. 323.
[130] Es handelt sich um den dritten Kreuzzug. Friedrich ist fast siebzig Jahre alt. Am 10. Juni 1190 ertrinkt er in Kleinasien im Fluss Saleph, ob beim Durchqueren oder beim Bad nach einer Mahlzeit ist nicht sicher überliefert. Der deutsche Kreuzzug bricht zusammen. (Quelle: Wies, Ernst W.: Kaiser Friedrich Barbarossa. Mythos und Wirklichkeit. Biographie. Esslingen, München 1990, S. 327 u. 344).
[131] Baudolino S. 371.

DIE HEILIGEN DREI KÖNIGE, RAINALD VON DASSEL UND BAUDOLINO

Im Frühling 1162 finden wir Baudolino[132] auf einen Hilferuf des Poeten, dem wie üblich nichts einfällt, in Italien wieder. Er trifft vor den Toren Mailands auf den Kaiser, der mit dem Heer und seinen Verbündeten kurz vor der Eroberung der Stadt steht, die Kaiserin und den Erzkanzler von Italien, Rainald von Dassel, der 1159 mit Friedrichs Unterstützung zum Erzbischof von Köln gewählt worden ist. Letzterer hat in dieser Personalunion eine bis dahin für einen Kleriker im Reich beispiellose Machtfülle[133] erreicht, die er auch für seine eigenen Interessen zu nutzen weiß. Doch für die Durchsetzung der kaiserlichen Machtansprüche gegenüber der päpstlichen Kurie setzt Rainald seine gesamte Kraft und Klugheit ein. Baudolino schildert ihn Niketas gegenüber folgendermaßen: "Rainald hatte sein Leben damit verbracht, ein Bild des Kaisers als Herrn der Welt zu schaffen, als Friedensfürst, Quell allen Rechts und niemandes Untertan, 'rex et sacerdos', König und Priester zugleich [...] und so konnte es nicht ausbleiben, daß er mit dem Papst in Konflikt geriet."[134]

Das Mittelalter ist auch nach Beilegung des Investiturstreits[135] geprägt von einem erbitterten Kampf zwischen Kaiser- und Papsttum um die Vorherrschaft im Heiligen Römischen Reich. Der Papst krönt den Kaiser – somit ist der gewählte König für die Erlangung der Kaiserwürde auf den Papst angewiesen, und dieser damit der Ranghöchste unter den Herrschern. Natürlich geht es ganz banal um Macht, aber auch um materielle Interessen, denn mit dem jeweiligen Einflussbereich sind auch Hoheits- und Sonderrechte – sog. Regalien[136] – verbunden, von der Verfügungsgewalt über Territorien über die oberste Gerichtsgewalt bis hin zu Zoll oder Münzrechten. Rainald zeichnet sich bereits auf dem Reichstag von Besançon im Oktober 1157 mit "einem realpolitischen Geniestreich"[137] aus, indem er das in einem Brief von Papst Hadrian IV. an Kaiser Friedrich I. häufig vorkommende "beneficium" nicht mit "Wohltat" sondern mit der im damaligen doppelsinnigen Sprachgebrauch auch üblichen Bedeutung "Lehen" übersetzt und damit die "raffinierte römische Diplomatie" entlarvt.[138] Der Papst als Lehnherr des Kaisers – das kommt bei den

---

[132] Baudolino S. 129-142: 10. Kapitel "Baudolino findet die Könige aus dem Morgenland und läßt Karl den Großen heiligsprechen".

[133] Zummach, Hubertus: Ruina mundi! Rainald von Dassel, des Heiligen Römischen Reiches Erz- und Reichskanzler. Holzminden 2007, S. 34.

[134] Baudolino S. 120.

[135] 1072 gerieten königliche Kirchenhoheit und Reformpapsttum bei der Besetzung des erzbischöflichen Stuhls von Mailand in einen direkten Konflikt, der erst 1122 mit den Regelungen des Wormser Konkordats beigelegt wurde. (Quelle: LThK).

[136] LThK und Wikipedia (Stand: 5.12.2013).

[137] Zummach a.a.O. S. 39.

[138] Zummach a.a.O. S. 40.

Fürsten – der Feinheiten der lateinischen Sprache eher nicht mächtig – gar nicht gut an, was die päpstlichen Legaten beinahe das Leben gekostet hätte. Der Kaiser, dessen Machtwort das Schlimmste verhindert, wird von seinem kongenialen Kanzler in den "offenen Kampf mit der Kurie hineinmanövriert".[139]

Die deutschen Kaiser des Mittelalters müssen sich neben den Auseinandersetzungen mit den Päpsten auch noch mit den selbstbewussten italienischen Stadtrepubliken herumschlagen.[140] Diese machen sich die Schwäche des Reiches zu Nutze, wählen ihre eigene Regierung und maßen sich die Regalia an.[141] Für den Kaiser bedeutet das Machtverlust und Schwächung seiner wirtschaftlichen Grundlagen für die Finanzierung der aufwändigen Hofhaltung und die kostspieligen Kriegszüge. Deshalb bricht Friedrich 1154 zum ersten Mal nach Italien auf, im Jahr 1162 befindet er sich bereits auf dem zweiten Italienzug, der 1158 begonnen hat.[142] Rainald bildet mit dem bayrischen Pfalzgrafen Otto von Wittelsbach die Vorhut, konzentriert sich aber auf die diplomatische Mission, d. h. sich der Kaisertreue der Städte zu versichern. Diese wird dadurch erschwert, dass eine Gesandtschaft des Kaisers Manuel von Byzanz[143] versucht, mit List und Bestechung vor allem die Seestädte der oströmischen Herrschaft zu unterwerfen.[144] Der kämpferische Otto und der gewiefte Rainald erzielen trotzdem eine Reihe von Erfolgen im Sinne des Kaisers. Das widerspenstige Mailand wird einen Monat lang belagert und ergibt sich am 7. September 1158. Der Kaiser lässt Gnade walten. Der Reichstag mit 28 Vertretern der lombardischen Städte und Bologneser Rechtsgelehrten bestätigt die Kaiserregalien, Friedrich ist praktisch absoluter Herr der Lombardei, die Selbständigkeit der Städte scheint beseitigt. Die Reichskommissare Otto und Rainald setzen kaiserliche Beamte statt der Konsuln ein und stoßen in Crema sowie Mailand auf erbitterten Widerstand, da diesen Städten die Wahl von Konsuln vertraglich zugesichert war. Otto flieht aus der Mailänder Kaiserpfalz, Rainald hält noch aus, bis der Volksaufstand von Rittern der Stadt niedergeschlagen ist, traut dem Frieden aber nicht und flieht in der Nacht verkleidet aus der Stadt. Diese erste große diplomatische Niederlage verzeiht er nicht, was Mailand noch bitter bereuen wird.[145] Zunächst aber vernichtet das kaiserliche Heer die Umgebung der Stadt und geht

---

[139] Zummach a.a.O. S. 40.

[140] Zummach a.a.O. S. 35.

[141] Zummach a.a.O. S. 53-54 bezieht sich hier auf den Roman Baudolino, S. 57-58: Der Kaiser selbst erklärt Baudolino, was es damit auf sich hat.

[142] Wies, Ernst W.: Kaiser Friedrich Barbarossa. Mythos und Wirklichkeit. Biographie. Esslingen, München 1990, S. 336-338. Niketas blickt bei Baudolinos (s. S. 121) Aufzählung nicht mehr durch: "Wenn dies eine Chronik wäre, sagte er sich, bräuchte man bloß irgendeine Seite aufzuschlagen und fände immer dieselben Geschichten."

[143] Byzanz = Konstantinopel.

[144] Zummach a.a.O. S. 58.

[145] Zummach a.a.O. S. 62-63.

mit äußerster Grausamkeit gegen Crema vor, was Baudolino, der seinerseits nicht zu Gewalt neigt und eigentlich immer andere Lösungen findet, seinem Adoptivvater auch zum Vorwurf macht.[146]

1159 im März wird Rainald von den Kölnern zum Erzbischof gewählt, im Herbst desselben Jahres sein Intimfeind von Besançon, der päpstliche Kanzler Roland [Orlando de Bandinellis] zum Papst. Er nennt sich Alexander III. Rainald lässt mit dem kaiserfreundlichen Kardinal Oktavian [Octaviano de Montecello], der sich Viktor IV. nennt, einen Gegenpapst wählen. Dieses Schisma will der Kaiser überwinden, was ihm aber infolge des Einflusses Rainalds auf das Konzil zu Pavia nicht gelingt.[147] Ab August 1161 erfolgt die erneute Belagerung Mailands, das sich nach einigen Monaten unerträglicher Hungersnot ergeben muss. Der Kaiser wäre auch diesmal wohl großmütig gewesen, aber "Rainald blies gnadenlos ins Feuer".[148] Die Stadt wird geplündert und zerstört, ihre Bewohner vertrieben. Papst Alexander III. zieht es vor, sich nach Frankreich abzusetzen. Dem Erzkanzler ist Genugtuung widerfahren.[149] Friedrich sagt zu Baudolino: "Dieser Rainald macht mir mehr Angst als die Mailänder."[150]

Zuerst soll die rebellische Stadt angezündet werden, dann aber entscheidet der Kaiser, die Sache den Italienern zu überlassen, deren Hass auf Mailand noch heftiger war als seiner. Sie zahlen sogar viel Geld für das Privileg, ihre Abrechnung eigenhändig vornehmen zu dürfen.[151] Am Tag nach Beginn der Demolierung wirkt die Stadt an allen Ecken wie eine Baustelle, nur dass Stein für Stein niedergerissen anstatt aufgebaut wird. Während seiner mehrtägigen Erkundungsgänge, um die "mirabilia urbis mediolani"[152] zu entdecken, solange es noch etwas zu entdecken gibt, sieht Baudolino eine wunderschöne, noch unversehrte Kirche und erfährt, dass es sich um die Basilika des Sankt Eustorgius handelt, die am nächsten Tag abgerissen werden soll. Die Altäre und Seitenkapellen sind bereits geplündert, Baudolino findet nur die Hinterlassenschaften einiger Hunde, eine schöne Kuh und einen verzweifelten alten Pfarrer, der mit der Zerstörung seiner Kirche auch sein Leben zerstört sieht. Denn, wie er erzählt, hat er nicht nur den Ehrgeiz besessen, die schönste Kirche haben zu wollen, sondern auch eine Sünde begangen.

Diese Sünde schildert er Baudolino wie folgt: Vor vielen Jahren habe ihm ein orientalischer Reisender die prächtigsten Reliquien der Christenheit zum Kauf angeboten – die Leiber der drei Magier aus dem Morgenland, unversehrt, als wären sie

---

[146] Baudolino S. 122-124.
[147] Zummach a.a.O. S. 64-65.
[148] Baudolino S. 129.
[149] Zummach a.a.O. S. 67.
[150] Baudolino S. 129.
[151] Baudolino S. 130.
[152] Baudolino S. 131.

gerade erst gestorben. Er hätte gewusst, dass das nicht sein könne, denn bei Matthäus, dem einzigen Evangelisten, der die Geschichte erzählt, stehe nur sehr wenig über sie. "Kein Christenmensch weiß, woher sie stammten und wohin sie zurückgekehrt sind. Wer hätte ihr Grab finden können?"[153] Deshalb habe er den Schatz vor den Mailändern verborgen aus Angst, ihre Habgier könnte sie dazu verleiten, die Gläubigen aus ganz Italien herzulocken um mit einer falschen Reliquie Geld zu verdienen. Aber worin bestehe denn nun die Sünde des Alten, will Baudolino wissen, und dieser antwortet, er habe gesündigt, indem der die Leiber an diesem geweihten Ort verborgen gehalten und auf ein Zeichen des Himmels gewartet habe, das aber nicht gekommen sei. Er bittet nun Baudolino, die zweifelhaften Reliquien fortzuschaffen und verschwinden zu lassen, damit sie nicht den Plünderern in die Hände fallen und wohlmöglich andere Städte mit ihnen eine überragende Würde erlangen.

Da hat er sich den Richtigen ausgesucht! Baudolino erinnert sich, dass Otto von Freising im Zusammenhang mit dem Reich des Priesters Johannes von den Magiern gesprochen hat. Er überlegt sich daher folgendes[154]: Eine Reliquie taugt dann etwas, wenn sie ihren Platz in einer wahren Geschichte findet. "Außerhalb der Geschichte des Priesters Johannes mochten die Magier der Betrug eines Teppichhändlers sein, innerhalb der wahrheitsgemäßen Geschichte dieses Priesterkönigs wurden sie zu einem sicheren Zeugnis."[155] Baudolino ist damit im Besitz der Geschichte, in der die Magier etwas bedeuten können. Eine gute Reliquie ist geeignet, das Schicksal einer ganzen Stadt zu verändern und eine Kirche in eine Wallfahrtsstätte zu verwandeln. Wer könnte Interesse daran haben? Rainald fällt ihm ein, noch nicht offiziell zum Erzbischof von Köln geweiht[156] und immer auf der Suche nach Symbolen der kaiserlichen Macht. Baudolino berichtet ihm von seiner Entdeckung, deren Wert der Kanzler sofort begreift: Er könnte mit gleich drei Königen, die zugleich auch noch Priester gewesen waren, in Köln einziehen! Rainald beauftragt Baudolino und den Poeten, den Fund heimlich an einen sicheren Ort bringen zu lassen. Bevor er sie jedoch mitnehmen könne, "müssen glaubwürdige Zeugnisse über die Herkunft der Reliquien und über die Magier selbst produziert werden"[157], was Baudolino in Paris erledigen soll. Zunächst einmal sorgt jedoch das Aussehen der Magier für Irritationen. Es handelt sich bei den scheinbar gut erhaltenen, zwar ausgedörrten aber nicht schwarz gewordenen Mumien um einen alten und einen

---

[153] Baudolino S. 132.

[154] Baudolino S. 133: Niketas kann diesen Gedankengang sehr gut nachvollziehen, ist doch auch Konstantinopel voller Reliquien höchst zweifelhafter Herkunft. "Es ist der Glaube, der sie echt macht, nicht sie den Glauben."

[155] Baudolino S. 133: Er sagt "wahrheitsgemäßen", nicht "wahren"!

[156] Baudolino S. 134: "In den eigenen Dom einzuziehen und dabei die Reliquien der drei Könige mitzubringen, das wäre wahrhaftig ein Coup."

[157] Baudolino S. 135.

jungen weißen Mann sowie um einen Schwarzen mittleren Alters, aber sie tragen Hosen, Mäntel (weiß, grün und rot[158]) und Mützen, die wie Narrenkappen[159] aussehen. So kann Rainald sie unmöglich in Köln präsentieren, weshalb er Baudolino und den Poeten anweist, dafür zu sorgen, dass sie so gekleidet sind, "wie die Leute glauben, dass sie angezogen sein mußten! Als Bischöfe, als Päpste [...] was weiß ich?" Es werden nun liturgische Gewänder und etwas, was aussieht wie drei Tiaren[160] aufgetrieben. Die Umkleidung der Heiligen Drei Könige stößt aber auf erhebliche Schwierigkeiten, denn die Körper (außer Kopf und Hände) sind "nur noch ein Geflecht aus Weidenruten und Stroh"[161], das zunächst wie eine Vogelscheuche stabilisiert werden muss. Aber zu guter Letzt sehen "die Magier aus wie Kardinäle der Heiligen Römischen Kirche".[162]

Mit Rainalds Auftrag kehrt Baudolino nach Paris zurück und erfährt von einem Kanonikus, wohl Richard von Sankt Viktor[163] alles, was die Welt bisher über die Magier aus dem Morgenland zu wissen glaubte. Sie hätten sich mit dem Apostel Thomas zusammengetan, um Indien zu missionieren, allerdings seien es nicht drei sondern zwölf gewesen mit Namen von Ahsrs bis Zrwnd. Aber diese Meinung ist auch nicht unumstritten. Baudolino ist der Gelehrtenstreit gleichgültig. Er ist für die Namen Kaspar, Melchior und Balthasar anstelle dieser "wunderlichen Rülpser und Nieser".[164] Sie hätten drei Könige gefunden und bräuchten für die eine akzeptable Geschichte, vor allem sei das Problem, wie sie nach Mailand gekommen sein sollen. Der Kanonikus schlägt als glaubwürdige Finderin die Kaiserin Helena vor, die ja auch schon das echte Kreuz Christi gefunden habe. Von Konstantinopel sind sie dann als Geschenk des byzantinischen Kaisers dem heiligen Eustorgius mitge-

---

[158] Zufällig die Nationalfarben Italiens? Aber: Die grün-weiß-rote Trikolore entstand erst um 1800 (Quelle: Wikipedia Stand: 7.1.2014)

[159] Becker-Huberti, Manfred: Die Heiligen Drei Könige. Geschichten, Legenden und Bräuche. Köln 2005, S. 86-89: Im Altertum kennzeichnete die phrygische Mütze vor allem die Herkunft aus Kleinasien oder die Zugehörigkeit zur Priesterkaste der Meder. In der christlichen Ikonographie taucht sie in Verbindung mit den bei Matthäus erwähnten Magiern auf, bevor die Legenden sie zu den Heiligen Drei Königen machen. Auch die Jakobinermütze, die Kopfbedeckung der an der französischen Revolution Beteiligten geht auf sie zurück, während letztere wiederum ab 1827 zum Vorbild für die moderne Narrenkappe wurde.

[160] Als Tiara wird die konisch-kronenartige, außerliturgische Kopfbedeckung des Papstes bezeichnet (seit Johannes Paul I. nicht mehr getragen). Ihr Ursprung ist – wie bei der Mitra (liturgische Kopfbedeckung auch der Bischöfe) die phrygische Zipfelmütze. (Quelle: LThK).

[161] Baudolino S. 136.

[162] Baudolino S. 136.

[163] Frevel, Christian: Die heiligen drei Könige. o.J. http://www.ruhr-uni-bochum.de/at/mam/download/magier.pdf.

[164] Baudolino S. 138.

geben worden, als der Bischof von Mailand wurde. So schließt sich der logische Kreis und Baudolino kann Rainald eine schön konstruierte Geschichte mitbringen, nicht ohne zu erwähnen, dass die Magier nach Otto von Freising die Vorfahren des Priesters Johannes gewesen sein müssten. Rainald sieht in diesem König mit Priesterfunktionen eine gute Waffe gegen Papst Alexander III.: "[...] die Magier und Johannes – die Priesterkönige als Allegorie [...] und Antizipation jener kaiserlichen Würde, mit welcher er Friedrich auszustatten bemüht war!"[165] Um die Könige wird er sich fortan selbst kümmern, für Baudolino hat er einen neuen Auftrag: "[...] denk du an den Priester Johannes. Nach allem, was du mir erzählt hast, haben wir bisher nur Gerüchte, das reicht nicht. Wir brauchen ein Dokument, das seine Existenz bestätigt und aus dem hervorgeht, wer und wo er ist und wie er lebt. [...] Wenn du keins finden kannst, stell eins her."[166] Damit wird der Priesterkönig für Baudolino zur Pflichtübung, was ihm überhaupt nicht behagt, weshalb er zwar nach Paris zurückkehrt, aber etwa ein Jahr lang nichts unternimmt.

Inzwischen begeht Rainald den größten Fehler seines Lebens. Als Alexander Friedensbereitschaft signalisiert, der französische König sich keinesfalls von Byzanz in eine Koalition gegen den Kaiser einbinden lassen will und der Gegenpapst Viktor stirbt, sind die Voraussetzungen für eine Verständigung zwischen Kaiser und Papst günstig. Doch Rainald[167] lässt von einem inkompetenten, nicht legitimierten Wahlgremium einen neuen Gegenpapst wählen, Paschalis III. Der Kaiser weiß angeblich von nichts und soll seinen Kanzler einen Verräter und Betrüger gescholten haben. Wahrscheinlicher ist aber ein zwischen beiden abgekartetes Doppelspiel, denn der Kaiser dankt Rainald bereits sieben Wochen nach dieser Wahl überschwänglich, verleiht ihm ein großes Lehen und überlässt ihm die noch wertvolleren Mailänder Reliquien – darunter diejenigen der Heiligen Drei Könige, mit denen der Kölner Erzbischof am 23. Juli 1164 in einem wahren Triumphzug die Rheinmetropole erreicht. Das Schisma allerdings stößt auch bei den deutschen Bischöfen zunehmend auf Widerstand, die Sache des Kaisers ist in eine Sackgasse geraten.[168]

Friedrich, so berichtet Baudolino, plagt sich immer noch mit dem Problem seiner Legitimation: Ein halber Papst garantiere seine Rechte nur wenig, und die Magierkönige gefunden zu haben bedeute ja nicht, von ihnen abzustammen. Der Papst habe es gut, der könne sich auf Petrus berufen, der von Jesus selbst auserwählt worden sei. Aber was mache der arme Kaiser des Heiligen Römischen Rei-

---

[165] Baudolino S. 139.
[166] Baudolino S. 139.
[167] Baudolino S. 140: Nach Ecos Einschätzung will Rainald damit seine Macht festigen: "[...] mit zwei Päpsten kam es mehr auf ihn an als mit einem allein."
[168] Zummach, Hubertus: Ruina mundi! Rainald von Dassel, des Heiligen Römischen Reiches Erz- und Reichskanzler. Holzminden 2007, S. 72-75.

ches? Jetzt hat Baudolino eine Idee[169], nämlich dass Friedrich seine Würde auf Karl den Großen zurückführen könne. "Aber Karl der Große war vom Papst gesalbt worden, da bringt uns nicht weiter" wendet der Kaiser ein, doch Baudolino[170] sieht die Szene schon vor Augen: "Es sei denn, du läßt ihn heiligsprechen. [...] Du gehst nach Aachen, wo Karl der Große begraben liegt, läßt seine sterbliche Hülle exhumieren, tust sie in einen schönen Reliquienschrein in der Mitte der Pfalzkapelle, und in deiner Gegenwart, mit einem Gefolge von treuen Bischöfen, darunter Herr Rainald, der als Erzbischof von Köln auch Metropolit jener Provinz dort ist, und mit einer Bulle des Papstes Paschalis, der dich legitimiert, läßt du Karl den Großen zum Heiligen proklamieren. Verstehst du? Du läßt den Gründer des Heiligen Römischen Reiches zum Heiligen proklamieren: Ist er erst einmal heilig, steht er über dem Papst, und du als sein legitimer Nachkomme bist aus dem Stamm eines Heiligen, also keinerlei Autorität unterworfen, auch nicht der, die sich anmaßen wollte, dich zu exkommunizieren."[171] Baudolino erkennt jedoch hellsichtig, dass das alles nicht reichen wird. Der Kaiser braucht hier auf Erden einen Ort, wo er sagen kann: "Hier stehe ich, und dies bestätigt mein Recht."[172] Der einzige dafür infrage kommende Ort ist das Reich des Priesters Johannes [...].

UMBERTO ECO: WAS WILL ER?

Populär sind die Heiligen Drei Könige in Köln nach wie vor, auch wenn die Reliquien heute nicht mehr die gewaltige Anziehungskraft früherer Zeiten besitzen. Die zahlreichen Touristen haben den berühmten Dom – die Heimstatt der Könige – im Blick, und das Kölner Erzbistum weiß nach wie vor das Potential dieser Heiligen in der Seelsorge zu nutzen: Der 20. Weltjugendtag 2005 stand wie selbstverständlich unter dem Stern und dem Motto "Wir sind gekommen, um IHN anzubeten". Als Folge wurde ab September 2006 auch die jährliche Wallfahrt zum Dreikönigsschrein als Großereignis wiederbelebt. Die drei Kronen sind im Stadtwappen fest verankert, man wird auch nicht müde, die Reliquien zu erwähnen – nicht nur in den Reiseführern sondern auch in zahllosen Büchern über Köln. Auch wenn keiner mehr glaubt, dass sie echt sein könnten, sie in der Politik keine Rolle mehr spielen: Köln ohne den Dom und den Schrein der Heiligen Drei Könige ist einfach undenkbar.

---

[169] Die Idee stammt in Wirklichkeit von Rainald, s. Zummach a.a.O., S. 76.

[170] Baudolino S. 141-142.

[171] Interessanterweise hat Friedrich den heiligen Karl nie politisch in Anspruch genommen und sich nie auf ihn berufen, so dass die Kanonisation in erster Linie Ausdruck einer religiösen Praxis (Förderung eines Heiligenkults zum eigenen Seelenheil) gewesen sein dürfte. Hinter Friedrichs Beteiligung an der Erhebung Karls ist zunächst eine Initiative der Aachener Stiftsgemeinschaft zu vermuten, der eigentlichen Trägerin der Karlsmemoria. (Quelle: Görich, Knut: Friedrich Barbarossa. Eine Biographie. München 2011, S. 635-636).

[172] Baudolino S. 142.

DIE HEILIGEN DREI KÖNIGE – NUR EINE RANDNOTIZ?

So ist die – auch umfangmäßig – kleine, wenn auch wunderbar parodistische Nebenrolle, die den Heiligen Drei Königen im Roman "Baudolino" zugedacht wird, für Köln erst einmal enttäuschend. Umberto Eco widmet ihnen gerade mal eines von vierzig Kapiteln des Romans, anderen Themen räumt er dagegen deutlich mehr Platz ein. Für ihn sind die Heiligen Drei Könige und die Geschichte von ihrer Auffindung in Mailand mit nachfolgender Translation auf Veranlassung von Rainald von Dassel anscheinend nur ein verhältnismäßig unbedeutender Baustein des von ihm (resp. Baudolino) errichteten Geschichts- (oder besser) Geschichtengebäudes. Nachdem sie gen Köln verschwunden sind, interessieren sie ihn im Wesentlichen nur noch in der Verbindung mit der Suche nach dem Reich des Priesterkönigs Johannes. Nun ja – für den Roman haben sie mit ihrem plötzlichen Auftauchen in der Reichspolitik, also im Streit um die Rangfolge von Kaiser- und Papsttum, ihre Pflicht getan. Denn auch an dieser Stelle sieht Baudolino (Eco) einen wesentlich bedeutenderen Garanten für die Stellung Friedrichs: den Priester und König Johannes und sein sagenhaft mächtiges christliches Reich. Der kometenhafte Aufstieg der Stadt Köln als neuer Heimat der Heiligen Drei Könige interessiert im Roman nicht, was eigentlich auch nicht überrascht. Denn bei aller über Baudolino geäußerten Sympathie des Autors für den deutschen Kaiser: aus italienischer Perspektive können die Reliquien nur eine Randnotiz sein. Zunächst scheinen die Mailänder sie überhaupt nicht vermisst zu haben, jedenfalls ist dort "kaum ein Wehklagen über den Verlust zu hören" und erst mehr als 300 Jahre später gibt es die erste Rückforderung – erfolglos wie alle weiteren.[173] Dennoch sind gerade die Heiligen Drei Könige der Dreh- und Angelpunkt des Romans, denn alle Berichte, Briefe und Legenden im Umfeld des sagenhaften Reiches des Priesterkönigs können nicht ohne dessen angebliche Vorfahren, eben jene Magier aus dem Matthäus-Evangelium auskommen. Allerdings handelt es sich bei alldem um Baudolinos Lügengeschichten [...] Und schon sind wir bei dem Thema, für das die einzelne kleine Geschichte von der Auffindung der Gebeine in Mailand und ihrer Translation nach Köln beispielhaft genauso gut stehen kann, wie all die anderen Geschichten, aus denen Eco seinen Roman gestaltet hat.

---

[173] Legner, Anton: Kölner Heilige und Heiligtümer. Ein Jahrtausend europäischer Reliquienkultur. Köln 2003, S. 369

ALLES NUR LÜGE?

Der Roman ist eine Montage[174] aus Fakten und Fiktion. Er vermischt historische Tatsachen mit historischen Geschichten und Legenden, gibt durch die Hauptfigur Antworten auf nie geklärte Rätsel – oder auch nicht. Doch die Grenzen sind oft nicht klar zu erkennen, das Mitdenken bleibt den Lesern nicht erspart. Sicher, wer unbedingt will, kann Baudolino lediglich als historischen Roman mit einer guten Portion Fantasy[175] annehmen. Doch so eindimensional geht Eco nicht vor, denn in seinen Romanen, was bei Baudolino besonders deutlich wird, setzt er seine Theorie vom "offenen Kunstwerk"[176] um. Eine Form der bei ihm möglichen Vielschichtigkeit zeigt sich im 10. Kapitel – "Baudolino findet die Könige aus dem Morgenland und läßt Karl den Großen heiligsprechen".[177]

Eco nutzt hier zunächst einmal reale Lücken in der Historie: Nur eines steht fest, die Gebeine der Heiligen Drei Könige wurden 1158 in Mailand entdeckt, fielen 1162 in die Hände der deutschen Eroberer und kamen 2 Jahre später in die Obhut des Kölner Erzbischofs. Davor und dazwischen bleibt viel Raum für Spekulation oder – wie tatsächlich geschehen – zweckgerichtete Legendenbildung. Oder für Baudolinos Lügen: Das Spiel mit Lüge und Wahrheit, Nutzen und Schaden ist dasjenige Thema des Romans, auf das wir uns hier konzentrieren wollen, denn es hat nicht nur eine historisch-literarische Dimension, sondern ebenso sehr eine philosophisch-theologische.

In seinem Hauptwerk zur Semiotik beschäftigt sich Eco bereits mit einer Theorie der Lüge: "Ein Zeichen ist alles, was sich als signifizierender Vertreter für etwas anderes auffassen läßt. Dieses andere muß nicht unbedingt existieren oder in dem Augenblick, in dem ein Zeichen für es steht, irgendwo vorhanden sein. Also ist die Semiotik im Grunde die Disziplin, die alles untersucht, was man zum Lügen verwenden kann. Wenn man etwas nicht zum Aussprechen einer Lüge verwenden kann, so läßt es sich umgekehrt auch nicht zum Aussprechen der Wahrheit ver-

---

[174] Eco definiert zu Postmoderne, sie sei ein 'Kunstwollen', das sich – die Geschichte ironisch zitierend – gegen reinen Manierismus stellt, weil es, auch aus Altem, Neues schaffen will: Vergnügen, Fokus auf die Handlung, ironisches Spiel mit der Geschichte, Montage und Vielfalt von Elementen und Stilrichtungen. (Quelle: Schalk, Helge: Umberto Eco. Eine intellektuelle Biografie. http://www.eco-online.de, S. 3).

[175] Die enge Verwandtschaft von Fantasy- und Mittelalterstoffen ist offensichtlich, man denke nur an J.R.R. Tolkiens "Der Herr der Ringe". – Ist Fantasy deswegen so erfolgreich, weil es in eine durch Stereotype verklärte Welt des Mittelalters führt? (Quelle: Rohr, Christian: Alles heldenhaft, grausam und schmutzig? Wie das Mittelalter in einem Nebel von Klischees versinkt. In: Alles heldenhaft, grausam und schmutzig? Mittelalterrezeption in der Populärkultur. Hrsg., von Christian Rohr. Wien [u.a.] 2011, S. 347).

[176] S. vorne im biographischen Teil.

[177] Baudolino S. 129-142.

wenden. Man kann es überhaupt nicht verwenden, um 'etwas zu sagen'."[178] "Die Semiotik [ist] nicht nur die Wissenschaft von allem, über das man lügen kann: Sie ist auch die Wissenschaft von allem, was man komisch oder tragisch verzerren kann."[179] Diese Theorie setzt er im Roman um. Die Spuren legt er als roten Faden aus, die Leser können und sollen sie finden – wenn sie denn wollen.

Aber Lüge ist nicht gleich Lüge, von der christlichen Antike bis zum Mittelalter, ja noch in der Zeit der Aufklärung, dachte man anders darüber als heute. Augustinus verurteilt die Lüge rigoristisch als Sünde, was von Thomas von Aquin weitgehend übernommen wird und selbst noch bei Immanuel Kant nachwirkt.[180] Auch die mittelalterliche Geschichtsschreibung erfordert Wahrheit: Tatsachenbericht und Lüge schließen sich – zumindest in der Theorie – gegenseitig aus. In der Praxis allerdings enthielten Chroniken tatsächlich subjektiv gefärbte und bewusst konstruierte Berichte, die zuweilen auch vor Geschichtsfälschungen nicht zurückschreckten. Auch eine List konnte positiv bewertet werden, wenn sie das richtige Ziel verfolgte und gelang. Die Differenz zwischen Anspruch und Wirklichkeit ähnelt damit der heutigen, nicht minder "verlogenen" Gesellschaft.[181] Kant hält es für die moralische Pflicht des Menschen, nie zu lügen, wie schlimm die Folgen auch sein mögen, z.B. durch die Wahrheit das Leben eines Menschen gefährdet würde, indem man ihn, um nicht lügen zu müssen, seinem Mörder ausliefert. Einige Philosophen haben ihm recht gegeben: Mit einer Lüge dürfe man nicht einmal sein eigenes Leben retten. Andere haben ihm dahingehend widersprochen, dass die Folgen bestimmen, ob man lügen darf oder nicht.[182] Dietrich Bonhoeffer schrieb, dass die Wahrheit töten kann.[183]

Der Kant'sche Rigorismus lässt uns heutigen Menschen eher das Blut in den Adern gefrieren, als dass wir ihm zustimmen würden. Eco – in seiner Jugend von den Erfahrungen des Faschismus geprägt – schreibt für die heutigen Menschen. Deshalb ist der Lügner Baudolino eher ein Schelm, denn er richtet keinen Schaden an. Im Gegenteil: seine erfundenen Geschichten, seine Tricksereien und seine "Wahrheiten", die er schließlich selber glaubt, sind meistens nützlich für höhere Zwecke, helfen den Menschen, die ihm am Herzen liegen, verhindern sogar Gewalt und

---

[178] Eco, Umberto: Semiotik. Entwurf einer Theorie der Zeichen. München 1987, S. 26.

[179] Eco a.a.O. S. 96.

[180] Ernst, Ulrich: Einleitung. In: Homo mendax. Lüge als kulturelles Phänomen im Mittelalter. Hrsg. von Ulrich Ernst. Berlin 2005. (Das Mittelalter; Bd. 9 [2004] H. 2, S. 6).

[181] Goetz, Hans-Werner: Konzept, Bewertung und Funktion der Lüge in Theologie, Recht und Geschichtsschreibung des frühen und hohen Mittelalters. In: Homo mendax. Lüge als kulturelles Phänomen im Mittelalter. Hrsg. von Ulrich Ernst. Berlin 2005. (Das Mittelalter; Bd. 9 [2004] H. 2, S. 62-72).

[182] Shibles, Warren A.: Lügen und lügen lassen. Eine kritische Analyse des Lügens. Mainz 2000, S. 11.

[183] Shibles a.a.O. S. 44.

retten Leben. Und auch wenn er nicht hinter all den schönen Legenden steckt: Sie haben auch in Wirklichkeit oft genug ihre heilsame Wirkung entfaltet. Wer wüsste das besser, als die Kölner, die die Heiligen Drei Könige freudig aufnahmen und bis heute verehren, und immer auch einen handfesten Nutzen aus ihrer Anwesenheit ziehen?

Literaturverzeichnis

Becker-Huberti, Manfred: Die Heiligen Drei Könige. Geschichten, Legenden und Bräuche. Köln 2005.

Becker-Huberti, Manfred u. *Beikircher, Konrad*: Heilige in Köln. Ein bisschen schräg, ein Stückchen anders. Köln 2012.

Becker-Huberti, Manfred u. *Beikircher, Konrad*: Kölner Reliquien. Heilige Knöchelchen schräg betrachtet. Köln 2012.

Eco, Umberto: Baudolino. Roman. Aus dem Italienischen von Burkhart Kroeber. München u.a. 2001. Lizenzausg. für Buchgemeinschaften. 2002.

Eco, Umberto: Semiotik. Entwurf einer Theorie der Zeichen. München 1987.

Ernst, Ulrich: Einleitung. In: Homo mendax. Lüge als kulturelles Phänomen im Mittelalter. Hrsg. von Ulrich Ernst. Berlin 2005. (Das Mittelalter; Bd. 9 [2004] H. 2, S. 3-11).

Frevel, Christian: Die heiligen drei Könige. o.J. http://www.ruhr-uni-bochum.de/at/mam/download/magier.pdf.

Fuhrmann, Horst: Das Mittelalter in der Literatur – Umberto Eco und sein Roman "Baudolino". Wolnzach 2003. (Eichstätter Universitätsreden. 110).

Görich, Knut: Friedrich Barbarossa. Eine Biographie. München 2011.

Goetz, Hans-Werner: Konzept, Bewertung und Funktion der Lüge in Theologie, Recht und Geschichtsschreibung des frühen und hohen Mittelalters. In: Homo mendax. Lüge als kulturelles Phänomen im Mittelalter. Hrsg. von Ulrich Ernst. Berlin 2005. (Das Mittelalter; Bd. 9 [2004] H. 2, S. 54-72).

Grünbart, Michael: Das Byzantinische Reich. Darmstadt 2014. (Geschichte kompakt).

Kaltenbrunner, Gerd-Klaus: Johannes ist sein Name. Priesterkönig, Gralshüter, Traumgestalt. Zug/Schweiz 1993. (Die graue Reihe. 12).

Kehrer, Hugo: Die Heiligen Drei Könige in Literatur und Kunst. 2 Bände in einem Band. Nachdr. d. Ausg. Leipzig, 1908-1909. Hildesheim 1976.

Künstler, Dichter, Gelehrte. Hrsg. von *Ulrich Müller*. Konstanz 2005 (Mittelalter-Mythen. 4).

Legner, Anton: Kölner Heilige und Heiligtümer. Ein Jahrtausend europäischer Reliquienkultur. Köln 2003.

Lexikon für Theologie und Kirche. Begründet von Michael Buchberger. 2., völlig neu bearbeitete Auflage. Freiburg im Breisgau 1957-65. Bd. 1-10. Zitiert: LThK.

Müller, Rüdiger: Salz und Sauerteig. Kölner Heilige – Heilige in Köln. Köln 1989.

Nerlich, Michael: Umberto Eco. Reinbek bei Hamburg 2010. (Rowohlts Monographien. 50562).

Rohr, Christian: Alles heldenhaft, grausam und schmutzig? Wie das Mittelalter in einem Nebel von Klischees versinkt. In: Alles heldenhaft, grausam und schmutzig? Mittelalterrezeption in der Populärkultur. Hrsg., von Christian Rohr. Wien [u.a.] 2011, S. 343ff.

Schalk, Helge: Umberto Eco. Eine intellektuelle Biografie. http://www.eco-online.de.

Schnackenburg, Rudolf: Matthäusevangelium. 1,1-16,20. Würzburg 2005. (Die neue Echter-Bibel. 1,1).

Shibles, Warren A.: Lügen und lügen lassen. Eine kritische Analyse des Lügens. Mainz 2000.

Wies, Ernst W.: Kaiser Friedrich Barbarossa. Mythos und Wirklichkeit. Biographie. Esslingen, München 1990.

Zummach, Hubertus: Ruina mundi! Rainald von Dassel, des Heiligen Römischen Reiches Erz- und Reichskanzler. Holzminden 2007.

Köln in den Dreikönigslegenden

von

Harald Horst

I. Dreikönigslegenden in der Überlieferung

Die Wahl des Plurals im Titel dieses Beitrags mag auf den ersten Blick erstaunen, wo doch die eine, berühmte *Historia trium regum* des Johannes von Hildesheim alle anderen Legenden an Bedeutung und Wirkung übertrifft und sie für eine Würdigung der Stadt Köln sicher die am besten auszuwertende Version darstellt. Auf der Kürze des zur Verfügung stehenden Raumes wäre es in der Tat unmöglich, Überlieferung und Inhalt aller Dreikönigslegenden darzulegen, und sei es auch nur für das avisierte Thema. Zudem ist solche Arbeit bereits mehrfach geleistet worden: Eine umfassende, doch vollständig unkritische Zusammenstellung der für ihn erreichbaren Überlieferungsstränge hat bereits im Jahr 1654 der Kölner Jesuit Hermann Crombach mit seiner *Primitiae Gentium* betitelten Textsammlung vorgelegt.[1] Das dreibändige Monumentalwerk, dessen kaum verhohlener Zweck indes hauptsächlich in einem Lob der Stadt Köln und seiner Erzbischöfe besteht, schöpft aus allen biblischen, exegetischen und legendarischen Quellen zu den Heiligen Drei Königen, die bis dahin bekannt und verbreitet waren.

Einem weitaus wissenschaftlicheren, kulturhistorischen Ansatz folgt 1908/09 die Arbeit Hugo Kehrers über "Die Heiligen Drei Könige in Literatur und Kunst"[2], die auch bildliche Darstellungen der drei Weisen einbezieht und auf ihre geistesgeschichtlichen Hintergründe untersucht. Die einzelnen Themen und Motive der Legenden werden deshalb nach ihrer Herkunft und Zielrichtung hinterfragt. So entsteht das farbenfrohe Bild einer reichen Überlieferung, die ihren Ausgang und ihre Entwicklung wesentlich im Bereich der Ostkirche genommen hat.

Genau diesen östlichen Ursprung der Quellen hat aus orientalistischer Sicht Ugo Monneret de Villard 1952 in den Blick genommen[3], der infolge dessen in der europäischen Tradition nur eine Synthese der frühen orientalischen Quellen erkennen

---

[1] Hermann Crombach: Primitiae Gentium sive Historiae Sanctorum Trium Regum Magorum [...] T. 1-3. Köln: Johannes Kinckius, 1654.

[2] Hugo Kehrer: Die Heiligen Drei Könige in Literatur und Kunst. 2 Bde., Leipzig 1908-09 (Nachdr. in 1 Bd. Hildesheim 1976).

[3] Ugo Monneret de Villard: Le leggende orientali sui Magi evangelici (Studi e testi, 163), Città del Vaticano 1952.

will. Er kommt zu dem Schluss, dass auch Johannes von Hildesheim diese Quellen benutzt habe, allerdings unbewusst und nur in der Vermittlung durch andere, europäische Vorlagen, so dass von den eigentlichen Quellen nur noch kaum erkennbare Reflexionen übrig geblieben seien.[4] Lediglich im Zusammenhang mit der Reliquientranslation von Mailand nach Köln bringe Johannes neue Elemente ein, die in östlichen Legenden nicht zu finden seien: So etwa die Gestalt des Asso de Turri, dem Erzbischof Rainald letztlich die Preisgabe der Reliquien zu verdanken hatte.[5]

Es erübrigt sich, noch weitere Forschungsarbeiten zu diesem Thema zu nennen, die an einschlägiger Stelle ohnehin nachgesehen werden können.[6] Festzuhalten bleibt, dass Johannes von Hildesheim im 14. Jahrhundert aus einer großen Zahl von Quellen schöpfen konnte, die er auswertete, zusammenstellte und ausschmückte. Die Beliebtheit und Verbreitung seiner Fassung der Dreikönigslegende erklärt sich wohl hauptsächlich daraus, dass es ihm erstmals gelang, "beim Zusammenziehen der zahllosen stofflichen Fäden eine gewisse Ausgewogenheit der Form"[7] zu erreichen. Doch so ausgewogen die Form sein mag – beim Thema Köln und seine Bedeutung verliert er denn, nüchtern betrachtet, doch das Maß und widmet ihm mehr Raum als seine Vorlagen. Bevor dies an konkreten Beispielen betrachtet werden soll, will dieser Beitrag noch kurz Fakten zur Entstehung und Verbreitung der *Historia trium regum* des Johannes ins Gedächtnis rufen. Sodann werden die Textpassagen dargestellt, in denen die Stadt Köln eine Rolle spielt. Abschließend sei ein Hinweis erlaubt auf den Buchbestand der Diözesan- und Dombibliothek, in dem sich nicht weniger als fünf Handschriften und frühe Drucke mit dem Text der *Historia* befinden.

II. Johannes von Hildesheim und die *Historia trium regum*

Über den Karmelitermönch Johannes von Hildesheim sind wir am besten aus den Abschriften seiner Briefe sowie durch einen karmelitischen Schriftstellerkatalog aus dem Jahr 1475 informiert.[8] Johannes wurde vermutlich zwischen 1310 und

---

[4] Monneret de Villard, Leggende orientali (wie Anm. 3), S. 235f.

[5] Monneret de Villard, Leggende orientali (wie Anm. 3), S. 231.

[6] Vgl. Art. Johannes von Hildesheim, in: Die deutsche Literatur des Mittelalters. Verfasserlexikon, begr. von Wolfgang Stammler. 2. Aufl. Bd. 4, Berlin u.a. 1983, Sp. 638-647, hier 646f.

[7] Sylvia C. Harris: Art. Johannes von Hildesheim. B.III. 'Historia trium regum', in: Verfasserlexikon (wie Anm. 6), Sp. 642-647, hier 644.

[8] Die folgende Darstellung orientiert sich an Max Behland: Die Dreikönigslegende des Johannes von Hildesheim. Untersuchungen zur niederrheinischen Übersetzung der Trierer Handschrift 1183/485 mit Textedition und vollständigem Wortformenverzeichnis, München

1320 in einem Vorort Hildesheims geboren und trat in das Karmeliterkloster Marienau ein. Nach theologischen Studien in Avignon und Paris wurde er Lektor und Prior in Kassel, später in Straßburg; von 1368 bis zu seinem Tod 1375 war er Prior in Marienau. Neben seinen Briefen, die "durch mannigfache persönliche und bewußt literarische Beziehungen geprägt"[9] sind, haben sich einige theologisch-philosophische Werke sowie Gedichte von ihm erhalten.

Die handschriftliche Überlieferung der *Historia trium regum* verbindet den Text an keiner Stelle mit einem namentlich genannten Verfasser.[10] Erst der bereits erwähnte Schriftstellerkatalog des Arnoldus Bostius[11] von 1475 verknüpft den Karmeliter Johannes mit der *Historia*; ihm folgend bezeichnet ihn auch der Benediktinerabt Johannes Trithemius zwanzig Jahre später als deren Verfasser.[12] Die folgende Überlieferung hat dies weitgehend übernommen; auch wenn die Verfasserschaft häufig angezweifelt worden ist, bestehen doch genügend Gründe für diese Zuschreibung.[13]

Trithemius erwähnt in seinem Katalog auch die Widmung der *Historia* an den Bischof von Münster Florentius von Wevelinghoven, die in einigen lateinischen Handschriften überliefert ist. Dieser wurde am 24.4.1364 zum Bischof ernannt, was als Indiz für die zeitliche Einordnung der *Historia* angesehen werden kann: Es wäre möglich, dass Johannes sie zur zweihundertsten Wiederkehr der Reliquientranslation nach Köln geschrieben hat.[14] Denn veranlasst wurde sie offenbar tat-

---

1968, S. 9-10, sowie Franz Josef Worstbrock: Art. Johannes von Hildesheim. A. Leben, in: Verfasserlexikon (wie Anm. 6), Sp. 638-642, hier 638f.

[9] Worstbrock, Johannes von Hildesheim (wie Anm. 8), Sp. 639.

[10] Vgl. Elisabeth Christern: Johannes von Hildesheim, Florentius von Wevelinghoven und die Legende von den Heiligen Drei Königen, in: Jahrbuch des Kölnischen Geschichtsvereins 34/35 (1960) S. 39-52, hier 39 (auch erschienen als Sonderdruck der Bibliophilen-Gesellschaft Köln, 1960). Die S. 44 aufgeführte Behauptung, die im Legendentext erwähnte Gesandtschaft zur päpstlichen Kurie im Jahr 1351 müsse auf Johannes von Hildesheim bezogen werden, der sich ebenfalls 1351 am päpstlichen Hof zu Avignon aufhielt, und lasse ihn daher als Verfasser erscheinen, erschließt sich mir allerdings nicht.

[11] Arnoldus Bostius: De illustribus viris Ordinis Beatissimae Dei Genitricis Virginis Mariae de Monte Carmeli, in: Daniel a Virgine Maria: Speculum Carmelitanum sive Historia Eliani Ordinis Fratrum Beatissimae Virginis Mariae De Monte Carmelo [...] T. 2, Antwerpen 1680, S. 886-896, hier 892: "Conscripsit etenim Librum [...] *de tribus Regibus*, qui primitiae gentium Domino Jesu pro se et posteris fecere homagium" (Hervorhebung im Original).

[12] Johannes Trithemius: Catalogus illustrium virorum [...] [Mainz: Peter von Friedberg, nach 14.VIII.1495] (GW M47516), Bl. 30ᵛ: "Ad Florencium episcopum monasteriensem de translatione trium regum librum unum."

[13] Ausführlich und weiterführend hierzu vgl. Harris, Johannes von Hildesheim (wie Anm. 7), Sp. 642f.

[14] Für einen früheren *terminus post quem*, nämlich das Jahr 1361, tritt aus textimmanenten Gründen Behland, Dreikönigslegende (wie Anm. 8), S. 10f. ein. Eine spätere Abfassung als

155

sächlich durch Bischof Florentius, der vor seiner Bischofswahl dem Kölner Domkapitel angehörte[15]: Das erste Kapitel der *Historia* endet mit der Bemerkung, das Werk sei "auf Euren Befehl hin" (*vestro iussu*) geschrieben. Auch die Lobrede auf die "frommen Diener" und das "edle Kollegium" der Geistlichen zu Köln[16] weist auf die wichtige Stellung des Auftraggebers innerhalb der Kölner Kirche hin. Eine persönliche Verbindung zwischen Johannes und Florentius ist aus diesen Formulierungen als wahrscheinlich anzusehen, aber aus keinem Dokument direkt nachzuweisen.

Neben mindestens 64 Handschriften mit der lateinischen Fassung der *Historia*[17] sind derzeit 59 mit einer Übertragung in eine deutsche Sprachform bekannt.[18] Die außerordentliche Beliebtheit und Verbreitung dieser Fassung der Dreikönigslegende wird auch durch frühe niederländische, englische und französische Übersetzungen bezeugt. Noch vor dem lateinischen Erstdruck[19] wurde wohl deswegen auch die deutschsprachige Version in Blei gesetzt.[20] Allerdings sind die Varianten, Bearbeitungen und Kürzungen der gedruckten Texte so vielfältig wie die ihrer handschriftlichen Vorlagen, so dass wir heute weit davon entfernt sind, eine kritische Edition der *Historia* zur Verfügung zu haben.[21]

1364 ist natürlich auch denkbar, so dass sich ein möglicher Entstehungszeitraum der *Historia* von 1361 bis 1375 (Todesjahr des Johannes) ergibt.

[15] Weitere biographische und historische Informationen zu Florentius, dessen Stammburg bei Grevenbroich lag, bietet Christern, Johannes von Hildesheim (wie Anm. 10), S. 44-46.

[16] Zitiert nach Johannes von Hildesheim: Die Legende von den Heiligen Drei Königen. Mit zeitgenössischen Holzschnitten. Übertragung und Nachwort von Elisabeth Christern, Köln 1960, S. 151f.

[17] Harris, Johannes von Hildesheim (wie Anm. 7), Sp. 643.

[18] Vgl. http://www.handschriftencensus.de/werke/744 (20.3.2014).

[19] Johannes de Hildesheim: Historia beatissimorum trium regum. Daran: Albertus Magnus: Notula de festo die Epiphaniae domini. – Pseudo-Augustinus, Aurelius: Sermo de epiphania domini "Intelligere possumus". Sermo de epiphania domini "Proxime fratres carissimi". [Köln: Johann Guldenschaff, um 1477.] 2° (GW M14009; ISTC ij00336000). Online unter: http://digital.ub.uni-duesseldorf.de/id/6571809 (ULB Düsseldorf) oder http://nbn-resolving.de/urn:nbn:de:bvb:12-bsb00039605-0 (BSB München; beide Stand 20.3.2014).

[20] Die Neue Ehe. Daran: Johannes de Hildesheim: Historia beatissimorum trium regum, deutsch [Bl. 118^r-154^r]. Augsburg: Anton Sorg, 7.X.1476. 2° (GW 9248; ISTC ie00015000).

[21] Den einzigen "modernen" Abdruck des lateinischen Textes, der auf einer fehlerbehafteten brandenburgischen Handschrift von 1409 beruht und den Text lediglich mit zwei frühen Drucken (Bartholomäus von Unkel 1478, vgl. Anm. 50, und Heinrich Quentel Erben 1514, vgl. Anm. 54) vergleicht, bietet Ernst Köpke: Mitteilungen aus den Handschriften der Ritter-Akademie zu Brandenburg a. H. I. Johannes von Hildesheim, in: Jahresbericht über die Ritter-Akademie zu Brandenburg an der Havel 22 (1877/78), Beilage, S. 10-35. Dieser vermeldet ebenda S. 6: "Die Brandenburger Handschrift ist sachlich im Ganzen den Drucken gleich; nur im Ausdruck sind Änderungen vorgenommen. Sie bestehen theils in Umstellungen einzelner Wörter, [...] theils in Kürzungen."

Das Werk des Johannes von Hildesheim erlitt ein ähnliches Schicksal wie der einst so ehrgeizige Neubau der gotischen Kathedrale, und es war sogar in seiner Wiederentdeckung eng mit diesem Projekt verbunden: Während es im 17. und 18. Jahrhundert langsam in Vergessenheit geriet, erfuhr es im 19. Jahrhundert noch einmal einen bemerkenswerten Aufschwung. Kein geringerer als Johann Wolfgang von Goethe stieß im Jahr 1819 in einer Handschrift, die er gerade in Jena erworben hatte, auf den Text der Dreikönigslegende und war sofort davon fasziniert. Wegen der "anmutigen" und "zierlichen" Art des Textes, die "weder Pfaffthum noch Philisterey noch Beschränktheit"[22] spüren lasse, rechnete er es zu den von ihm so geschätzten Volksbüchern. "Drey ernste Könige mit Gefolg und Schätzen nach Blieben, herrliche Mutter und Kind mit ärmlicher Umgebung, fromme tüchtige Ritter, eilftausend hübsche Mädchen, das ist doch noch ein Element worin der Künstler sich ergehen und fromm mit den Fröhlichen seyn kann"[23], schreibt er enthusiastisch an seinen Freund Sulpiz Boisserée in Köln, den ersten Förderer und Ideengeber der Domvollendung. Jener kannte natürlich die seit alters überlieferten Legenden – wie auch deren Zusammenstellung bei Crombach – und erhoffte sogleich, Goethe habe die Quelle dieser Überlieferungen gefunden. In dieser Beziehung wurde Boisserée, wie wir wissen, enttäuscht; indes fand er aber bald heraus, dass Goethe die Fassung des Johannes von Hildesheim vorliegen hatte.[24] Zusammen mit Gustav Schwab gab er ihren Text in einer deutschen Bearbeitung mit zwei Nachworten heraus.[25] Während Schwab zusätzlich zwölf Romanzen dem Text voranstellte, versuchte sich Boisserée an einer Darstellung der Quellen, von den biblischen Texten über die Kirchenväter und mittelalterlichen Reiseberichte bis zur *Legenda aurea* und Albertus Magnus. Die von Goethe so begeistert aufgenommene und mit einem Widmungsgedicht versehene Ausgabe machte die *Historia* des Johannes von Hildesheim erneut breiten Kreisen bekannt und trug sicher mit dazu bei, dass die Beschäftigung mit ihr bis in unsere Zeit nicht mehr abgebrochen ist.[26]

---

[22] Johann Wolfgang von Goethe: Werke, hrsg. im Auftrag der Großherzogin Sophie. Abt. 4: Briefe, Bd. 32, Weimar 1906, Nr. 54, S. 75-78, hier S. 77 (Brief an Sulpiz Boisserée aus Jena vom 22. Oktober 1819). Die häufig genannte Jahreszahl 1818 ist falsch und beruht auf einem Druckfehler in der Ausgabe Sulpiz Boisserée: [Selbstbiographie. Briefwechsel.] Bd. 2: Briefwechsel mit Goethe, Stuttgart 1862, S. 254.

[23] Goethe, Werke (wie Anm. 22), S. 78.

[24] Johannes von Hildesheim ist erwähnt und mit einem Ausschnitt der *Historia* abgedruckt bei Crombach, Primitiae Gentium (wie Anm. 1), S. 691f.; dies gab Boisserée offenbar einen ersten Hinweis, wonach er suchen musste.

[25] Die Legende von den heiligen drei Königen von Johann von Hildesheim. Aus einer von Goethe mitgetheilten lateinischen Handschrift und einer deutschen der Heidelberger Bibliothek bearbeitet und mit zwölf Romanzen begleitet von Gustav Schwab, Stuttgart / Tübingen 1822. Nachworte: Ueber Veranlassung, Herausgabe, Manuscripte, Verfasser der Legende von den heiligen drei Königen von Gustav Schwab. Nebst einem Wort über die Entstehung der Sage von D. Sulpiz Boisserée (S. 199-222).

III. Die Stadt Köln bei Johannes von Hildesheim und in anderen Legenden

Wie eingangs schon erläutert, wäre es unmöglich, hier sämtliche seit der Reliquientranslation überlieferten Fassungen der Dreikönigslegende auf Äußerungen über die Stadt Köln zu untersuchen. Letztlich spielt die Stadt ja nur am Ende der Erzählungen eine Rolle: Nämlich da, wo der letzte Aufbewahrungsort der Dreikönigsreliquien genannt und vielleicht noch deren Verehrung thematisiert wird, die der Stadt am Rhein Ruhm und Ehre einbringt. Im Verhältnis zum vorangehenden Text geschieht dies allerdings in eher dürren Worten – was insofern nicht verwundert, als die Legendenbildung *vor* der Reliquienübertragung ein gutes Jahrtausend Zeit zur Ausformulierung hatte, während die Translation nach Köln für den erzählenden Menschen des hohen Mittelalters ja gerade erst stattgefunden hat. Als Beispiel sei hier die um 1260, also "schon" knapp 100 Jahre später formulierte *Legenda aurea* des Jacobus von Voragine zitiert. Die gemäß den Heiligenfesten des kirchlichen Jahreskreises geordnete *Legenda* berichtet über die drei Weisen selbstverständlich unter dem Datum von Epiphanie, also dem 6. Januar. Der Abschnitt dort endet mit zwei knappen Sätzen über die Translation der Gebeine von Konstantinopel nach Mailand und später nach Köln: "Die Gebeine der Heiligen Drei Könige lagen lange Zeit in einer Mailänder Kirche, die nun den Predigerbrüdern gehört, jetzt aber ruhen sie in Köln. Helena, die Mutter Konstantins, hatte diese Reliquien ursprünglich nach Konstantinopel überführen lassen, später wurden sie dann durch den heiligen Bischof Eustorgius nach Mailand geholt. Als Kaiser Heinrich jedoch Mailand erobert hatte, ließ er sie nach Köln an den Rhein bringen. Dort erstrahlt jetzt ihr Glanz, und das Volk verehrt sie in großer Andacht."[27]

---

[26] Bereits 20 Jahre später legte Karl Simrock eine verkürzte und bearbeitete Fassung der Legende vor, deren Verfasser er konsequenter Weise nicht im Titel nennt: Die Legende von den heiligen drei Königen. Volksbuch, der Verehrung der heiligen drei Könige im Dom zu Köln gewidmet. Zum Besten des Dombau's neu herausgegeben von Dr. K. Simrock, Frankfurt am Main, 1842 (Nachdruck Kassel 1979). – Nachweise jüngerer Publikationen im Verfasserlexikon (wie Anm. 6), Sp. 646f. Eine moderne Übertragung des Textes ins Deutsche auf der Grundlage des lateinischen Erstdrucks bei Guldenschaff (Anm. 19) besorgte Elisabeth Christern (wie Anm. 16).

[27] Jacobus de Voragine: Legenda aurea. Die Heiligenlegenden des Mittelalters, hrsg. und übers. von Matthias Hackemann, Köln 2008, S. 54. Lateinischer Text: "Horum autem corpora Mediolani et in ecclesia, quae nunc est fratrum praedicatorum, quiescebant, sed nunc Colonie requiescunt. Nam eorum corpora primo per Helenam, Constantini matrem, rapta et in Constantinopolim translata, postea per sanctum Eustorgium episcopum Mediolanum translata, sed per Henricum imperatorem, postquam Mediolanum possedit, in Coloniam super Rhenum fluvium sunt delata, ubi in magna reverentia et populi devotione coruscant." Jacobus de Voragine: Legenda aurea vulgo Historia lombardica dicta, ed. Theodor Graesse, Leipzig 1846, S. 94. Der Abschnitt "Nam eorum [...]" fehlt in der *Editio princeps* vollständig (Straßburg: Heinrich Eggestein, nicht nach 1472 [GW M11299], Bl. 30^r) und wird auch

Nun mag der Norditaliener Jacobus nachvollziehbare Gründe gehabt haben, das Lob der Stadt Köln in Bezug auf den Besitz der Dreikönigsreliquien nicht allzu breit auszuwalzen. Doch sind auch andere Versionen der Dreikönigslegende eher zurückhaltend, wenn es um die seit 1164 letzte Ruhestätte der heiligen Magier geht. Eine deutsche Fassung aus dem 14. Jahrhundert etwa, erhalten in der Münchener Handschrift Cgm 54, endet ähnlich dünn wie die *Legenda aurea* mit der Nachricht, die Gebeine lägen jetzt "in Sant Peters chirchen . da man si noch heut ze tag inn lobt vnd eret . vnd seint den moln hat die stat zu Chöln auf genomen . an eren vnd an wirdichait."[28] Hier lässt sich immerhin ein Element erkennen, das um 1470 der Kölner Kartäuser Werner Rolevinck in seine Weltchronik, den *Fasciculus temporum* aufgenommen hat und dort noch etwas deutlicher formuliert: Seit die Reliquien in Köln sind, geht es der Stadt gut – "ex tunc Colonia floruit."[29] Ein Satz, dem Kenner des antiken und frühmittelalterlichen Köln so mit Sicherheit nicht zustimmen werden; doch dass die Geschichte der Stadt ohne diesen Reliquienerwerb vermutlich weniger glanzvoll verlaufen wäre und sie – man denke an den Bau der Kathedrale! – ein ganz anderes Gesicht bekommen hätte, steht wohl außer Frage.

Von solchen Gedanken war vermutlich auch Johannes von Hildesheim beseelt, als er im Auftrag von Florentius von Wevelinghoven seine Fassung der *Historia trium regum* zu Papier brachte. Er spricht über Köln an mehreren Stellen in seinem Text, die in ein klares Ziel münden: Dem Lob seines Auftraggebers, als dieser noch Kölner Domherr war – dem sich jedoch ein eschatologisch begründetes Monitum anschließt; dazu später mehr. Motivisch lassen sich im Text zunächst drei Themen erkennen: Zuerst bringt Johannes Legenden über Köln, die "im Orient" in Umlauf, sonst aber wenig bekannt seien. Sodann werden die Ereignisse rund um die Reliquienübertragung aus Mailand erzählt. Ein dritter Motivstrang schließlich ist das Lob der Stadt Köln und des Metropolitankapitels. Betrachten wir die Themen im einzelnen.

---

in der neuesten kritischen Edition als redaktionelle Ergänzung gesehen, vgl. Iacopo da Varazze: Legenda aurea, edizione critica a cura di Giovanni Paolo Maggioni (Millennio Medievale, 6). 2 Bde., Florenz 1998, hier Bd. 1, S. 140.

[28] "[...] in der Peterskirche, wo sie noch heute liegen und verehrt werden. Seit dieser Zeit hat die Stadt Köln an Ehre und Würde hinzugewonnen." Obiges Zitat aus: Erich Petzet: Die deutschen Pergament-Handschriften Nr. 1-200 der Staatsbibliothek in München (Catalogus codicum manu scriptorum Bibliothecae Monacensis, V,1), München 1920, S. 90 (Beschreibung von Cgm 54: S. 89-91).

[29] Werner Rolevinck: Fasciculus temporum, zitiert nach Crombach, Primitiae Gentium (wie Anm. 1), S. 694.

1. Orientalische Legenden über Köln

Einen breiten Raum in Johannes' Erzählfassung nehmen Berichte über das Wirken des Apostels Thomas in Indien – dem damaligen Sammelbegriff für alle unbekannten Länder Asiens – und den sagenumwobenen Priesterkönig Johannes ein. Zu den Thomas-Legenden gehört, dass Kaiserin Helena den Leichnam des Apostels den Nestorianern übergeben habe, um im Tausch dafür die Gebeine des Königs Kaspar zu bekommen.[30] Zu gegebener Zeit werde allerdings das Heilige Land den Christen zurückgegeben und dann "auch der Leichnam des heiligen Thomas nach Köln zu den drei Königen überführt werden. Die Nestorianer bewachen das Grab des heiligen Thomas" daher nicht aus "Ehrfurcht, sondern [...] aus Sorge vor diesen Gerüchten"[31] – der Verlust der Reliquien käme der endgültigen Entehrung dieser Ketzer gleich. Nach Meinung der Legende käme damit aber zusammen, was zusammengehört, denn schließlich wurden die drei Könige vom Apostel Thomas persönlich getauft, nachdem er ihnen und ihren Untertanen das Evangelium verkündet hatte.

Nach dieser ausgiebigen und wiederholten Kritik an den ihm offenbar besonders verhassten Nestorianern schweift Johannes von der Thomas-Thematik ab: Er bringt nun Wunderberichte über die drei Könige, die nach seiner Aussage lediglich im Orient erzählt würden, in Köln selbst jedoch nicht bekannt seien. So berichteten die Orientalen, dass über der ursprünglichen Grabstätte der Weisen – der Stadt Seuwa am Fuß des Berges Vaus – ein Stern erschienen sei. Nach der Überführung ihrer Gebeine sei dieser Stern hingegen "über Köln aufgegangen und stehe dort noch heute."[32] Auch vor dem Reliquienschrein hänge dort ein Stern, der die ganze Kathedrale erleuchte; die Armreliquiare verbreiteten Wohlgeruch, sobald man daran reibe; und schließlich erzähle man sich im Orient von einer Reliquienprozession, welche drei Priester mit dem Volk von Köln durchführten, wann immer Stadt oder Umland von Köln bedroht seien.[33]

---

[30] Vgl. Johannes, Legende (wie Anm. 16), Kap. 40, S. 103 / Johannes, Historia (wie Anm. 19), cap. XL, Bl. 30^v / Köpke, Mitteilungen (wie Anm. 21), S. 24.

[31] Johannes, Legende (wie Anm. 16), Kap. 45, S. 144 / Johannes, Historia (wie Anm. 19), cap. XLV, Bl. 42^v-43^r / Köpke, Mitteilungen (wie Anm. 21), S. 32.

[32] Johannes, Legende (wie Anm. 16), Kap. 45, S. 145f. und Kap. 35, S. 87 / Johannes, Historia (wie Anm. 19), cap. XLV, Bl. 43^v und XXXV, 25^r / Köpke, Mitteilungen (wie Anm. 21), S. 32 und 21.

[33] Johannes, Legende (wie Anm. 16), Kap. 45, S. 146 / Johannes, Historia (wie Anm. 19), cap. XLV, Bl. 43^v / Köpke, Mitteilungen (wie Anm. 21), S. 33.

2. Die Reliquientranslation von Mailand nach Köln

Von der Überführung der Dreikönigsreliquien nach Köln erzählt Johannes im 41. Kapitel seines Werkes in den vergleichsweise nüchternen Worten eines Chronisten. Offenbar hat er hier aber verschiedene Quellen nicht ganz korrekt zusammengefasst, denn er verlegt die Belagerung und Eroberung der Stadt Mailand von 1162 vollständig in das Jahr 1164. Die Entfernung der Reliquien aus der vor der Stadt gelegenen Kirche S. Eustorgio und ihre Unterbringung in S. Giorgio al Palazzo, die bereits 1158 stattfand, wird nun als heimliches Verstecken im Jahr 1164 beschrieben. Der Bericht über den Mailänder Bürger Asso de Turri, der die Reliquien an Rainald von Dassel übergibt, damit dieser sich bei Kaiser Barbarossa für ihn verwendet, ist legendarisches Eigengut des Johannes, wie eingangs schon berichtet wurde.[34] Dass Erzbischof Rainald die Reliquien bereits in Richtung Norden geschickt haben soll, bevor der Kaiser überhaupt von dieser "Erwerbung" erfahren habe, entspricht ebenfalls nicht dem tatsächlichen Verlauf der Geschichte und ist wohl tendenziösen Quellen entnommen – der einflussreiche Erzbischof und Reichskanzler Rainald war eben schon zeitlebens nicht unumstritten.

3. Lob und Ermahnung der Stadt Köln

Die große Verehrung der Heiligen Drei Könige beruht darauf, dass sie als erste Heiden den neugeborenen Heiland sehen und seine Bedeutung erkennen durften, wie es schon Augustinus formuliert hat.[35] Auch Johannes von Hildesheim bringt den Heiligen diese Hochachtung entgegen und versucht in seiner *Historia* zu belegen, dass es den Menschen immer dann gut ging, solange sie die Reliquien der drei Weisen in Ehre hielten, sie aber Ungemach erleiden mussten, wenn sie diese vernachlässigten. Als etwa der christliche Glaube im Orient verdrängt und die Könige nicht mehr verehrt wurden, zerfielen deren Reiche wie auch ihre Leichname![36] Sobald sie hingegen von Kaiserin Helena wieder zusammengeführt wurden, verbreitete sich lieblicher und heilbringender Wohlgeruch.[37] In Konstantinopel "tat Gott – um der Verdienste der drei Könige willen – viele Wunder an allen, die gläubig und fromm um Hilfe baten."[38] Nach dem Abfall der Stadt vom Glauben dagegen zerfällt das Reich und wird erobert – die Reliquien kommen nach Mailand.

---

[34] Vgl. oben Anm. 5.

[35] Ausführlich und mit Belegstellen aus Augustius-Predigten vgl. Kehrer, Die Heiligen Drei Könige (wie Anm. 2), S. 34, 47.

[36] "[...] ex tunc eorum carnis materia de ossibus eorum soluebatur et more solito suo in puluerem reuertebatur": Johannes, Legende (wie Anm. 16), Kap. 36, S. 88/Johannes, Historia (wie Anm. 19), cap. XXXVI, Bl. 25^v/Köpke, Mitteilungen (wie Anm. 21), S. 21.

[37] Johannes, Legende (wie Anm. 16), Kap. 41, S. 103f./Johannes, Historia (wie Anm. 19), cap. XLI, Bl. 30^v/Köpke, Mitteilungen (wie Anm. 21), S. 24.

Zahlreich sind also die Stellen, in denen Johannes Lob und Ermahnung der Stadt Köln vorbereitet. In Anspielung auf das Gleichnis Jesu von den Arbeitern im Weinberg (Mt 20,1-16) zählt er in Kap. 45 die Arbeiten und Verdienste der drei Könige auf, die sie zum Morgen, zur ersten, dritten, sechsten und neunten Stunde in den verschiedenen Städten ausgeführt haben, zuletzt eben in Konstantinopel und Mailand.[39] Zur elften Stunde empfangen sie den Lohn, indem sie sich die Stadt Köln zur ewigen Ruhe erwählen, wo sie weiter den Weinberg bearbeiten, d.h. den Glauben bewahren helfen und Wunder wirken. Nach Johannes ist diese Auserwählung vorherbestimmt und geschieht unmittelbar durch Gott, aber sie kommt nicht von ungefähr. In einer unverhohlenen Huldigung seines Auftraggebers preist er die Frömmigkeit und die persönliche geistliche Hingabe der Kölner Domherren (auch wenn die Übersetzung anderes suggeriert, ist hier das Domkapitel gemeint!), ja des gesamten Volkes in dieser Stadt: "Unter [allen Städten] ist keine, deren Kollegium von Priestern so edel und dem Dienste Gottes ergeben ist wie die Geistlichen der Kirche zu Köln! Keine andere Stadt ist mit solch würdigem Volke und solch frommen Dienern Gottes ausgezeichnet wie die Stadt Köln."[40]

Doch die Ermahnung zur Beständigkeit im Glauben folgt sogleich, und sie richtet sich zuerst an das gerade gelobte *collegium canonicorum*, das Metropolitankapitel also: "Freue dich, du edles Kollegium, daß Gott dich durch seine Liebe vor allen anderen bevorzugt und reich gemacht hat! [...] Danke Gott immer dafür! Laß nicht ab und werde nicht müde, Gott zu loben und seine Heiligen zu preisen [...] damit du nicht [...] Gottes Zorn erregst, damit du nicht deiner Vorrechte beraubt wirst und deine Ehre dir genommen werde!"[41] Ein warnender Verweis auf das Schicksal der Nestorianer fehlt nicht; besser möge man Gott beständig dienen, damit man am Tag des Jüngsten Gerichts zusammen mit den Heiligen Drei Königen zu seiner Rechten gestellt werde. Der Abschnitt endet mit einem Wortspiel, in dem der lateinische Name der Stadt, *Colonia*, vom Verb "verehren", *colere*, abgeleitet wird:

---

[38] Johannes, Legende (wie Anm. 16), Kap. 41, S. 105/Johannes, Historia (wie Anm. 19), cap. XLI, Bl. 30^v/Köpke, Mitteilungen (wie Anm. 21), S. 24.

[39] Johannes, Legende (wie Anm. 16), Kap. 45, S. 149-151/Johannes, Historia (wie Anm. 19), cap. XLV, Bl. 44^v-45^r/Köpke, Mitteilungen (wie Anm. 21), S. 33f.

[40] "[...] non est aliqua ecclesia tam nobili canonicorum collegio qui deo in propriis personis ad serviendum sint astricti sicut ecclesia coloniensis ornata [...] quia omnipotens deus in ipsa ecclesia tam nobiles suos ministros institueret et ordinaret et in hac ciuitate tam honestissimum populum praedestinaret in qua tam nobilissimos tres reges suas primicias gentium et virginum perpetue manendo collocaret": Johannes, Legende (wie Anm. 16), Kap. 45, S. 151/Johannes, Historia (wie Anm. 19), cap. XLV, Bl. 45^{r-v}/Köpke, Mitteilungen (wie Anm. 21), S. 34.

[41] Johannes, Legende (wie Anm. 16), Kap. 45, S. 152/Johannes, Historia (wie Anm. 19), cap. XLV, Bl. 45^v/Köpke, Mitteilungen (wie Anm. 21), S. 34.

"Nec eciam absque presagio illa ciuitas gloriosa que ab antiquo agrippina vocabatur nunc sortita est nomen quia a colendo deum colonia nuncupatur."[42]

Johannes schließt seine *Historia* in Kap. 46 mit dem Hymnus "Ab Helena crux inventa"[43], der diese Gedanken genauso aufnimmt wie sein Schlussappell "Freue dich, glückliches Köln – *Gaude felix colonia*"[44]: Köln ist durch göttliche Gnade ausgezeichnet worden und kann sich heiligster Reliquien rühmen, wird in aller Welt geachtet und verehrt. Doch aus der Ehre folgt auch Verantwortung. Hier ist Johannes ganz Theologe seiner Zeit: Aus dem Ruhm erwächst die Verpflichtung, Gott um so mehr zu loben, damit am Tage des Gerichts der Lohn entsprechend ausfalle.

IV. Handschriften und frühe Drucke der *Historia trium regum* in der Diözesan- und Dombibliothek

In den Beständen der Diözesan- und Dombibliothek findet sich eine vollständige und eine fragmentarische lateinische Handschrift der *Historia* des Johannes von Hildesheim. Außerdem besitzt die Bibliothek zwei Inkunabeln und einen interessanten Frühdruck mit diesem Text. Die Bände seien abschließend kurz vorgestellt und bibliographisch beschrieben.

Cod. 169

Diese Handschrift aus dem Besitz des Domkapitels vereinigt drei Texte, die in keiner inhaltlichen Verbindung zueinander stehen. Die *Historia* findet sich gleich zu Beginn auf Bl. 1^r-61^r und nimmt somit zwei Drittel des Bandes ein. Bl. 62^r-66^r bringt die Abschrift des Briefes *De contemptu mundi* von Heinrich von Langenstein an Eberhard von Ypelborn. Nach einigen leeren Blättern findet sich auf Bl.

---

[42] Johannes, Historia (wie Anm. 19), cap. XLV, Bl. 45^v / Köpke, Mitteilungen (wie Anm. 21), S. 34. Das Wortspiel ist im Deutschen nicht zu übersetzen und fehlt daher in der Übertragung von Christern (wie Anm. 16).

[43] In manchen Handschriften hat dieser Hymnus fünf Strophen, meist finden sich jedoch – wie auch in den frühen Drucken – nur dreieinhalb Strophen: Johannes, Legende (wie Anm. 16), Kap. 46 S. 153f. / Johannes, Historia (wie Anm. 19), cap. XLVI, Bl. 46^r / Köpke, Mitteilungen (wie Anm. 21), S. 34f. In den *Analecta Hymnica* sind die Strophen in leicht veränderter Form als letzter Teil des Dreikönigs-Hymnus "Maiestati sacrosanctae" abgedruckt, vgl. Analecta hymnica medii aevi, hrsg. von Guido Maria Dreves [...]. Bd. 55, Leipzig 1922, S. 365f. Nr. 331.

[44] Johannes, Legende (wie Anm. 16), Kap. 46, S. 154f. / Johannes, Historia (wie Anm. 19), cap. XLVI, Bl. 46^r / Köpke, Mitteilungen (wie Anm. 21), S. 35.

72^r-88^r die *Epistola ad Rabbi Isaac de adventu Messiae* in der Übersetzung des spanischen Dominikaners Alphonsus Bonihominis.

Die Handschrift besteht überwiegend aus Papier im Format 29,5 x 21 cm; nur die äußeren Blätter jeder Lage sind aus Pergament. Die Texte wurden im 15. Jahrhundert abgeschrieben, die ersten beiden von einer Hand in Hybrida libraria in einer Spalte, der dritte von anderer Hand in Cursiva libraria in zwei Spalten. Auf den Blättern 4 bis 9 finden sich am Rand abschnittsweise kurze inhaltliche Angaben von fremder Hand nachgetragen. Der Buchschmuck beschränkt sich auf rote Lombarden von normalerweise ein bis zwei Zeilen Höhe; lediglich die C-Initiale auf Bl. 4^r nimmt sechs Zeilen ein und ist im Schaft durch Papieraussparungen ornamentiert. Die Handschrift ist gut lesbar, aufgrund ihrer einfachen Ausstattung aber sicher für den privaten oder Studiengebrauch angefertigt worden, nicht zu Repräsentationszwecken. Der Einband aus braunem Stoff über Pappe stammt aus dem 20. Jahrhundert.

Vor der *Historia* stehen auf sechs Seiten Inhaltsangaben zu den einzelnen Kapiteln. Der eigentliche Text beginnt ohne die Widmung an Florentius von Wevelinghoven (*Cum venerandissimorum trium magum* [...]). Er scheint vollständig zu sein und endet in Cap. XLVI mit dem Appell an die Stadt Köln ([...] *in die iudicii sis secura in reddenda racione. Amen.*).[45]

Cod. 1579

Die Handschrift enthält auf 262 Blättern mehrere hagiographische Texte. Sie besteht überwiegend aus Papier im Format 28,5 x 20,5 cm, nur anfangs sind einige Pergamentblätter eingebunden. Der erste Teil ist auf Bl. 216^v mit 1392 datiert. Die folgenden Abschnitte wurden zwar von mehreren anderen Schreibern verfertigt, doch dürfte ihre Arbeit ebenfalls um diese Zeit erfolgt sein. Als Schrift wurde durchgehend stark gekürzte Cursiva libraria in zwei Spalten verwendet. Die Ausstattung beschränkt sich auf rote Lombarden in unterschiedlicher Höhe und Ausgestaltung. Am Beginn auf Bl. 1^r findet sich eine vergleichsweise prachtvolle U-Initiale mit gespaltenem Schaft in blau und rot mit ornamentalen Aussparungen. Das Binnenfeld zieren nach Art von Fleuronnée-Initialen mit roter Feder gestaltete Blattornamente; der Schaft ist mit Eierstäben umrankt und läuft am linken Rand in einem blau-roten Zierstab aus, dessen mit roter Feder gezogene Ausläufer wiederum den unteren Blattrand füllen. Wir haben es hier also mit einem Bibliotheks-

---

[45] Literatur: Handschriftencensus Rheinland. Erfassung mittelalterlicher Handschriften im rheinischen Landesteil von Nordrhein-Westfalen mit einem Inventar, hrsg. von Günter Gattermann [...] (Schriften der Universitäts- und Landesbibliothek Düsseldorf, 18). 3 Bde., Wiesbaden 1993, Nr. 1123. – Glaube und Wissen im Mittelalter. Die Kölner Dombibliothek. Katalogbuch zur Ausstellung [...] München 1998, S. 531-534 (Ulrike Surmann).

exemplar zu tun, das sich offenbar über viele Jahre einer großen Beliebtheit erfreute, denn das Buch macht einen zerlesenen Eindruck und ist an einigen Stellen mit längeren Anmerkungen versehen. Der Einband ist im Laufe der Zeit vollständig verloren gegangen; von seinen Spiegeln sind vorne und hinten Pergamentblätter aus einer älteren Neumenhandschrift übriggeblieben sowie ein nachgeheftetes Doppelblatt mit einem Inhaltsverzeichnis.

Die Handschrift hat eine bewegte Besitzgeschichte: Sie stammt ursprünglich aus dem Kölner Dominikanerkonvent Heiligkreuz, war dann wohl im Besitz der Pfarrkirche Kempen, bevor sie im 19. oder 20. Jahrhundert an den Franziskanerkonvent auf dem Bonner Kreuzberg gelangte. Nach dessen Auflösung bewahrte die Franziskanerbibliothek "Wissenschaft und Weisheit" den Codex auf, die ihn wohl vor 1990 an die Diözesanbibliothek abgab.

Den größten Teil der Handschrift nimmt die *Legenda aurea* des Jacobus de Voragine ein (Bl. 1^r-217^v). Direkt im Anschluss an deren Inhaltsverzeichnis folgen weitere Heiligenlegenden und Nachträge zur *Legenda aurea* (Bl. 218^r-242^v). Die gleiche Hand beginnt noch innerhalb derselben Lage mit der Abschrift der *Historia trium regum* des Johannes von Hildesheim (Bl. 243^r-260^v), deren Blätter, zusätzlich zur durchgehenden Zählung des Codex, von Schreiberhand mit 1 beginnend neu gezählt werden (ab 244^r). Am Beginn steht jedoch, wie in Cod. 169, das Inhaltsverzeichnis der *Historia*, bevor ohne Umbruch auf Bl. 244rb der Text einsetzt (*Cum venerandissimorum* [...]). Die letzte Lage des überwiegend in Okternionen (!) gebundenen Bandes ist allerdings verloren gegangen, so dass der Text des Johannes gegen Ende von Kapitel 40 abbricht (*Ceterum corpus vero Jaspar tercii regis nestorini heretici de regno ipsius Jaspar regis nati sub* [...]). Ausgerechnet die großen Lobreden auf Köln und seine Domherren sind also in dieser Handschrift nicht enthalten.[46]

Inc.c.26

Johannes de Hildesheim: Historia beatissimorum trium regum. Daran: Albertus Magnus: Notula de festo die Epiphaniae domini. – Pseudo-Augustinus, Aurelius: Sermo de epiphania domini "Intelligere possumus". Sermo de epiphania domini "Proxime fratres carissimi". [Köln]: Johann Guldenschaff, 1478. 2°, 56 Bl.[47]

Bei dieser Inkunabel handelt es sich um den zweiten bekannten Druck der lateinischen *Historia*; er stammt wie der erste von 1477 aus der Offizin des Johannes Guldenschaff. Dieser kam aus Mainz[48] und war vermutlich ein Schüler Ulrich

---

[46] Handschriftencensus Rheinland (wie Anm. 45), Nr. 1327.
[47] GW M14012; ISTC ij00337000. Vgl. Rudolf Ferdinand Lenz: Inkunabelkatalog der Erzbischöflichen Diözesan- und Dombibliothek Köln, Köln 1997, Nr. 254.

Zells, des Kölner Erstdruckers; er begann auch erst in Köln zu drucken. Aus den Jahren 1477 bis 1494 werden ihm etwa 60 Drucke zugeschrieben, wobei er nur drei Typen benutzt hat. Die vorliegende Ausgabe der *Historia* ist wie Guldenschaffs erste in seiner Type 1 gesetzt, einer Gotico-Antiqua, umfasst aber 37 statt 36 Zeilen in zwei Spalten und benötigt daher für den gesamten Druck nur 55 statt 61 Blätter. Die *Historia* selbst ist auf Bl. 1^r-41^r gedruckt und beginnt mit der Widmung an Bischof Florentius; auf ihr Ende folgen das Inhaltsverzeichnis (*registrum*, Bl. 41^v-43^r) und die beigefügten Texte (Albert: Bl. 43^r-52^v; Ps.-Augustinus: Bl. 53^r-54^r und 54^r-55^r; Bl. 55^v-56^v leer). Der ISTC weist mehr als ein Dutzend erhaltener Exemplare dieses Druckes nach.

Das Exemplar der Diözesanbibliothek wurde 1994 auf einer Auktion aus dem Vorbesitz von Graham Pollard erworben.[49] Der gedruckte Text wurde von zeitgenössischer Hand mit roten und blauen Lombarden und Alinea-Zeichen geschmückt. Der flexible Pergamenteinband mit jeweils zwei papierenen Vor- und Nachsatzblättern stammt dagegen aus modernster Zeit. Ein Benutzer vermutlich des späten 16. Jahrhunderts hat Bl. 1^r in brauner Tinte mit "Incipit Historia trium Regum" übertitelt, vereinzelt am Rand die Namen der Könige notiert, im Text zahlreiche Passagen – hauptsächlich Bibelzitate – unterstrichen und etliche Zeigehände eingefügt. Dies alles endet in Kapitel 13; vereinzelt finden sich sodann noch weitere Hinzufügungen von einer deutlich früheren Hand, darunter Lagensignaturen.

Inc.a.102

Johannes de Hildesheim: Historia beatissimorum trium regum. [Köln]: Bartholomäus von Unkel, 1481. 4°, 82 Bl.[50]

Der vermutlich aus Unkel am Rhein stammende Frühdrucker Bartholomäus war von 1475 bis 1486 tätig.[51] Mit nur einer einzigen Gotico-Antiqua-Type hat er fast ausschließlich lateinische Werke gedruckt, war aber wohl auch maßgeblich an der Heinrich Quentel zugeschriebenen Kölner Bilderbibel von 1479 beteiligt. Der Druck, der nur die Dreikönigslegende auf 82 Blättern in einer Spalte enthält, ist heute noch in gut 30 Exemplaren erhalten.

---

[48] Zu Johannes Guldenschaff (oder Guldenschaiff) vgl. Wolfgang Schmitz: Die Überlieferung deutscher Texte im Kölner Buchdruck des 15. und 16. Jahrhunderts, Köln, Univ., Habil.-Schr. (masch.) 1990, S. 331-334.

[49] Vgl. Buch- und Auktionshaus F. Zisska & R. Kistner: Handschriften – Autographen – Seltene Bücher. [Katalog zur] Auktion 23/I am 26.-28. April 1994, München 1994, S. 22 Nr. 161.

[50] GW M14015; ISTC ij00338000. Vgl. Lenz, Inkunabelkatalog (wie Anm. 47), Nr. 255.

[51] Vgl. Schmitz, Überlieferung (wie Anm. 48), S. 329-331.

Das Exemplar der Diözesanbibliothek befindet sich als viertes in einem Sammelband (Inc.a.99-102), der aus dem Kreuzherrenkloster Hohenbusch bei Erkelenz stammt. Diese seit 1302 bestehende Niederlassung des Ordens, die zweitälteste im deutschen Sprachraum, wurde zur Zeit der französischen Besatzung der Rheinlande im Jahr 1802 aufgelöst. Eine rund 265 Titel umfassende Auswahl der Klosterbibliothek wurde bereits 1801 für den (niemals erfolgten) Transport in die Kölner Zentralschule bereitgestellt; die über 130 Handschriften und Inkunabeln aus dieser Auswahl befinden sich heute in der Diözesanbibliothek.[52] Der Text entspricht jenem der Guldenschaff-Ausgabe, beginnt also mit der Widmung und endet mit einem *registrum*.

Die Inkunabel wurde in Hohenbusch rubriziert und mit einfachen roten Zierinitialen versehen. Lediglich zu Beginn des Textes findet sich eine blaue C-Initiale, deren Binnenfeld und Schaftränder mit gekonnt in braun-schwarzer Tinte ausgeführtem Blattornament geschmückt sind.[53] Benutzungsspuren sucht man jedoch – wie nahezu in dem gesamten Sammelband – vergeblich. Die vier Frühdrucke wurden ebenfalls in Hohenbusch zu einem Band vereinigt. Der Lederüberzug der Holzdeckel wurde mit Streicheisenlinien in Rautenfelder eingeteilt und mit den dort häufig verwendeten Werkzeugen blindgeprägt: Lilie in Raute, Rosette sechsblättrig, Stern sechsstrahlig; das Motiv eines weiteren, fast quadratischen Blindstempels ist nicht mehr erkennbar. Der Einband wurde in den 80er Jahren des 20. Jahrhunderts restauriert.

5 in Inc.a.86-87

Johannes de Hildesheim: Historia gloriosissimorum trium regum integra, syncera et pre multis mundi historiis lectu iucundissima [...] Sequitur super Matthei Euangelium de festo Epyphanie exquisita Alberti magni elucidatio. Adjiciuntur et beatissimi Augustini cum aliis quibusdam annotamentis pulcherrimi sermones tres [...]. Köln: Heinrich Quentel Erben, 1514. 4°, [48] Bl.[54]

---

[52] Zu diesem Thema vgl. Harald Horst: Was nach der Säkularisation übrigblieb. Die Handschriften und Inkunabeln aus der Klosterbibliothek zu Hohenbusch, in: Wissensvermittlung zwischen Handschrift und Wiegendruck. Studien zur Bibliothek des Kreuzherrenklosters Hohenbusch, hrsg. von Ralf Georg Czapla und Harald Horst (Schriften des Heimatvereins der Erkelenzer Lande, 27), Erkelenz 2013, S. 39-78.

[53] Die Hohenbuscher Initialmalerei in diesem Sammelband ist mit jener in einem dort entstandenen, handschriftlichen Brevier zu vergleichen; vgl. Horst, Säkularisation (wie Anm. 52), S. 57f.

[54] VD16 J 608. Enthaltene Werke: VD16 A 1363 (Albertus Magnus: Super Matthei Evangeliare postilla). VD16 A 4299 (Augustinus, Aurelius: Pulcherrimi sermones tres).

Diese Postinkunabel ist in einem Sammelband mit verschiedenen kleineren Traktaten zusammengebunden.[55] Er stammt aus dem Besitz der Kölner Oratorianer, die seit 1647 an der Kirche St. Johannes in Curia beheimatet waren und denen 1738 die Leitung des neuen Priesterseminars (Seminarium Clementinum) übertragen wurde. Der zeitgenössische, in den 80er Jahren des 20. Jahrhunderts restaurierte Einband aus braunem Kalbleder über Holzdeckeln zeigt ein rautenförmiges Streicheisenmuster mit großen fünfblättrigen Rosetten im Kreis.

Der Text der *Historia* entspricht demjenigen der Guldenschaff-Ausgaben von 1477 und 1478, einschließlich der beigefügten Texte von Albertus Magnus und Pseudo-Augustinus. Die Anhänge wurden in der Quentelschen Offizin jedoch erweitert um einen weiteren pseudo-augustinischen Sermo ("sermo xliii ad fratres in heremo [...]") und einen Text des Jacobus de Voragine über die Bedeutung der Namen der drei Weisen. Außerdem steuerte Ortwin Gratius, jener Kölner Theologieprofessor, der noch im gleichen Jahr in den Aufsehen erregenden Dunkelmännerbriefen angefeindet wurde, ein vom 30.3.1514 datiertes Empfehlungsschreiben für das Büchlein bei – er war ja der Quentelei als Korrektor und Editor ohnehin eng verbunden. Der Druck endet mit verschiedenen Gebeten zu den drei Heiligen und einem *carmen* auf die Weisen aus der Feder des Straßburger Humanisten Sebastian Brant.[56]

Die Zusammenstellung der Texte und das handliche Format lassen erkennen, dass die Quentel-Söhne hier in erster Linie ein Erbauungsbuch für Pilger vorlegen wollten, auch wenn das Exemplar der Diözesanbibliothek keinerlei Spuren einer solchen Benutzung aufweist. Im Blick auf das Druckjahr, in dem man die 350. Wiederkehr der Reliquienübertragung feierte und einen vermehrten Zustrom von Wallfahrern erwarten durfte, ist diese Annahme jedoch durchaus gerechtfertigt. Sie wird bestätigt durch das werbende, Neugier erheischende Motto, das die Drucker unter die Titelangaben auf die erste Seite setzten: "*Lege tabulam et miranda inuenies* – Lies das Inhaltsverzeichnis, und du wirst Wunderbares entdecken!"

---

[55] 1. Jacobus Magdalius: Passio magistralis. Köln: Heinrich Quentel Erben, 1504 (VD16 B 4682). 2. Annius, Johannes: De futuris christianorum triumphis in Saracenos. Köln: Retro Minores, 1497 (GW 2024). 3. Johannes de Hese: Itinerarius. [Köln: Kornelius von Zierikzee, um 1500] (GW M07733). 4. Cincinnius, Johannes: Vita diui Ludgeri Mimigardeuordensis ecclesie. Köln: Heinrich Quentel Erben, 1515 (GW K 2477). 5. das oben vorgestellte Werk. Zu den enthaltenen Inkunabeln vgl. auch Lenz, Inkunabelkatalog (wie Anm. 47), Nr. 288 und Nr. 246.

[56] Es handelt sich hier um den Erstdruck dieses Encomiums. Es findet sich u.a. auch bei Crombach, Primitiae Gentium (wie Anm. 1), S. 699f.

Verehrung der Heiligen Drei Könige durch Einzelpersonen

von

Konrad Groß

Der Besitz der Gebeine der Heiligen Drei Könige stellte Köln nach 1164 in eine Linie mit den bedeutenden mittelalterlichen Wallfahrtsorten Jerusalem, Konstantinopel, Santiago de Compostela, Rom und Aachen. Erstes Zeugnis der einsetzenden Wallfahrt in Köln ist ein aus dem letzten Drittel des 12. Jahrhunderts stammendes Pilgerzeichen, das uns aus Magdeburg überliefert ist.[1] Die um 1300 entstandene "Relacio de tribus Magis" zählt neben Pilgern aus deutschen Landen schon Franzosen, Normannen, Italiener, Spanier, Engländer und Schotten (unterwegs oft wegen eines abgelegten Gelübdes) zu den nach Köln Gekommenen.[2] Auch Johannes von Hildesheim berichtet ähnliches in seiner Dreikönigslegende. Die aus ganz Europa angereisten Besucher führten Berührungsreliquien, Pilgerzeichen, Dreikönigszettel und Dreikönigsbriefe in ihre Heimatländer mit. So sind uns aus Gotland Pilgerzeichen auf mittelalterlichen Glocken erhalten geblieben.[3]

Die Dreikönigsbriefe hatten oft folgenden (oder ähnlichen) Wortlaut:

> *"Drei-Königen-Brief aus Morgenland / zu senden biß in Abendland / Durch Mittag biß zur Mitternacht / Dieweil er allen Schutz zusagt; / Trag ihn zur See und auch zu Land / Mach ihn der ganzen Welt bekant."*

Neben hohen geistlichen und weltlichen Würdenträgern, die noch speziell zu untersuchen sein werden, wallfahrteten also fromme Gläubige aus allen Schichten und vielen Ländern nach Köln. Überliefert sind auch Strafwallfahrten von Rechtsbrechern zur Sühneleistung, vor allem aus Holland, Belgien und Frankreich, gleich ob die Sühnenden nun selbst kamen oder einen Legat für ihr Seelenheil beten ließen. Sehr bekannt sind die Wallfahrten aus Südosteuropa innerhalb des siebenjährigen Turnus der Aachener Heiligtumsfahrt, bei denen die Gläubigen in Köln Station machten, freundlich aufgenommen und bis zu sechs Wochen unentgeltlich bekös-

---

[1] S. Edith Meyer-Wurmbach, Kölner "Zeichen" und "Pfennige" zu Ehren der Heiligen Drei Könige, in Achthundert Jahre Verehrung der Heiligen Drei Könige in Köln 1164-1964. Köln 1964 (= Kölner Domblatt 23/24), S. 207; 219 Nr. 1; 261 Abb.1; Ursula Hagen, Die Wallfahrtsmedaillen des Rheinlandes in Geschichte und Volksleben. Köln 1973 (= Werden und Wohnen; 9), S. 144.

[2] Vgl. Den Haag, Koninklijke Bibliotheek, Cod. 70 H. 41 (ehemals 269), fol. 8^r.

[3] Vgl. Mats Amark, Pilgrimsmärken pa svenska medeltidsklockor. Lund 1965 (= Antikvariskt arkiv; 28), S. 30f. mit Abb. 21-21; S. 51.

tigt und beherbergt wurden. So ist überliefert, dass am Fest Petrus und Paul der Schrein den ganzen Tag offen blieb, die Reliquien den Pilgern vorgewiesen und erklärt wurden und die Aachener Heiligtumsfahrer eine 62 Pfund schwere Wachskerze aufzustellen pflegten. Für die ungarischen Pilger war der Besuch im Dom der Höhepunkt ihrer Wallfahrt, nachdem sie zuvor ihre Aufwartung den heiligen ungarischen drei Königen Stephan, Emerich und Ladislaus in der Katharinenkapelle der Kölner Makkabäerkirche gemacht hatten. Die seit dem 12. Jahrhundert stärker werdenden engen Beziehungen zwischen Ungarn und dem Rheinland lassen einen "Patrozinienwechsel" zwischen diesen beiden Gruppen von heiligen Königen vermuten, wenn auch nicht direkt nachweisen. Dreikönigspatrozinien im südosteuropäischen Raum finden sich oft vermehrt in von Deutschen besiedelten Gebieten.[4] Im 18. Jahrhundert beschränkte man den Aufenthalt der als übles Gesindel verschrienen Pilger auf höchstens vier Tage, ab Winter 1776 konnten die Wallfahrer per Gesetz die österreichischen Gebiete nicht mehr durchqueren, so dass spätestens nach den Wirren der Französischen Revolution die Dreikönigswallfahrt ganz zum Erliegen kam, bis sie im 20. Jahrhundert wieder aufgegriffen wurde.[5]

Königliche Pilger

Wann Friedrich I. Barbarossa die 1158 in Mailand aufgefundenen und 1164 nach Köln überführten Reliquien nach ihrer Ankunft besucht hat, verschweigen die Quellen.

Von Wilhelm von Holland (1248-1256) sind nicht nur neun Köln-Besuche tradiert, sondern auch ein Treffen mit Albertus Magnus am Dreikönigstag 1249. Eine sich daran knüpfende Wundererzählung ist aber sicher eine Sage.[6] Wenn auch von einer Dreikönigs-Verehrung der kommenden Herrscher (Rudolf von Habsburg, Adolf von Nassau, Albrecht I. von Habsburg, Heinrich VII. von Luxemburg, Ludwig der Bayer, Karl IV. und Wenzel) nicht explizit die Rede ist, so kann man doch davon ausgehen, dass ein Gebet am Dreikönigs-Schrein zum Bestandteil der Königserhebung geworden war. So belegt die "Bilderchronik von Kaiser Heinrich VII. und Kurfürst Balduin von Luxemburg" (um 1340 entstanden) eine Verehrung im Kölner Dom nach Wahl, Altarsetzung in Frankfurt und Königskrönung in Aachen.[7] Nach Ottos IV. Darstellung ist dies die zweite eines deutschen Königs, wenn hier

---

[4] Vgl. Elisabeth Thoemmes, Die Wallfahrten der Ungarn an den Rhein. Aachen 1937 (= Veröffentlichungen des Bischöflichen Diözesanarchivs Aachen; 4).

[5] Vgl. hierzu den Beitrag von Siegfried Schmidt in diesem Band, S. 186-198, hier 187.

[6] Vgl. Hugo Stehkämper (Bearb.): Albertus Magnus. Ausstellung zum 700. Todestag. Köln 1980, S. 171f., Nr. 197.

[7] Vgl. Franz-Josef Heyen, Kaiser Heinrichs Romfahrt. Die Bilderchronik von Kaiser Heinrich VII. und Kurfürst Balduin von Luxemburg 1308-1313. Boppard 1965.

auch keine Geschenke dargebracht werden. Wie wichtig für Heinrich VII. der Dreikönigstag war, zeigt sich auch darin, dass er sich an eben diesem 1311 mit der Eisernen Krone der Lombardei in Mailand krönen ließ, ein Vorgang, den sein Enkel Karl IV. 1354 wiederholte. Dieser Dreikönigstag spielt in der Folgezeit eine größere Rolle als die Verehrung der Gebeine in Köln. So läßt Ruprecht I. von der Pfalz am 8. Dezember 1400 den Kölner Erzbischof Friedrich III. von Saarwerden wissen: "wir meynen unser Romische kunigliche cronunge off der heiligen drijer kunig tag nehstkumpt zu Collen zu entphaen, als wir des mit unsern korfursten zu rat worden sin".[8] König Sigmund ging noch weiter, wenn er sich in einer heute verlorenen Federzeichnung aus der ersten Hälfte des 15. Jahrhunderts als mittlere Figur als ältester der Drei Könige in voller Rüstung mit langem Hermelinmantel, in der linken den Reichsapfel, in der rechten Hand eine Hellebarde haltend darstellen ließ, eine Darstellung, wie sie auch auf den Fresken in den Kreuzgängen der Mainzer Margarethenkirche zu sehen war. Von der Dreikönigs-Verehrung Kaiser Friedrichs III., der insgesamt vierzehn Mal in Köln weilte, sind uns ausführliche Augenzeugenberichte erhalten, in denen es zum Beispiel heißt, der König "gyng [...] vort in den Doem vur die hyllige 3 Köningh, und das was he eyn kurte Zyk und gynk weder uyß dem Doem".[9] Aus den Berichten vom Jahre 1473 kann man folgenden Ablauf rekonstruieren: nach der Landung mit dem Schiff, umgeben von seinem Sohn Maximilian, den Erzbischöfen von Mainz und Trier und vielen Fürsten wurde der Kaiser in feierlicher Prozession und Teilnahme zahlreicher Geistlicher in den Dom geleitet, wo er zuerst zum Schrein der Heiligen Könige ging, dann ins Chor zum Hauptaltar und nach einem Tedeum das Gebäude wieder verließ. Andere Berichte aus der Zeit Maximilians I. lassen den Kaiser oft an der Domhofspforte ankommen. Gleich welcher Weg gewählt wurde, der erste Schritt führte dann immer zum Dreikönigsschrein. Die Heiligen Drei Könige waren Königs-Heilige. Das war nicht nur Bestandteil des Empfangsprotokoll, sondern inzwischen auch Allgemeingut geworden. Kaiser Karl V. schenkte nach seinem Sieg über Herzog Wilhelm von Jülich-Kleve-Berg am 13. Januar 1544 dem Schrein eine silber-vergoldete Platte mit der Inschrift (hier in deutscher Übersetzung): "Der unbesiegbarste und mächtigste Karl V., der erhabenste Kaiser der Römer und König von Spanien, hat dem allmächtigen Gott, der seligen Maria, den Heiligen Drei Königen am 13. Januar 1544 das herrliche Werk zum Geschenk dargeboten." Auch Karl V. erscheint auf Darstellungen als einer der Drei Könige, so in der Kirche S. Giacomo dei Nobili Spagnoli in Neapel und in der Dreikönigsminiatur seines Breviers. Bei König Ferdinand I., Karls Bruder, ist der Prozessionsweg 1531 zum Dom schon länger geworden: von der Weyerpforte ausgehend geleitet man ihn über die Bäche,

---

[8] Deutsche Reichstagsakten IV 1. Hrsg. von Julius Weizsäcker. Gotha 1882, S. 238 Nr. 203.
[9] Friedrich Everhard von Mering, Geschichte der Burgen, Rittergüter, Abteien und Klöster in den Rheinlanden. Köln 1855, S. 123-131, hier: S. 127.

Abb.: Anbetung der Hl. Drei Könige, Neapel, Palazzo Reale

Malzbüchel, Heumarkt, Altermarkt und Unter Helmschleger zum Dom. Dort nahm man den König erst nach Dreikönigsverehrung in das Domkapitel auf. Mit Ferdinand endet die Krönungsserie im Aachener Dom. Damit hatten auch die obligatorischen Köln-Besuche ihren Abschluß gefunden. Von 1164, dem Translationsjahr, bis 1531, dem Jahr der letzten deutschen Königskrönung in Aachen, haben von 23 Reichsoberhäuptern[10] 16 Herrscher im Zusammenhang mit der Krönungszeremonie dem Dreikönigsschrein einen Besuch abgestattet.[11] Protokollarisch behaupteten die Gebeine in Köln einen festen Platz im Einholungs-Zeremoniell. Ob der Plan Rainalds von Dassel, die Reliquien zu Reichs-Heiltümern aufzuwerten, aufging, mag bezweifelt werden, denn verfassungsrechtlich wurde dieser Köln-Besuch nie ein notwendiger Bestandteil der deutschen Königserhebung. Das zeigt sich auch darin, dass Köln nie einen festen Platz in diesem Zeremoniell erhielt, wie es die Metzer Gesetze zur Goldenen Bulle vom 25. Dezember 1356 für Frankfurt als Wahlort, für Aachen als Krönungsort und für Nürnberg als erstem Reichstagsort bestimmten. So waren die Heiligen Drei Könige nie Reichs-Heilige, wohl aber Königs-Heilige, was auch die vielen Besuche nicht deutscher Könige belegen.

---

[10] In der Literatur wird gelegentlich fälschlich die Zahl 28 genannt.
[11] Vgl. Johannes Helmrath, Die Stadt Köln im Itinerar der Könige des Mittelalters, in: Geschichte in Köln 4. 1979, S. 79-94.

Abb.: Dreikönigsanbetung mit Kaiser Karl V., Madrid, Escorial, Brevier Karls V.

Ausländische Herrscher

Als der Engländer Richard Löwenherz nach seiner Haft 1194 im Kölner Dom empfangen wurde, verehrte er wahrscheinlich auch die seit kurzem dort untergebrachten Reliquien der Heiligen Könige. Da eine solche Verehrung aber quellenmäßig nicht zu belegen ist, hat König Johann von Jerusalem das Privileg, der erste ausdrücklich als Pilger nach Köln kommende Herrscher außerhalb der deutschen Lande zu sein. Sowohl die Chronica regia Coloniensis als auch Cäsarius von Heisterbach berichten davon. Nach 1322 soll König Eduard II. von England Köln besucht haben, was aber in der Geschichtsschreibung nicht weiter erwähnt wurde. Wichtiger war schon der Aufenthalt seines Sohnes und Nachfolgers Eduard III., der im Jahre 1338 nach Ausbruch des Hundertjährigen Krieges in Kaiser Ludwig einen

Verbündeten im westlichen Reichsgebiet suchte. Er stiftete 58 Schilling und 6 Pfennige für den Schrein und ließ sich in der Stephanskapelle des Westminsterpalastes als Bittsteller vor dem Gotteskind auf Marias Schoß darstellen, zu Füßen die fünf Söhne des Königs unter den Weisen aus dem Morgenland. 1363 begegnen wir König Peter von Zypern und Jerusalem, der auf seiner Kreuzzugswerbung durch Europa in Köln Station machte, "um de heilge dri conincge zo beschouwen".[12] Aus dem Jahr 1364 ist ein Besuch von Waldemar IV. Atterdag belegt, der drei Jahre zuvor Gotland erobert hatte, später aber sich in der Kölner Konföderation der Hanse ergeben musste, die ihm 1370 den Stralsunder Frieden aufzwang. Aus Portugal kam 1426 der durch Europa, Vorderasien und Nordafrika reisende Infant Dom Pedro, Herzog von Coimbra und Sohn König Johanns I. Herzog Philipp von Burgund besuchte auf seiner Rheinlandfahrt, die er nicht nur als Pilger, sondern auch in der Auslotung einer möglichen deutschen Königskandidatur unternahm, den Kölner Dom, wo er eine goldene Lampe stiftete, um sich dann in Brühl mit seinem wichtigsten Partner, dem Erzbischof und Kurfürsten Dietrich von Moers, zu treffen.[13] Aus Dänemark betete am 6. Januar 1475 König Christian I. am Dreikönigsschrein, der unterwegs war, um den Streit zwischen Kaiser Friedrich III. und Herzog Karl dem Kühnen von Burgund zu schlichten, was jedoch misslang. Schon elf Jahre zuvor hatte er im Dom zu Roskilde eine Dreikönigskapelle errichten lassen[14] und auf einem Gemälde aus Nyköbing soll er zusammen mit seinen Söhnen Hans und Christian II. in einer Dreikönigsszene zu sehen sein. Der französische König Ludwig XI. ließ der Domkirche zu Köln 3.000 Livres zukommen, vielleicht aus Dank für seine Siege über Herzog Karl den Kühnen von Burgund und Maximilian von Österreich. Auch sein Vater Karl VII. erscheint in einer Dreikönigsdarstellung im Gebetbuch des Jean Fouquet für Etienne Chevalier. Ob die in den Siegeln und Feldzeichen schwedischer, dänischer und englischer Könige auftauchenden drei Kronen im Zusammenhang mit einer möglichen Verehrung der Kölner Heiligen zu sehen sind, muss offen bleiben. Immerhin stehen in vielen nordischen Kalendern seit dem 14. Jahrhundert die drei Kronen für das Fest der Heiligen Drei Könige.[15]

Andere weltliche Pilger und Besucher

Der Humanist Francesco Petrarca weilte im Jahr 1333 auf seiner Studienreise in Köln, wo er auch den Dom betrat und als herrliches Bauwerk rühmte. Hundert

---

[12] Die Chroniken der deutschen Städte. Bd. 13: Köln. Bd. 2, S. 38.

[13] Vgl. Werner Paravicini, Zur Königswahl von 1438, in: Rheinische Vierteljahrsblätter 39.1975, S. 99-114.

[14] Vgl. J.O. Arhnung, De heilige tre kongers kapel ved Roskilde domkirke 1459-1536. Kopenhagen 1965.

[15] Vgl. grundlegend Heribert Seitz, De tre kronorna. Stockholm 1961.

Jahre später treffen wir auf den ebenfalls aus Italien kommenden Giovanni Aurispa, der einen Ring an den Schrein hält und diesen in einem Brief an einen Freund schickt.[16] Gegen Ende 1477 hatte der Florentiner Adlige Benedetto Dei den Schrein mit einer Silbergabel berührt. Direkte Beziehungen zwischen Köln und Mailand hätten durch die jeweilige Dreikönigstradition bestehen können, es sind aber erst Ende des 14. Jahrhunderts italienische Familien in Köln belegt, so z.B. die Familie de Busti(s). Zum offensichtlichen Besuch des Schreins reiste der Chronist des Mailänder Herzogs Ludovico Sforza, Giovan Pietro Cagnola (gest. ca. 1519), an. Auch er berührte den Schrein dabei. Im August 1447 treffen wir Enea Silvio Piccolomini (den späteren Papst Pius II.) in Köln, der zehn Jahre später von Köln schreibt, "trium Magorum ossibus illustrata" Aus Frankreich kam Herzog Philipp der Gute von Burgund 1440, Junggraf Wilhelm von Waldeck 1509[17], Anna von Österreich, Tochter Maximilians II. und künftige Gattin Philipps II. von Spanien 1570. Dieser König wurde von Carlo Borromeo bei dem Rückführungsversuch der Reliquien nach Mailand um Unterstützung gebeten und es sind auch Verhandlungen zwischen Spanien und der Abtei Gladbach um Reliquienübertragungen nach dem Escorial bekannt.[18] Wahrscheinlich war im Jahr 1512 auch Martin Luther, der damalige Augustiner-Eremit, in Köln. Jedenfalls berichtet er in einer Epiphaniepredigt von 1531, dass er die Reliquien der Heiligen Drei Könige in Köln gesehen und damals ohne Brief und Siegel geglaubt habe, was man darüber zu erzählen wusste.[19] 1539 erinnerte er sich nur noch an einen Aufenthalt in Köln mit viel Wein. Erasmus von Rotterdam weilte wohl auf seiner Reise von Löwen nach Basel im Jahr 1518 im Mai in der Stadt, denn er preist in einem Brief an Elias Marcaeus, den Vorsteher des Kölner Makkabäerklosters, die reichen Reliquienschätze der Kölner Kirchen, ruft aber auch dazu auf, den Heiligen, deren Reliquien die Kölner hüteten, in Gesinnung und Tugend nachzustreben, indem sie die fromme Liebe der Heiligen Könige zu Jesus in Aufrichtigkeit nachahmten.[20] Beim zwei Jahre später erfolgten Treffen mit Kurfürst Friedrich dem Weisen in Köln ist von den Reliquien keine Rede mehr. Im November 1520 finden wir Albrecht Dürer in Köln. Ob er auch den Dom besucht hat, ist nicht bekannt, wohl aber anzunehmen. Ein wertvolles Zeugnis bürgerlicher Dreikönigsverehrung ist uns durch das Testament des am

---

[16] Vgl. zum Besuch italienischer Humanisten: Klaus Voigt, Italienische Berichte aus dem spätmittelalterlichen Deutschland. Von Francesco Petrarca zu Andrea de' Franceschi (1333-1492). Stuttgart 1973 (= Kieler historische Studien; 17).

[17] Er studierte an der artistischen Fakultät in Köln und wohnte in der Laurentianerburse.

[18] Vgl. Ernst Brasse, Verhandlungen zwischen Spanien und der Abtei Gladbach wegen der Übertragung des Laurentius-Hauptes nach dem Escorial. Eine Reliquiengeschichte aus dem 16. und 17. Jahrhundert, in: Annalen des Historischen Vereins für den Niederrhein 103. 1919, S. 48-75.

[19] "Vidi eos [...] et nos credidimus on alle siegel und brieff."

[20] Erasmus von Rotterdam, Briefe. Hrsg. von Walther Köhler. Wiesbaden 1938, Nr. 127 (S. 194).

28. Januar 1522 verstorbenen Frankfurter Tuchhändlers, Schöffen und Bürgermeisters Jacob Heller überliefert. Demnach sollte nach seinem Tod eine "ehrbare Mannsperson" nach Rom und Aachen wallfahren und "soll der pilger nach Düren zu s. Anna und nach Köln zun h. 3 Königen gehen, dazu ich alwegen ein besunder andacht gehabt". In Köln soll der Pilgerstellvertreter "mein gulden ring, den ich teglichs getragen hab, darin gestochen ist + Rex + Caspar + Melchior + Balthasar zu Köln in den kasten opfern und darüber eine kundschaft von dem priester, der dabei sitzt, mitbringen".[21] Am 6. Mai 1599 wurde die Herzogin von Lothringen feierlich im Dom empfangen, wobei man ihr auch die Gebeine der Heiligen Könige zeigte, ebenso ihrem Bruder am 24. Mai. 1601 reisten nach ihrer Hochzeit in Düsseldorf Sibylle von Jülich-Berg und Karl von Österreich, Markgraf von Burgau, an. Der Weltreisende Samuel Kiechel von Kiechelsberg aus Ulm rühmte 1585 bei seinem Aufenthalt in Köln den Reliquienschatz: "seyn auch vüll stattlichen cleinoder und sülbergeschürr umbher undt dobey gesetzt." Diesen Prunk am Schrein bewunderte auch 1608 der Engländer Thomas Coryate, der zehn goldene Trinkschalen sah, die an einer Stange aufgehängt waren, darunter auch ein wertvoller Pokal Kaiser Karls V.[22]

Geistliche Würdenträger

Bereits 1204 wird von einem Bischof aus Armenien berichtet, der in Köln eingetroffen sei, um die Heiligen Drei Könige zu verehren. Bei dieser Gelegenheit soll der Propst von St. Cassius in Bonn, Bruno von Sayn, eine Armreliquie des Apostels Simon durch List erhalten haben, die er wiederum der Prämonstratenser-Abtei Sayn zukommen ließ.[23] Johannes Gropper, Vorkämpfer für den katholischen Glauben zur Zeit des Reformationsversuchs des Erzbischofs Hermann von Wied, war ein sehr eifriger Dreikönigeverehrer. Wir kennen eine Predigt vor der Gesamtheit der Trienter Konzilsteilnehmer vom 6. Januar 1552, in der diese wie die heiligen Könige trotz aller Hindernisse und Irrtümer dem wahren Stern von Bethlehem folgen sollten. Sie sollten Christus suchen, um ihm darzubringen "aurum fidei et sapientiae, thus cultus divini et myrrham reformationis disciplinae ecclesiasticae".[24]

Für die Jahre 1550-1608 hat der Domvikar Goswin Gymnich eine Chronik des Kölner Domes angelegt, die an vielen Stellen aufführt, dass alle hochstehenden

---

[21] Johann Jakob Merlo, Eine Stiftung Jacob Heller's aus Frankfurt a.M. in die Marienkirche im Capitol zu Köln, in: Annalen des Historischen Vereins für den Niederrhein 38. 1882, S. 106.

[22] Dazu ausführlich: Hans E. Adler, Das Grabmal der Heiligen Drei Könige im Reisebericht des Humanisten Thomas Coryate von 1608, in: Kölner Domblatt 30. 1965, S. 15-26.

[23] Vgl. Ausgewählte Quellen zur Kölner Stadtgeschichte. Bearb. von K. Knauf, Bd. 2, 1958, Nr. 52.

[24] S. Walter Lipgens, Kardinal Johannes Gropper 1503-1559 und die Anfänge der katholischen Reform in Deutschland. Münster 1951, S. 206.

Besucher zuerst "ad Reges" geführt wurden.[25] So ist Gebhard Truchseß zu Waldburg nach seiner Wahl zum Erzbischof (5. Dezember 1577) "ad Reges gegangen und hat allda sein Gebet verrichtet". Auch der am 12. April 1579 zu Besuch weilende Bischof Julius Echter von Würzburg wurde von Bischof Gebhard nach der Palmprozession vor der Feier des Hochamtes zum Dreikönigsschrein geführt. Als bald darauf der Trierer Erzbischof Jakob von Eltz nach Köln kam, hielten alle drei Würdenträger am 1. Mai eine Andacht "erstlich ad ss. Reges". Auch der Nuntius Coriolano Garzadori besuchte die Reliquien: zuerst am 28. Juni 1596 und ein zweites Mal in der Osternacht des kommenden Jahres. Erzbischof Maximilian Heinrich von Bayern hielt am Epiphanietag 1652 sein erstes Pontifikalamt im Dom, bei dem auf einem Podium über dem Altar silberne Statuen der zwölf Apostel sowie die Häupter der heiligen Märtyrer Felix und Nabor standen.

Verehrung im 19. und 20. Jahrhundert

Die in der Romantik aufkommende neue Sicht des Mittelalters und der Gedanke einer Vollendung des Doms rückte auch den Kult der Heiligen Drei Könige wieder in den Blickpunkt. So interessierte sich Goethe nicht nur für die Zeichnungen Sulpiz Boisserées vom unvollendeten Dom, sondern er erwarb nach seinem Besuch des Schreins im Juli 1815 eine lateinische Handschrift der Legende von den Heiligen Drei Königen des Johannes von Hildesheim. Sulpiz Boisserée und Gustav Schwab waren von diesem Text so begeistert, dass sie ihn nach einer lateinischen und deutschen Handschrift 1822 bei Cotta erscheinen ließen. Dem hatte Schwab zwölf Romanzen über die Drei Könige hinzugefügt, Boisserée einen Beitrag über die Entstehung der Legende und Goethe selbst ein kleines Gedicht zur Einleitung. Später hat Goethe noch ein Sternsingerspiel "Epiphanias" veröffentlicht, das der Komponist Hugo Wolf in Töne setzte ("Die Heil'gen Drei König' mit ihrem Stern").[26] Als der Dreikönigsschrein in der Nacht vom 18. zum 19. Oktober 1820 schwer durch einen Räuber beschädigt wurde, mussten gewaltige Ausbesserungen vorgenommen werden, die erst ab Anfang 1822 eine Verehrung der Reliquien wieder ermöglichten. Der Dreikönigsschrein wurde nun wieder in der Achsenkapelle des Doms an seiner früheren Stelle aufgestellt. Dort besuchte ihn in diesem Jahr der englische Landpfarrer Henry Barry aus Draycot Cerne Rectory bei Chippenham und hielt exakt seine Eindrücke im Reisetagebuch fest, wobei ihn besonders die Frömmigkeit der Gläubigen beeindruckte, die rund um den Dom auch auf kleinen Schildchen geprägte Sprüche erwerben konnten, die als Schutzmittel gegen Fallsucht, Zauberei und Übel jeder Art dienen sollten. Schon Eugen Theodor

---

[25] Erich Kuphal, Die Kölner Domchronik des Goswin Gymnich 1550-1608, in: Jahrbuch des Kölnischen Geschichtsvereins 14. 1932, S. 246-292.

[26] Vgl. E. Christern, Goethe, Sulpiz Boisserée und die Legende von den Heiligen Drei Königen, in: Kölner Domblatt 14/15. 1958, S. 162-172.

Thissen, Pfarrverwalter von St. Alban, später Pfarrer von St. Jakob, hatte in einem Aufsatz 1848 Vorschläge zur Wiederbelebung des Dreikönigskults veröffentlicht. Dies führte Kardinal Geissel in einem Hirtenschreiben vom 24. Juni 1864 weiter, wenn er zur Jubelfeier des siebenhundertjährigen Festes der Überführung der Gebeine von Mailand nach Köln alle Gläubigen nach Köln einlud. Zum Fest selbst verfasste Matthias Joseph Scheeben, Dogmatiker am Kölner Priesterseminar, ein kleines Büchlein mit einem geschichtlichen Bericht über die Drei Könige und ihre Gebeine, eine Schreinsbeschreibung und Gebete und Lieder, die er im Rückgriff auf alte (lateinische) Vorlagen frei ins Deutsche übersetzt hatte. Auch Heinrich Joseph Floß, Theologieprofessor an der Universität Bonn, und Johann Peter Kreuser, Professor am Marzellengymnasium, widmeten sich in Schriften der Geschichte der Reliquien. Die Historiker Franz Xaver Kraus und Ludwig Pastor besuchten bei Aufenthalten in Köln den Schrein. Kraus hielt seine Eindrücke im Tagebuch fest.[27]

Besucher des 20. Jahrhunderts werden in den Jahrgängen des Kölner Domblatts aufgelistet. Hier seien nur die Besuche Papst Johannes Pauls II. 1980 und Benedikts XVI. 2010 erwähnt.

Literatur in Auswahl

Engels, Odilo: Die Reliquien der Heiligen Drei Könige in der Reichspolitik der Staufer, in: Die Heiligen Drei Könige – Darstellung und Verehrung. Katalog zur Ausstellung des Wallraf-Richartz-Museums in der Josef-Haubrich-Kunsthalle Köln, 1. Dezember 1982 bis 30. Januar 1983. [Konzept und Gesamtleitung: Frank Günter Zehnder]. Köln 1982, S. 33-36.

Floß, Heinrich Joseph: Dreikönigenbuch. Die Übertragung der hh. Dreikönige von Mailand nach Köln. Köln 1864.

Hofmann, Hans: Die Heiligen Drei Könige. Zur Heiligenverehrung im kirchlichen, gesellschaftlichen und politischen Leben des Mittelalters. Bonn 1975 (= Rheinisches Archiv; 94).

Schäfke, Werner: Die Wallfahrt zu den Heiligen Drei Königen, in: Die Heiligen Drei Könige – Darstellung und Verehrung. Katalog zur Ausstellung des Wallraf-Richartz-Museums [s.o.]. Köln 1982, S. 73-80.

Stehkämper, Hugo: Könige und Heilige Drei Könige, in: Die Heiligen Drei Könige – Darstellung und Verehrung. Katalog zur Ausstellung des Wallraf-Richartz-Museums [s.o.]. Köln 1982, S. 37-50.

Torsy, Jakob: Achthundert Jahre Dreikönigenverehrung in Köln, in: Achthundert Jahre Verehrung der Heiligen Drei Könige in Köln, 1164-1964. Köln 1964 (= Kölner Domblatt; 23/24), S. 15-162; besonders: V. Verehrung der Heiligen Drei Könige durch einzelne Personen sowie durch Prozessionen und Wallfahrten S. 53-65.

---

[27] Franz Xaver Kraus, Tagebücher. Hrsg. von Hubert Schiel. Köln 1957, S. 221.

Die Heiligen Drei Könige im Stadtbild von Köln
Straßen, Bauwerke und andere Einrichtungen, die nach den Heiligen Drei Königen benannt sind

von

Ursula Kern

Die Verehrung der Heiligen Drei Könige durch die Kölner zeigt sich nicht nur darin, dass sie für die Gebeine der Heiligen Drei Könige den kostbaren Dreikönigsschrein anfertigen ließen oder die drei Kronen in ihrem Wappen führen. Im Kölner Stadtgebiet findet man an vielen Stellen Hinweise auf die Heiligen Drei Könige.

Südöstlich der Basilika St. Maria im Kapitol befindet sich das DREIKÖNIGEN-PFÖRTCHEN. Es führt vom Marienplatz zum Lichhof, dessen Name sich von Leichhof ableitet[1] und darauf hinweist, dass sich hier früher einmal der Kirchhof des Stifts St. Maria im Kapitol befand. Der Legende nach steht das Tor an der Stelle, wo Reinhard von Dassel 1164 mit den Reliquien der Heiligen Drei Könige in die Stadt einzog. Das Dreikönigenpförtchen ist jedoch kein Stadttor sondern das letzte erhaltene Immunitätstor in Köln.[2] Das Tor wurde um 1310 anstelle eines Vorgängerbaus neu errichtet, vermutlich im Zusammenhang mit Baumaßnahmen an der Stiftskirche.[3] Die Originale der Kalksandsteinfiguren befinden sich seit 1958 im Schnütgen-Museum, an Ort und Stelle wurden sie durch Kopien ersetzt.[4]

Das DREIKÖNIGSGYMNASIUM, heute im Stadtteil Bilderstöckchen gelegen, hat eine wechselvolle Geschichte hinter sich. Hervorgegangen ist es aus der im Jahr 1450 gegründeten Bursa Cucana, die sich gut hundert Jahre lang auf dem Eigelstein befand. Nachdem der Cucana 1552 "die Räumlichkeiten auf dem Eigelstein gekündigt"[5] worden waren, beschloss der Stadtrat ein Gebäude in der Maximinenstraße zu kaufen, damit der Unterricht fortgeführt werden konnte. Mit der Übernahme durch die Stadt war die Burse "die erste städtische höhere Lehranstalt"[6] in Köln. Über dem Eingang des Hauses hing "wie es an allen städtische Gebäuden

---

[1] Vgl. Kier, Hiltrud: Gotik in Köln, Köln: Wienand, 1997, S. 50.

[2] Ein Immunitätstor ist ein Durchgang "zu einem Immunitätsbereich eines Kölner Stifts oder Klosters, innerhalb dessen die Gesetze der Stadt nicht wirksam werden konnten", so definiert es Eckert, Willehad Paul: Kölner Stadtführer, Köln: Wienand, 1990, S. 154.

[3] Vgl. Kier, H. (s. Anm. 1), S. 51.

[4] Vgl. Westermann-Angerhausen, Hiltrud: Die Heiligen Drei Könige, Köln: Greven, 1996, S. 20.

[5] Festschrift zum 550-jährigen Jubiläum des Dreikönigsgymnasiums. Köln, 2000, S. 4.

üblich war"[7] das Stadtwappen mit den drei Kronen, weshalb sich "allmählich der Name Tricoronatum einbürgerte".[8] In den folgenden Jahren übernahm der Jesuitenorden die Leitung des GymnasiumTricoronatum, die er bis zur Auflösung des Ordens im Jahr 1773 inne hatte. Unter der Leitung der Jesuiten erwarb das Tricoronatum einen exzellenten Ruf, so dass die Schülerzahlen stetig anstiegen. Trotz des Ankaufs weiterer Häuser durch den Rat[9] war "die räumliche Situation [...] Ende des 16. Jahrhunderts untragbar".[10] Die Jesuiten hatten einige Gebäude im Bereich Marzellenstraße / An den Dominikanern gekauft, benötigten jedoch für die Verlegung der Burse die Erlaubnis des Rates. Dieser erteilte die Genehmigung im Juni 1582 unter anderem mit der Auflage, dass "die Burse auch im neuen Hause Bursa Trium Coronarum" genannt würde, und dass "als Ausdruck dessen das Wappen der drei Kronen auch an dem neu zu errichtenden Gymnasium angebracht werden müßte".[11] Noch im gleichen Jahr begann man mit dem Bau eines neuen Schulgebäudes, das 1599 eröffnet werden konnte.[12] Zur Mitte des 17. Jahrhunderts entsprach auch dieses Gebäude nicht mehr den Anforderungen. Zwischen 1672 und 1674 wurde ein Neubau errichtet, der 1727 einem Brand zum Opfer fiel. Nach Plänen des Barockbaumeisers Johann Konrad Schlaun, der zuvor das Schloss Augustusburg in Brühl entworfen hatte, entstand ein neues Schulgebäude mit der Frontseite zur Marzellenstraße hin. Dem Grundstein dieses Gebäudes war unter anderem ein Bild der Heiligen Drei Könige beigegeben.[13] Die Aufhebung des Jesuitenordens durch den Papst im Jahr 1773 war für Lehrer und Schüler des Tricoronatums zwar ein herber Schlag, dennoch wurde der Schulbetrieb unter städtischer Regie bis zur Franzosenzeit weitergeführt. Nach der Schließung der Universität durch die französischen Besatzer im Jahr 1798 wurden noch im selben Jahr auch die drei Kölner Gymnasien aufgelöst. Schon bald nach dem Abzug der Franzosen als Kölnisches Gymnasium wiedereröffnet, setzte sich später aufgrund der Lage die Bezeichnung Marzellengymnasium durch. 1911 bezog die Schule ein neues Gebäude am Thürmchenswall. Seitdem trägt sie auch den heutigen Namen Dreikönigsgymnasium. Seit 1977 ist das Gymnasium im Stadtteil Bilderstöckchen in der Escher Straße beheimatet.

---

[6] Kuckhoff, Josef: Die Geschichte des Gymnasium Tricoronatum. Köln: Bachem, 1931, S. 64.

[7] Ebd., S. 65.

[8] Schilling, Lothar: Johannes Rethius SJ (1532-1574), in: Rheinische Lebensbilder, Bd. 12, Köln: Rheinland-Verl., 1991, S. 111-140. Hier S. 115.

[9] Vgl. Vogts, Hans: Die Bauten des Gymnasium Tricoronatum, in: Klinkenberg, Joseph (Hrsg.): Das Marzellengymnasium in Köln 1450-1911, Köln: Kölner Verl.-Anst., 1911, S. 269-285. Hier S. 269.

[10] Festschrift zum 550jährigen Jubiläum [...] (Anm. 5), S. 6.

[11] Kuckhoff, J. (Anm. 6), S. 238.

[12] Vgl. Vogts, H. (Anm. 9), S. 273.

[13] Ebd., S. 280.

Auch in Straßennamen tauchen die Heiligen Drei Könige auf. Die DREIKÖNIGEN-
STRAßE im Severinsviertel beginnt hinter der Kirche St. Severin und geht bis zum
Rheinufer. Bis zur Besetzung Kölns durch die Franzosen wurde sie Dränggasse
oder Obere Trankgasse genannt, weil durch diese Gasse die Pferde zum Rhein zur
Tränke geführt wurden.[14] Die französischen Besatzer beauftragten den berühmten
Kölner Gelehrten und Kunstsammler Ferdinand Franz Wallraf damit, alle Straßennamen zu französisieren.[15] Im Falle der Dränggasse entschied sich Wallraf für
einen ganz neuen Namen und nannte die Straße "Rue des Trois Rois" in Anlehnung an ein früheres Tor in der mittelalterlichen Rheinmauer, das Dreikönigspforte
hieß.[16] Nach dem Abzug der Franzosen bekam die Straße den deutschen Namen
Dreikönigenstraße.[17]

Im Agnesviertel in der nördlichen Neustadt findet man drei Straßen mit Namen
KASPAR-, MELCHIOR- und BALTHASARSTRAßE. Die längste dieser drei Straßen, die
Balthasarstraße, durchquert das Viertel von der Krefelder Straße bis zur Riehler
Straße. Die anderen beiden Straßen verlaufen vom Sudermannplatz aus nach Norden und überqueren die Balthasarstraße. Das Gebiet zwischen Neusser und Krefelder Straße wird daher auch "Dreikönigenviertel" genannt.[18] Die Kölner Neustadt
entstand nach dem Abbruch der mittelalterlichen Stadtmauer (ab 1881) unter dem
Stadtbaumeister Hermann Josef Stübben. Dieser legte zwischen den vorhandenen
Ausfallstraßen ein "Straßennetz aus Diagonal- und Radialstraßen"[19] an, die häufig
in typischen Sternplätzen mündeten. Für alle diese Straßen und Plätze mussten
neue Namen gefunden werden. Dabei ließen sich die Stadtverordneten teilweise
auch von der Kölner Lokalgeschichte inspirieren.[20] Die Entscheidung, drei Straßen
in Anlehnung an die Heiligen Drei Könige Kaspar-, Melchior- und Balthasarstraße
zu nennen, fiel in der Versammlung vom 21.12.1888[21] vermutlich wegen der vor
der Stadterweiterung hier gelegenen Bastionen mit den Namen Caspar, Melchior
und Balthasar.[22]

---

[14] Vgl. Signon, Helmut: Alle Straßen führen durch Köln, 3. überarb. u. aktualisierte Ausg., Köln: Greven, 2006, S. 128.

[15] Vgl. Kramer, Johannes: Straßennamen in Köln zur Franzosenzeit (1794-1814), Gerbrunn bei Würzburg: Wiss. Verl. A. Lehmann, 1984, S. 34.

[16] Vgl. Signon, H. (Anm. 14), S. 128. – Vgl. Grundriß der Stadt Köln von J.V. Reinhardt, 1752 in: Deutscher Städteatlas, Lfg. II, Nr. 6, 1979, Taf. 2.

[17] Vgl. Schünemann-Steffen, Rüdiger (Hrsg.): Kölner Straßennamenlexikon, 1. Aufl., Köln: Jörg-Rüshü-Selbstverl., 1999, S. 88.

[18] Kaufmann, Fred/Lutz, Dagmar/Schmidt-Esters, Gudrun: Kölner Straßennamen – Neustadt und Deutz, Köln: Greven, 1996, S. 20.

[19] Ebd., S. 13.

[20] Ebd., S. 16.

[21] Schünemann-Steffen (Anm. 17), S. 43.

[22] Vgl. die Karte Wachstumsphasen der Stadt Köln 1:5.000 von H. Hellenkemper und E. Meynen, in: Deutscher Städteatlas, Lfg. II, Nr. 6, Taf. 2 und nicht wie H. Kier schreibt

Zwei Kirchen im heutigen Stadtgebiet von Köln sind den Heiligen Drei Königen gewidmet: St. Dreikönigen in Köln-Bickendorf und Hl. Drei Könige in Köln-Rondorf.

Die Bickendorfer KIRCHE ST. DREIKÖNIGEN wurde 1928/29 inmitten einer neu entstandenen Siedlung erbaut. Wegen des enormen Bevölkerungsanstiegs und der damit verbundenen Wohnungsnot setzte die Stadt Köln zu Beginn des 20. Jahrhunderts umfangreiche Siedlungsbaumaßnahmen in Gang. In Bickendorf wurden ab 1913 gleich drei Projekte verwirklicht: die Siedlungen Bickendorf I (1914-20) und Bickendorf II (1923-38) und die Gartensiedlung (1920-26).[23] Der damalige Pfarrer der Bickendorfer Pfarrei St. Rochus, Wilhelm Schreiber, bemühte sich angesichts des großen Zuwachses seiner Gemeindemitglieder schon früh um die Errichtung einer eigenen Pfarrei für die neuen Siedlungen.[24] In der von dem bekannten Kölner Architekten Wilhelm Riphahn und seinem Partner Caspar M. Grod entworfenen Siedlung Bickendorf II war auch eine Kirche an zentraler Stelle vorgesehen. Den im Jahr 1927 ausgeschriebenen Wettbewerb für den Entwurf der Kirche gewann jedoch nicht Riphahn sondern der Kölner Architekt Hanns Peter Fischer.[25] Die moderne Kirche in kubischer Form mit ihren Lanzettfenstern passt sich gut der umliegenden Bebauung an. Die Entwürfe für die Fensterverglasung stammen von dem niederländischen Glaskünstler Jan Thorn-Prikker. Dessen Schüler Wilhelm Schmitz-Steinkrüger entwarf das Fenster über dem Hauptportal mit der Darstellung der Heiligen Drei Könige.[26] Hoch oben am Turm weisen drei vertikal angebrachte goldene Kronen weit sichtbar auf die Pfarrpatrone hin. Dem Pfarrer und späteren Dechanten Schreiber ist zu verdanken, dass die Kirche das Patrozinium der Heiligen Drei Könige erhielt. Noch während der Planungsphase berief er eine Versammlung der "Katholiken des geplanten Seelsorgsbezirks" ein, bei der bereits der Entschluss gefasst wurde, "die geplante Kirche unter den Schutz der Patrone unserer Stadt, der Hl. Drei Könige, zu stellen."[27] Der erste Spatenstich zum Bau der Kirche erfolgte am 26. Februar 1928; geweiht wurde sie im darauffolgenden Jahr am Dreikönigstag, also am 6. Januar 1929. Am 27. Juni 1931 wurde St. Dreikönigen zur selbständigen Kirchengemeinde erhoben.[28] Nach 70 Jahren Eigenständig-

---

"wegen der ehemals hier gelegenen Bastion 'zu den heiligen drei Königen'": Kier, Hiltrud: Die Kölner Neustadt, 1. Aufl., Düsseldorf: Schwann, 1987, S. 91.

[23] Heinen, Werner: Köln: Siedlungen, Bd. 1, 1888-1938, Köln: Bachem, 1988, S. 91, 109 u. 174.

[24] Festschrift zum silbernen Jubiläum des Gotteshauses und der Kirchengemeinde "St. Dreikönigen" in Köln-Bickendorf, S. [4].

[25] Kier, Hiltrud: Kirchen in Köln, 1. Aufl., Köln: Bachem, 2000, S. 164.

[26] Becker-Huberti, Manfred / Menne, Günter A. (Hrsg.): Kölner Kirchen, 1. Aufl., Köln: Bachem, 2004, S. 51.

[27] Festschrift zum silbernen Jubiläum [...] (Anm. 24), S. [5].

[28] Ebd., S. [8].

keit kam es im Jahr 2001 zur Fusion mit zwei Nachbargemeinden zur PFARREI ZU DEN HEILIGEN ROCHUS, DREIKÖNIGEN UND BARTHOLOMÄUS.

Die KIRCHE HEILIGE DREI KÖNIGE IN RONDORF hat eine deutlich längere Tradition – auch wenn Rondorf erst seit der Gebietsreform im Jahr 1975 zum Kölner Stadtgebiet gehört. Schon eine Kapelle, die im Jahr 1902 abgerissen wurde, war den Heiligen Drei Königen geweiht. Wann diese Kapelle erbaut wurde ist nicht bekannt; aus alten Urkunden geht jedoch hervor, dass es bereits im 13. Jahrhundert in Rondorf ein Gotteshaus gab.[29] Da die Kapelle recht klein war, die Einwohnerzahl aber stetig anstieg, wurde 1865 der Kapellenverein gegründet. Rondorf gehörte zu der Zeit zur Pfarrei Immendorf und in der kleinen Kapelle "wurde nur selten die hl. Messe gefeiert".[30] Der Verein setzte sich zum Ziel, einen eigenen Geistlichen und ein größeres Gotteshaus für Rondorf zu bekommen. Im Lauf der nächsten Jahrzehnte gelang es dem Kapellen-Bauverein einen stattlichen Geldbetrag zu sammeln, so dass 1898 der Kölner Architekt Jakob Marchand mit der Planung einer neuen Kapelle beauftragt werden konnte. Schon in ihren Vereinsstatuten aus dem Gründungsjahr hieß es in Punkt 14: "Der Verein hat sich zum Patron die Heiligen Drei Könige [...] gewählt, unter deren Schutz und durch deren Fürbitten er hofft, das vorgesteckte Ziel zu erreichen."[31] So wurde auch die neue Kapelle unter das Patrozinium der Heiligen Drei Könige gestellt. Erst 1911 konnte sich die Rondorfer Gemeinde von der Pfarrei Immendorf lösen und wurde selbständige Rektoratsgemeinde. Das 1919 zur Pfarrkirche erhobene Gotteshaus erhielt im Jahr 1957 den mächtigen Turm, der noch heute das Bild von Rondorf prägt. In den 80er Jahren des 20. Jahrhunderts wies die Kirche so große bauliche Schäden auf, dass Zweifel aufkamen, ob sich eine grundlegende Renovierung noch lohnen würde. Nach intensiven Diskussionen zwischen der Kirchengemeinde, dem Generalvikariat und der damaligen Kölner Stadtkonservatorin entschied man sich letztendlich für einen Neubau. Die alte Kirche wurde profaniert und verkauft. An der Hahnenstraße errichtete man zwischen 1987 und 1989 eine neue moderne Kirche, die am 27. März 1989 von Kardinal Meisner geweiht wurde. Aus der alten Kirche wurden einige Ausstattungsstücke in die neue übernommen. So auch das 1883 von dem Kölner Bildhauer Fink bereits für die alte Kapelle geschnitzte Altarrelief von den Heiligen Drei Königen, das nun in der Werktagskapelle seinen Platz gefunden hat.[32] Die Turmspitze mit den drei Kronen, die sich früher auf dem Pyramidendach des Turms von 1957 befand, wurde in der Grünanlage vor der neuen Kirche aufgestellt. Die heutige KIRCHENGEMEINDE HEILIGE DREI KÖNIGE besteht aus den vier

---

[29] Weiler, Oswald: Heimatgeschichte der Orte Rondorf, Höningen, Hochkirchen, S. 78.
[30] Festschrift zur Konsekration der neuen Pfarrkirche Hl. Drei Könige in Rondorf, [s. l.], [1988], S. [5].
[31] Weiler, O (Anm. 29), S. 82.
[32] Festschrift zur Konsekration [...] (Anm. 30), S. [32].

Pfarreien Heilige Drei Könige in Rondorf, St. Blasius in Meschenich, St. Katharina in Godorf und St. Servatius in Immendorf. Eine Straße in der Nähe der alten Rondorfer Kirche trägt übrigens auch den Namen DREIKÖNIGENSTRAßE.

Desweiteren gibt es in Kalk die Kapelle HL. DREI KÖNIGE der Priesterbruderschaft St. Pius. Das 1951 von der Neuapostolischen Gemeinde errichtete Kirchengebäude an der Steinmetzstr. 34 wurde Ende 2010 von der Piusbruderschaft erworben und im Mai 2011 geweiht. Bis dahin benutzte die Piusbruderschaft einen Saal in einem ehemaligen Bürogebäude Am Salzmagazin als Kapelle.

In der Keupstraße in Mülheim wurde 1984 der DREI-KÖNIGEN-BRUNNEN errichtet, der jedoch von seiner Gestaltung her keinen Bezug zu den Heiligen Drei Königen hat. Den Namen erhielt der Brunnen in Erinnerung daran, dass sich auf dem gegenüberliegenden Grundstück einst das DREI-KÖNIGEN-HOSPITAL befand.[33] Dieses Krankenhaus verdankte seine Entstehung Sibilla Keup, der Witwe des Mülheimer Landbesitzers und Getreidehändlers Kaspar Keup[34], die "1868 der katholischen Gemeinde Mülheim ein Haus mit Garten [...] und das Baukapital für ein Krankenhaus"[35] stiftete. Im zweiten Weltkrieg wurde das Hospital schwer beschädigt, konnte aber den Betrieb aufrechterhalten. Nach dem Krieg erfolgten noch mehrere Umbauten; wirtschaftliche Schwierigkeiten führten jedoch dazu, dass das Drei-Königen-Hospital 1975 geschlossen werden musste.

In der Nachbarschaft des einstigen Hospitals befindet sich das DREIKÖNIGENHAUS, ein Wohnhaus für psychisch kranke und behinderte Menschen.[36]

Das SENIORENHAUS HEILIGE DREI KÖNIGE in der Schönsteinstraße in Köln-Ehrenfeld leitet seinen Namen von einer früheren Krankenanstalt ab, die als Vorläufer des in der gleichen Straße ansässigen St.-Franziskus-Hospitals gilt. Einige Schwestern vom Orden der "Armen-Schwestern vom heiligen Franziskus" bezogen am Dreikönigstag 1868 ein Haus in der Stammstraße (damals noch Weyerstraße), das sie in den Folgejahren zu einem Armen- und Krankenhaus ausbauten und ST. DREIKÖNIGEN HOSPITAL nannten.[37] Trotz finanzieller Schwierigkeiten konnte eine

---

[33] Vgl. http://www.stiftunglebenmuelheim.de/projekte/drei-koenigs-brunnen.html. Heute steht an dieser Stelle ein Seniorenzentrum.

[34] Nach ihr wurde die Keupstraße benannt, vgl. Schünemann-Steffen (Anm. 17), S. 218.

[35] Prass, Ilse: Mülheim am Rhein, 1. Aufl., Köln: Bachem, 1988, S. 56. Vgl. Brendel, Johann: Geschichte der Stadt Mülheim am Rhein, Mülheim am Rhein: Selbstverl., 1913, S. 377.

[36] Betrieben wird das Haus vom Kölner Verein für Rehabilitation e.V.

[37] Der Titel einer im Besitz des Ordens befindlichen Chronik des Hospitals lautet: "Kleine Chronik des St. Drei-Königen Hosp. jetzt St. Franziscus Hosp. zu Ehrenfeld"; Abb. des Titelblatts in: Reimer, Marion, Die Geschichte des St. Franziskus-Hospitals in Köln-Ehrenfeld von seiner Gründung bis zum Ende des Zweiten Weltkriegs (1866-1945), Diss., Köln, 1999, S. 33.

Kapelle gebaut und ein Nebenhaus zur Erweiterung erworben werden.[38] Die räumlichen Zustände waren jedoch äußerst schlecht und ein dringend notwendiger Ausbau vor Ort nicht möglich, so dass man das Hospital in der Stammstraße schließlich aufgab und dank großzügiger Spenden 1888 einen Neubau in der Schönsteinstraße beziehen konnte. Mit dem Umzug wurde der alte Name aufgegeben und das neue Krankenhaus St. Franziskus-Hospital genannt.

Auch einige HOTELS UND GASTSTÄTTEN in Köln nehmen in ihrem Namen Bezug auf die Heiligen Drei Könige. Unweit des Doms gibt es das Hotel Drei Könige sowie das Hotel Drei Kronen. Eine kölsche Kneipe im Agnesviertel heißt "Balthasar im Agnesveedel" und in Sülz ist das "Cafe Balthasar" ein beliebter Treffpunkt. Ein italienischer Gastronom hatte die originelle Idee, sein Restaurant in der Kasparstraße Trattoria Tre Santi zu nennen. Ob das Ristorante Balthasar in Klettenberg seinen Namen tatsächlich auf einen der Heiligen Drei Könige bezog, lässt sich nicht sagen; das Restaurant wurde ebenso wie das Tre Santi inzwischen wieder geschlossen.

---

[38] Festschrift anlässlich des goldenen Pfarrjubiläums der Pfarrgemeinde St. Joseph in Köln-Ehrenfeld am 23. November 1919, Köln-Ehrenfeld: Rohr, 1919, S. 14.

Der Ort des Dreikönigenschreins und die Kölner Domwallfahrt heute

von

Siegfried Schmidt

Über Jahrhunderte hinweg war Köln einer der großen Wallfahrtsorte der europäischen Christenheit. Dabei wurden die Grundlagen für die Kölner Wallfahrt im Hohen Mittelalter durch die Entdeckung der römischen Gräber im Nordteil der Stadt, die etwa die Verehrung der Hl. Ursula und des Hl. Gereon beförderten, und durch die Translation der Reliquien der Heiligen Drei Könige von Mailand nach Köln im Jahre 1164 geschaffen.[1] Unter den zahlreichen in Köln durch Reliquien präsenten und von den Wallfahrern aufgesuchten Heiligen nahmen die seit dem frühen 13. Jahrhundert in einem kostbaren Schrein geborgenen Gebeine der Heiligen Drei Könige eine herausragende Stellung ein. Pilgerinnen und Pilger aus nah und fern strömten nach Köln und sorgten nicht nur für eine Hebung des Prestiges des Heiligen Köln, sondern waren auch ein bedeutsamer Wirtschaftsfaktor für die Stadt. Die ab dem späten 14. Jahrhundert bezeugte Kopplung der Kölner Heiltumsfahrt an die alle sieben Jahre stattfindende Aachener Heiltumsfahrt spielte für den Erfolg der Kölner Wallfahrt zusätzlich eine wichtige Rolle. Schon am Ende des ersten Viertels des 14. Jahrhunderts, kurz nach der Vollendung des Hochchores der neuen gotischen Kathedrale, zählte der französische Dominikanermönch und Inquisitor Bernard Gui Köln neben Rom, Santiago de Compostela und der Wallfahrt zum Grab des Heiligen Thomas Becket im südenglischen Canterbury zu den vier *perigrinationes maiores* der Christenheit.[2]

Die nach Köln gelangten Reliquien wurden zunächst im Mittelschiff des Alten Domes aufgestellt, wo schon bald eine Verehrung durch das gläubige Volk begann. Während der Bauperiode des gotischen Chores war der inzwischen vollendete Dreikönigenschrein in der noch bestehenden westlichen Hälfte des Alten Domes platziert; der Ort der Verehrung war dabei sowohl Laien als auch Klerikern zugänglich. Kurz nach der Fertigstellung des gotischen Hochchores fand der Schrein

---

[1] Yuki Ikari: Wallfahrtswesen in Köln vom Spätmittelalter bis zur Aufklärung. (Veröffentlichungen des Kölnischen Geschichtsvereins; 46). Köln: SH-Verl. 2009. 275 S. – Hier S. 39.

[2] Werner Schäfke: Die Wallfahrt zu den Heiligen Drei Königen. In: Rainer Budde [Hrsg.]: Die Heiligen Drei Könige – Darstellung und Verehrung. Katalog zur Ausstellung des Wallraf-Richartz-Museums in der Josef-Haubrich-Kunsthalle Köln; 1. Dezember 1982 bis 30. Januar 1983. Köln: Wallraf-Richartz-Museum 1982, S. 73-80. – Hier S. 73-75.

seinen Platz in der Achsenkapelle des Chorumganges hinter dem Hochaltar. Dabei war geplant, den Dreikönigenschrein nach der Vollendung des Domes vor dem Hochaltar in der Vierung aufzustellen.[3] Da die Vollendung des Domes jedoch bis weit in das 19. Jahrhundert hinein ein frommer Wunsch blieb, war die Achsenkapelle des gotischen Domes über Jahrhunderte hinweg der Ort, an dem die Pilgerinnen und Pilger die Reliquien der Heiligen Drei Könige verehrten. Auf ihrem Weg zum Dreikönigenschrein durch den Chorumgang kamen die Pilgerinnen und Pilger auch noch an anderen verehrungswürdigen Kunstwerken und Reliquien der Domkirche vorbei. Im Verständnis spätmittelalterlicher und frühneuzeitlicher Wallfahrer war es außerordentlich wichtig, mit der Reliquie selbst in Kontakt zu treten, damit das von dort ausgehende Heil auf den Einzelnen übergehen konnte. Deshalb konnten die Pilgerinnen und Pilger bei geöffneter hinterer Lade des Schreines vielfach einen Blick auf die dort aufbewahrten Schädel werfen. Pilgerabzeichen, -medaillen oder -zettel wurden von Kustoden auf den Schädel gelegt und als auf diese Weise aufgewertete Berührungs- oder Kontaktreliquien den Wallfahrern ausgehändigt oder mit einem "Angerührt-Vermerk" veräußert.[4] Der Dreikönigenschrein selbst war zunächst von einem Gittergehäuse eingefasst, das in der 2. Hälfte des 17. Jahrhunderts durch ein barockes, aus Marmor gefertigtes Mausoleum ersetzt wurde.[5]

Trotz mancher Schwankungen in der Popularität, so ist etwa eine frühneuzeitliche Wiederbelebung des Kölner Wallfahrtswesens durch das seelsorgliche Wirken des Jesuitenordens belegt, trotz eines allmählichen Wandels von einer Fernwallfahrt zu einer Wallfahrt mit eher regionalem Charakter, trotz mancher protestantischer und aufklärerischer Kritik an der Verehrung von Gebeinen und das wundersame Wirken von Kontaktreliquien, die alte Kölner Domwallfahrt zum Dreikönigenschrein überdauerte das Alte Reich und die Wirren der Französischen Revolution. Nachdem die 1794 vor den heranrückenden Revolutionstruppen ausgelagerten Heiligtümer des Domes 1804 wieder in den zur Pfarrkirche gewordenen Dom zurückgekehrt und der Schrein 1807 wieder in der Achsenkapelle aufgestellt worden war, lebte auch die Domwallfahrt wieder auf und hatte bis weit in das 19. Jahrhundert hinein Bestand.[6] Zwar wurde die Domkirche nun nicht mehr ausschließlich von Beterinnen und Betern und Pilgerinnen und Pilgern aufgesucht, da der Kölner Dom im Zuge der mit der Rheinromantik einhergehenden wachsenden Bedeutung des

---

[3] Walter Schulten: Der Ort der Verehrung der Heiligen Drei Könige. In: Rainer Budde [Hrsg.]: Die Heiligen Drei Könige – Darstellung und Verehrung. Katalog zur Ausstellung des Wallraf-Richartz-Museums in der Josef-Haubrich-Kunsthalle Köln; 1. Dezember 1982 bis 30. Januar 1983. Köln: Wallraf-Richartz-Museum 1982, S. 61-72. – Hier S. 61-62.
[4] Vgl. Schäfke, Wallfahrt [...] (wie Anm. 2), S. 77-78 sowie: M[atthias] D[eml]: Domwallfahrt. In: Kölner Domblatt. Jahrbuch des Zentral-Dombau-Vereins 71 (2006), S. 297-299.
[5] Vgl. Schulten, Ort der Verehrung [...] (wie Anm. 3), S. 64.
[6] Ebd., S. 70.

Mittelrhein-Gebietes als Reiseziel zu einem beliebten touristischen Ort wurde.[7] Doch das Ende der alten Domwallfahrt wurde bei einer Gelegenheit besiegelt, bei er man es nicht vermuten würde: der Feier des 700jährigen Jubiläums der Translation der Heiligen Drei Könige nach Köln im Jahre 1864. Da im Zuge der sich allmählich abzeichnenden Vollendung des Kölner Domes alle Verantwortlichen gegen die Erhaltung von Ausstattungen aus der Barockzeit votiert hatten und stattdessen einen rein gotischen Dom befürworteten, hatte man den Abbruch des Mausoleums beschlossen. Der Schrein wurde dagegen nach Abschluss der Feierlichkeiten in die Domschatzkammer verbracht.[8]

Die "Auslagerung" des Dreikönigenschrein aus der Domkirche wurde zwar in der Folgezeit und insbesondere nach dem Ersten Weltkrieg zunehmend als Verlust empfunden, doch es dauerte bis 1948, dem Jahr der 700jährigen Wiederkehr der Grundsteinlegung des gotischen Domes, bis die Reliquien der Heiligen Drei Könige in die Kirche zurückkehrten und der Schrein seinen heutigen Platz hinter dem Hochaltar fand: "Das schien zunächst eine befriedigende Lösung zu sein. Der Schrein war fest in das liturgische Geschehen der Kathedrale eingegliedert. Doch nach 1965 verlegte man die Liturgie in die Vierung der Kathedrale. [...] Der Schrein trat in den Hintergrund, obwohl er den hervorragendsten Platz im Domchor einnimmt."[9]

Nach der Rückkehr des Dreikönigenschreines in die Domkirche lebte die Dreikönigswallfahrt als regelmäßiges Geschehen allerdings zunächst nicht wieder auf. Durch die Platzierung im Hochchor war der Schrein für die Gläubigen zwar wieder gut sichtbar, zugleich aber unzugänglich, und er erschien den Besucherinnen und Besuchern der Kathedrale als in weite Ferne gerückt. Nur zu besonderen Jubiläen und Anlässen wurde für einen gewissen Zeitraum eine Domwallfahrt organisiert. Es waren dies in der jüngeren Vergangenheit die Hundertjahrfeier zur Vollendung des Domes 1980, das Jubiläum der 750jährigen Wiederkehr der Grundsteinlegung des Kölner Domes im Jahre 1998 und die Feier des XX. Weltjugendtages vom 15.-20. August 2005 in Köln:

---

[7] Vgl. Siegfried Schmidt: "Der gerechte Stolz des deutschen Volkes". Der Kölner Dom und seine Vollendung im Spiegel zeitgenössischer Reise- und Domführer des 19. Jahrhunderts. In: Ortskirche und Weltkirche in der Geschichte. Kölnische Kirchengeschichte zwischen Mittelalter und Zweitem Vatikanum. Festgabe für Norbert Trippen zum 75. Geburtstag. Hrsg. von Heinz Finger, Reimund Haas und Hermann-Josef Scheidgen. (Bonner Beiträge zur Kirchengeschichte; 28). Köln: Böhlau 2011, S. 167-203.

[8] Vgl. Schulten, Ort der Verehrung [...] (wie Anm. 3), S. 70. – Das leere Mausoleum blieb allerdings noch 25 Jahre an seinem Ort, ehe es 1889/90 abgebrochen wurde; ebd.

[9] Ebd., S. 71.

- Im Jahre 1980 verteilten sich Wallfahrten zum Kölner Dom nicht nur rund um das eigentliche Datum der einst am 15. und 16. Oktober (1880) gefeierten Domvollendung, sondern über das gesamte Kalenderjahr. So gab es Wallfahrtstage für Pilgerinnen und Pilger einzelner Verbände und Gruppierungen (z.B. 27.3. Sternwallfahrt der KFD im Stadtdekanat Köln), aus den Kölner Suffraganbistümern (4.5. Aachen, 30.8. Trier, 31.8. Essen, 14.9. Münster) und aus den verschiedenen Pastoralbezirken des Erzbistums (31.5. Bezirk Süd, 30.8., 13.9. und 20.9. Bezirk Ost, 4.10 und 25.10 Bezirk Nord). Der 20. August galt als allgemeiner Wallfahrtstag.[10]

- Im Jubiläumsjahr "750 Jahre Kölner Dom" (1998) fand die Domwallfahrt in der Zeit von Samstag, dem 8. August bis Sonntag, dem 23. August statt. Damit die Gläubigen dem Schrein so nahe wie möglich kommen konnten, wurde dieser im Hochchor um einige Meter vorgezogen: "Auf einem kleinen Wagen, der auf Schienen geführt wurde, rollte der mehr als 500 Kilogramm schwere Dreikönigenschrein in die schützende Vitrine aus Panzerglas, auf die aus Sicherheitsgründen nicht verzichtet werden kann."[11]

- Während des XX. Weltjugendtages 2005 war der Kölner Dom ausschließlich den Pilgerinnen und Pilger aus aller Welt vorbeihalten. Die jugendlichen Besucherinnen und Besucher wurden im Programmheft aufgerufen, den Pilgerweg, der am Rheinufer in der Höhe der Bastei begann, abzuschreiten und möglichst zum Abschluss ihres Pilgerweges im Dom an einer der zahlreich angebotenen Eucharistiefeiern teilzunehmen. Da der Dom an diesen Tagen für Touristen nicht zugänglich war, wurden Informationen zu diesem Gotteshaus und seiner Baugeschichte auf dem Roncalliplatz angeboten. Als Hauptorte der Anbetung im Kölner Dom wurden im Programmheft "the Cross of Gero, the Madonna of Milan, the altar by Stephan Lochner and above all the schrine of the Magi [...]" benannt. Die Domwallfahrt "[...] familiarizes you with the Christian philosophy concerning pilgrimages and enables you to life the motto of the World Youth Day. You join the Magi in following the star on your search for Jesus Christ together with other witnesses to the faith, and to find Him. In the course of the pilgrimage you will enter Cologne Cathedral, whose 'holy atmosphere' and shrine to the Magi is a source of astonishment."[12]

---

[10] Vgl.: Festkalender (Stand: 1. Mai 1980). In: Das Kölner Dom-Jubiläumsbuch 1980. Offizielle Festschrift der Hohen Domkirche Köln. Im Auftr. des Metropolitankapitels hrsg. von Arnold Wolff und Toni Diederich. Köln: Verl. Kölner Dom 1980, S. 182-191.

[11] Vgl.: Menschen von nah und fern feiern das Fest mit. Gelungener Auftakt des Domjubiläums. In: Kirchenzeitung für das Erzbistum Köln, Nr. 33 vom 14. August 1998, S. 13 sowie: Auszug aus dem Wallfahrtsprogramm. In: Kirchenzeitung für das Erzbistum Köln, Nr. 32 vom 7. August 1998, S. 12.

Insgesamt war das Fehlen einer fest etablierten Domwallfahrt eine unter seelsorglichen Aspekten sicher wenig befriedigende Situation angesichts der Tatsache, dass der Kölner Dom mit jährlich rund 6 Millionen Besucherinnen und Besuchern aus aller Welt (2004) und damit rund 20.000 Gästen täglich inzwischen die meistbesuchte Sehenswürdigkeit in Deutschland ist[13], auch wenn man nie weiß, wie viele Touristen vielleicht auch als Beterinnen und Beter die Kathedrale aufsuchen. So schrieb unter dem Eindruck der außerordentlich gelungenen und sich eines gewaltigen Zuspruchs erfreuenden Feier des Domjubiläums im August 1998 der damalige Leiter der Hauptabteilung Seelsorge im Erzbischöflichen Generalvikariat und heutige Bischof des Bistums Dresden-Meißen, Dr. Heiner Koch, in der Kölner Kirchenzeitung: "Manchmal kam mir die Domwallfahrt wie eine Kirchenbewegung von unten vor. Ereignisse wie die Domwallfahrt sind sicherlich auch wertvoll und notwendig zur Entwicklung eines Diözesanbewußtseins. [...] Mit der Wallfahrt greifen wir eine alte Kölner Tradition auf, die weitgehend einzuschlummern drohte: die Wallfahrt zum Schrein der Heiligen Drei Könige. Nach der jetzigen Domwallfahrt wird man sich hoffentlich nicht zu lange überlegen, diese Tradition nicht wieder 50 Jahre ruhen zu lassen."[14]

Es war daher nur konsequent und folgerichtig, dass unter dem überwältigenden Eindruck des Weltjugendtages 2005 in Köln, an dem rund 800.000 registrierte Pilger aus 193 Ländern teilnahmen, der Versuch unternommen wurde, die Domwallfahrt nach mehr als 100 Jahren Unterbrechung wieder als ein regelmäßiges, jährliches stattfindendes Ereignis zu beleben. Die Initiative ging dabei vom Kölner Erzbischof Joachim Kardinal Meisner aus. In seiner Predigt am Dreikönigstag des Jahres 2006 in der Domkirche kündigte er an, "[...] ab diesem Jahr an die großen Wallfahrtserfahrungen des Domjubiläums 1998 und des vergangenen Weltjugendtages anzuknüpfen und 'von nun an jährlich eine Domwallfahrt zum Schrein der Heiligen Drei Könige zu halten. Sie soll jedes Jahr um den 27. September herum gehalten werden, dem Weihetag der Kölner Domkirche. Hundert Tage vor dem Fest der Erscheinung des Herrn wollen wir uns so mit den Heiligen Drei Königen auf den Weg zu Christus machen und ihn anbeten'."[15]

---

[12] Vgl. Abschnitt: 'Cathedral Pilgrimage – On a pilgrimage with witnesses to faith', in: Pilgerbuch = Pilgrim's guidebook. XX. Weltjugendtag Köln 2005. [Publ. by Weltjugendtag gGmbh, Communications, Matthias Kopp]. Köln 2005, S. 212-213.

[13] Vgl. http://de.wikipedia.org/wiki/Kölner_Dom [zuletzt aufgerufen am 12.5.2014].

[14] Heiner Koch: 'Jung, dat hast de jut gemacht'. Nachdenkliches und Bewegendes aus der Domwallfahrtszeit. In: Kirchenzeitung für das Erzbistum Köln, Nr. 35 vom 28. August 1998, S. 4.

[15] Erich Läufer: Wer anbetet, läuft keinem Gerücht nach. Bewegende Festgottesdienste zu Epiphanie im Kölner Dom. In: Kirchenzeitung für das Erzbistum Köln, Nr. 2/2006 vom 13. Januar 2006, S. 14-15. – Zitat S. 14.

Seither hat in der Erzdiözese Köln tatsächlich wieder jedes Jahr Ende September eine fünftägige, jeweils am späten Mittwochnachmittag beginnende und am Sonntagmittag endende Domwallfahrt stattgefunden; somit sind jeweils der Donnerstag, der Freitag und der Samstag die Hauptwallfahrtstage. Die nachstehende Tabelle gibt eine Übersicht über die Termine und die Leitmotive der bislang durchgeführten acht Wallfahrten und sowie der Planung für die kommende Wallfahrt im Jahre 2014. Sofern in der Berichterstattung die Anzahl der teilnehmenden Wallfahrer genannt wird, ist auch diese der Tabelle beigefügt[16]:

Jahr	Termin	Leitmotiv	Anzahl Pilger
2006	27.9.-1.10.	*Als sie den Stern sahen, wurden sie von großer Freude erfüllt* (Mt 2,10)	60.000-65.000
2007	26.9.-30.9.	*Und er stellte das Kind in ihre Mitte* (Mk 9,36)	keine Angaben
2008	24.9.-28.9.	*Gehet hinaus in die ganze Welt und verkündet das Evangelium allen Geschöpfen* (Mk 16,15)	70.000
2009	23.9.-27.9.	*Ich habe euch Freunde genannt* (Joh 15,15)	72.000
2010	22.9.-26.9.	*Seid stets bereit, jedem Rede und Antwort zu stehen, der nach der Hoffnung fragt, die euch erfüllt* (1 Petr 3,15)	52.000
2011	28.9.-2.10.	*Ihr seid das Salz der Erde* (Mt 5,13)	55.000
2012	26.9.-30.9.	*Was er sagt, das tut* (Joh 2,5)	keine Angaben
2013	25.9.-29.9.	*Tut dies zu meinem Gedächtnis* (Lk 22,19)	keine Angaben
2014	25.9.-28.9.	*Reich beschenkt*[17]	

---

[16] Zahlen und Daten sind der stets ausführlichen Berichterstattung zur Domwallfahrt im Kölner Domradio entnommen. Vgl.: www.domradio.de/themen/domwallfahrt [zuletzt aufgerufen am 13.5.2014].

[17] Freundl. Mitteilung von Frau Susanne Cornet, Domseelsorge, vom 14.5.2014 an den Verf.

Im Zentrum des Geschehens der Domwallfahrt steht für die einzelne Pilgerin und den einzelnen Pilger natürlich der Pilgerweg durch den Kölner Dom. Das 2007 von der Hauptabteilung Seelsorge des Erzbischöflichen Generalvikariates publizierte Pilgerbüchlein [18] beschreibt den Pilgerweg genau: Dieser "[...] führt durch das Südportal zur Mailänder Madonna (1) und von dort zum Schrein der Heiligen Drei Könige (2), unter dem die Pilgerinnen und Pilger betend hindurch ziehen. Der Pilgerweg führt weiter zum Gerokreuz (3) und endet am Nordportal des Domes." Dem internationalen Anspruch der Domwallfahrt wird die Publikation durch ihre Mehrsprachigkeit gerecht: Neben einer ausführlichen Beschreibung des Pilgerweges für die Beterinnen und Beter in deutscher Sprache wird dieser zusätzlich jeweils auf einer Doppelseite auch für englisch-, französisch-, spanisch- und polnischsprachige Wallfahrer erläutert.

Auf ihrem Weg durch den Dom sollen die Pilgerinnen und Pilger an den drei Stationen jeweils zwei Gebete sprechen. Zwei weitere Texte stimmen beim Betreten des Domes auf die Wallfahrt ein. Neben einem Auszug aus dem alttestamentlichen Psalm 122 ("Ein Lied zur Wallfahrt nach Jerusalem") soll folgender Gebetstext, der an die Heiligen Drei Könige erinnert, die innere Sammlung des Pilgers unterstützen, der die Kathedralkirche von der stets lauten und belebten Domplatte aus betreten hat [19]:

Gott, Du

Ich trete ein in den Raum
deiner besonderen Gegenwart.

Allgegenwärtig im Lieben
bist du hier näher mir als ich mir selbst
in Jesus Christus durch den Heiligen Geist.

Ich trete ein bedürftig und gläubig,
wie im Zeugnis der Weisen,
als Könige hier im Dom verehrt.
Voller Wissen und Weisheit ihrer Zeit
hatten sie das staunende Herz eines Kindes.

Ich bitte um innere Stille und äußere Sammlung,
ich bitte um ein hörendes Herz
für einen Weg der Begegnung und inneren
Berührung mit dir, du Gott meines Lebens.

So trete ich voll Staunen dankend nun nahe.
  Amen.

---

[18] Domwallfahrt Köln. Der Pilgerweg. [Hrsg.: Erzbistum Köln, HA Seelsorge. Red.: Alexander Saberschinsky]. Köln 2007. 18 S., Ill.
[19] Ebd., S. 4.

Erste Station des Pilgerweges durch den Kölner Dom ist die an einem Seitenaltar des Umganges des Hochchores aufgestellte, sogenannte Mailänder Madonna, die Ende des 13. Jahrhunderts in Köln entstand. "Sie zeigt Maria in jugendlich-idealer Schönheit als Himmelskönigin und sich zugleich als irdische Mutter zum Jesuskind hinwendend."[20] Die beiden Gebetstexte an dieser Station erinnern die Pilgerinnen und Pilger an die Weihe des Erzbistums Köln auf die Jungfrau Maria und rufen diese als Fürsprecherin in den Gebetsanliegen an. Durch eine geöffnete Schranke betreten die Gläubigen nun den Hochchor und schreiten in gebückter Haltung unter dem festlich mit Blumen geschmückten und von zahlreichen brennenden Kerzen umgebenen Dreikönigenschrein hindurch. Dank einer Hebevorrichtung ist dieser während der Wallfahrtstage gut anderthalb Meter emporgehoben. Dieser Schrein "[...] zeigt Christus als Dreh- und Angelpunkt der ganzen Heilsgeschichte: Seine Gottessohnschaft bezeugen die Propheten und Apostel, seine Herrlichkeit offenbart sich in der Anbetung der Könige, in der Taufe im Jordan und wenn er als Richter der Welten wiederkommen wird."[21]

Das erste der beiden hier im Pilgerbuch abgedruckten Gebete stellt die Domwallfahrer in eine Reihe mit den Heiligen Drei Königen, die als Erste den neugeborenen Gottessohn verehrt haben[22]:

Herr unser Gott,

die Heiligen Drei Könige sind dem Stern gefolgt.
Durch ihn haben sie deinen Sohn gefunden
und ihn im Glauben erkannt.

Wie die Heiligen Drei Könige
sind auch wir als Pilger unterwegs zu dir,
dem Ziel unseres Lebens.

Erfülle uns wie die Heiligen Drei Könige mit großer Freude
und führe uns vom Glauben
zur unverhüllten Anschauung deiner Herrlichkeit.
Mache uns schon jetzt zu Zeuginnen und Zeugen deines Lichts.

Mit den Heiligen Drei Königen loben und preisen wir dich.
Wir beten dich an und danken dir, dem ewigen, dreieinigen Gott,
dem Vater und dem Sohn und dem Heiligen Geist.

Amen.

---

[20] Ebd., S. 5.
[21] Ebd., S. 7.
[22] Ebd.

Anschließend verlassen die Pilgerinnen und Pilger durch eine gegenüberliegende Chorschranke den Hochchor und stoßen nun am nordwestlichen Ende des Chorumganges auf das lebensgroße, um das Jahr 970 entstandene Gerokreuz: "Es zeigt sowohl das Leid des Gemarterten, als auch seine göttliche Würde, die der Tod nicht brechen kann. Im Kreuz liegt Heil."[23] Durch die beiden Gebete an dieser Station erfolgt eine Verehrung Jesu Christi und des Kreuzes. Das auf den Bahnhofsvorplatz hinaus führende Nordportal weist den Pilgerinnen und Pilgern sodann den Weg aus der Kathedrale hinaus.

Der beschriebene Pilgerweg der heutigen Domwallfahrt ist sowohl in historischer und theologischer als auch in rein praktischer Hinsicht gut gewählt. Historisch knüpft der Weg an die mittelalterliche und frühneuzeitliche Domwallfahrt an. Theologisch vollziehen die Pilgerinnen und Pilger auf ihrem Weg durch den Dom einen Dreischritt von der Gottesmutter Maria und den Drei Königen hin zu Jesus Christus als der Mitte des christlichen Glaubens und von der Geburt Jesu Christi hin zu seinem Kreuzestod. Das Unterschreiten des Dreikönigenschreins in gebückter Haltung stellt sicherlich den emotionalen Höhepunkt dieses Weges dar. Die Verneigung vor dem Schrein bildet eine zeitgemäße Form der Verehrung der Reliquien: Die Pilgerinnen und Pilger kommen den Heiligen sehr nahe; zugleich wird aber auf eine gleichermaßen theologisch wie konservatorisch problematische direkte Kontaktaufnahme der Gläubigen mit den Reliquien im Form einer Berührung verzichtet. Der Weg unter dem Schrein hindurch setzt dabei eine entsprechende Hebevorrichtung unter der wohl kostbarsten Goldschmiedearbeit des Mittelalters voraus. Diese Vorrichtung wurde Anfang 2004 zusammen mit der Erneuerung der mehr als anderthalb Tonnen wiegenden Glasvitrine aus zentimeterdickem Panzerglas und der Verbesserung der Beleuchtung des Schreines eingebaut.[24] In rein praktischer Hinsicht beschränkt sich die Domwallfahrt auf den Chorumgang und den Hochchor. Auf diese Weise bewegen sich die Pilgerinnen und Pilger in einem Bereich in der Kathedrale, der von den durch das Westportal eintretenden touristischen Besucherinnen und Besuchern abgegrenzt werden kann. Außerhalb der mit der Domwallfahrt stets einhergehenden zahlreichen Gebets- und Andachtsstunden und der Gottesdienste kann der Dom somit auch während der Wallfahrtstage zugleich von Touristen aufgesucht werden.

Unter den allgemeinen Rahmenbedingungen der Katholischen Kirche in Mitteleuropa zu Beginn des 21. Jahrhunderts die seit mehr als 100 Jahre ruhende Tradition der Domwallfahrt neu beleben und verstetigen zu wollen, setzt erhebliche organisatorische und logistische Anstrengungen voraus. Man kann trotz eines allgemeinen "Wallfahrtsbooms" nicht allein darauf bauen, dass Pilgerinnen und Pilger in großer

---

[23] Ebd., S. 9.
[24] Robert Boecker: Dreikönigenschrein in neuer Vitrine. In: Kirchenzeitung für das Erzbistum Köln, Nr. 6 vom 6. Februar 2004, S. 15.

Zahl dem bischöflichen Aufruf folgen und an den Wallfahrtstagen "einfach so", spontan und unangemeldet zur Domkirche kommen und den Pilgerweg beschreiten; obwohl es natürlich auch heute noch genau diese Einzelpilger und Pilgergruppen während der Domwallfahrt gibt.[25] Soll die Wallfahrt zu einem Erfolg werden, so bedarf es zusätzlich eines aktiven Werbens einzelner Gruppen zur Teilnahme, der Benennung und Schaffung konkreter Anlässe für das Pilgern und eines attraktiven Rahmen- und Begleitprogramms, das weitere Anreize für eine Wallfahrt zum Kölner Dom bietet. Diese Aufgabe wurde bis einschließlich 2012 von Mitarbeiterinnen und Mitarbeitern der Hauptabteilung Seelsorge des Erzbischöflichen Generalvikariates geleistet. Inzwischen ist sie in die Verantwortung der Domseelsorge übergegangen.[26] Seit Beginn der neuen Domwallfahrt im Jahre 2006 ist Msgr. Robert Kleine Wallfahrtsleiter. Dieser war bis 2012 Direktor der HA Seelsorge und steht nun in seiner Eigenschaft als Domdechant der Hohen Domkirche in der Verantwortung für die Wallfahrt.

Auf welche Art und Weise sind nun die einzelnen Wallfahrtstage einer Domwallfahrt strukturiert? Die Haupttage der Wallfahrt beginnen um 9.00 Uhr mit einem Gottesdienst vor dem Dreikönigenschrein, im Verlauf des weiteren Vormittags findet zumeist um 10.30 Uhr ein Wortgottesdienst oder ein Pilgeramt für eine Pilgergruppe statt; 2013 waren am Donnerstag Kindertagesstätten, am Freitag das Generalvikariat mit seinen Mitarbeiterinnen und Mitarbeitern und am Samstag die Freiwilligen des Eucharistischen Kongresses eingeladen. Um 12.00 Uhr schließt sich ein Mittagsgebet an. Nachmittags um 15.00 Uhr wurden 2013 erstmalig keine Andachten, sondern geistliche Domführungen angeboten. Pilgerinnen und Pilgern wird der Dom dabei nicht nur erklärt, sondern auch spirituell erschlossen. Der Abend beginnt in der Regel um 18.00 Uhr mit einer Vesper, an die sich um 18.30 Uhr ein Pontifikalamt anschließt. Durch die Orgelmeditationen und das Abendgebet zur Nacht zwischen 20.00 und 22.00 Uhr klingt der Tag leise aus.[27]

Durch diese verschiedenen Gottesdienste, Andachten, Gebetsstunden und Meditationen haben die Haupttage (Donnerstag, Freitag und Samstag) der Domwallfahrt also einen festen äußeren Rahmen. Am ersten Tag der Wallfahrt (Mittwoch) wird diese abends durch ein festlich gestaltetes Pilgeramt eröffnet, an das sich ebenfalls

---

[25] Dieser Eindruck stützt sich auf Beobachtungen des Verf. während der am Freitagvormittag stattfindenden Domwallfahrt des Erzbischöflichen Generalvikariates, an der dieser häufig teilgenommen hat.

[26] Freundl. tel. Mitt. von Frau Susanne Cornet, Domseelsorge, an den Verf. vom 14.5.2014.

[27] Vgl.: Monsignore Kleine zum Programm der Domwallfahrt. Wenn es im Dom still wird. [Interview von Matthias Friebe mit Msgr. Robert Kleine im Domradio vom 25.9.2013]. Im Internet unter: http://www.domradio.de/themen/domwallfahrt/2013-09-25/monsignore-kleine-zum-programm-der-domwallfahrt [zuletzt aufgerufen am 30.4.4014).

eine Orgelmeditation und ein Nachtgebet anschließen. Der jeweilige Schlusspunkt der Domwallfahrt wurde bislang durch ein feierliches Pontifikalamt gesetzt (Sonntag, 10.00 Uhr), zu dem stets in besonderer Weise alle Ehepaare aus der Erzdiözese eingeladen waren, die in dem betreffenden Jahr ein rundes Ehejubiläum feierten.[28] Auch zur Teilnahme an den anderen Angeboten werden häufig ausgewählte Gruppen angesprochen: So ist die mit einer Statio in der nahe gelegenen Kirche Mariä Himmelfahrt beginnende und mit einem Pilgeramt in der Domkirche endende Wallfahrt der Mitarbeiterinnen und Mitarbeiter des Erzbischöflichen Generalvikariates am Freitagvormittag zu einer festen Tradition geworden. Die Erzbischöflichen Schulen sind bislang stets an den Werktagen auf unterschiedliche Weise in die Domwallfahrt eingebunden gewesen. Die Angebote des Samstagabends und auch der Ausklang an den anderen Tagen (Evensong und Nachtgebete) greifen die Spiritualität des Weltjugendtages auf und richten sich in besonderer Weise an Jugendliche.

Der Gedanke, dass die Domwallfahrt die Verbundenheit der Katholiken innerhalb der Erzdiözese und mit ihrer Bischofskirche stärken soll, wird durch so genannte Patendekante aufgegriffen, die sich in dem betreffenden Jahr in besonderer Weise an der Pilgerschaft beteiligen: 2006 machten das Stadtdekanat Köln, das Kreisdekanat Rhein-Sieg linksrheinisch und das Kreisdekanat Mettmann den Anfang.[29] Im Beisein einer großen Pilgergruppe aus dem Stadtdekanat Bonn, die sich mit einem Rheinschiff auf den Weg in die Bischofsstadt gemacht hatte, enthüllten im gleichen Jahr der Kölner Oberbürgermeister Fritz Schramma gemeinsam mit Erzbischof Joachim Kardinal Meisner ein Straßenschild, durch das eine etwa 160 Meter lange Strecke zwischen dem Rheinufer an der Frankenwerft und dem Heinrich-Böll-Platz in "Weltjugendtagsweg" umbenannt wurde.[30] Ganz viele kleine Pilgerinnen und Pilger bereicherten die Wallfahrt des Jahres 2012: Rund 550 Vorschulkinder aus verschiedenen katholischen Kindertagesstätten im Stadtdekanat Bonn besuchten gemeinsam mit zahlreichen Erzieherinnen und Erziehern den Kölner Dom und nahmen an einer Wort-Gottes-Feier teil.[31]

---

[28] Für die Wallfahrt des Jahres 2014 ist abweichend geplant, dass diese erst am Donnerstagabend beginnt, dafür aber während des gesamten Sonntages fortgeführt wird. – Freundl. tel. Mitt. von Frau Susanne Cornet, Domseelsorge, an den Verf. vom 14.5.2014.

[29] Vgl.: Alte Domwallfahrt-Tradition wieder aufgenommen. Gottesdienste im Kölner Dom während der Domwallfahrt vom 27. September bis 1. Oktober. In: Kirchenzeitung für das Erzbistum Köln, Nr. 38 vom 22. September 2006, S. 10.

[30] [Felicitas] Rum[mel]: Dauerhafte Erinnerung an den Weltjugendtag. Straße heißt jetzt "Weltjugendtagsweg". In: Kirchenzeitung für das Erzbistum Köln, Nr. 40 vom 6. Oktober 2006, S. 7.

[31] Momentaufnahmen. Domwallfahrt 2012. In: Kirchenzeitung für das Erzbistum Köln, Nr. 40-41 vom 5. Oktober 2012, S. 10-11.

Da, wo es sich anbietet, steht die Domwallfahrt in einzelnen Jahren jeweils unter einem besonderen thematischen Schwerpunkt: Dass sie im Jahre 2013 an den vorangegangenen nationalen Eucharistischen Kongress, der vom 5. bis zum 9.6. in Köln stattfand, sowohl mit dem Motto "*Tut dies zu meinem Gedächtnis*" als auch durch besondere Einladung der vormaligen Kernteams und der Helferinnen und Helfer zu einem Pilgeramt anknüpfte, ist naheliegend. 2012 wurden am Samstag aus Anlass des 25jährigen Todestages von Josef Kardinal Höffner und der mit ihm eng verknüpften Katholischen Soziallehre die Katholischen Sozialverbände wie Kolping, Katholische Arbeiternehmerbewegung (KAB) und Bund katholischer Unternehmer besonders zur Teilnahme eingeladen.[32] Ein Jahr zuvor wurde die Domwallfahrt am gleichen Wochentag mit einem Ehrenamtstag auf dem benachbarten Roncalliplatz verknüpft, der von mehr als 2.000 Teilnehmerinnen und Teilnehmer aus der gesamten Erzdiözese besucht wurde.[33]

Zur Logistik der Domwallfahrt gehört unbedingt das Pilgerbüro dazu, das während der Wallfahrtstage im nahegelegenen Domforum eingerichtet ist. Das Pilgerbüro ist Anlaufstelle für die Einzelpilger und Pilgergruppen. Hier erhalten die Pilgerinnen und Pilger auf Wunsch ihren Pilgerstempel und können ein Pilgerabzeichen sowie einige Merchandising-Artikel rund um die Domwallfahrt käuflich erwerben. Gleichzeitig ist das Domforum ein geeigneter Ort für das Angebot einzelner Vortrags- und Diskussionsveranstaltungen im Rahmen des Begleitprogramms. Im Pilgerbüro, entlang des Pilgerweges in der Domkirche und an anderen Orten verrichten viele ehrenamtliche Helferinnen und Helfer während der Wallfahrtstage ihren Dienst. Durch die Webseite *www.domwallfahrt.de* ist die Wallfahrt mit aktuellen Informationen im Netz präsent[34]; hier können sich u.a. auch Freiwillige für ihren Dienst an den Pilgerinnen und Pilgern anmelden. In den Jahren 2010-2012, als die Wallfahrt noch in der Verantwortung der HA Seelsorge stand, wurde jeweils ein Programmheft in hoher Auflage mit allen Informationen zur Domwallfahrt erstellt und an die Seelsorgebereiche der Erzdiözese verschickt.[35]

---

[32] Vgl.: Domdechant Kleine zur Kölner Domwallfahrt. "Brauchtum und gute Tradition". [Interview von Monika Weiß mit Msgr. Robert Kleine im Domradio vom 13.9.2012]. Im Internet unter: http://www.domradio.de/themen/domwallfahrt/2012-09-13/domdechant-kleine-zur-koelner-domwallfahrt [zuletzt aufgerufen am 30.4.4014].

[33] R[obert] B[oecker]: Von der Sonne verwöhnt. Domwallfahrt stand unter einem guten Stern. Wallfahrtsleiter Monsignore Kleine zieht positive Bilanz. In: Kirchenzeitung für das Erzbistum Köln, Nr. 40 vom 7. Oktober 2011, S. 9.

[34] Am 15.5.2014 allerdings mit einem reduzierten Angebot zur Domwallfahrt 2013; Hinweise auf die kommende Domwallfahrt 2014 fehlten zu diesem Datum noch.

[35] Vgl.: "Was er euch sagt, das tut" (Joh. 2,5). Domwallfahrt Köln 2012 26.09.-30.09. Programm. Herausgeber: Erzbistum Köln. [Köln]: Erzbischöfliches Generalvikariat, HA Seelsorge 2012. 19 S. – Die Druckauflage der farbigen Broschüre wird mit 30.000 Stück angegeben. – Als pdf-Dokument im Internet unter: http://thema.erzbistum-koeln.de/export/

Mit der heutigen Domwallfahrt knüpft also das Erzbistum Köln seit 2006 an eine jahrhundertealte Tradition an, die über einen langen Zeitraum erloschen war. Die bisher in jedem Jahr wieder neu geleisteten organisatorischen Anstrengungen und das aktive Werben um unterschiedliche Adressaten und Zielgruppen haben dieser in einer modernen Form neu belebten Wallfahrt bislang zu dem erwünschten Erfolg verholfen und große Teilnehmerzahlen beschert. Doch es wird auch in den kommenden Jahren darauf ankommen, diese Bemühungen um das Gelingen der Domwallfahrt auf einem hohen Level fortzuführen, damit diese dauerhaft einen festen Platz neben den in den einzelnen Städten [36] und Seelsorgebereichen gepflegten lokalen, regionalen oder auch überregionalen Wallfahrtstraditionen erlangt. Noch scheint die Domwallfahrt im Bewusstsein vieler Gläubigen des Erzbistums Köln als ein jährlich wiederkehrendes Ereignis kein unbedingter 'Selbstläufer' zu sein. Vielleicht ist es daher auch noch zu früh, in der Domwallfahrt heute bereits wieder eine Tradition zu sehen, wie es die Kirchenzeitung für das Erzbistum Köln in einer Überschrift zu einem Artikel über die zweite Wallfahrt im Jahre 2007 tat.[37] Der weitere Einsatz um eine Verstetigung der Domwallfahrt lohnt auf jeden Fall, vorrangig unter dem Aspekt der Glaubenserfahrung für den Einzelnen und für das Erlebnis, Teil einer gläubigen Gebetsgemeinschaft zu sein. Aber selbst die mit der Wallfahrt verknüpften Nebenziele, die Verbundenheit der Katholiken der Erzdiözese Köln mit ihrer Bischofskirche zu vertiefen und den Kölner Dom für einige weitere Tage des Jahres nicht allein den Touristenströmen zu überlassen, sondern als lebendiges Gotteshaus erfahrbar zu machen, sind es allemal wert, diese Anstrengungen fortzuführen.

---

sites/thema/domwallfahrt/_galerien/download/FINAL_13_Programm_Domwallfahrt_2012.pdf [zuletzt aufgerufen am 15.5.2014].

[36] So wird z.B. in Bonn in jedem Jahr Anfang Oktober im Rahmen einer Fest- und Wallfahrtswoche der beiden Stadtpatrone Cassius und Florentius gedacht; vgl. www.stadtpatrone.de [zuletzt aufgerufen am 16.5.2014].

[37] Robert Boecker: Der Dom als Pilgerziel. Domwallfahrt ist bereits Tradition. Wallfahrtstermine stehen bis 2011 fest. In: Kirchenzeitung für das Erzbistum Köln, Nr. 40 vom 5. Oktober 2007, S. 14-15.

Die Verehrung der Heiligen Drei Könige in Mailand und im übrigen Italien nach 1164

von

Claudia Croé

Die Anfänge des Dreikönigskultes in Mailand

Erst nach der Translation der Dreikönigsreliquien nach Köln begriff man in Mailand, welchen Schatz man verloren hatte. Selbst dann aber scheint es noch ein Jahrhundert gedauert zu haben, bis die Mailänder sich dessen wirklich bewusst wurden. Das erste Zeugnis darüber ist datiert aus dem Jahr 1288, demselben Jahr, in der die Stadt Köln in der Schlacht bei Worringen zu den Siegern über den Kölner Erzbischof gehörte. In diesem Jahr verfasste Bonvesin de la Riva die Schrift "De magnalibus urbis Mediolani".[1] In dieser wurde die Wegführung der Dreikönigsreliquien 1164 für ein größeres Unglück als die Zerstörung Mailands durch Friedrich Barbarossa 1162 erklärt, denn die Stadt sei schließlich wiederaufgebaut worden.

Die Mailänder waren über die Bedeutung der Dreikönigsverehrung in Köln sehr gut informiert. Neben allgemeinen Handelskontakten spielte dabei eine besondere Köln-Beziehung der Kirche Sant' Eustorgio, wo sich die Dreikönigsgebeine ja bis 1158 befunden hatten, eine besondere Rolle. Seit 1220 bestand bei dieser Kirche ein Dominikanerkonvent.[2] Diesem verschaffte niemand Geringeres als Albertus Magnus 1255 drei Häupterreliquien von Gefährtinnen der heiligen Ursula von Köln.[3] Für Albertus Magnus – in Italien (nicht nur zu seinen Lebzeiten) "Albert von Köln" genannt – hatte der Mailänder Erzbischof Ottone Visconti (1262-1295) übrigens eine besondere Vorliebe. Er soll mit Begeisterung die Werke seines etwas älteren Zeitgenossen gelesen haben. 1252 wurde in eben der Kirche Sant' Eustorgio der am 6. April dieses Jahres in Farga bei Mailand erschlagene heilige

---

[1] Hrsg. von Francesco Novati. (Bulletino dell' Instituto storico italiano. 20.) Rom 1898. – Bonvesin war im Kampf der Familien Visconti und della Torre (auch Torriani genannt) um die Vorherrschaft in der Stadt, der endgültig erst 1312 durch den Tod Guidos della Torre entschieden wurde, Parteigänger der Visconti. Der in Mailand aufblühende Dreikönigskult wurde von beiden Familien praktiziert und gefördert (s.u.).

[2] Hans Hofmann: Die Heiligen Drei Könige. Zur Heiligenverehrung im kirchlichen, gesellschaftlichen und politischen Leben des Mittelalters. (Rheinisches Archiv. 94.) Bonn 1975, S. 88, Anm. 67.

[3] Ebenda, S. 219, Anm. 32, und S. 220, Anm. 38.

Erzbischof Ottone Visconti (1262-1295), Darstellung des 19. Jh.s

Petrus Martyr begraben.[4] Er war Mitglied des Konvents von Sant' Eustorgio gewesen. Seine Verehrung pflegte in Mailand später vor allem die sich im 14. Jahrhundert an Sant' Eustorgio bildende Dreikönigsbruderschaft. Andererseits wurde der Dominikaner St. Petrus Martyr seit dem 14. Jahrhundert in Köln Patron der Brauer.[5]

---

[4] Er erhielt dort um 1340 ein neues prächtiges Grabmal.

[5] In Köln pflegt bis heute der Verband der Kölschbrauer die Tradition der mittelalterlichen und bis zum Ende des 18. Jahrhunderts bestehenden Brauerbruderschaft des "heiligen Peter von Mailand".

Am Erscheinungsfest 1336 veranstalteten die Dominikaner von Sant' Eustorgio erstmals in Mailand ein Dreikönigsspiel.[6] Damit wurde eine Tradition begründet, die bis ins 16. Jahrhundert lebendig blieb.[7] 1347 stiftete die Dreikönigsbruderschaft ein bis heute erhaltenes Marmorrelief in Sant' Eustorgio, dessen drei Bilder aus der Dreikönigengeschichte vermutlich Szenen dieses Spiels darstellen.

Die Förderung der Mailänder Dreikönigsverehrung durch die Visconti und andere Familien

Maffeolo I. Visconti errichtete für sich 1350 ein Grabmal in der Dreikönigskapelle von St. Eustorgio, die ursprünglich als Familiengrabstätte konzipiert war[8], wenn auch tatsächlich im Laufe der Zeit nur einige Visconti in dieser Kapelle ihre Ruhestätte fanden. Zuletzt war dies 1515, als die Familie schon mehr als ein halbes Jahrhundert die Herrschaft über Mailand verloren hatte, ein Visconti wiederum mit dem Namen Maffeolo. Der erste Herzog von Mailand Giangaleazzo Visconti (1395-1402) bemühte sich sehr, die Dreikönigsverehrung in Sant' Eustorgio noch fester zu etablieren. Sein Sohn Giovanni Maria (1402-1412) ließ die dortige Dreikönigskapelle umbauen und den Altar erneuern. 1427 wurde für Gasparo Visconti, der also einen Dreikönigsnamen trug, in einer anderen Seitenkapelle ein Grabmal errichtet.

Die Sforza, die um die Mitte des 15. Jahrhunderts die Herrschaft der Visconti über Mailand ablösten, übernahmen von ihren Vorgängern die Förderung der Dreikönigsverehrung.[9] Der bedeutendste Herrscher dieser Familie Ludovico Sforza "il Moro" († 1508) erlangte von Papst Alexander VI. im Jahr 1495 ein Breve, datiert auf den 31. Januar, das ihn päpstlicherseits ermächtigte, die Gebeine der Heiligen Drei Könige nach Mailand zurückzuführen.[10] Dies war natürlich in der Praxis unmöglich durchzusetzen, und Ludovico "il Moro" versuchte die faktische Ausführung auch gar nicht.

---

[6] Heinrich Joseph Floß: Dreikönigsbuch. Die Übertragung der hh. Dreikönige von Mailand nach Köln. Köln 1964, S. 63.

[7] Der Überlieferung nach hat der heilige Karl Borromäus als Erzbischof von Mailand es abgeschafft, weil er zu seiner Zeit (also in der Epoche der sogenannten Gegenreformation) für zu weltlich hielt.

[8] Floß, a.a.O. (wie Anm. 6), S. 63. – Dort, S. 65, auch zum Folgenden.

[9] Das mit dem Dreikönigskult verbundene Amt der Defensoren von Sant' Eustorgio überließen sie vielleicht den Visconti, die es bis ins frühe 16. Jahrhundert zumindest als Ehrentitel führten. Es ist aber auch denkbar, dass die Visconti es während der französischen Herrschaft in Mailand (1502-1512, 1515-1521) zurück erhielten.

[10] Michele Caffi: Della chiesa di Sant' Eustorgio. Illustratione storico-monumentale-Epigraphico. Milano 1841, S. 66.

Auch andere Familien der Mailänder Führungsschicht waren mit der Dreikönigsverehrung eng verbunden. Dies gilt vor allem für solche aus der Klientel der Visconti, aber auch für deren Feinde, die della Torre vor ihrer endgültigen Vertreibung aus Mailand. Nach dem Übergang Mailands an Spanien 1555 und dann an Österreich 1714 traten weitere Familien hinzu. Sie sind bei Hofmann ausführlich verzeichnet.[11] Besondere Verdienste erwarben sich die Aliprandi, dei Bullestreri, Besozzi, Carcano, Ferrari, Migliavacca, Negroli und Urtiga.

Dreikönigsverehrung in der Lombardei und in der Toskana

Der Kult der Heiligen Drei Könige strahlte sehr weiträumig in das Umland von Mailand aus, das seit 1395 zum Herzogtum Mailand zusammengefasst war. Im letzten Drittel des 14. Jahrhunderts stiftete Melchior Cani, auch er trug einen Dreikönigsnamen, das Hospital der Drei Könige (*Ospedale dei Tre Re*) in Pavia.[12] Spätestens seit dem 16. Jahrhundert geriet dies in eine nicht nur ökonomisch bedingte Krise, wie die Visitationsprotokolle der damals noch exemten, also unmittelbar dem Papst unterstehenden und nicht zur Mailänder Kirchenprovinz gehörenden Diözese Pavia[13] belegen. Doch erst 1774, also rund 400 Jahre nach der Gründung, erfolgte die Aufhebung der frommen nach den drei Weisen benannten Stiftung.

Ein besonderer Ort spätmittelalterlicher Dreikönigsverehrung in der Lombardei war auch die Stadt Busto Arsizio im nordwestlichen Umland von Mailand.[14] Sie schrieb den Heiligen Drei Königen ihre Rettung aus schwerer Not zu. Im April 1408 begann die Belagerung der Stadt durch den Heerführer Facino Cane im Zusammenhang mit einem Krieg gegen Mailand. Wegen der zahlenmäßigen Stärke und Kampfkraft seiner Truppen erschien die Verteidigung aussichtslos. Außerdem war Facino Cane wegen seiner Grausamkeit berüchtigt. Doch wenige Tage nach Beginn der Einschließung von Busto Arsizio zog das feindliche Heer völlig unerwartet wieder ab. In der Folge feierte die Stadt jährlich vom 3. bis 5. Januar, also an den Tagen vor Epiphanie, ein mehrtägiges Dankfest zu Ehren der Drei Könige.

Im 16. Jahrhundert erfolgte die Gründung einer Abtei in Voghera, 60 km von Mailand, deren Kirche den Heiligen Drei Könige und dem Patron Mailands, dem heiligen Ambrosius geweiht war.[15] Stifter war wieder eine Person mit dem Vornamen eines der Drei Weisen, nämlich Gaspare Bascapè aus dem in Voghera ansässigen Zweig der mailändischen Adelsfamilie Bascapè. Der Abt von Sant' Ambrogio

---

[11] a.a.O. (wie Anm. 2), S. 240-257.
[12] Ebenda, S. 260.
[13] Die Eingliederung in den Metropolitanverband von Mailand erfolgte erst 1817.
[14] Pio Bondioli: Storia di Busto Arsizio. Bd. 1.2. Varese 1937-1954.
[15] Hofmann, a.a.O. (wie Anm. 2), S. 270-280. – Dort auch zum Folgenden.

erhielt eine Oberaufsicht über die Stiftung. Als Novizen des neuen Klosters sollten nur Söhne von Familien aus Voghera und Umgebung aufgenommen werden. Im 18. Jahrhundert kam es zum Niedergang der Abtei. Gleichzeitig geriet deren Dreikönigspatrozinium mehr und mehr in Vergessenheit. Es bürgerte sich der Name "Monastero di Sant' Ambrogio di Voghera" ein. 1787 wurde das Kloster durch Papst Pius VI. aufgehoben. Dies geschah auf Bitten des Königs von Sardinien-Piemont, zu dessen Gebiet Voghera 1738/43 durch Abtrennung vom nun österreichischen Herzogtum Mailand gekommen war.

Das früheste Zeugnis für eine Dreikönigsbruderschaft ("Compagnia dei Magi") in Florenz[16] stammt aus dem Jahr 1417. Eine besondere Dreikönigsverehrung in der Stadt ist aber schon früher belegt[17] und hatte wahrscheinlich schon mit dieser vermutlich schon im 14. Jahrhundert existierenden Bruderschaft zu tun. 1419 wurde diese Bruderschaft, da nicht bislang offiziell anerkannt, aufgelöst, aber 1426 – nunmehr offiziell – wiedererrichtet. 1429 hat die Bruderschaft das Dreikönigsfest besonders festlich begangen. Seither war sie gesellschaftlich fest etabliert und stand in enger, wahrscheinlich schon älterer Verbindung mit dem Konvent von San Marco. Viele Angehörige des Medici-Geschlechtes, unter ihnen Lorenzo il Magnico, waren zukünftig Mitglieder dieser Compagnia.

Es spricht nicht alles dafür, dass zumindest in der zweiten Hälfte des 15. Jahrhunderts die Florentiner Dreikönigsverehrung mit dem Mailänder Dreikönigskult verbunden war. Wichtiges indirektes Anzeichen sind die Stiftungen des Piero de' Medici und des ihm politisch und kommerziell verbundenen Pigello Portinari (ebenfalls Mitglied der Dreikönigsbruderschaft) für die Kirche von Sant' Eustorgio in Mailand. Nach letzterem ist die dortige Portinari-Kapelle benannt. Mit dem Sturz der Herrschaft der Medici der Älteren Linie (1494) kam das Ende der "Compagnia dei Magi" von Florenz.

Im nahe bei Florenz gelegenen Coverciano – nur etwa drei Kilometer vom Stadttor von Santa Croce entfernt – wurde vor der Mitte des 14. Jahrhunderts ein der Augustinerregel folgender Frauenkonvent mit dem Patrozinium des heiligen Königs Balthasar gegründet ("Monastero di San Baldassare").[18] Stifter war Turino Baldesi, Mitglied einer florentinischen Kaufmannsfamilie, die ihren Familiennamen "Baldesi" als Deminutiv von Baldassare aufgefasst haben soll. 1806 wurde der Konvent aufgehoben. Er scheint keine Beziehungen zur Dreikönigsverehrung in Mailand oder dessen lombardischen Umfeld gehabt zu haben, wohl aber in der

---

[16] Zu dieser: Rab Hatfield: The Compagnia de' Magi. In: Journal of the Warburg-Courtauld-Institute 33 (1970), S. 107-161.

[17] Für 1390 ist ein Dreikönigsumzug am 6. Januar bezeugt, der von San Marco, dem berühmten Dominikanerkloster, zum dem Stadtpatron Johannes dem Täufer geweihten Baptisterium vor dem Dom seinen Weg nahm.

[18] Hofmann, a.a.O. (wie Anm. 2), S. 280.

frühen Neuzeit zu Köln. Er besaß im 18. Jahrhundert Reliquien von Gefährtinnen der heiligen Ursula von Köln, deren Erwerb nicht datiert werden kann.[19] 1705 erhielt der Konvent auf offiziellem Wege eine Berührungsreliquie der Heiligen Drei Könige aus Köln.[20]

Die Bemühungen Mailands um Rückführung der Dreikönigsreliquien

Von einem Versuch des Herzogs Ludovico il Moro 1495 wurde bereits oben berichtet.[21] Keiner der späteren Versuche konnte auf eine so deutliche päpstliche Unterstützung rechnen, obwohl diese Versuche mit vielleicht weit größerem Eifer betrieben wurden. Bei allen Bestrebungen Mailands, die Gebeine der Heiligen Drei Könige ganz oder wenigstens teilweise zurückzugewinnen, darf nicht vergessen werden, dass in Mailand die – freilich wenig allgemein in der Stadt rezipierte – Legende entstand, die echten Reliquien seien in Wahrheit dort verblieben. Man habe den Kölner Erzbischof erfolgreich getäuscht. Dieser habe die falschen Reliquien nach Köln gebracht. Am Ausgang des Mittelalters wurde die Anerkennung der Echtheit der Kölner Reliquien dann zum offiziellen Standpunkt der mailändischen Kirche.

Sehr ernsthaft, aber nicht besonders hartnäckig versuchte der heilige Karl Borromäus, Erzbischof von Mailand 1560/63[22] bis zu seinem Tod 1584, die Dreikönigsreliquien für Mailand zurückzugewinnen. Er wandte sich der Überlieferung nach sowohl an Papst Gregor XIII. wie auch an König Philipp II. von Spanien in dessen Eigenschaft als Herzog von Mailand.[23] Zuvor hatten schon 1564 die Dominikaner von Sant' Eustorgio vergeblich versucht, den Papst – damals Pius IV. (1559-1565), der aus einer lombardischen Adelsfamilie stammte[24] – für dasselbe Anliegen zu gewinnen. Karl Borromäus, Neffe und damals einflussreicher Kardi-

---

[19] Diese Reliquien wurden mit anderen bei einer Visitation des Schwesternkonvents durch den Erzbischof von Florenz Guiseppe Maria Martelli im September 1729 vorgefunden.

[20] Bemüht hatte sich darum niemand geringeres als die damals am Düsseldorfer Hof, später in ihrer Heimat Florenz lebende Anna Maria Luisa de' Medici, die Ehefrau des pfälzischen Kurfürsten Johann Wilhelm ("Jan Wellem").

[21] Vgl. auch Anm. 10.

[22] Carlo Borromeo wurde 1560 Administrator des Erzbistums Mailand, 1563 wurde er, der weiter an der Kurie in Rom lebte, zum Bischof geweiht. 1566 übersiedelte er endgültig nach Mailand.

[23] Es sind allerdings keine Briefe des Karl Borromäus mit diesem Inhalt an den Papst oder an den König von Spanien bzw. gleichwertige Quellen überliefert, sondern lediglich Teile einer diesbezüglichen Korrespondenz, die er mit dem päpstlichen Legaten in den Niederlanden, zu denen man Köln rechnete, Giambattista Castagna führte.

[24] Pius IV. stammte aus einer Familie, die den Namen "Medici" trug, ohne mit dem berühmten Florentinergeschlecht verwandt zu sein. Diese Medici hatten den Schwerpunkt ihrer Besitzungen am Westufer der Comer Sees.

Der hl. Karl Borromäus, Erzbischof von Mailand (†1584), Kupferstich des 17. Jh.s

nalnepote Papst Pius' IV.[25], hat sich 1564 wahrscheinlich nicht für das Gesuch der Mailänder Dominikaner interessiert. 15 Jahre später zeigte er sich voll engagiert, aber er brach seine Bemühungen dann ab. Er teilte schließlich dem päpstlichen Legaten Castagna mit, er solle sich vorläufig nicht in dieser Sache an den Kölner Erzbischof Gebhard Truchsess von Waldburg (1577-1583) wenden. Noch hat er dann selbst an diesen geschrieben. Der Grund für den scheinbaren Gesinnungswandel war wohl die ihm zugegangene Nachricht, die Drei Könige würden nach wie vor in Köln sehr verehrt. Hatte der Mailänder Erzbischof das Gegenteil angenommen? Karl Borromäus wusste mit Sicherheit um den Anteil der protestantisch gesinnter Mitglieder unter den Edelkanonikern des Kölner Domkapitels und vermutlich auch um die Einstellung der Bauarbeiten am Kölner Dom wegen des Ausbleibens von Spenden der Pilger schon Jahrzehnte zuvor. War es ihm letztlich mehr um die Verehrung der drei Weisen als um Mailand gegangen?[26]

Einen weiteren Versuch machte dann Erzbischof Alfonso Litta (1652-1679, seit 1666 Kardinal).[27] Er wandte sich an den Apostolischen Nuntius in Köln Opizio

---

[25] Carlo Borromeo war ein Schwestersohn Pius' IV.

[26] Auch für Philipp II. von Spanien, der zahlreiche Reliquien im Escorial sammelte, war der erstrebte Reliquienbesitz keineswegs das einzige Motiv seines Sammeleifers, sondern auch die Absicht, den Verlust der Reliquien in den Ländern der Reformation durch die dortige Geringschätzung zu verhindern.

[27] Rudolf Lill: Von den Heiligen Drei Königen. Mailand und die Hl. Drei Könige. In: Kölner Domblatt 12/13 (1957), S. 154-158, hier S. 156. – Kardinal Alfonso Litta stammte aus einer seit dem 13. Jahrhundert in Mailand ansässigen Patrizierfamilie, der auch Kardinal

Pallavicini. Dieser teilte ihm 1675 mit, Dreikönigsreliquien zu bekommen sei so schwierig wie Splitter von den Häuptern der Apostelfürsten Petrus und Paulus aus den Reliquiaren im Lateran zu erhalten. Die Kölner würden schwerlich die kleinste Partikel der Dreikönigsgebeine herausgeben.

Die Rückgabe von Teilen der Dreikönigsreliquien an die Kirche von Mailand

In einer auf den 12. Februar 1903 datierten Denkschrift[28] erinnerte der damalige Erzbischof von Mailand, der selige Andrea Carlo Kardinal Ferrari[29], an die früheren Bemühungen seiner Kirche um Rückführung der Dreikönigsreliquien. Er bat die Kölner darum, Teile der Reliquien an Mailand zurückzugeben, so wie Mailänder in den Jahren 1705 und 1854 Teile der Reliquien des heiligen Aquilinus an dessen Vaterstadt Würzburg zurückgegeben hätten.[30] Als im Sommer des gleichen Jahres der Kölner Erzbischof Antonius Kardinal Fischer zweimal mit dem Mailänder Erzbischof zusammentraf, trug dieser seinem Amtskollegen von Köln seine Bitte mündlich vor. Zuerst geschah dies vermutlich im Juni 1903, als Erzbischof Fischer anlässlich seiner Kardinalserhebung (24. Juni) über Mailand nach Rom reiste. Das zweite Gespräch fand während des Konklaves statt, das der Wahl Papst Pius X. (4. August) voranging. Kardinal Fischer hat wohl von Anfang an das Anliegen von Kardinal Ferrari sehr positiv aufgenommen.

In Köln hatte sich also seit dem 17. Jahrhundert in der Bewertung solcher Bitten sehr viel geändert. Der hauptsächliche Grund für die nun weit freundlichere Aufnahme der Bitte wird wohl darin gelegen haben, dass im "alten Erzbistum Köln" vor 1802

Lorenzo Litta (1756-1820) angehörte. Alfonso Litta hatte große Verdienste um die Pflege der Ambrosianischen Liturgie.

[28] Der Text der *Promemoria* ist ediert als Beilage in: Hans Hofmann: Die Rückführung von Teilen der Dreikönigsreliquien von Köln nach Mailand 1903-1904. In: Jahrbuch des Kölnischen Geschichtsvereins 46 (1975), S. 51-72, hier S. 64-65.

[29] Andrea Ferrari wurde 1850 in Lalatta (Provinz Parma) geboren, 1873 in Parma zum Priester geweiht und 1890 zum Bischof erhoben. 1891 wurde er Bischof von Como. Von 1894 bis zu seinem Tod am 2. Februar 1921 war er Erzbischof von Mailand. Seither führte er im Gedenken an den heiligen Karl Borromäus den Zweitnamen Carlo. Unmittelbar nach seiner Erhebung zum Erzbischof wurde er Kardinal. 1987 wurde er, der durch Papst Pius X. als Modernist verdächtigt wurde, durch Papst Johannes Paul II. seliggesprochen. (Carlo Snider: L'epicopato del cardinale Andrea Carlo Ferrari arcivescoco di Milano. Mailand 1987.) – Zu Kardinal Ferrari wurde hier das noch nicht publizierte Manuskript aus dem von Hans Joachim Kracht unter Mitarbeit von Pamela Santoni verfassten "Lexikon der Kardinäle" (Libelli Rhenani. 45,1ff. Köln 2012ff.), das vermutlich in Bd. 4 erscheinen wird, benutzt. Dr. Kracht (Chiusi, Rom) sei dafür herzlich gedankt.

[30] Hofmann, a.a.O. (wie Anm. 28), S. 52. Dort auch zum Folgenden. (Aquilinus ist vermutlich mit dem um die Jahrtausendwende amtierenden Dompropst Wizelin identisch. In jedem Fall war er Kölner Domkleriker.)

das Domkapitel als Hüter der Dreikönigsreliquien bei der Ablehnung dieser Gesuche rigoroser war und vor allem eine weit selbstständigere Stellung gegenüber dem Erzbischof einnahm. Schon am 22. August 1903, also recht bald nach seiner Rückkehr aus Rom, ließ Kardinal Fischer mit Zustimmung des Kapitels Reliquien aus dem Dreikönigsschrein entnehmen. Es handelt sich um "einen Unterarm bestehend aus Speiche und Elles des ältesten, die Speiche eines Unterarms des mittleren und einen Halswirbel des jüngsten der Heiligen Drei Könige".[31]

Kardinal Ferrari nahm Ende August an der in Köln stattfindenden 50. Generalversammlung der deutschen Katholiken teil. Er traf am 25. August in Köln ein und zelebrierte am folgenden Tag im Kölner Dom eine Messe nach dem ambrosianischen Ritus. Am 28. August, dem Tag der Abreise des Mailänder Kardinals wurden diesem die ausgewählten Reliquien übergeben.[32] Kardinal Ferrari bewahrte die Reliquien zunächst in seiner Hauskapelle auf, in der Absicht, sie später feierlich an ihren ursprünglichen Platz in der Kirche Sant' Eustorgio zu überführen. Dies sollte am Sonntag, dem 3. Januar 1904 geschehen, doch erlaubte die Mailänder Polizei die vorgesehene Prozession vom Palazzo Arcivescovile nach Sant' Eustorgio nicht. Die Überführung fand daher am 3. Januar "in forma privata" statt.[33] Schon im Dezember 1903 hatte Kardinal Ferrari "als Gegengabe für die Dreikönigsreliquien ein Messgewand und ein Stück des Rosenkranzes seines Vorgängers, des heiligen Karl Borromäus, nach Köln gesandt".[34]

Literatur

Bondioli, Pio: Storia di Busto Arsizio. Bd. 1.2. Varese 1937-1954.

Caffi, Michele: Della Chiesa di Sant' Eustorgio in Milano. Illustrazione storico-monumentale-epicrafico. Milano 1841.

Floß, Heinrich Joseph: Dreikönigenbuch. Die Übertragung der hh. Dreikönige von Mailand nach Köln. Köln 1864.

Hatfield, Rab: The Compagnia de' Magi. In: Journal of the Warburg-Courtauld-Institute 33 (1970), S. 107-161.

---

[31] Ebenda, S. 52-53.
[32] Norbert Trippen: Dreikönigsreliquien zurück nach Mailand. 1903/1904: Rückgabe als Zeichen der Versöhnung. In: Kirchenzeitung für das Erzbistum Köln. Ausgabe vom 25. April 2014, S. 56.
[33] Hofmann, a.a.O. (wie Anm. 28), S. 58, Anm. 38 (Zitat nach der Mailänder Tageszeitung "Il Seculo").
[34] Trippen, a.a.O. (wie Anm. 32).

Hofmann, Hans: Die Heiligen Drei Könige. Zur Heiligenverehrung im kirchlichen, gesellschaftlichen und politischen Leben des Mittelalters. (Rheinisches Archiv. 94.) Bonn 1975.

Hofmann, Hans: Die Rückführung von Teilen der Dreikönigsreliquien von Köln nach Mailand 1903-1904. In: Jahrbuch des Kölnischen Geschichtsvereins 46 (1975), S. 51-72

Lill, Rudolf: Von den Heiligen Drei Königen. Mailand und die Hl. Drei Könige. In: Kölner Domblatt 12/13 (1957), S. 154-158.

Snider, Carlo: L'epicopato del cardinale Andrea Carlo Ferrari arcivescoco di Milano. Mailand 1987.

Trippen, Norbert: Dreikönigsreliquien zurück nach Mailand. 1903/1904: Rückgabe als Zeichen der Versöhnung. In: Kirchenzeitung für das Erzbistum Köln. Ausgabe vom 25. April 2014, S. 56.

Apollinaris von Ravenna, sein Kult und dessen Beziehung zur Dreikönigsverehrung

von

Konrad Groß

Zu den eng mit der Verehrung der Heiligen Drei Könige gehörenden Gestalten zählt ohne Zweifel der heilige Apollinaris, erster Bischof von Ravenna, Stadtpatron Düsseldorfs. Der um 200[1] in Ravenna lebende Heilige ist in der Überlieferung als Bekenner (so im Epigraph des Bischofs Maximian in S. Apollinare in Classe bei Ravenna, Mitte des 6. Jahrhunderts[2]) wie auch als Märtyrer (Petrus Chrysologus, Sermo 128, 1. Hälfte des 5. Jahrhunderts[3]) bezeugt. Nach der wahrscheinlich im 7. Jahrhundert entstandenen Passio S. Apollinaris[4] ist der Heilige als Jünger des Apostels Petrus mit diesem aus Antiochia nach Rom gekommen. Dort zum Bischof geweiht wurde er nach Ravenna gesandt, wo er neben zahlreichen Wundern viele Bewohner der Stadt, darunter auch Nichtrömer aus dem Orient, bekehrt und getauft hat. Nach schweren Folterungen (Schläge, Verbrennungen mit glühenden Kohlen, Verbrühungen und Geißelung) ist er nach anschließender Einkerkerung, wobei er von einem Engel mit Speise versorgt wurde, in Ketten verbannt worden, aber bei einem heftigen Seesturm entkommen. Nach Missionstätigkeit in Griechenland und Thrakien nach drei Jahren nach Ravenna zurückgekehrt soll er dort den Tempel des Apoll zum Einsturz gebracht und sich schließlich in ein Aussätzigendorf bei Classe zurück gezogen haben, in dem er nach der Legende durch Erschlagen mit einer Keule getötet worden sein soll. Neben seinem Grab wurde die Kirche S. Apollinare in Classe errichtet, die 549 durch Bischof Maximian geweiht wurde. Bei diesem Anlass wurden auch Reliquien aus dem Grab in die Basilika überführt.[5] Erzbischof Johannes VII. ließ im 9. Jahrhundert auf Grund von sarazenischen Überfällen die Reliquien aus der sich allmählich entleerenden Stadt Classe nach S. Martino al Ciel d'Oro in Ravenna bringen. Die Kirche trug ab da den Namen S. Apollinare Nuovo.[6] Der Überlieferung zu Folge entbrannte jedoch bald ein heftiger Streit um

---

[1] Seeliger rückdatiert ihn in die Mitte des 2. Jahrhunderts, da in der ravennatischen Sukzessionsliste (an Stelle 11) als erster datierbarer Bischof von Ravenna der auf der Synode von Sardika 343 teilnehmende Bischof Severus auftaucht.
[2] Datiert vom 9.5.549 – Vgl. Corpus inscriptionum latinarum XI,1,295.
[3] PL 52, 552-555.
[4] BHL 623. Sämtliche Legenden in BHL 623-632.
[5] Ein frühes Zeugnis der Verehrung findet sich bei Fortunatus, Vita Martini (PL 88, 425).
[6] Vgl. Mazzotti S. 223ff.

die Authentizität der Reliquien, der im 12. Jahrhundert zwischen den Benediktinern von S. Apollinare Nuovo und den Camaldulensern von S. Apollinare in Classe gipfelte und zu einer Öffnung des Grabes im Jahre 1173 führte. Ähnliche Auseinandersetzungen ereigneten sich zu Beginn des 16. Jahrhunderts, als die Camaldulenser ihr Kloster mitsamt den Reliquien nach Ravenna verlegten, das dortige Domkapitel sie jedoch in den Dom der Stadt bringen ließ. 1654 erfolgte auf Anordnung der römischen Ritenkongregation eine Rückführung nach S. Apollinare in Classe. Ausgehend von der im 5. Jahrhundert überall einsetzenden Verehrung der jeweiligen Gründerbischöfe, so auch in Ravenna und in Classe, verbreitet sich der Kult des Heiligen[7] zuerst im Exarchat von Ravenna.[8] Durch Papst Symmachus (498-514) kam wohl um 500 der Kult nach Rom (Oratorium bzw. Altar in der Rotunde S. Andrea in der südlichen Peterskirche) und unter Papst Honorius I. (625-638) findet sich um 630 eine Kirche am Eingang der Peterskirche, die dem hl. Apollinaris geweiht war. Eine ebenfalls dem Apollinariskult gewidmete Stätte wird im 8. Jahrhundert in der Nähe der Piazza Navona erwähnt. Sie wurde später zur Kirche des Collegium Germanicum und erhielt 1589 Apollinaris-Reliquien.

Ein anderer bedeutender Zweig der sich verbreitenden Verehrung entstand durch den Orden der Camaldulenser, dessen Gründer Romuald selbst aus Ravenna stammte, der den hl. Apollinaris zuerst in seinen toskanischen Klöstern verehrte, später dann über Italien hinaus den Kult nach Saint-Bénigne in Dijon trug (10. Jahrhundert). Von dieser bedeutenden Abtei geht die Spur weiter ins Oberelsaß, hier das Kloster Obermichelbach bei Mühlhausen.[9] Der mit der Stadt Ravenna und dem hl. Romuald eng verbundene deutsche Kaiser Otto III. stiftete 1003 ein Apollinaris-Kloster in Burtscheid bei Aachen, von wo sich die Verehrung im Rheinland ausbreitete.[10] In dieses Kloster wurden nun auch die Reliquien der Abtei Reims, die im 11. Jahrhundert total verarmt war und letztlich 1050 aufgehoben wurde, übertragen. Weinbergsbesitzungen der Abtei Burtscheid in Remagen hatten seit Beginn der Gründung bestanden. Als nun 1250 Erzbischof Engelbert von Berg die Abtei Burtscheid auflöste, gaben die nun dort lebenden Zisterzienserinnen die Reliquien nach Remagen ab. Die seit dem 11. Jahrhundert von Siegburger Benediktinern betreute alte Kultstätte mit einer Martinskirche wurde nach der Erhebung zur Propstei der Abtei Siegburg mit dem Neubau einer Kirche zu Ehren des hl. Nikolaus ausgestattet. Durch den Einzug der Apollinaris-Reliquien wurde nun aus dem Remagener Martinsberg der Apollinarisberg.

---

[7] Zur Verehrungsgeschichte grundlegend Will.

[8] Frühe Zeugnisse sind belegt aus der Emilia, aus Venetien, Umbrien und den Marken, aus der Lombardei, sogar aus Unteritalien und aus Dalmatien, hier vor allem aus Zara, dem heutigen Zadar.

[9] S. Will 78-82.

[10] Vgl. Thomas Wurzel, Die Reichsabtei Burtscheid von der Gründung bis zur frühen Neuzeit. Aachen 1984 (= Veröffentlichungen des Stadtarchivs Aachen; 4).

Legendarische Überlieferung

Nach der legendarischen Überlieferung kamen die Reliquien des hl. Apollinaris zusammen mit denen der Heiligen Drei Könige 1164 nach Deutschland. Danach sei das Schiff am 23. Juli in Remagen[11] stehen geblieben und nicht mehr zur Fahrt in Gang zu bringen gewesen, bis man die Apollinaris-Reliquien in Remagen ausgeladen habe.[12] Erst daraufhin sei die Fahrt fortgesetzt worden, um am 24. Juli in Köln zu enden.[13] So berichtet es der niederländische Schriftsteller Theodor Pauli, Prior von Sankt Vincent in Gorinchem[14], im Jahr 1463. Hier dürfte die Zeitgleichheit des Festtags des hl. Apollinaris (23. Juli) mit dem Translationsfest der Hl. Drei Könige in Köln eine Rolle gespielt haben. Außerdem brauchte man für die schon seit langer Zeit in Remagen verehrten, aber bis zu diesem Zeitpunkt mindestens zweifelhaften Reliquien Klarheit und Sicherheit. "Lokaltradition und Überführung der Dreikönigsreliquien verknüpften sich also auch hier zum Zwecke historischer Beglaubigung eng miteinander."[15]

Apollinaris-Verehrung im Rheinland

Die Verehrung des hl. Apollinaris in Düsseldorf hängt eng zusammen mit der Kirchenpolitik der 1380 in den Herzogsstand erhobenen Grafen von Jülich und Berg. Denn der seit 1360 amtierende Wilhelm von Jülich und Berg (beide Grafschaften waren 1348 vereinigt worden) ließ die mit Privileg Papst Nikolaus' IV. vom 8.9. 1288 in ein Kanonikerstift umgewandelte Pfarrkirche St. Lambertus bei der Weihe eines Neubaus am 13.7.1394 mit einer Änderung des Patroziniums versehen: Neben der Gottesmutter Maria wurden als Nebenpatrone der hl. Thomas, der hl. Lambertus, die Kölner heiligen Bischöfe Severin und Anno und der hl. Apollinaris aufgeführt. Diese Patrozinien blieben der auch "Grote Kerk" genannten Kirche bis

---

[11] Der Name der Stadt Remagen leitet sich nicht von Reges und Magi, wie fälschlich behauptet, ab, sondern vom keltischen rig (= König) und magos (= Ebene, Feld, Marktflecken). Der ursprüngliche Name Rigomagus bedeutete demnach Königsebene.

[12] Vgl. Hermann Crombach, Primitiae gentium seu Historia SS. Trium Regum Magorum. Köln 1654, S. 663f. Auch AASS Juli 5, S. 328ff.

[13] Kultstätten, in denen die Drei Könige übernachtet oder die sie passiert hätten, sind auch nachzuweisen in Busto Arsizio, Grandate und Cadorago, Como, Luzern, Erstfelden-Jagdmatt, Zürich, Feusdorf, Buffart, Sellières, Estrabonne, Lieucroissant, Breisach, Mainz, Schwäbisch Gmünd und Bamberg. Vgl. Heinrich Joseph Floss, Dreikönigenbuch. Die Uebertragung der hl. Drei Könige von Mailand nach Köln. Köln 1864. Matthias Zender, Räume und Schichten mittelalterlicher Heiligenverehrung in ihrer Bedeutung für die Volkskunde. Die Heiligen des mittleren Maaslandes und der Rheinlande in Kultgeschichte und Kultverbreitung. 2. Aufl. Bonn 1973.

[14] Oft nach der Aussprache auch Gorkum / Gorcum geschrieben (Provinz Südholland).

[15] Hofmann 107.

zum 31.8.1805, als der letzte Gottesdienst der Kanoniker stattfand. Ab dem 1. September trug die nun wieder Pfarrkirche gewordene Stätte erneut das Patrozinium des hl. Lambertus. Die Reliquien des hl. Apollinaris, besser gesagt: ein Teil davon (das Haupt), hatte Herzog Wilhelm I. nach einem Streit mit der Abtei Siegburg, in dessen Verlauf er 1383 den zu Siegburg gehörenden Martinsberg, den späteren Apollinarisberg, von Sinzig aus überfallen und die Reliquienschätze als Beute nach Düsseldorf bringen lassen. Überhaupt ließ er der Stadt wertvolle Reliquien zukommen: so eine große Kreuzpartikel, die der Papst Kaiser Otto I. als Geschenk bei der Kaiserkrönung machte, sowie Reliquien des hl. Willeikus, Nachfolger des hl. Suitbertus, eine Arm-Reliquie des Apostels Thomas und Reliquien des hl. Pankratius. Durch die guten Beziehungen des Herzogs zu Papst Bonifatius IX. wurde Apollinaris 1394 zum Stadtpatron erhoben.[16] Den heutigen Schrein stiftete 1665

Abb.: Apollinarisschrein, Düsseldorf, 1665

Pfalzgraf Philipp Wilhelm, der Vater von Jan Wellem, nachdem die Gebeine fast 200 Jahre in einer einfachen Holzlade geruht hatten. Auch ließ er in die sogenannte "Schwedenmonstranz", ein wahrscheinlich vom Schwedenkönig Gustav Adolf in Böhmen konfisziertes liturgisches Gerät, eine Figur des hl. Apollinaris einsetzen. Dass bereits 1384 Wallfahrten zum hl. Apollinaris in Remagen nachzuweisen sind,

---

[16] S. Stadtarchiv Düsseldorf, Marien-Stift, Rep. u. Hs. 2, Bl. 9ᵛ.

obwohl ein Jahr zuvor, wie gesagt, der Düsseldorfer Raub eigentlich zum Verlust der Schätze geführt haben muss, hat in der Historischen Landeskunde des Rheinlands immer wieder zu erneuten Erklärungsversuchen geführt. Zuletzt hat Franzludwig Greb[17] die folgende Erklärung versucht: ein rheinischer Ritter namens Gerhard von Einenberg hat bereits 1383 das Haupt des hl. Apollinaris, wohl um die Raubgelüste des Jülich-Bergischen Herzogs wissend, in die Burg Landskron, Stammsitz der Burggrafen von Are, gelegen über der heutigen Stadt Bad Neuenahr-Ahrweiler, gebracht.[18] Nach den Napoleonischen Kriegen war das Haupt eine Zeitlang (1812-1826) in Düsseldorf, wo es das sich wiederum seit dem 25.1.1826 in Remagen befindliche heutige Reliquiar erhielt. Deshalb gilt dieser Tag als Translationstag, die Tage um den 23.7. gelten als die eigentlichen Wallfahrtstage.

So gilt der Apollinarisberg bis heute – neben Düsseldorf und Siegburg – als bedeutende Wallfahrtsstätte. Als 1802 die Benediktinerpropstei säkularisiert wurde, verfiel die Kirche langsam und wurde Scheune und Pferdestall. 1807 erwarben die Brüder Sulpiz und Melchior Boisserée zusammen mit dem französischen Ministerresidenten Karl Friedrich Reinhard das Anwesen, das sie zu einem gesellschaftlichen Mittelpunkt des Rheinlandes machen wollten. Nach dem Verkauf 1836 an den damaligen Freiherrn und späteren Grafen von Fürstenberg-Stammheim entwarf und baute Ernst Friedrich Zwirner, der Vollender des Kölner Doms, in den Jahren 1839 bis 1853 die neugotische Apollinariskirche[19], deren Ausmalung in der Kunstrichtung der Nazarener erfolgte, ein Stil, der vor allem unter Wilhelm von Schadow an der Düsseldorfer Kunstakademie gelehrt wurde. Der in der Pfarrkirche Sankt Servatius in Siegburg stehende Heiligenschrein, neu aufgestellt im Jahre 1990, stammt aus der dortigen Abtei.[20] Dessen Abt Pilgrim von Drachenfels hat um 1394 Apollinaris-Reliquien in ihn einfügen lassen. Diesen Schrein ließ 1446 Abt Spieß von Büllesheim in Köln beim Goldschmied Hermann von Aldendorp kostbar ausschmücken. 1632 konnte man den Schrein nach Köln in Sicherheit bringen, bis er 1750 nach Siegburg ins Kloster zurückkehrte. Als er in Folge der Säkularisation zur sogenannten Verfügungsmasse geriet und 1812 weggebracht werden sollte, empfand die Bevölkerung dies so als verwerflich, dass der Transport verhindert werden konnte und der Schrein nach Sankt Servatius gelangte. Nach der Wiedererrichtung der Abtei kam der in Sankt Servatius ruhende Anno-Schrein ins

---

[17] Vgl. Greb.
[18] Zur mittelalterlichen Geschichte der Höhenburg s. Valentin Ferdinand Gudenus, Codex diplomaticus. Vol. 2. Goettingae 1747, S. 929-1368.
[19] Eine Ansicht der alten Kapelle auf dem Martinsberg, Vorgängerbau der Apollinariskirche, fertigten 1831 Nicolas M. Chapuy, J. Jacottet und A. Bayot an, erschienen in Chapuys Les bords du Rhin.
[20] Ob die Siegburger Reliquien teilweise direkt aus Saint-Bénigne in Dijon stammen können, ist umstritten.

Kloster zurück und an seine Stelle in der Reliquiennische des Hauptaltars trat 1990 der Schrein des hl. Apollinaris.

Neben Reliquien des hl. Apollinaris im Aachener Dom befanden sich in Köln in folgenden Kirchen Reliquien: St. Jakob, St. Gereon, Mariengraden, Groß St. Martin, St. Alban, St. Achatius, Zu den hll. Makkabäern und in St. Vinzenz. Eine Apollinaris-Bruderschaft lässt sich an der Augustiner-Klosterkirche nachweisen, die seit dem 17. Jahrhundert eine Fußwallfahrt nach Remagen durchführte und später nach Sankt Georg verlegt wurde.

Apollinaris-Patrozinien im Erzbistum Köln: Düsseldorf; Lindlar-Frielingsdorf; Wermelskirchen-Dabringhausen. Reliquien besitzen auch der Dom zu Minden, der Dom zu Münster in Westfalen und die dortige Kapuzinerkirche und Sankt Pankratius Drensteinfurt-Rinkerode.

In Düsseldorf hat sich aber in einzigartiger Weise liturgische und weltliche Feier miteinander verbunden, wenn man dort in der zweiten Juli-Hälfte die "Größte Kirmes am Rhein, die Apollinaris-Kirmes" mit folgenden Höhenpunkten feiert: Schützenhochamt am Kirchweihfest (Sonntag nach dem 13. Juli), Apollinaris-Vesper am Mittwoch in der Festwoche mit Stiftung der Apollinaris-Votivkerze der Stadt durch den Oberbürgermeister und anschließendem feierlichem Empfang von Stadtdechant und Katholikenrat für Vertreter von Kirche, Politik und Wirtschaft, Apollinaris-Reliquien-Prozession am Donnerstagabend durch die Altstadt mit Schützengesellschaften und vielen Gläubigen (seit 1956 regelmäßig), Feierliche Vesper in St. Lambertus mit Teilnahme aller in Düsseldorf befindlichen orthodoxen Kirchen, Gottesdienst der Vertreter der Düsseldorfer Pfarrgemeinden am Samstag der Festwoche am Schrein des hl. Apollinaris mit Überreichung einer Kerze für jede Gemeinde und Festhochamt am letzten Sonntag der Festwoche mit einem hohen Geistlichen.

Ikonographie

Neben Stadtpatron von Ravenna, Remagen und Düsseldorf ist Apollinaris Patron der Nadler, angerufen wird er gegen Gallen- und Nierensteine, Gicht, Geschlechtskrankheiten (weil diese mit glühenden Kohlen verbrannt wurden) und Epilepsie. Dargestellt wird er mit Keule (mit einer solchen erschlagen), Ähren (weil eine Hungersnot abgewendet) oder auf Wolken stehend mit Bischofsstab und Keule.

In der Ikonographie des Heiligen sind uns die frühesten Darstellungen aus Ravenna überliefert: als Orant im Apsismosaik von Sant' Apollinare in Classe (vor 549), angetan mit Dalmatik und Clavi (Zierstreifen), darüber Planeta (Casel) und goldbesticktes Pallium, stehend unter der symbolischen Darstellung der Verklärung zwischen sechs Schafen zu jeder Seite, ein in der ravennatischen Kunst übliches Motiv nach dem Typ der Himmelfahrt und der Verherrlichung Christi. Die zweite Darstellung in Ravenna aus Sant' Apollinare Nuovo (3. Viertel des 6. Jahrhunderts) zeigt den Heiligen in der Tunika mit Märtyrerkrone in seinen verhüllten Händen innerhalb der großen Märtyrerprozession. In der byzantinischen Tradition ist er

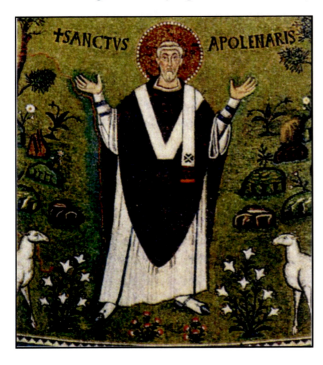

Abb.: Apsismosaik, Mitte 6. Jh., Ravenna, S. Apollinare Nuovo, Ausschnitt

selten überliefert, erhalten ist eine Darstellung in der Capella Palatina in Palermo. In der westlichen Bildtradition als Bischof dargestellt, so z.B. als jugendlicher Typ mit Mitra und Stab von Luca di Tommè (1330-1389), Pinakothek von Spoleto (entstanden um 1370), als älterer Bischof als segnende Statue auf der Piazza Maggiore in Ravenna (Anfang 15. Jh.)[21], am Hochgrab (14. Jh.) auf dem Remagener Apollinarisberg (Liegefigur von 1856), als Sitzfigur, ursprünglich aus dem elsässischen Kloster St. Apollinarisberg (um 1520), später in der Pfarrkirche von Obermichelbach, Silberstatuette am Kreuzreliquiar in St. Lamberti, Düsseldorf (17. Jh.), Statue in der Pfarrei von Ellscheid, Kreis Daun (18. Jh.). Ikonographische Zyklen stammen erst aus dem Hochmittelalter, allen voran der zehnteilige Glasfenster-Zyklus aus der Kathedrale von Chartres (13. Jh.), mit deutlicher Bezugnahme der Beziehung des Heiligen zum Apostel Petrus:

1. Heilung des blinden Sohns des Soldaten Irenäus – 2. Apollinaris vor dem Tribun von Ravenna – 3. Heilung der Thekla, der Gattin des Tribun – 4. Heilung von Besessenen – 5. Apollinaris vor Rufus – 6. Erweckung der Tochter des Rufus – 7. Vor dem Richter – 8. Speisung durch Engel im Kerker – 9. Sturz des Apollotempels in Ravenna – 10. Martyrium.[22]

---

[21] S. Anna Maria Iannucci, Le statue dei santi Apollinare e Vitale a Ravenna. Documenti e restauri, in: Bollettino d'arte 26.1984, S. 129-134.

In erhaltenen Petrus-Zyklen segelt Apollinaris mit Petrus und Dionysius von Antiochien nach Pisa bzw. Rom, so in einem Fresko von Deodato Orlandi in der Basilika San Pietro a Grado in Pisa, wird Apollinaris durch Petrus gesalbt in einem Gemälde von Ercole Graziani im Dom von Bologna und Erscheinung des Heiligen vor dem ravennatischen Klostergründer Romuald auf einem Gemälde von 1365. An verlorenen Zyklen sind vor allem zu beklagen die Reliefs des 1803 eingeschmolzenen Apollinaris-Schreins aus Siegburg und die zerstörten Fresken von Pomarancio in Sant' Apollinare in Rom. Aus der Barockzeit sind erwähnenswert ein Stich von Gottfried Bernhard Götz und Joseph Sebastian Klauber im "Annus dierum sanctorum" und ein Kupferstich mit dem Martyrium durch Steinigung der Künstler J.M. Wehrlin und J.W. Baumgartner (1755).

Bibliographie

Die *Apollinariskirche* in Remagen. Mit Beitr. von Wolfgang Brönner [...] Worms 2005.

Becker-Huberti, Manfred: Sankt Apollinaris. Düsseldorfer Stadtpatron. [Hrsg.: Katholische Pfarrgemeinde Sankt Lambertus Düsseldorf]. Düsseldorf 2003.

Berg der Zuflucht, das ist: Kurtzer Begriff des Lebens, Leydens, Todts und Wunderwercken des h. ravennatischen Bischoffs und Martyrers Apollinaris. Mit beygefügten Morgens- und Abend- Meß-Beicht- und Communion-Gebetter, einigen Litaneyen, Andachts-Übung umb Erlangung einer seeligen Sterbstund, sambt kurtzer Verehrung des h. Apollinaris, so fort einigen Liederen, und den sieben Buß-Psalmen Davids. Zum Nutzen und Gebrauch Aller nach St. Apollinaris-Berg bey Remagen wallfahrtender Christ-Gläubigen. Verfasset und verfertiget von einem Priester des Minoriten-Conventualen Ordens S. Francisci. Cöllen 1751.

Bierbaum, Athanasius: Der Apollinarisberg. Seine Kirche, seine Propstei, seine Reliquien und sein Kloster. Ahrweiler 1907.

Ders.: Führer auf dem Apollinaris-Berg bei Remagen am Rhein. Remagen 1912.

Birlo, J.A.: Der Führer in der St. Apollinariskirche bei Remagen und ihrer Umgebung. Ein für den Besucher derselben höchst nöthiges Handbuch. 6., verb. und verm. Aufl. Bonn 1857.

Boyer, R.: Il culto di Sant' Apollinare in Ravenna e in Roma. Roma 1935.

Budriesi, Roberta: Le origini del cristianesimo a Ravenna. Ravenna 1970 (= Collana di quaderni di antichità ravennati, cristiane e byzantine. 2. Ser.; 3).

Custodis, Paul-Georg und *Pauly, Stephan*: Apollinariskirche in Remagen. Neuss 2008 (= Rheinische Kunststätten; 503).

Deichmann, Friedrich Wilhelm: Zur ältesten Geschichte des Christentums in Ravenna, in: RivAc 42.1966, S. 167-175.

---

[22] S. Yves Delaporte, Les vitraux de la Cathedrale de Chartres. Chartres 1926, S. 196-205.

Ders.: Ravenna. Hauptstadt des antiken Abendlandes. Bd. 1. Wiesbaden 1969.

Delehaye, Hippolyte: L'hagiographie ancienne de Ravenna, in: AnBoll 47.1929, S. 5-30.

Dinkler, Erich: Das Apsismosaik von Sant' Apollinare in Classe (= Wissenschaftliche Abhandlungen der Arbeitsgemeinschaft für Forschung des Landes Nordrhein-Westfalen; 29). 1964.

Farabulini, David: Storia della vita e del culto di Sant' Apollinare. Roma 1874.

I *Fasti* di S. Apollinare. Accademia poetica data nella chiesa del seminario arcivescovile di Ravenna il di seguente alle solennita centenarie. XXIV Iuglio MDCCCLXXIV. Ravenna 1874.

Flink, Klaus: Rigomagus – Remagen. Beiträge zur Stadtgeschichte. 2 Bde. Goch 2010-13.

Gardini, Giovanni, Conosciamo Sant' Apollinare vescovo e martire. 2: Alla scoperta del patron all'interno delle collezioni del Museo arcivescovile, in: Risveglio. Periodico della diocese di Ravenna e Cervia 2000, S. 5.

Greb, Franz-Ludwig: Unser Stadt- und Pfarrpatron, in: Lambertus-Bote. Pfarrbrief der Kath. Kirchengemeinde St. Lambertus Düsseldorf 1972, Nr. 7.

Guastuzzi, Gabriel Maria: Notizie storiche della vita, e del martirio di s. Apollinare primo vescovo, e principal protettore di Ravenna. Cura ed. e scientifice di Paola Novara e Giorgio Orioli. Ravenna [2012].

Hofmann, Hans: Die Heiligen Drei Könige. Zur Heiligenverehrung im kirchlichen, gesellschaftlichen und politischen Leben des Mittelalters. Bonn 1975 (= Rheinisches Archiv; 94).

Kneissel, C.M.: Der Apollinarisberg. Bonn 1839.

Kötting, Bernhard: Art. "Apollinaris, hl.", in: LThK, 2., völlig neu bearb. Aufl. Freiburg im Breisgau 1957, Bd. 1, Sp. 715.

Krumscheid, Aloys Chr.: Die St. Apollinariskirche bei Remagen am Rhein und das romantische Ahrthal. Ein Handbüchelchen für den Besucher der Kirche und des Ahrthals. Linz [u.a.] [ca. 1860].

Langen, Heinrich Josef: Gebrüder Boisserée und Graf Reinhard. Zur Geschichte des Apollinarisberges und seiner Bewohner in den Jahren 1807-1838. Remagen 1927.

Langen, Wilhelm Josef: Remagen in den Kriegen des Mittelalters bis nach dem spanischen Erbfolgekriege. Remagen 1907.

Ders.: Remagen in den Jahren 1793 bis 1817. Remagen 1913.

Lanzoni, Francesco: Le fonti della leggenda di Sant' Apollinare di Ravenna, in: Archivio della deputazione romana de storia patria 4.5.1915, S. 111-176.

Löhr, Erwin: Geschichte der St. Apollinariskirche Remagen und Beschreibung der Nazarener-Gemälde. Hrsg. von den Franziskanern auf dem Apollinarisberg. Remagen 1968.

Lucchesi, Giovanni: Note agiografiche sui primi vescovi di Ravenna. Faenza 1941.

Maretti, Aurelio: Vita di s. Apollinare arcivescovo, martire, e protettore di Ravenna libri tre. Pavenna 1644.

Mazzotti, Mario: La Basilica di Sant' Apollinare in Classe. Città del Vaticano 1954 (= Studi di antichità cristiana; 21).

Minguzzi, Luigi: Compendio della vita dell'inclito martire Sant' Apollinare, discepolo di S. Pietro, primo vescovo di Ravenna, apostolo dell'Emilia. Ravenna 1886.

Montanari, Donato: Vita di s. Apollinare arcivescovo martire e protettore di Ravenna. Faenza 1838.

Nordström, Carl Otto: Ravennastudien. Ideengeschichtliche und ikonographische Untersuchungen über die Mosaiken von Ravenna. Stockholm 1953 (= Figura; 4).

Orioli, G.: La Vita Sancti A. di Ravenna e gli antecedenti storici, in: Apollinaris 49. 1986, S. 251-267.

Pauly, Peter Paul: St. Apollinaris Remagen. 3., veränd. Aufl. Regensburg 2002 (Kunstführer; Nr. 1781).

Pick, Richard: Zur Geschichte der Verehrung des hl. Apollinaris in Düsseldorf, in: Annalen des Historischen Vereins für den Niederrhein 26. 1874, S. 414f.

Ricordo del 18. Centenario dal martirio di S. Apollinare, primo vescovo e patron ravegnano, apostolo dell'Emilia, celebrato in Ravenna nel Iuglio 1875. Ravenna 1875.

Salti, Stefania e Renata Venturini, La storia di Sant' Apollinare, santo patrono di Ravenna. Ravenna 2000.

I *santi* Vitale e Apollinare. Dall'iconografia artistica al monument architettonico. A cura di Nadia Ceroni. [S. l.] 1995 (= Quaderni didattici; 3).

Schorn, Carl: Geschichte der Propstei Apollinarisberg bei Remagen. Sonderdr. Bonn 1888.

Seeliger, Hans Reinhard: Art. "Apollinaris, hl.", in: LThK. 3., völlig neu bearb. Aufl. Freiburg im Breisgau 1993, Bd. 1, Sp. 828f.

Seeliger-Zeiss, Anneliese: Art. "Apollinaris von Ravenna", in: LCI. Bd. 5 Rom [u.a.] 1973, Bd. 5, Sp. 229-231.

Solenne centenario in onore di Santo Apollinare, vescovo e martire protettore della città ed archidiocesi di Ravenna ed apostolo dell'Emilia: Ravenna, 1874. Ravenna 1874.

Sonderheft: Remagen (= Rhenania Franciscana; 61). Düsseldorf 2008.

Vita di s. Apollinare primo vescovo di Ravenna. Per D.P.S. (= Raccolta di vite di santi. Pubblicazione mensuale; 2). Ravenna 1888,

Vita, martirio, e sepoltura di S. Apollinare primo vescovo, e principale protettore di Ravenna. [s. l.] 1700.

Wacker, Erhard: Die Weihe der Wallfahrtskirche St. Apollinaris in Remagen. Remagen 2012 (Remagener Apollinaris-Bibliothek; 2).

Will, Elisabeth: Saint Apollinaire de Ravenna (Publications de la Faculté des Lettres de l'Université de Strasbourg; 74). Paris 1936.

Zattoni, Girolamo: La data della Passio S. Apollinaris di Ravenna. Torino 1904.

Katalogteil

Von

Werner Wessel

Diejenigen Exponate, die nur mit einer Signatur – ohne direkte Besitzangabe – gekennzeichnet sind, stammen aus der Erzbischöflichen Diözesan- und Dombibliothek.

A) Die liturgische Feier des Translationsfestes

(A 1) Antiphonarium officii (pars aestivalis).

Köln: um 1310.

Sign.: Dom Hs. 263

Der Sommerteil des Antiphonars für die Zeit nach Pfingsten – mit den liturgischen Texten für das Stundengebet im Chor des Kölner Doms – hatte auf dem Pult auf der Seite des Dompropstes zu liegen. Auf fol. 304^r beginnen mit der Zierinitiale M(agorum presencia) die Texte für das Fest der Translation der Gebeine; die Anwesenheit der drei Magier wird als ein großer Grund zur Freude für die ganze Agrippina gepriesen.

Zierinitiale M, Dom Hs. 263, fol. 304^r

(A 2) Antiphonarium officii (pars aestivalis).

Köln: um 1310.

Sign.: Diözesan Hs. 149

Diese Handschrift ist weitestgehend mit dem vorhergehenden Exponat identisch. Im gleichen Skriptorium hergestellt, lag dieses Antiphonar allerdings auf dem Pult auf der Seite des Domdekans. In beiden Handschriften findet sich eine historisierte Initiale I (n dedicatione templi) – zum Fest der Kirchweihe des Domes, der ja auch zuweilen *templum trium regum* genannt wurde – mit Darstellung von Jakobs Traum von der Himmelsleiter. Dieses Fest hätte ohne die Anwesenheit der königlichen Gebeine im Bauwerk wohl auch nicht diese so große Bedeutung erlangt.

(A 3) Graduale et Antiphonarium officii.

Köln: 15. Jahrhundert.

Sign.: Dom Hs. 226

Aus dem Vorbesitz des Stifts Mariengraden stammt diese Handschrift, zu deren Alter in jüngster Zeit durch Harald Horst neue Erkenntnisse gewonnen werden konnten. *Die bisherige Datierung von Cod. 226 auf die Zeit zwischen 1353 und 1358 ist [...] nicht haltbar [...]. Auch das Gesamtbild der Handschrift lässt vermuten, dass sie eher ein Produkt des 15. als des 14. Jahrhunderts ist.*

Als Verfasser der darin befindlichen Sequenz – des Hymnus – zum Fest der Übertragung der Gebeine der Heiligen Drei Könige, die als solche in der ersten Hälfte des 14. Jahrhunderts entstand, wird Propst Heinrich des Stiftes Mariengraden vermutet. Deren je ersten und letzten drei Verse entsprechen der kölnischen Sequenz zum Fest des heiligen Gereon und seiner Gefährten. Die freie deutsche Bearbeitung von Matthias Joseph Scheeben ist hier wiedergegeben:

Gott, dem Heil'gen, dem Dreieinen
Soll zum Lobe sich vereinen
Erd' und Himmel allzumal.
Aus dem Herzen, aus dem Munde
Schall' in dieser heil'gen Stunde
Preis und Dank ihm ohne Zahl.

Aus der Jungfrau voller Wonne
Steiget eine neue Sonne;
Vor ihr wallt ein neuer Stern.
Freudig folgend seinen Spuren,
Eilen zu Judäas Fluren
Weise Könige von fern.

Drei sind's, die das Kind begrüßen,
Legen hin zu seinen Füßen
Ihre Weisheit, ihre Macht.
Die Dreieinigkeit auf dem Throne
Ehren sie in Gottes Sohne,
Der sie ihnen kund gemacht.

Und drei Gaben sie ihm spenden,
Tragend so auf ihren Händen
Ihrer Herzen tiefen Sinn;
Denn die Schätze, die sie weihen
Weihrauch, Gold und Spezereien,
Deuten auf den Gottmensch hin.

Weihrauch steigt dem Gottessohne,
Gold ist seine Königskrone,
Die ihm von dem Vater ward;
Myrrhe ist das makellose
Fleisch aus reinster Jungfrau Schoße,
von Verwesung frei bewahrt.

Wie sie so das Licht gepriesen,
Und ihm Huldigung erwiesen,
Seine Herrlichkeit bekannt;
Sollt' auch ihnen Ehre werden,
Wie im Himmel und auf Erden,
Weit und breit durch's ganze Land.

Wie als Pilger in die Ferne
Einst sie zogen mit dem Sterne
zu der Himmelssonne hin;
Sollten ihre heil'gen Reste
Glanzumstrahlt in hehrem Feste
Weit durch ferne Länder zieh'n.

Auf des Heidenthumes Trümmern
Kaum begann das Kreuz zu schimmern,
Dessen Sieg sie vorgesagt;
Wurden sie mit großer Ehre
In die Kaiserstadt am Meere
Von St. Helena gebracht.

Doch ihr Stern, wie sich's gebührte,
Weiter sie nach Westen führte,
nach Ambrosius hehrer Stadt;
Denn im Westen war beschieden
Ihnen ew'ger Sitz und Frieden,
Nach des Ew'gen hohen Rath.

Endlich noch zum drittenmale
Wallten sie mit ihrem Strahle,
Wechselnd ihren Ruheort,
Bis sie an des Rheines Strande
In Maternus heil'gem Lande
Fanden ihren letzten Port.

Dreimal wandernd in die Ferne,
Dreimal ruhend mit dem Sterne,
Sind sie nun Colonias Glück,
Sind sein Ruhm, sein Heil, sein Segen
Nimmermehr auf andern Wegen
Kehren sie nach Haus zurück.

Hier sie herrschen glanzumgeben;
Das hat ihnen der gegeben,
Dem sie selber unterthan;
Hier sie leuchten hoch und helle,
Weil durch sie des Glaubens Quelle
Sich den Völkern aufgethan.

Gott gewähr uns durch ihr Flehen,
Das wir aus dem Thal der Wehen
Kommen zu des Himmels Freud',
Wo bei dir und deinem Sohne
Und dem Geist an deinem Throne
Wir dich schau'n in Ewigkeit.

(A 4) Antiphonarium officii (pars aestivalis).

Köln: Kloster der Kreuzherren, um 1520.

Sign.: Dom Hs. 225

Brictius Eberauer († 1518?), einer der acht Priesterkanoniker im Kölner Domkapitel gegenüber 17 adligen Laienkanonikern und großer Spender, ließ insgesamt fünf der erhaltenen Handschriften der Dombibliothek im Kölner Kreuzherrenkloster für den Gottesdienst in der Kölner Kathedralkirche anfertigen; fertiggestellt wurden die Stiftungen erst nach Eberauers Tod, vermutlich war er an der Pest gestorben. Es handelt sich dabei um jeweils drei Winterteile des Antiphonars (ohne Miniaturen zur Epiphanie!) und zwei Sommerteile. Zum Fest der Translation im Sommer hingegen wird die Anbetungsszene mit einem neugierigen Diener hinter den Königen im Buchstaben **M** (agorum presencia) gezeigt.

(A 5) Antiphonarium officii (pars aestivalis).

Köln: Kloster der Kreuzherren, um 1520.

Sign.: Dom Hs. 224

Wie auch die Dom-Handschrift 225 zeigt dieses Antiphonar die Miniatur mit der Anbetungsszene zum Fest der Translation im Buchstaben **M**. Der schwarze König scheint hier zur Unterhaltung des Kindes ein rotes Tambourin in der gleichen Farbe wie sein Beinkleid zu schlagen.

Zierinitiale M, Dom Hs. 224, fol. 140ᵛ, Ausschnitt

(A 6) Erhard von Winheim: Peregrinatio Quam Vocant Romana: Sive, Visitatio VII. Capitalium Ecclesiarum Coloniensium, ex Urbe mutuata.

Köln: Wolter 1607.

Sign.: Aa 473

Winheim legt hier für die Pilgerfahrt zu den sieben Kölner Hauptkirchen mit den Zwischenhalten bei den kleineren Kirchen Gebete vor, so auch schon zu Beginn im Dom ein Gebet um die Fürsprache der drei Könige. Das Tagesgebet zum Fest der Translation lautet:

> *Deus qui unigenitum tuum gentibus stella*
> *duce revelasti, concede propitius, ut qui iam*
> *te ex fide cognouimus, usque ad contemplandam*
> *speciem tuae celsitudinis perducamur.*

(A 7) Missae Propriae Sanctorum Civitatis Et Archi-Dioecesis Coloniensis.

Köln: Rommerskirchen 1720.

Sign.: Bf 23,29

86 Eigenfeste der Kölner Kirche sind im Proprium Missae von 1720 zu finden, heutzutage werden nur noch gut 30 Feste gefeiert. Viele altehrwürdige Eigenfeiern wurden im Laufe der Zeit vor allem durch römischen Einfluss supprimiert oder verlegt, so dass im Kölner Diözesankalender nurmehr Feste zu finden sind, die vor allem durch Bewahrung von Reliquien für Köln von Bedeutung sind. Weggefallen sind das in Köln einst sehr beliebte Fest der heiligen Lanze und Nägel, das Fest der Makkabäer, das Fest von Christophorus etc.

Das Kalendarium von 1720, zurückgehend auf das unter Erzbischof Ferdinand von Bayern (1612-1650) erschienene, beginnt mit dem ebenfalls supprimierten Fest *Obitus tertii Regis* am 11. Januar, also dem Fest zur Erinnerung an den Tod des dritten Königs. Der Legende nach starben die drei Könige in hohem Alter, nachdem ihnen wiederum ein Stern erschien, diesmal aber um ihren Tod anzukündigen. Die Leichname der beiden zuerst verstorbenen sollen anlässlich der Beerdigung des dritten Königs zur Seite gerückt sein, um ihn in ihrer Mitte ruhen zu lassen.

(A 8) Breviarium Coloniense.

Köln: Metternich 1780.

Sign.: Bb 27

Ein weiterer Hymnus zum Fest der Translation ist bis heute Bestandteil des Stundengebetes für die Eigenfeier des Erzbistums Köln am 23. Juli. Sie entstand wohl im 15. Jahrhundert im Xantener Stift Sankt Victor. Ihre moderne Nachdichtung lautet:

Du rufst, Herr Jesus, alle Welt;
von dir wird jedes Herz erhellt.
Wir singen zu der Weisen Ehr,
o schenke gnädig und Gehör!

Sie kommen nicht mit leerer Hand,
geführt vom Licht, das Gott gesandt;
sie finden dich mit frohem Mut,
kniefällig spenden sie Tribut.

Jedwede Gabe hat hier Sinn:
Auf Gottheit weist der Weihrauch hin,
das Gold bezeugt des Königs Macht,
mit Myrrhe wird des Tods gedacht.

Den heilgen Weisen gab zum Lohn
die Himmelkrone Gottes Sohn;
und ihre Leiber hüllt nun ein
im Kölner Dom ein goldner Schrein.

Lass uns, o Jesus, auf ihr Flehn
den Ruf der Gnade recht verstehn:
wie sie ihm folgen, bis das Heil
in selger Schau uns wird zuteil.

Dir, Vater auf dem höchsten Thron,
und dir, dem eingebornen Sohn,
und auch dem Geist sei Lob geweiht
jetzt und in alle Ewigkeit. Amen.

Der lateinische Text wird hier gezeigt im kölnischen Brevier von 1780, das unter Erzbischof Maximilian Friedrich von Königsegg-Rothenfels (1761-1784) erschien. Die liturgische Ordnung sah dieser 81. Nachfolger des heiligen Maternus – nicht frei von gallikanischen Tendenzen – als Aufgabe der Bischöfe an, weniger als die des Papstes. Der Versuch, "sein" Brevier geradezu zwangsweise beim Kölner Diözesanklerus durchzusetzen, war allerdings wenig erfolgreich; der überwiegende Teil des Klerus blieb beim althergebrachten und ja schon erworbenen römischen Brevier, zugelassen durch päpstliches Privileg.

B) Zu früheren Jubiläen der Translation der Gebeine der Heiligen Drei Könige

(B 1)   Kirchen-Zeitung für das Erzbistum Köln vom 19. Juli 1964.

Köln: Bachem 1964.

Sign.: Ze 340

Vor 50 Jahren wurde der 800. Wiederkehr des Tages, an dem die Gebeine der drei Könige Köln erreichten, wenn auch nicht mit einer Sonderausgabe so doch sicher mit einer besonderen, aufwändigen Ausgabe der Kölner Kirchen-Zeitung gedacht. Farbiger Umschlag, Geleitwort von Kardinal Frings, Festprogramm: um den Interessierten die Möglichkeit einzuräumen sich selbst ein Bild zu machen, wurde die komplette Ausgabe repliziert. Bitte durchblättern!

(B 2)   Bücher zur Feier der 800jährigen Wiederkehr der Translation der Gebeine der Heiligen Drei Könige 1964.

Diözesan- und Dombibliothek Köln

1) der Katalog zur Ausstellung *Der Meister des Dreikönigen-Schreins* im Erzbischöflichen Diözesanmuseum in Köln.
2) *und sie folgten dem Stern*. Das Buch der Heiligen Drei Könige, herausgegeben vom Kölner Verleger und Drucker Adam Wienand.
3) *Achthundert Jahre Verehrung der Heiligen Drei Könige in Köln*. 1164-1964. Band 23 des Kölner Domblatts.

(B 3)   Dreikönigsbuch.

Köln: Bachem 1914.

Sign.: Da 2771

Das Buch zur Feier der 750jährigen Präsenz der drei Könige 1914 – hauptsächlich handelt es sich dabei um eine Sammlung von Dreikönigslegenden – wurde von dem damaligen Leiter des Kölnischen Waisenhauses in Sülz Johann Peter Mauel (1873-1944) herausgegeben. Der Kölner Domkapitular und Offizial Arnold Steffens (1851-1923) steuerte eine kurze historische Übersicht bei; Steffens legte auch kleine Abhandlungen über weitere Heilige und Selige aus der Erzdiözese Köln vor, so über den heiligen Erzbischof Agilolf, Christina von Stommeln und über Lüfthildis von Lüftelberg.

(B 4) Heinrich Joseph Floß: Dreikönigenbuch. Die Uebertragung der hh. Dreikönige von Mailand nach Köln.

Köln: DuMont-Schauberg 1864.

Sign.: Cc 1075.

Das Interesse von Heinrich Joseph Floß (1819-1881) an der Kirchengeschichte wurde besonders durch Anton Josef Binterim geweckt, den er als junger Kaplan als Pastor in Bilk kennenlernte und dessen Freund er später wurde. Allerdings musste auch Floß seinen so herausragenden wie eigensinnigen Lehrer und Freund zuweilen sachlich kritisieren. Die Lehrtätigkeit (seit 1847) von Floß an der Universität Bonn erstreckte sich über die historische Theologie, neutestamentliche Exegese bis zur Moraltheologie. Lebenslang war ihm aber die rheinische Kirchengeschichte ein besonderes Anliegen. Sein Büchlein zur 700-Jahr-Feier der Übertragung der Gebeine der Heiligen Drei Könige von Mailand nach Köln war auch wegen der darin abgedruckten Quellen lange maßgeblich.

(B 5) Matthias Joseph Scheeben: Festbüchlein zur Feier des 700jährigen Jubileums der Uebertragung der hh. drei Könige nach Köln im Jahre 1864.

Köln: Brocker-Everaerts 1864.

Sign.: Ca 1655

Der neuscholastische Dogmatiker und bedeutendste katholische Theologe seiner Zeit Matthias Joseph Scheeben (1835-1888) aus Meckenheim war lange Zeit als Professor am Kölner Priesterseminar tätig. Immer war es ihm aber auch angelegen, eher Volkstümliches zur Belehrung und Erbauung wie dieses Büchlein mit dem darin wiedergegebenen Festprogramm zu veröffentlichen.

Vordere Ansicht des Reliquienkastens der Hl. Drei Könige – Scheeben: Festbüchlein zur Feier des 700 jährigen Jubileums [...], Köln 1864

(B 6) Joseph Cremer: Gold, Weihrauch, Myrrhen, die Opfer der heiligen drei Könige und eines jeden frommen Christen. Zur siebenhundertjährigen Jubelfeier im Jahre 1864.

Köln: Mermet 1864.

Sign.: Cb 3028,3

Cremer, vermutlich Priester des Erzbistums Köln, gab mit dieser Schrift das erbaulichste und frömmste Gebetbüchlein zur dieser Säkularfeier der Translation heraus. Aufgrund des enthaltenen kleinen Domführers war es wohl vornehmlich für auswärtige Pilger gedacht. Cremer verfasste ansonsten weit umfangreichere Gebetbücher wie das *Eucharistische Vergißmeinnicht* und die *Eucharistischen Liebesblumen mit Marianischen Rosen*.

(B 7)   Johannes Cardinal von Geissel: Schriften und Reden.

Köln: DuMont-Schauberg 1869-1876.

Sign.: Cc 110

> *Mit dem nächsten dreiundzwanzigtsen Juli sind es nun siebenhundert Jahre, daß die hh. drei Könige in Köln einzogen und in unserm Dome rasten. Welch ein langer zeitraum, und was liegt nicht Alles in ihm umschlossen für die Stadt Köln und das Erzbisthum! Es ist geist und herzerhebend, auf dieser Markscheide der Zeit rückzublicken auf die frühern Tage und die damals den Heiligen gezollte Verehrung. Die Stadt Köln und ihre Bewohner fühlten sich unter ihnen, wie unter einem besonderen, mächtigen Schutze. Es ist bekannt, daß die Bürgerschaft von Köln alljährlich am Dreikönigstage, nach gefeiertem Hochamte, die Obrigkeit ihrer Stadt durch Wahl bestellte und die städtischen Ämter besetzte zur Handhabung des bürgerlichen Regimentes. Man betrachtete die hh. drei Könige als die besonderen Schirmherren, unter deren Hort die Stadt Köln sichtbar aufblühte in Religion und Sittlichkeit und in ehrenfester Treue gegen die Kirche und das gemeinwesen, und darum auch in allen zeitlichen Gütern. Ebenso hat sich die Kunde erhalten, daß in jenen Tagen kein kölnischer Kaufherr oder Gewerksmann eine Reise antrat zu Wasser und zu Lande, bevor er nicht, wenn er von dannen ging, vor dem Schreine der hh. drei Könige gekniet und im Gebete ihren Segen sich geholt; denn er vertraute, unter der fürbittenden Obhut derer, welche ja einst auf einem so weiten Zuge aus dem Morgenlande nach Bethlehem gelangt und wieder glücklich zurückgekehrt, ebenfalls aus der Ferne wieder ohne Unfall zurückzukommen zum heimischen Herde. Mit gleichem Vertrauen kam man auch bei den wichtigern Familienereignissen zu den heiligen im Dome und erflehte von ihrer Fürbitte Muth und Stärke im Leiden und Unglück der Gegenwart, so wie Gnade und Beistand für eine ungewisse verhängnisvolle Zukunft. So geschah es in jenen alten Tagen; und auch jetzt noch nehmen die frommen Seelen in mancherlei Vorgängen und Bedrängnissen des Lebens ihre Zuflucht zu den hh. drei Königen. Von ihrer mächtigen Fürbitte erhofft das gläubige Herz Trost, Hülfe und Segen.*

So äußerte sich Johannes Cardinal von Geissel in seinem letzten Hirtenbrief vom 24. Juni 1864 über die Bedeutung und Ausformung der Verehrung der drei Könige in der Stadt Köln. Am Fest selbst im Juli des Jahres konnte er aus Krankheitsgründen schon nicht mehr teilnehmen, er starb am 8. September des Jahres.

C) Der Weg der Heiligen Drei Könige und der ihrer Reliquien

(C 1) Pierre Daniel Huet: Trattato della situazione del Paradiso terrestre.

Venedig: Albrizzi 1737.

Sign.: Ba 1853

Der italienischen Übersetzung von Huets Traktat über die Verortung des Paradieses ist diese kleine Karte beigegeben, auf deren Ecke links oben Eva gerade den Apfel an Adam überreicht. Rechts oben unterhalb des Kaspischen Meeres ist Ekbatana in Medien eingezeichnet, dass ebenfalls immer wieder als Heimatort der drei Weisen in Betracht gezogen wurde. Wenn auch der Stern der Bedeutung und Gelehrsamkeit über dieser Stadt schon zur Zeit von Christi Geburt ziemlich verblasst war, hatte sie doch noch einen Ruf bezüglich der astronomischen und astrologischen Forschungen in ihren Mauern, was sie als Heimat der Sterndeuter aus dem Osten möglich machte.

Karte über die Verortung des Paradieses – Venedig 1737

(C 2) Matthäus Seutter: Regio Canaan seu Terra Promissionis, Postea Iudæa vel Palæstina nominata, hodie Terra Sancta vocata.

Augsburg: um 1740.

Diözesan- und Dombibliothek Köln

Woher die Weisen nun auch genau kamen, jedenfalls gelangten sie ins Heilige Land. Über Jerusalem, wo sie Herodes begegneten, reisten sie weiter ins nahe Bethlehem. Ihrem Traum folgend nahmen sie den Heimweg nicht über Jerusalem.

Die Karte von Seutter zeigt die Siedlungsgebiete der zwölf Stämme Israels; Jerusalem liegt im Gebiet von Benjamin, Bethlehem in dem von Juda. Rechts unten ist eine Kartusche mit alttestamentlichen Themen zu sehen. Die Kartusche links oben stellt den neutestamentlichen Bericht über die Heilung des besessenen Jungen in den Vordergrund. Der unreine Geist verlässt den Kranken in Gestalt eines seinem Mund entfliehenden kleinen schwarzen Drachens.

(C 3) Franciscus Caccia: Jerusalem, Seu Palæstina Nova, Oder Das von Christo JESU selbsten geliebte, gelobte, bewohnte, benannte Heilige Land, Mit seinen Städten, Vestungen, Flecken, Seen, Flüssen, Gebürgen, Früchten, Antiquitäten und hochschätzbaren Heiligthümern. Allen Guthertzigen Pilgern zu Lust und Nutzen.

Wien: Lercher 1706.

Sign.: Ra 106

Besonders die Stätten im Heiligen Land, wo Franziskaner vertreten waren, beschreibt dieser illustrierte Pilgerführer des italienischen Franziskaners Franciscus Caccia, der dort selbst nach seinem Wirken in Österreich in Leitungsfunktionen für seinen Orden bis mindestens 1716 tätig war. Der seraphische Orden hatte ja die Custodie – die Wacht – über das Heilige Land inne. Für die Geburtskirche gibt er genau den Platz an, an dem die Könige den Gottessohn anbeteten, den Altar der Könige und deren Zisterne unmittelbar rechts vom Hochaltar. Oberhalb des Hochaltars ist zu sehen *der Garten der Griechen, welchen sie uns mittels deß Gelds und Ungerechtigkeit weggenommen.* Auch in der Geburtskirche zu Bethlehem war und ist das Verhältnis der dort vertretenen christlichen Konfessionen – Katholiken, Griechisch-Orthodoxe und Armenier – untereinander nicht immer von Brüderlichkeit geprägt. Wie in der Jerusalemer Grabeskirche musste in der Geschichte die osmanische Obrigkeit häufiger eingreifen, um die Ordnung wiederherzustellen und Streitigkeiten etwa wegen der Finanzierung von Renovierungen oder Gebietsansprüchen, die nicht selten in interklerikale Schlägereien ausarteten, zu schlichten.

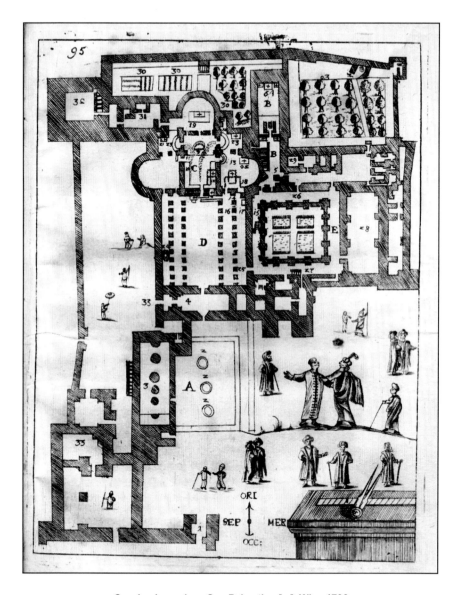

Caccia: Jerusalem, Seu Palæstina [...], Wien 1706

(C 4) Heinrich Bünting: Itinerarium Sacrae Scripturae. Das ist ein Reisebuch über die gantze heilige Schrifft in zwey Bücher getheilet.

Leipzig: Beyer 1585.

Sign.: 1/10 (Bibliothek St. Albertus Magnus) und Ae 365

Einen "Reiseführer" aufgrund der biblischen Angaben für das Heilige Land versuchte der protestantische Theologe Heinrich Bünting (1545-1606) – bekannt wurde auch sein Braunschweig-Lüneburgisches Chronikon – mit diesem Itinerarium zu erstellen. Aufgeschlagen ist die bekannte Karte mit den drei alten Kontinenten geordnet in Form des Kleeblatts und Jerusalem als Mittelpunkt der Welt. Beachtenswert ist die skandinavische Insel (!) nördlich von Europa. Die neue Welt, Amerika, ist unten links zumindest schon angedeutet. Zumeist wurde die Dreiteilung der Welt in Bezug auf die drei Söhne Noahs gesetzt, Bünting aber stellt die Verbindung zum Wappen seiner Heimatstadt Hannover her, in deren unterem Teil ebenfalls ein Kleeblatt zu sehen ist.

Als Repräsentanten für die Bewohner der drei alten Kontinente Europa, Asien und Afrika wurden die drei Könige besonders im französischen Raum betrachtet. Zu ihren Reisen und ihrer Herkunft schreibt Bünting die Logik bemühend:

Diese Weisen oder Magi sind hochverstendige und weise Leute gewesen, die sich auff den lauff des Himels verstanden haben. Und weil die Magi zu Susa im Königreich Persia eine Hoheschule gehabt, wird es von vielen gelerten Leuten nicht unbillich dafür gehalten, das die Magi nicht von Saba aus Arabia, sondern von Susa aus Persia, das von Jerusalem gegen Morgenwerts ligt, gen Jerusalem kommen sein [...] Saba ligt nicht im Morgenlande, sondern gegen Mittag. Darumb können die Weisen da nicht sein her kommen.

(C 5) Carte de l'Asie Mineure ou de la Natolie et du Pont Euxin.

Nürnberg: Erben Homann 1743.

Sign.: Rf 7

Das wichtigste Ereignis auf der Pilgerfahrt der heiligen Kaiserinmutter Helena nach Palästina war das Auffinden des Kreuzes Christi. Die Reise soll um 326 stattgefunden haben und Helena war selbst schon über 70 Jahre alt. Sie soll aber auch während der Reise die Reliquien der Heiligen Drei Könige an sich genommen haben und nach Konstantinopel gebracht haben. Ob die Auffindung der Gebeine an drei verschiedenen Orten (!) nun im Heiligen Land, in Kappadokien, in Kleinarmenien oder gar in Persien stattgefunden hat, wird sich wohl nie klären lassen. Verschiedene Überlieferungsstränge weisen auf Fundorte hin, die sich im kleinasiatischen Raum befinden, den diese sehr detaillierte und genaue Karte aus dem angesehenen Homannschen Verlag zeigt.

(C 6) Abschnitt einer **Ikone mit der heiligen Helena** (Temperamalerei auf Holzplättchen).

Griechenland (?): 19. Jahrhundert.

Sign.: Qc 34

Von allen christlichen Konfessionen wird Helena, die "Leuchtende", als Heilige verehrt. Wenig verwunderlich ist es aufgrund der Entdeckungen während ihrer Pilgerfahrt ins Heilige Land, dass als eines ihrer Patronate die Hilfe bei der Auffindung verlorener Sachen gilt; ihr wichtigstes ikonographisches Attribut ist das Kreuz, das auch hier auf dieser bäuerlichen Arbeit zu sehen ist. Als große Verehrerin der Märtyrer der thebäischen Legion wurden Helena neben der Errichtung des Urbaus der Kirche Sankt Gereon zu Köln auch die Ursprünge von Sankt Victor in Xanten und von Sankt Cassius und Florentius in Bonn zugeschrieben.

(C 7) Anton Engelbert d'Hame: Geschichte über die Erbauung und Stiftung der Kirche zum Heiligen Gereon in Köln gewidmet den frommen Christen, Kunstkennern und Freunden.

Köln: Mennig 1824.

Sign:. Cb 3681

Für den in jeder Hinsicht so wichtigen Reliquienkult in Köln ist die Heilige Helena neben dem ihr ursprünglich zugeschriebenen Auffund der Gebeine der drei Könige auch noch durch den ihr zugeschriebenen Bau der Kirche Sankt Gereon wichtig. Gereon – einer der Kölner Stadtpatrone – soll der Heiligenlegende nach ein Unterführer der thebäischen Legion aus Ägypten gewesen sein. Er erlitt in Köln mit seiner Vorausabteilung von 318 Mann – die Zahl der Soldaten differiert allerdings stark – den Märtyrertod, wie es heißt im Jahre 304. Die Leiber eines Teils der Enthaupteten wurden dann in einen Brunnen geworfen; darüber ließ Kaiserin Helena zu Ehren der Thebäer die Gereonskirche erbauen.

In der Sakristei der Kirche befanden sich zwei Fenster, die Helena (*um 249-329?) mit einem Modell der Kirche Sankt Gereon und einem Kreuz neben ihrem Sohn Kaiser Konstantin dem Großen mit Kreuzesbanner zeigten. Wiedergegeben sind sie in diesem *Werkchen*, wie es von Anton Engelbert d'Hame selbst genannt wird. D'Hame verfasste auch ein ebenso ansprechendes und illustriertes Werk über den Kölner Dom.

Hl. Helena und ihr Sohn Kaiser Konstantin – d'Hame: Geschichte über die Erbauung [...] der Kirche zum Heiligen Gereon, Köln 1824

(C 8) Festum Proprium Illustris Ecclesiæ S.S. Gereonis Et Sociorum Martyrum.

S. l.: um 1750.

Sign.: Bb 558

In der bedeutendsten städtischen Stiftskirche Sankt Gereon wurde am 27. April dann auch der Überführung einer weiteren besonderen Reliquie nach Köln gedacht, der des Unterarms der heiligen Helena, auf die der Bau der Kirche ja zurückgehen soll. Ansonsten sind vor allem die Texte zu den Eigenfesten zum Gedächtnis an die verschiedenen Mitglieder der thebäischen Legion abgedruckt. Messformulare zu den Festen von Helena und Gereon schließen das Buch ab.

(C 9)   Panorama de Constantinople.

Konstantinopel: Weiss, ca. 1880.

Leihgabe aus Privatbesitz

Kaiserinmutter Helena brachte die Reliquien der drei Könige ins alte Byzantion. 330 wurde die Stadt als das Neue Rom am Bosporus offiziell nach Kaiser Konstantin dem Großen in Konstantinopel, in die Stadt des Konstantin, umbenannt. In der Mitte des zwei Meter langen Fotoleporellos ist unter den vielen prachtvollen Moscheen die Sophienkirche, die Hagia Sophia, zu sehen, in deren unter Konstantin begonnenen Vorgängerbau die Gebeine wohl aufgrund ihrer Bedeutung verbracht wurden. Zur Zeit der Aufnahme des Panoramas war die ehemalige Kirche noch eine Moschee, in die sie nach der Eroberung Konstantinopels 1453 umgewandelt wurde. Seit 1935 ist sie nun ein Museum.

(C 10)   Veue de la Ville et du Port de Constantinople.

Paris: 1700.

Sign.: Qb 67

Aus dem Atlas Curieux des Hofkartographen Königs Ludwig XIV. Nicolas de Fer (1646-1720) stammt diese Gesamtansicht Konstantinopels aus der halben Vogelschau. Der Blick auf die Stadt, in der die Gebeine der Heiligen Drei Könige allerdings nur wenige Jahre aufbewahrt wurden, geht hier vom asiatischen Teil der heutigen Metropole über das Meer auf den europäischen mit den Hauptsehenswürdigkeiten. Zu Füßen des Betrachters liegt die alte Stadt Chalkedon, in der 451 das epochemachende Konzil stattfand, was letztendlich zur Abtrennung der orientalischen Christenheit von der orthodoxen und der katholischen Schwesterkirche führte.

(C 11) Ducatus Mediolani una cum Confinys accurata Tabula.

Nürnberg: Homann 1732.

Sign.: Qb 66

Der Erzkanzler für Italien Rainald von Dassel requirierte (oder erhielt als kaiserliches Geschenk) die Gebeine der drei Könige nach Zwistigkeiten und schweren Kämpfen mit der widerspenstigen Stadt Mailand, die er 1162 erobert hatte. Der Weg der Reliquien führte dann 1164 durch das Gebiet des mailändischen Kreises – zu dieser Zeit existierte noch kein Herzogtum Mailand, dessen Geschichte von 1395 bis 1797 währte – über Turin nach Burgund. Die Karte zeigt das Herzogtum und die angrenzenden Herrschaftsbereiche im nördlichen Italien. In der allegorischen Kartusche ist auch das auf die ersten Herzöge – aus der Familie Visconti – zurückgehende Wappen zu erkennen mit der Schlange, aus deren Schlund ein Mensch geboren wird. Im Signet der Firma Alfa Romeo findet sich die mailändische Schlange bis heute.

(C 12) Bildnisse der Kölner Bischöfe und Erzbischöfe.

Köln: 1957.

Sign.: Rd 35

Zum 70. Geburtstag erhielt Joseph Kardinal Frings dieses Werk von den Mitgliedern des Metropolitan-Kapitels zum Geschenk. Aufgeschlagen sind die Texte und das Bild zu Rainald von Dassel.

(C 13) Adam Christoph Honorius de Zolner a Brandt: Vita Annonis […] (Manuskript).

Siegburg: 1744.

Sign.: MS 3

Um 1080 wurde die bekannteste und prachtvollste Lebensbeschreibung des heiligen Kölner Erzbischofs Anno (1056-1075) im von ihm gegründeten Kloster Siegburg zur Unterstützung der Heiligsprechung (die dann 1183 erfolgte) geschrieben, heute befindet sich dieses Exemplar der Vita Annonis in Darmstadt.

1744 erfolgte durch den damaligen Prior und Archivar der Abtei Adam Zolner von Brandt eine erneute Niederschrift der Vita, ergänzt um eine genealogische Tafel und Berichte über die Translation seines Leichnams sowie Wundererzählungen.

Andreas Klüppel, wohl selbst Siegburger, zeichnet für die vier Annos Leben illustrierenden Vollbilder verantwortlich, die den Heiligen und sein Wirken für und in Siegburg zeigen. Auf dem ersten Bild ist Anno mit seinen Klostergründungen Grafschaft, Saalfeld und Siegburg zu sehen, zu seinen Füßen das Wappen derer von Dassel. Im Weiteren wird dieses Wappen auch noch koloriert gezeigt und der Versuch unternommen, eine familiäre Verbindung zwischen Anno und dem Grafengeschlecht von Dassel herzustellen; Anno entstammte aber schwäbischem Adel, nicht sächsischem.

Erzbischof Anno mit seinen Klostergründungen – Vita Annonis, Siegburg 1744

(C 14) Constance de LaRivière: Portraits Des plus Illustres Papes, Empereurs, Rois, Princes, Grand Capitaines Et autres Personnes renommées.

Leiden: van der Aa nach 1724.

Sign.: Rd 32

Das markierte Medaillon zeigt den Mann, für den Rainald von Dassel überzeugend agierte und von dem er so reich beschenkt wurde: den Staufer "mit dem roten Bart", Kaiser Friedrich I. Barbarossa (um 1122-1190). Ein weiteres Medaillon zeigt Papst Alexander III. (1159-1181) aus der Toskana, den der Kaiser und sein Erzkanzler aber bekämpften. Sie unterstützten bis zu Rainalds Tod 1167 die Gegenpäpste Viktor IV. (1159-164) und Paschalis III. (1164-1168).

(C 15) Raffaele Bagnoli: La Basilica di S. Eustorgio in Milano.

Milano: Moneta 1957.

Sign.: Eb 2266,9

Der Überlieferung nach holte die Reliquien der drei Magier von Konstantinopel nach Mailand der griechischstämmige Eustorgius, der nach 344 als Eustorgius I. für wenige Jahre Bischof von Mailand wurde und dort seit dem 5. Jahrhundert als Heiliger verehrt wird. Nach Mailand soll er vom oströmischen Kaiser in diplomatischer Mission geschickt worden sein. Eustorgius ließ die Gebeine in einer Kirche bestatten, deren Kirchenpatron er später wurde. Vor der Translation der Gebeine nach Köln machten nordeuropäische

Dreikönigsaltar in Mailand

Pilger auf ihrer Fahrt nach Rom oder ins Heilige Land ihretwegen Station in Mailand, allerdings hatte dieses frühere Pilgerwesen nicht die Bedeutung späterer Zeiten. In der Kirche befindet sich ein Dreikönigsaltar mit dem alten Sarkophag für die Reliquien aus frühchristlicher Zeit.

(C 16) I Santi Magi. Conferenze tenute in occasione della Solenne Riposizione delle Sante Reliquie nella Basilica di S. Eustorgio l'Epifania dell'anno 1904.

Milano: Palma 1904.

Sign.: Da 3431

Teilweise reisten die Heiligen Drei Könige auch wieder von Köln nach Mailand zurück. Unter dem Kölner Erzbischof Antonius Kardinal Fischer (1903-1912), dem dieses Buch von unbekannter Hand (vielleicht der seines seligen Mailänder Amtskollegen Andrea Carlo Kardinal Ferrari) zugeeignet wurde, wurden 1903 Stücke der Schienbein- und Hüftknochen nach Sankt Eustorgio in Mailand zurückgegeben. Aus diesem Anlass fand am 6. Januar 1904 eine Konferenz statt, die hier dokumentiert ist. Darin werden die Kunstwerke zu Ehren der Könige in der Kirche mit dem schönen, zurückhaltenden italienischen Ausruf *Oh! l'arte: oh! la bellezza!* gefeiert.

(C 17) Abraham Ortelius: Theatrum Orbis Terrarum.

Antwerpen: Plantin 1570.

Sign.: Rd 40 a

Abraham Ortelius aus Antwerpen (1527-1598), einer der berühmtesten Kartographen seiner Zeit, schuf mit seinem "Theatrum Orbis Terrarum" wohl den ersten Atlas in Buchform. Das wunderschöne Werk des "Ptolemäus des 16. Jahrhunderts" erschien nach der Erstausgabe 1570 in 42 Ausgaben. Im Gegensatz zu vielen seiner Kollegen war Ortelius immer bemüht, die Quellen seiner Karten offenzulegen.

Aufgeschlagen ist die Karte mit den Landschaften Savoyen und Burgund, durch die der Zug mit Gebeinen der drei Könige höchstwahrscheinlich von Rainald von Dassel geführt wurde. Die Reise nach Köln von Norditalien aus wäre er auch direkt in nördlicher Richtung möglich gewesen, aber dann hätte der Erzbischof Gebiete im Reich durchqueren müssen, deren Beherrscher ihm feindlich gesonnen waren und die ihn berechtigterweise um sein Leben fürchten ließen. Durch das Elsass kam er dann wieder an den Rhein.

Sowohl auf dieser Karte als auch auf der gewesteten Karte mit der südfranzösischen Küste sind die rötlichen Reste von Schimmelbefall (inaktiv!) zu erkennen.

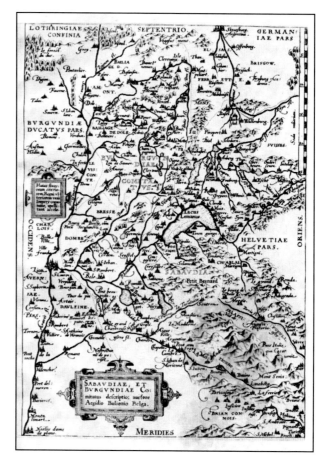

Karte mit den Landschaften Savoyen und Burgund – Ortelius: Theatrum Orbis [...], Antwerpen 1570

(C 18) Georg Braun/Franz Hogenberg: Beschreibung und Contrafactur der vornembster Stät der Welt (Faksimile).

Stuttgart: Müller und Schindler 1969.

Sign.: HC 452

Das grandiose Städtebuch *Civitates Orbis Terrarum* mit seinen gesuchten Ortsansichten war gedacht als Ergänzung für den Atlas von Abraham Ortelius. Geschaffen wurde das Werk von dem Kölner Theologe Georg Braun (1542-1622, zuletzt

Dekan am Stift St. Mariengraden unweit des Doms) und dem Kupferstecher Franz Hogenberg aus Mecheln (1535-1590), der auch die Karten für den Atlas von Ortelius gestochen hat.

Aufgeschlagen sind die Ansichten der benachbarten Städte Lyon und Vienne an der Rhone. Rainald von Dassel unterbrach die Überführung der königlichen Reliquien und wollte auf der von ihm einberufenen Kirchenversammlung zu Vienne 1164 seine Vorstellungen über Papst- und Kaisertum vortragen. Von ihm intendiert war es auch, seinem Favoriten Gegenpapst Paschalis III. unter dem hohen arelatischen (oder schlechter ausgedrückt niederburgundischen) Klerus und Adel Akzeptanz verschaffen, was allerdings ziemlich misslang.

(C 19) Sebastian Münster: Die erste, ander und dritte Tafel des Rheinstroms.

Basel: 1574.

Sign.: Qa 26

Aus der berühmten, immer wieder aufgelegten Cosmographie von Münster stammt diese montierte Karte mit der gewesteten Ansicht des Rheinlaufs. Ob Rainald von Dassel mit den Gebeinen der drei Könige nun durch Burgund oder doch, wie es auch zuweilen wenig wahrscheinlich heißt, durch die Alpen in Richtung seiner Bischofsstadt zog, sei dahingestellt. Ziemlich sicher jedenfalls ist es, dass der ganze Zug im (hier markierten) Breisach auf Schiffe stieg, um die weitere Reise flussabwärts bequem hinter sich zu bringen.

(C 20) C.S.T. von Helwig: Kurzgefaßte Lebens-Beschreibung Aller Bisch- und Erzbischofen, Wie auch Chur-Fürsten zu Mainz.

Nürnberg: Riegel nach 1682.

Sign.: Aa 2431

Auf dem Weg der Heiligen Drei Könige hätte durchaus das ein oder andere passieren können, reisten sie doch nicht selten durch dem Kölner Erzbischof eher wenig wohlgesonnenes Gebiet. Etwa war von 1161 bis 1165 Konrad I. von Wittelsbach Erzbischof von Mainz. Der Transport der Gebeine der Könige auf dem Rhein mit Rainald von Dassel ging also durch das Gebiet eines geistlichen Herrschers, der den Gegenpapst Alexander III. unterstütze, der Kölner wie auch der Kaiser aber

Papst Paschalis III. Allerdings ist nicht anzunehmen, dass der Mainzer Erzbischof in Betracht zog, seinen Amtskollegen mit Gewalt zu bedrohen. Barbarossa setzte Konrad dann 1165 ab, der dann über Frankreich nach Rom floh, zum Kardinal ernannt und ab 1183 erneut Mainzer Erzbischof wurde.

(C 21) The Circle and Electorat of The Rhine. Subdivided into all the States that it's Composed off.

London: Berry 1689.

Leihgabe aus Privatbesitz.

Hinter Koblenz gelangte der Schiffskonvoi mit den Gebeinen der drei Könige auf das Gebiet des Erzstifts Köln. Bei Remagen bewegte sich der Legende nach der Hauptkahn nicht mehr weiter, bis Rainald von Dassel die Reliquien des heiligen Apollinaris dort an Land bringen ließ. Erst dann konnte die Fahrt nach Köln fortgesetzt werden, wo die Überreste der Könige am 23. Juli 1164 nach über sechswöchiger Reise eintrafen.

Auch wenn die Inselbewohner schon begonnen hatten, ein britisches Überseereich zu errichten, lagen sie doch in der Kunst der Kartographie recht deutlich hinter den Kontinentaleuropäern zurück. Eine der wenigen Ausnahmen war der Sohn eines Bäckers aus Warwickshire William Berry (1639-1718), der nach französischen Vorbildern qualitativ hochwertige Karten anfertigte ohne damit aber allzu großen Erfolg zu erlangen. Die grenzkolorierte Karte – Kupferfraß beginnt sie zu zerstören – mit den drei Erzbistümern am Rhein stammt aus dem bis dahin größten englischen Atlas.

(C 22) Hillinus-Codex.

Köln: zwischen 1010 und 1020.

Sign.: Dom Hs. 12

Selbst wenn die Kölner Erzbischöfe Engelbert von Berg und Konrad von Hochstaden nicht den Bau des gotischen Kölner Domes als angemessene Heimstatt für die Heiligen Drei Könige initiiert und forciert hätten, wäre doch der romanische Vorgängerbau als Unterbringungsmöglichkeit gut denkbar gewesen, in den Rainald von Dassel sie ja auch bringen ließ und den er erweiterte. Das Dedikationsbild des Hillinus-Codex zeigt oben die einzige zeitgenössische Abbildung des auch eindrucksvollen alten Domes.

D) Die Ikonographie der drei Könige in Bibeln

(D 1) De Keulse Bijbel/Die Kölner Bibel (Faksimile).

Hamburg: Wittig 1979-1981.

Sign.: HCa 50

Die Kölner Bibel wurde um 1478 von einem Druckerkonsortium – Anton Koberger, Bartholomäus von Unckel und Heinrich Quentell – für einen unbekannten Auftraggeber herausgegeben, da eine Offizin allein selbst in dem bedeutenden Druckort Köln schwerlich imstande gewesen wäre, zu dieser Zeit in Köln eine solche Aufgabe zu erfüllen. Aus Vermarktungsgründen erschien die Kölner Bilderbibel in einer niederrheinischen und einer niedersächsischen Ausgabe; klarstes Unterscheidungsmerkmal ist die Schreibweise des Wortes "und", nämlich niederrheinisch "ende" und "inde", niedersächsisch "unde". Ihre vielen und gelungenen Illustrationen führten den Siegeszug des Holzschnitts weiter und wirkten auf viele weitere Bibelausgaben im deutschen, ja sogar im italienischen Raum und beeinflussten wohl auch teilweise Albrecht Dürer.

Das Exponat zeigt die niederrheinische Version der Kölner Bibel. Ihr von Schmuckbordüre gerahmtes Vorwort zum Neuen Testament zeigt unten sofort den Ursprung des Drucks: die Anbetungsszene und rechts davon den wehrhaften Kölner mit Stadtwappen.

(D 2) Biblia germanica.

Nürnberg: Koberger 1483

Sign.: Inc. 1233 (Bibliothek St. Albertus Magnus)

Aus der Bibliothek St. Albertus Magnus – der ehemaligen Ordensbibliothek der Dominikaner in Walberberg – wird hier eine der schönsten und wertvollsten Inkunabeln gezeigt. Es handelt sich dabei um die neunte Ausgabe einer oberdeutschen Bibel vor der Luther-Bibel. Gedruckt wurde sie von dem Nürnberger Anton Koberger (um 1440-1513), dem es als einem der ersten gelang, seine Buchdruckerei in ein auch finanziell erfolgreiches Unternehmen – etwa durch Rationalisierungsmaßnahmen – umzuwandeln. Zeitweilig standen bei ihm über 100 Menschen in Lohn und Brot.

Die Kölner Bibel, Hamburg 1979-1981 (D 1)

Für die vielen Holzschnitte in diesem Exemplar griff Koberger unter anderem auch auf die Druckstöcke der so genannten Kölner Bilderbibel zurück.

Aufgeschlagen ist der Beginn des Lukasevangeliums mit dem Holzschnitt, der den Evangelisten am Schreibpult und drei Szenen aus der Kindheitsgeschichte Jesu abbildet. Unter dem Schnitt links ist für eine etwaige spätere Verschönerung der Bibel eine Aussparung gelassen, in diesem Fall für eine handgemalte Zierinitiale **E**.

(D 3) Biblia beider Allt unnd Newen Testamenten, fleissig, treulich und Christlich, nach alter, inn Christlicher Kirchen gehabter Translation, mit außlegunng etlicher dunckeler ort, unnd besserung viler verrückter wort und sprüch, so biß anhere inn andernn kurtz außgangnen theutschen Bibeln gespürt und gesehen. Durch Johan Dietenberger new verdeutscht.

Mainz: Peter Jordan für Peter Quentel 1534.

Sign.: P.I. 305

Drei Monate vor dem Erscheinen der kompletten Bibelübersetzung durch Luther erschien 1534 die erste katholische Vollbibel in Mainz. Der Dominikaner Johann Dietenberger orientierte sich bei seiner Übersetzung des Neuen Testament an Hieronymus Emser, bei der des Alten Testaments stark an Luther und damit am hebräischen Urtext. In der Erstausgabe illustriert durch die berühmten Holzschnitte von Sebald Behan und Anton Woensam erlebte die Übersetzung Dietenbergers – später auch in der Überarbeitung von Kaspar Ulenberg – mehr als 100 Auflagen. Dietenbergers Versuch, Luther eine katholische Übersetzung entgegenzustellen, kann so als durchaus gelungen bezeichnet werden; er schuf damit für lange Zeit für den deutschen Sprachraum **die** katholische Bibel.

Johann Dietenberger (1475-1537) aus dem Taunus wirkte in verschiedensten Aufgaben in vielen Konventen des Dominikanerordens, dem er vor 1500 beitrat, vor allem jedoch in Frankfurt am Main und in Koblenz. Auf dem Augsburger Reichstag von 1530 gehörte er zu der Gruppe von Theologen, die mit der Aufgabe betraut waren, die Confessio Augustana zu widerlegen.

Das Titelblatt der Bibel – leider ist der Besitzstempel nicht mit höchstem Feingefühl gesetzt – zeigt umgeben von Würdenträgern den Mainzer Kurfürst und Erzbischof Albrecht, Markgraf von Brandenburg (1490-1545), der 1518 auf dem Reichstag zu Augsburg zum Kardinal erhoben wurde. Unter seiner Darstellung sind die Wappen der Erbämter des Erzstifts und der zwölf Suffraganbistümer von Mainz zu sehen.

Eine interessante Annotation zur Auslegung eines "dunklen Ortes" in der Bibel macht Dietenberger zur Frage, ob die dem Stern Folgenden nur Weise oder doch sogar Könige waren. Er schreibt:

(Weysen) Bey den alten war weiß, könig unnd priester ein ding. Dann man kein könig noch priester machte, er wer dann weiß. Darumb werden durch die weisen hie verstanden die heylig drey könig.

(D 4) La Sainte Bible.

Lyon: Tournes 1554.

Sign.: IV 72

Aus der berühmten Offizin von Jean de Tournes I. zu Lyon (1504-1564), der 1545 zum Protestantismus konvertierte, stammt diese Prachtbibel, deren Wert als Rarissima – wie auch der handschriftliche Eintrag vor dem Titel zeigt – schon Ende des 18. Jahrhunderts vor allem in dieser guten Erhaltung hoch geschätzt wurde. Der Drucker übertrieb seinen Calvinismus übrigens nicht, wollte er doch auch an katholische Christen seine Erzeugnisse verkaufen. Illustrationen finden sich in dieser Bibel nur zum Alten Testament. Trotzdem ist auch die Seite mit dem Beginn des Berichts über die drei Könige im Matthäusevangelium mit der einfachen Initiale **E** von schlichter, vornehmer Gediegenheit geprägt. Auf dem Titelblatt ist ein Sämann mit dem Motto *SON ART EN DIEU* (seine Kunst gründet in Gott) zu sehen; so anagrammierte Jan de Tournes seinen Namen.

(D 5) Catholische Bibell: Das ist Alle bücher der H. Schrifft, beide Alts und Newen Testaments; nach Alter in Christlicher Kyrchen gehabter Translation trewlich verteutscht und mit vielen heilsamen Annotaten erleuchttet durch D. Johan. Dietenberger.

Köln: Quentel und Calenius 1575.

Sign.: Af 19

Von Virgil Solis, Anton Silvius und weiteren aber unbekannten Künstlern illustriert erschien in Köln 1564 eine Prachtausgabe der Dietenberger-Bibel. Diese Bibel mit Privileg Kaiser Ferdinands wurde erstmals als *Catholische Bibell* bezeichnet. Fraglos war diese aufwändige Ausgabe als Gegenentwurf zur Prachtausgabe der Lutherbibel – gedruckt ab 1560 bei Sigmund Feyerabend in Frankfurt – durch den geschäftstüchtigen Gerwin Calenius konzipiert.

In dieser etwas späteren Ausgabe allerdings mit dem Titelkupferstich der Erstausgabe ist zwischen den Wappen von Kaiser Ferdinand (1558-1564) und dessen Sohn Maximilian II. (1564-1576) die Erschaffung der Eva zu sehen. Im unteren Teil befinden sich die Wappen der Erzbischöfe von Mainz, Köln und Trier, dazwischen in kleiner Form von Löwen gehaltene Druckermarken.

Biblische Szenen aus beiden Testamenten komplettieren das Titelblatt: 1. der Sündenfall, 2. die Arche Noah, 3. die Opferung Isaaks, 4. Präsentation der Gesetzestafeln und Tanz um das goldene Kalb, 5. Mariä Verkündigung, 6. Christi Geburt, 7. **Anbetung der Könige**, 8. Kindermord zu Bethlehem.

Rechts und links neben den kurfürstlichen Wappen befinden sich ein Mann (der kölnische Bauer) und eine Frau, die die freie Reichsstadt Köln symbolisieren.

(D 6) The Holy Bible: Containing The Old Testament And The New.

London: Barker 1639.

Sign.: Ra 42

Dieser schöne zweifarbige Druck der berühmten King-James-Bibel erschien 1639 wie auch schon die Erstausgabe von 1611 bei des Königs Drucker Robert Barker († 1645). Als Besonderheit ist dieses Exemplar – beachtenswert ist auch der prachtvolle Bucheinband aus einer schottischen Werkstatt – mit vielen Kupferstichen nach

The Holy Bible, London 1639

französischen Originalen nachträglich getrüffelt. Der Kupferstich mit der Anbetungsszene stammt von dem Historienmaler und Buchillustrator Nicolas André Monsieau (1754-1837) aus Paris.

(D 7) L'Histoire Du Vieux Et Du Nouveau Testament.

Paris: Petit 1680/Paris: Petit 1699.
Sign.: Aa 1370 u. Aa 1372

Der Hauptherausgeber dieser biblischen Geschichte war Louis-Isaac Lemaistre de Sacy (1613-1684), einer der wichtigsten französischen Bibelübersetzer. Sicher beteiligt war aber auch Nicolas Fontaine (1625-1709). Beide gehörten zum Kreis von Port-Royal wie auch Blaise Pascal, Jean Racine und Madame de La Fayette. Gegen Fontaine wurde übrigens der Vorwurf erhoben, erneut nestorianische Irrlehren zu verbreiten. Die Vermutung liegt nahe, dass es keineswegs nur um einen einfachen theologischen Disput ging. Zu dieser Zeit lieferten sich die Jesuiten und die Jansenisten – deren geistiges Zentrum war lange Zeit das Kloster der Zisterzienserinnen von Port-Royal bei Paris – heftige Kämpfe um die geistige Vorherrschaft in der französischen Kirche. Den Jansenisten waren die Jesuiten zu lax und liberal, den Jesuiten wiederum die Jansenisten zu calvinistisch-rigoros.

L'Histoire Du Vieux Et Du Nouveau Testament, Paris 1680

L'Histoire Du Vieux Et Du Nouveau Testament, Paris 1699

Die Kupferstiche zur Anbetung der Könige in beiden Ausgaben der biblischen Geschichte erscheint nur auf den ersten Blick identisch; genauer betrachtet fällt auf, dass der jüngere Stich nachbearbeitet und verbessert wurde, so tragen die Kamele nun Zaumzeug.

(D 8) L'Histoire Du Vieux Et Du Nouveau Testament.

Paris: Villette 1713.

Sign.: TBf 13

Hier ist der Kupferstich vergrößert und die Seiten sind verkehrt; auffällig ist es, dass Maria in dieser Neuausgabe ohne Heiligenschein dargestellt wird. Gezeigt wird hier auch der schöne Stich zur Erschaffung der Welt mit Einhörnern, Wal und Affe im Baum.

(D 9)   Johann Ulrich Krauss: Historische Bilder-Bibel.

Augsburg: Kraus 1700.

Diözesan- und Dombibliothek Köln

Der Enkelschüler des älteren Matthäus Merian Johann Ulrich Krauss (1655-1719) schuf mit seiner Bilderbibel einen Höhepunkt der Augsburger Kupferstecherei und damit in Deutschland. Kraussens Bemühen, die Gleichwertigkeit der deutschen mit den französischen Kupferstechern unter Beweis zu stellen, war damit Erfolg beschieden. Der Beginn des Matthäusevangeliums wird von ihm als ein Kunstsaal vorgestellt, für dessen Ausschmückung der Evangelist als Kurator zuständig zu sein scheint. Eines der Kunstwerke ist die kleinformatige Darstellung der drei Weisen aus dem Morgenland.

(D 10)   Die **Catholische Straßburger Bibel** oder Heilige Schrift Alten und neuen Testaments.

Straßburg: Kürßner und Silberling 1734.

Sign.: 17/13.2 (Bibliothek St. Albertus Magnus)

Auf Veranlassung von Kardinal Armand Gaston de Rohan, von 1704 bis 1749 erster von vier aufeinanderfolgenden Fürstbischöfen von Straßburg und Kardinälen aus seiner Familie, wurde diese deutsche Bibel gedruckt. Die Krone Frankreichs versuchte durch den Einsatz von Rohan protestantischen Bestrebungen in der unruhigen Grenzprovinz zu begegnen; Rohan selbst setzte diese katholische Bibelausgabe, zurückgehend auf eine ebensolche aus Mainz von 1662, den evangelischen Editionen entgegen.

Künstlerische nicht sehr wertvoll aber originell ist der Einfall des Straßburger Kupferstechers A.D. Dannegger, der den Evangelientexten eine kurze bildliche Inhaltsangabe der einzelnen Kapitel voranstellte. So ist das zweite Kapitel des Matthäusevangeliums mit der Anbetungsszene illustriert.

Die Catholische Straßburger Bibel, Straßburg 1734

(D 11) Catholische Mayntzische Bibel [...] mit Zwey Hundert Vier und Dreyßig Kupffern gezieret.

Frankfurt am Main: Hutter 1740.

Sign.: 5/10 (Bibliothek St. Albertus Magnus)

Im Anschluss an die Ulenbergsche Übersetzung erschien diese katholische Bibel mit den vielen Illustrationen von Matthäus Merian erstmals 1662. In der hier gezeigten letzten Auflage von 1740 wird Merians Name nicht erwähnt – wahrscheinlich weil er Protestant war. Der Anbetungsszene nebengeordnet ist das Bild des Evangelisten Matthäus, in der dieser sehr entspannt oberhalb einer mediterranen Hafenstadt offensichtlich ein Gespräch mit seinem Symbol, dem (hier geflügelten) Menschen, führt.

(D 12) Historic Illustrations of The Bible. Principally after the old masters.

London: Fisher 1840-1843.

Sign.: Cd 373

In dieser Bilderbibel mit den Texten auf Englisch, Französisch und Deutsch zu den Stahlstichen wurde als Exempel für die bildliche Interpretation der Anbetungsszene das Gemälde des Franzosen Nicolas Poussin (1594-1665) ausgewählt.

Anbetungsszene nach einem Gemälde von Poussin – Stahlstich, London 1840/43

(D 13) Julius Schnorr von Carolsfeld: Die Bibel in Bildern.

Zürich: Flamberg 1972.

Sign.: 1972.2323

Über den Raum seiner Konfession hinaus war diese erstmals 1860 erschienene Bilderbibel von Julius Schnorr von Carolsfeld (1794-1872) mit 240 Holzschnitten von großem Einfluss auf die Bibelillustration der Zeit. Der Sachse Schnorr von Carolsfeld, fraglos einer der bedeutendsten Maler und Graphiker der nazarenischen Schule, arbeitete neun Jahre an dem gesamten Zyklus. Er blieb übrigens bis zu seinem Lebensende Lutheraner, die meisten Nazarener waren bzw. wurden Katholiken.

Julius Schnorr von Carolsfeld, Die Bibel in Bildern

(D 14) The illustrated Family Bible.

London u.a.: Fullarton 1876.

Sign.: Ce 152

Zu den bedeutendsten Werken des Belgiers Jean-François Portaels (1818-1895) zählt dieses Gemälde, nach dem der Stahlstich in dieser englischen Prachtbibel angefertigt wurde. Die Weisen sind allein in kargster Wüstenlandschaft mit dem nur am Horizont erahnbaren Bethlehem und dem Stern am Nachthimmel zu sehen.

Die Weisen in der Wüste – Stahlstich nach einem Gemälde von Portaels, London 1876

(D 15) Die Heilige Schrift Alten und Neuen Testamentes. Pracht-Ausgabe mit zweihundert und dreissig Bildern von Gustav Doré.

Stuttgart u.a.: Deutsche Verlags-Anstalt, 6. Aufl. 1887.

Sign.: Cf 37

Bis heute sind die Buchillustrationen von Gustav Doré (1832-1883) und seinem Mitarbeiterstab durchaus beliebt und werden immer wieder neu veröffentlicht. Diese Bibelausgabe, die für Protestanten mit Luther-Text und für Katholiken mit Allioli-Text erschien, ist mit 230 Holzschnitten ausgeschmückt. Aufgeschlagen ist die Illustration mit dem Titel "Der Stern der Weisen" mit besonders herausgeschmücktem Kamel.

(D 16) The Four Gospels of the Lord Jesus Christ. According to the authorized version of King James I.

London: September Press 1988.

Diözesan- und Dombibliothek Köln

Das Original dieser Edition – die Herausgeber sprechen übrigens ausdrücklich von einer Reproduktion, nicht von einem Faksimile – erschien bei der Golden Cockerel Press 1931, ebenfalls London. Der umstrittene britische Künstler Eric Gill (1882-1940) schuf für die Originalausgabe sowohl die Illustrationen als auch die Schrifttype Golden Cockerel; auch die für diesen Text verwandte Schrift Gill stammt von ihm. Bestes Büttenpapier und feine Bindung durch die bekannte Firma Zaehnsdorf machen auch den Nachdruck zu einer bibliophilen Kostbarkeit. Die anbetenden Könige zeigt Gill in der Initiale **N** alle stehend.

(D 17) Das Evangelium nach Matthäus. Luther-Übersetzung revidiert 1956.

Berlin: Vogt 1960.

Sign.: Rc 21

Otto Dix (1891-1969), der sich in seinem Spätwerk verstärkt christlichen Themen zuwandte, illustrierte diesen Druck des Matthäusevangeliums auch mit einer Originallithographie mit Darstellung der drei Könige vor Maria und dem Kind. Unsere in feinem Saffianleder gebundene Vorzugsausgabe wurde von Dix signiert.

(D 18) Katharina Kraus: Die Massai-Bibel. Bilder zum Alten und Neuen Testament.

Stuttgart u. Zürich: Belser 1985.

Sign.: Ef 69

Schwester Katharina Kraus, Mitglied des Säkularinstituts Ancillae Christi Regis und Tierärztin, verfasste die kurzen Meditationstexte und malte die dazugehörigen 70 Bilder zur Bibel für ihre katechetische Arbeit unter den Massai in Tanzania, wobei sie besonderen Wert darauf legte, die Denkweise und Erfahrungen dieser ostafrikanischen Hirten-Nomaden zu integrieren.

(D 19) Die Bibel. Gesamtausgabe in der Einheitsübersetzung illustriert mit dem vollständigen Bibelzyklus von Salvador Dalí.

Augsburg: Pattloch 1997.

Diözesan- und Dombibliothek Köln

> *Die Heiligen Drei Könige*
> *Drei Reiter in schnellem Galopp. Eines der Tiere ist nur in Umrissen zu erkennen. Die Gestalt im Vordergrund deutet den Stern. Nach dem Matthäusevangelium waren die Reiter selber Strendeuter. Am Himmel dunkle bedrohliche Zeichen, wie sie auch auf dem nächsten Bild, der Flucht nach Ägypten, zu sehen sind.*

> *Die Flucht nach Ägypten*
> *Die Szene unterscheidet sich kaum von klassischen Vorbildern: Maria und das Kind auf dem Esel. Josef zieht das Tier mühsam hinterher. Die Heilige Familie auf der Flucht. Klein und verloren. Das Besondere: Nicht ein Engel begleitet die Gruppe, sondern ein geflügeltes Unheilstier streckt seine Krallen nach ihr aus.*

Die beiden Bilder des bedeutendsten Surrealisten Dalí (1904-1989) sind, wie es die zitierten Bildbeschreibungen verdeutlichen, eng aufeinander bezogen. Der Verzicht auf eine Engeldarstellung im zweiten Bild ist besonders auffällig, hatte der Künstler dazu doch eine besondere Neigung, die über biblische Zusammenhänge recht weit hinausging.

E) Die Ikonographie in liturgischen Handschriften und Drucken

(E 1) Limburger Evangeliar.

Reichenau: Anfang 11. Jahrhundert.

Sign.: Dom Hs. 218

Eine der fraglos schönsten Handschriften aus dem Bestand der Kölner Dombibliothek ist das so genannte Limburger Evangeliar. Das Ansehen und der Wert des auf der Reichenau angefertigten Buches war auch schon im Mittelalter immens, heißt es doch zu Beginn des Evangeliars in der Verfluchung derer, die es nicht angemessen zu schätzen wissen:

> *Denjenigen, die dieses Buch von der Kirche Limburg betrügerisch oder mit Gewalt zu entfernen versuchen, oder es als Bürgschaft weggeben wollen, denen bringt es den Unwillen der Heiligen und für sie wollen wir die Strafe Gottes verkünden und erbitten. Denn weil die Codices des Hochheiligen Evangeliums mit Gold und Edelsteinen geschmückt sind, werden sie des öfteren als Bürgschaften hinterlegt. Die Heiligen aber, die einst Fesseln und Kerker für Christus erlitten haben, ertragen es nicht, erneut in Truhen von Wucheren gefangen gehalten zu werden.* (Alexander Arweiler)

Die "Kirche Limburg" ist wohl mit dem Benediktinerkloster an der Haardt (in der Nähe des heutigen Bad Dürkheim im Pfälzerwald), gegründet von Kaiser Konrad II. (1024-1039), gleichzusetzen.

Auch bei der ganzseitigen Darstellung der Heiligen Drei Könige bei der Anbetung wurde an kostbaren Farben und Gold nicht gespart. Auffallender Wert ist in der ganzen Handschrift auf den Faltenwurf der Gewänder gelegt, demgegenüber der Ausdruck der Gesichter in seltsamer unpersönlicher Starre verbleibt.

Limburger Evangeliar, Dom Hs. 218, fol. 22ʳ (E 1)

(E 2) Graduale des Johannes von Valkenburg.

Köln: Minoritenkonvent 1299.

Sign.: Diözesan Hs. 1b

1299 stellte der Minorit Johannes von Valkenburg dieses prachtvolle Graduale, das Buch mit den Messgesängen, für den Kölner Franziskanerkonvent fertig. Bei den schönen Miniaturen ist das "Maßwerk" zur Verzierung – dem Dombau angepasst – unübersehbar wie bei der hier gezeigten zur Epiphanie mit der Anbetung der Könige. Im Graduale besonders ansprechend sind auch die Drolligkeiten, die Drôlerien, wie auf diesem Blatt oben Affe und Hase und unten Hund und Hirsch. Selten allerdings sind diese ohne symbolischen Gehalt, so ist der Jagdhund, der das Wild hetzt, ein altes Bild für Gott, der ähnlich "verbissen" hinter der Seele des Menschen herjagt um sie zu retten.

(E 3) Graduale.

Köln, Klarissenkloster (?): gegen 1360.

Sign.: Diözesan Hs. 150

Wahrscheinlich stiftete ein Kantor und Mönch an Sankt Pantaleon namens Johannes von Bachem dieses Graduale dem Dominikanerinnenkloster Sankt Gertrud am Neumarkt; anfertigen ließ er es wohl im Kölner Klarissenkloster Sankt Klara. Das Blatt zum Fest der Epiphanie mit der Anbetungsszene im Buchstaben E zeigt denn auch wie fast alle anderen Blätter mit Miniaturen im Graduale eine anbetende Ordensfrau (unten links). Auf der ornamentalen Randleiste unten jagt ein Bogenschütze zwei Häschen, oben wird aus dem floralen Rahmen ein Drache, der wiederum in Florales übergeht.

In der Initiale selbst weist das Jesuskind auf den ältesten König (mit dem langen Bart) und Maria trägt als Mutter von Christkönig selbst auch eine Krone. Über ihrem Kopf ist noch eine spitzhutartiger Baldachin abgebildet. Der mittelalte König (mit wenig Bart) zeigt auf den Stern.

(E 4) Antiphonarium officii.

14. Jahrhundert.

Sign.: PfA St. Margareta, Brühl, 2 B 35

Leider sind die Farben der Zierinitiale **E** zum Fest der Epiphanie in diesem Antiphonar in stärkstem Maße verblasst, die floralen Verzierungen darin sind nurmehr zu erahnen. Um Besonderes zu betonen, musste und konnte nicht immer eine historisierte Initiale eingesetzt werden, häufig musste es etwas weniger aufwändig sein. Einen Eindruck über die ursprüngliche Schönheit des **E**s mag die vorhergehende Zierinitiale **P**(uer natus est) geben.

(E 5) Stundenbuch.

Burgund: letztes Viertel des 15. Jahrhunderts.

Sign.: Diözesan Hs. 576

Unter den sieben großen Miniaturen zur Kindheit Jesu in diesem Gebetbuche für Laien befindet sich auch die Anbetungsszene umrahmt von sehr schönen Blüten, Früchten sowie Acanthus- und Efeublättern. Die römische Gebetsfolge ohne Berücksichtigung irgendwelcher örtlichen Heiligen wird befolgt. Neben Familiennachrichten findet sich in der Handschrift auch ein interessanter Eintrag über einen protestantischen Überfall auf die burgundische Kleinstadt Avallon im Jahre 1591 während der Religionskriege.

(E 6) Graduale.

Köln: Groß Sankt Martin, um 1500.

Sign.: Diözesan Hs. 519

Das Graduale wurde von dem Benediktinermönch Heinrich von Zonsbeck für das Kloster Groß Sankt Martin in Köln geschrieben. Die Initiale **E**(cce advenit) zum Fest der Epiphanie wird Johannes von Ruysch aus Utrecht zugeschrieben, der 1492 sein Gelübde in Groß Sankt Martin ablegte und später auch für den Papst in Rom tätig wurde. Auffällig ist neben dem zentralen goldenen Stern von Bethlehem in der Initiale die zeitgenössische Einrichtung des "Geburtszimmers" unten mit typischer Balkendecke, welches in einer Küstenlandschaft mit Schiffen auf dem Meer verortet ist. Ob zum Reiten von Kamelen Reitsporen mit Sternenrädern angebracht sind – ein solcher Sporn ist am linken Fuß des alten König zu sehen – bleibt dahingestellt.

Zierinitiale E, Diöz Hs. 519, fol. 19ᵛ

(E 7) Graduale.

Köln: Fraterhaus Sankt Michael am Weidenbach 1498.

Sign.: Dom Hs. 229

Von der Stiftung dieses Graduales durch Kölner Domherren bis zu seiner Fertigstellung vergingen etwa 20 Jahre. Auf der Vorderseite seines ersten Blattes ist die historisierte Zierinitiale zum ersten Adventssonntag **A**(d te leavi animam meam = zu dir erhebe ich meine Seele) zu sehen. Darin sind zwei wichtige Beschenkungsszenen aus beiden Testamenten zusammen dargestellt. Oben ist die Königin von Saba vor Salomons Thron zu sehen: Sie gab dem König hundertzwanzig Talente

Gold, dazu eine sehr große Menge Balsam und Edelsteine. Balsam, wie ihn die Königin von Saba dem König Salomo schenkte, gab es nicht wieder (2 Chr. 9,9). Die Historizität der Königin als Person und die geographische Lage ihres Reiches ist bis heute ungeklärt. Die Stadt Saba lag jedenfalls im heutigen Jemen.

Im unteren Teil übergeben die drei Weisen aus dem Morgenland, deren Heimat ja unter anderem auch in Saba vermutet wurde, dem Christuskind ihre Geschenke.

(E 8) Graduale.

Köln: Fraterhaus Sankt Michael am Weidenbach, 1531.

Sign.: Dom Hs. 274

Die Fraterherren verdienten einen guten Teil ihres Lebensunterhalts mit der Erstellung von Handschriften. Dieses in jeder Hinsicht hochwertige Graduale wurde von drei der Kölner Brüder vom gemeinsamen Leben angefertigt; so wurden die Fraterherren, die keine Mönche waren, auch genannt. Ihre Namen waren Jacob von Emmerich (†1563), Walter von Arnheim (†1555) und Johannes Cramp (†1558); da die Qualität der Malereien in dieser Form nicht in anderen Handschriften aufzuweisen ist, mag den Dreien durchaus ein Auswärtiger zur Seite gestanden haben. Die Zierseite zur Epiphanie mit den anbetenden Königen ist mit einer bemerkenswert schönen hauptsächlich floralen Umrandung mit integrierten Vögeln versehen.

(E 9) Graduale.

Köln (?): 1. Hälfte des 16. Jahrhunderts.

Sign.: Dom Hs. 220

Trotz ihres Aufzählungscharakters besitzt das Latein der Sequenz, der "Hymne", von den Kölner Heiligen "Gaude, felix Agrippina" durchaus sprachliche Eleganz. Der lokalpatriotische Einschlag ist unverkennbar, die sancta Colonia ist civitas praenobilis und urbs sanctissima. Mit dieser Sequenz, die wohl erst zu Beginn des 15. Jahrhunderts entstand, werden die Heiligen der Stadt, weniger die der Diözese Köln geehrt. In ihren verschiedenen Fassungen, die sich im Laufe der Zeit bezüglich der aufgezählten Heiligen leicht änderte, werden fünf der heiligen Kölner Bischöfe immer erwähnt: Severin, Kunibert, Evergislus, Agilolf und Heribert. Als wohl wichtigste Schutzpatrone werden die drei Könige zuletzt genannt. Ihr Text beginnt im gezeigten Graduale auf fol 285ʳ, dessen schönster Schmuck fraglos aus der Fleuronnée-Initiale **A** auf dem ersten Blatt besteht. Neben den originalen Wortlaut der Sequenz ist hier die Übersetzung von Karl Corsten gestellt:

1. Freu dich, Köln, so hochgepriesen,
Weit berühmt als heil'ge Stadt,
Ob der vielen treuen Zeugen
Wunderbarer Heiligkeit.

2. Von dem wahren heil'gen Glauben,
den du einst empfangen hast,
Bist du niemals abgefallen,
Allzeit standhaft, edle Stadt.

3. Bist betaut, geweiht im Blute
Gereons und seiner Schar,
Und der vielen heil'gen Mauren,
Die als Helden sind gekrönt.

4. Bist benetzt auch mit dem Blute
der Gefährten Ursulas.
Christo sind sie treu geblieben,
Ihm getreu bis in den Tod.

5. Severinus, Kunibertus,
Evergislus hochberühmt,
Agilolphus, Heribertus
Sind die Väter dieser Stadt.

6. Felix, Adauctus, und Albinus,
Maurinus, Eliphius,
Hippolytus und Paulinus,
Gregor mit den Ewalden.

7. Felix, Nabor und Drei Kön'ge,
Mächtig, gütig schützen dich.
Überragst so alle Städte,
Heil'ger Kön'ge Ruhestatt.

8. Seid uns alle Schutzpatrone,
Güt'ge Helfer, daß wir einst
Auferstehn am jüngsten Tage,
Euch vereint in Seligkeit.

1. Gaude, felix Agrippina
Sanctaque Colonia,
Sanctitatis tuae bina
Gerens testimonia.

2. Postquam fidem suscepisti,
Civitas praenobilis
Recidiva non fuisti
Sed in fide stabilis.

3. Gereonis Cum bis nonis
Trecentena contio
Et Maurorum Trecentorum
Sexaginta passio

4. Te tinxerunt Et sanxerunt
Virginumque milium
Undenorum Te decorum
Exornat martyrium

5. Severinus, Cunibertus,
Evergislus incliti,
Agilolphus, Heribertus,
Patres urbi praediti.

6. Felix, Adauctus, Albinus,
Maurinus, Eliphius,
Hippolytus et Paulinus,
Ewaldi, Gregorius.

7. Felix, Nabor: hi cum tribus
Patroni propitii
Te tuentur tribus, quibus
Polles famoissima.

8. Ut vobiscum supplicamus,
Patroni propitii,
Gloriose resurgamus
In die iudicee.

(E 10) Missale coloniense.

Köln: Bungart 1498.

Sign.: Inc. c. 8 a

Hermann Bungart druckte auch dieses nur wenig mit roten und blauen Lombarden verzierte Kölner Messbuch. Fertiggestellt wurde es am 27. Oktober 1498, dem Gedenktag der Apostel Simon Zelotes und Judas Thaddäus. Bungarts Druckermarke erscheint hier nicht, wohl aber werden die Heiligen Drei Könige ausdrücklich im Druckvermerk am Ende des Missales an dritter Stelle nach der Dreifaltigkeit und der Jungfrau Maria benannt, zu deren Lob und Ehre es auch angefertigt wurde.

(E 11) Missale praedicatorum.

Venedig: Giunti 1512.

Sign.: P.I. 89 (Bibliothek St. Albertus Magnus)

Das Titelblatt dieses Missales für den Dominikanerorden aus der Postinkunabelzeit weist ausdrücklich darauf hin, dass es mit besonders schönen Abbildungen verziert ist. Gedruckt wurde es in Venedig bei dem dort seit 1480 tätigen Lucantonio Giunti, dem Stammvater der in ganz Europa weitverzweigten Buchdruckerfamilie, deren Arbeiten immer für höchste Qualität standen. Die Doppelseite zur Epiphanie stellt dafür ohne Zweifel ein besonders gutes Beispiel dar.

(E 12) Missale ad consuetudinem fratrum predicatorum ordinis sancti Dominici.

Paris: Hopyl 1517.

Sign.: P.I. 307 (Bibliothek St. Albertus Magnus)

Der reiche und im hier gezeigten Exemplar kolorierte Buchschmuck dieses besonders für den Kölner Ordenskonvent der Dominikaner gedruckten Missale wird entweder Anton Woesam von Worms oder einem Formenschneider der Pariser Werkstatt des europaweit tätigen Druckers Wolfgang Hopyl zugeschrieben. Der Niederländer Hopyl war auch für einige frühe Ausgaben des Kölner Missale verantwortlich.

In festo epyphanie. fo. xi.

Qui tecū viuit. Cōio. Tolle puerum et matrē eius et vade in terram iuda: defuncti sunt enim qui querebant animam pueri. Postcōio.

Illumina quesumus dñe populū tuum: et splendore gratie tue cor eius semper accende: vt saluatorem suum ☩ incessāter agnoscat/☩ veraciter apprehendat dominū nostrum iesum christum filium tuum. Qui tecū viuit et regnat. ℟.

In epyphania dñi. Officium.

Ecce aduenit dominator dominus/ ☩ regnum in manu eius/ ☩ potestas/ et imperiū. ℣. Deus iudiciū tuum regi da: et iustitiam tuam filio regis. ℣. Gloria pa. Gloria i excel. Ōro.

Deus qui hodierna die vnigenitū tuū gentibus stella duce reuelasti: concede propicius: vt qui iam te ex fide cognouimus/vsq̃ ad contemplandam speciem tue celsitudinis perducamur. Per eundem.

Lectio ysaie prophete lx. ca.

Surge illuminare hierusalem quia venit lumen tuū et gloria domini super te orta est Quia ecce tenebre operiēt terrā: et caligo populos. Super te autem orietur dñs: et gloria eius in te videbitur. Et ambulabūt gentes in lumine tuo: ☩ reges in splēdore ortus tui. Leua in circuitu oculos tuos ☩ vide: omnes isti cōgregati sunt / venerunt tibi. Filij tui de longe venient: ☩ filie tue de latere surgent. Tunc videbis et afflues/ et mirabitur / et dilatabitur cor tuum. quando cōuersa fuerit ad te multitudo maris: fortitudo gentium venerit tibi. Inundatio camelorum operiet te: dromedarij madian/et epha. Omnes de saba venient: aurū et thus deferentes: et laudem domino annunciātes. ℟. Omnes de saba venient aurum et thus deferentes: et laudē dño annunciantes ℣. Surge et illuminare hierusalem quia gloria domini super te orta est. Alla. ℣. Vidimus stellam eius in oriente: et venimus cum muneribus adorare eum.

Secundū Matheum ij. ca.

Cum natus esset iesus in bethleē iude in dieb⁹ herodis regis: ecce magi ab oriēte venerūt hierosolymā dicētes. Ubi est qui nat⁹ est rex iudeorū. Vidimus enim stellā ei⁹ in oriēte: ☩ ve-
b.iij.

Missale ad consuetudinem fratrum predicatorum, Paris 1517

(E 13) Missale ad usum dyocesis Monasteriensis.

Köln: Birckmann u.a. 1520.

Sign.: IV 1143

Die Kölner Stadtheiligen auf dem Titelblatt eines Missale für die Diözese Münster? Da die beiden Missale textlich nahezu identisch waren, ersparte sich der Verleger die Mühe, neuen aufwändigen Buchschmuck kreieren zu lassen und benutzte einfach das kölnische Titelblatt mit den Heiligen Drei Königen, Ursula und Gefährtinnen sowie den Makkabäern. Am Fest der Epiphanie wird die Anbetungsszene gleich zweimal auf einer Seite gezeigt.

(E 14) Missale Romanum.

Lyon: Mareschal 1531.

Sign.: IV 1133 a

Auf das Nötigste beschränkt der Lyoner Drucker Mareschal seine kleine Darstellung in diesem frühen Missale Romanum.

(E 15) Breviarium Coloniense.

Köln: Cholin 1618.

Sign.: Aa 1994

Die Gesetzgebung zur Hexenverfolgung des Kölner Erzbischofs und Kurfürsten Ferdinand von Bayern (1612-1650) war für die schrecklichen Geschehnisse im Kurstaat und besonders in der Voreifel bei Bonn in hohem Maße verantwortlich. (Unpersönliche und gedankenlose) Grausamkeit und Organisationstalent, das Ferdinand bei der Reform seines Herrschaftsgebiets ohne Zweifel bewies, gehen immer wieder eine unheilige Allianz ein.

Ferdinand war aber durchaus auch willens die katholische Frömmigkeit bei Laien und Klerus zu fördern, so beauftragte er Kaspar Ulenberg mit einer neuen Bibelübersetzung. In seiner Amtszeit erschien auch dieses Brevier, dessen vier Teile alle den gleichen Titelkupfer zeigen, auf dem oben die Anbetungsszene und unten die heilige Ursula und Gefährtinnen zu sehen sind. Im Sommerteil aufgeschlagen sind die umfangreichen Gebete und Lesungen zum Fest der Translation der königlichen Gebeine.

(E 16) Missale Romanum.

Antwerpen: Plantin – Moretus 1618.

Sign.: Ae 651

Cornelius Galle der Ältere (1576-1650), das wohl berühmteste Mitglied der großen Antwerpener Sippe von Kupferstechern und Verlegern gestaltete die ganzseitigen Stiche für das erfolgreiche bei der Großdruckerei Plantin/Moret verlegte Missale Romanum nach Vorlagen von Rubens. Die große Darstellung der Anbetung links begegnet auf der rechten Seite dem kunstvollen Zierrahmen für den Messtext *In Epiphania Domini*, in dem weitere kleine Abbildungen aus der Kindheitsgeschichte Jesu und aus dem Kirchenjahr zu erkennen sind. Die Könige erscheinen noch zweimal hier: vor Herodes und (zu Pferd, nicht zu Kamel!) den Stern über dem Stall erblickend.

Missale Romanum, Antwerpen, 1618

271

(E 17) Missale Coloniense.

Köln: Grevenbruch 1625.

Sign.: Ae 333

Erzbischof Ferdinand von Bayern ließ auch dieses Missale Coloniense herausgeben, in dem noch keine Großabbildung der Könige bei der Anbetung wie in späteren Ausgaben zu finden ist. Auf dem Titelkupfer ist unten recht groß die heilige Ursula und die ihren zu sehen, während oben die Frisur des knienden Königs vom Jesuskind zerzaust wird.

(E 18) Officium Beatæ Mariæ Virginis, Secundum usum Sacri Ordinis Fratrum Prædicatorum.

Douai: Bogard 1626.

Sign.: G 1968.1278

Für den Gebrauch bei den Dominikanern wurde dieses Marienofficium in der nordfranzösischen Universitätsstadt Douai gedacht, aus der auch viele Druckerzeugnisse für die englischen Recusanten stammten.

(E 19) Breviarium Romanum.

Köln: Egmondt 1630.

Sign.: Rd 9

Aufwändig gestaltet mit zehn altkolorierten Kupferstichen aus der Rubensschule ist dieser Kölner Druck des Römischen Breviers. Besonders gelungen ist die Illustration der Szene mit der Verehrung des neugeborenen Gottessohnes durch die drei Weisen aus dem Morgenland. Beeindruckend fällt der Schein des Sterns durch das defekte Stalldach. König Kaspars Page ist von gleicher Hautfarbe wie sein Herr.

Der gleiche Kupferstich findet sich nicht koloriert auch in dem beigelegten Missale Romanum von 1643, ebenfalls bei Egmondt in Köln gedruckt.

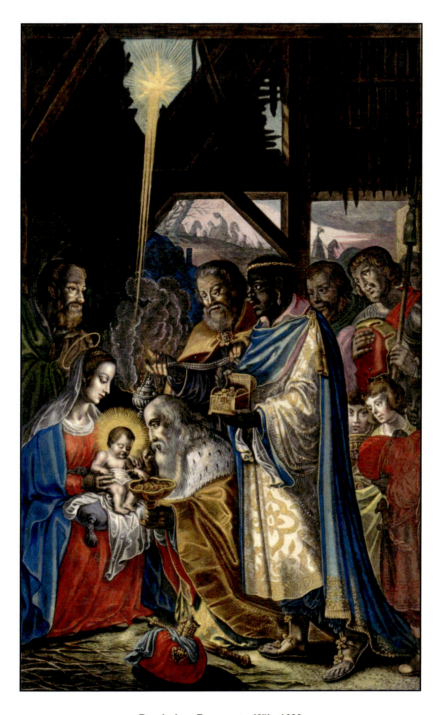

Breviarium Romanum, Köln 1630

(E 20) Missale Ordinis Fratrum B. Mariæ Virginis De Monte Carmelo.

Antwerpen: Plantin – Moretus 1665.

Sign.: Past. f. 192.

Im Missale für den Karmeliterorden wurde der Zierrahmen von Exponat *E 16* für den Messtext verändert. Oben ist ein großer Stern über den drei Geschenken zu sehen, die drei Könige im Gespräch mit Herodes im Medaillon links oben. Die Drei sind außerdem auch noch in der Initiale **E** zu erkennen. Auf dem Titel des Missale ist das Ordenswappen mit dem stilisierten Berg und dem hellen Stern für Maria abgebildet, die dunklen Sterne versinnbildlichen die Propheten Elias und Elischa, nach anderer Interpretation die Ordensreformer Theresa von Avila und Johannes vom Kreuz.

(E 21) Davidis Psalterium.

Köln: Botten 1673.

Sign.: Ae 684

Unter Kurfürst Maximilian Heinrich von Bayern (1650-1688) erschien dieses Breviarium gemäß den römischen wie auch den kölnischen Riten. Darin abgedruckt ist ein weiterer aber kurzer kölnischer Hymnus zum Fest der Translation der Gebeine der Könige. Maximilian Heinrich war nach fast 100 Jahren der erste Erzbischof Kölns, der wieder die Bischofsweihe empfangen hatte.

(E 22) Missale Cartusiani Ordinis.

Faurat: du Four 1679.

Sign.: Ae 502

Die Initiale **E** zum Fest der Epiphanie in diesem Kartäusermissale aus Savoyen wirkt ein wenig irritierend. Dass die übergroße Maria ungehalten herabblickt, mag dem Unvermögen des Kupferstechers geschuldet sein. Anbetende gibt es nur zwei, die aber nicht eindeutig als Könige zu identifizieren sind.

(E 23) Missale Cisterciense.

Antwerpen: Plantin – Moretus 1688.

Sign.: Ae 647

Als Kupferstecher war Cornelius Galle der Jüngere (1615-1678) eher weniger bedeutend als sein Vater Cornelius Galle der Ältere, doch durchaus imstande Ansprechendes zu gestalten. So schuf er für das Fest der Erscheinung des Herrn diesen ganzseitigen Stich ebenfalls nach Rubens. Putten und Soldatengefolge dienen als Staffage, im Vordergrund rechts unten ist der Hund zu sehen, der der Legende nach bei Tag die Reisenden führte, wenn der Stern nicht zu sehen war. Die Initiale **E** zeigt die gleiche Szene auf der gegenüberliegenden Textseite noch einmal wesentlich kleiner und weniger kunstvoll.

Missale Cisterciense, Würzburg 1698

(E 24) Magnum Missale Romanum.

Würzburg: Zieger & Lehmann 1698.

Sign.: Be 342

Wenig kunstvoll ist die Anbetungsszene des Nürnbergers August Christian Fleischmann – die Putten hängen doch leicht unvermittelt in der Luft – in diesem Missale Romanum mit seinem überladetem Titelkupfer. Da das Missale nicht nur die deutschen Missae propriae beinhaltet, sondern auch viele aus anderen europäischen Ländern, wurde es als Magnum Missale bezeichnet.

(E 25) Missale Romanum.

Breslau: Muffat 1712.

Sign.: Be 448

Der Augsburger Philipp Jakob Leidenhoffer (†1714) gestaltete die Kupferstiche für dieses Breslauer Missale.

(E 26) Missale Romanum.

Venedig: Typographia Balleoniana 1725.

Diözesan- und Dombibliothek Köln

Generell lässt sich feststellen, dass Anbetungsszenen in den Missalien aus dem südeuropäischen Raum eher weniger aufzufinden sind. Die kleine Zierinitiale zum Fest der Epiphanie in diesem venezianischen Exemplar zeigt nichts zum Thema. Zu erkennen ist ein Putto, der einen Drachen an der Leine führt.

(E 27) Officium B. Mariæ Virginis.

Antwerpen: Plantin 1731.

Sign.: Past. 3601

Der wohl beliebteste Teil des Breviers war das Marienofficium, nicht selten mit Kupfern verschönert.

(E 28) Missale Novum Romanum.

Kempten: Mayr 1734.

Sign.: Be 58

Nach einem Bild von Gottfried Bernhard Götz (1708-1774, Hofmaler und Hofkupferstecher Kaiser Karls VII.) wurden die königlichen Gewandungen hier besonders aufwändig gestochen; das Oberkleid des schwarzen Königs spannt allerdings ein wenig.

Missale Novum Romanum, Kempten 1734

(E 29) Missale Romano-Bohemicum.

Prag: Höger 1735.

Diözesan- und Dombibliothek Köln

Für das Missale aus Prag wurde der Standardkupferstich benutzt, allerdings mit dem einschlägigen Text: *und niederkniend beteten sie ihn an und brachten ihm Geschenke dar, Gold, Weihrauch und Myrrhe.*

(E 30) Breviarium Juxta Ritum Sacri Ordinis Prædicatorum.

Rom: Mainardi 1740.

Sign.: 206/16.1 (Bibliothek St. Albertus Magnus)

Unter Generalmagister Thomas Ripoll (1725-1747) aus Aragon erschien dieses Brevier für die Angehörigen des Dominikanerordens. Der Weihrauch in der Hand des schwarzen Königs ist entzündet.

(E 31) Missale Romano-Moguntinum.

Mainz: Haeffner 1742.

Diözesan- und Dombibliothek Köln

Bei genauer Betrachtung wenig gelungen ist dieser ganzseitige Kupferstich im Mainzer Missale Romanum. Kronen, Gesichter, Mimik und seltsamer Hintergrund sind befremdend.

(E 32) Novum Missale Romanum.

Augsburg: Veith 1745.

Sign.: Be 449

Aufgrund der beigebundenen Eigenmessen ist zu vermuten, dass dieses römische Missale mit dem ehedem prachtvollen Einband mit schönem floralem Ornament in jesuitischem Vorbesitz war. Die Tafel hat Joseph Anton Zimmermann (1705-1797) gestochen, der sich selbst stolz als "Kupferstecher der bayrischen Provinzialstände" bezeichnete.

(E 33) Breviarium Romanum.

Antwerpen: Plantin 1752.

Sign.: IV 1148

Für die Verhältnisse der Druckerei Plantin wirkt diese Anbetungsszene in nahezu jeder Hinsicht hingeschludert. Auch die Anbetung durch die Hirten ist nicht sehr viel besser gelungen.

Breviarium Romanum, Antwerpen 1752

(E 34)   Novum Missale Coloniense.

Köln: 1756.

Sign.: Be 329

Die Angleichung an das Missale Romanum wurde durch Neuausgaben des Kölnischen Messbuches wie dieser von 1756 unter Erzbischof Clemens August weiter vorangetrieben. Den Eigenheiten unserer Ortskirche ließ man dabei jedoch den gebührenden Raum zukommen.

Auf dem Titelblatt sind diverse Heilige abgebildet, derer in Köln mit Eigenfesten gedacht wird bzw. wurde oder denen hier eine besondere Bedeutung zukommt, darunter alle heiligen Bischöfe bis auf Bruno. Agilolf wird als erster Erzbischof bezeichnet und Heribert als erster Kurfürst. An exponierter Stelle wie immer oben in der Mitte dargestellt sind die Könige und die heilige Familie. Mit Mühe zu erkennen ist der unfertige Dom neben Ursula und ihrer Gruppe unter dem Text.

Neben dem Titelblatt wurde auch der ganzseitige in Kopie beigelegte Kupferstich zur Epiphanie des Herrn von Nicolaus Mettel (auch Mettely) entworfen, der in Köln zwischen 1745 und 1772 tätig war.

(E 35)   Missale Sacri Ordinis Praedicatorum.

Rom: Puccinelli 1768.

Sign.: 109/14.1 (Bibliothek St. Albertus Magnus)

Nach einem Bild von Guillaume Courtois oder Guiglielmo Cortese (1628-1679) entstand dieser Kupferstich in einem Dominikanermissale. Das Missale zeichnet sich auch durch interessante Messingbeschläge auf dem Buchdeckel aus: vorne ist Moses mit den Gesetzestafeln, hinten Christus als Weltenherrscher zu erkennen.

(E 36) Novum Missale Romanum.

Kempten: Galler 1781.

Sign.: Be 345

Rudolph Johann Störcklin (1723-1756) fertigte für dieses Missale elf Kupfertafeln an, darunter die Anbetung der drei Könige mit zwei (!) schwarzen Pagen; auf den Ochsen wird verzichtet. Auch Störcklin war Mitglied einer Sippschaft von Kupferstechern, die ursprünglich aus der Schweiz stammte.

(E 37) Officia Propria Sanctorum Archidiœcesis Coloniensis.

Aachen: Urlich 1828.

Sign.: IV 1166

Unter Erzbischof Ferdinand August Graf von Spiegel zum Desenberg (1764-1835, seit 1824 Kölner Erzbischof) erschien eine revidierte Version der Texte des Breviers zu den Eigenfesten der Kölner Erzdiözese, aus dessen Bibliothek dieses Exemplar stammt. Spiegel stand in der Tradition eines geistlichen Fürsten aus der Zeit der Aufklärung und des Episkopalismus des 18. Jahrhunderts, wozu sicher am Rande auch der Besitz einer wertvollen Bibliothek gehörte, die der Bibliophile – vielleicht gar Bibliomane – für sich einrichten ließ. Seine Bibliothek befindet sich heute in diesem Hause als Teil der Dombibliothek Köln und ist aufgrund ihres Inhalts und Umfangs von höchstem Interesse und Wert. Nicht selten sind Bücher daraus in besonders schöner Weise wie im vorliegenden Fall eingebunden.

(E 38) Petit Missel illustré.

Paris: Curmer 1865.

Sign.: Ra 46

Auch die Lithographien nach alten Vorlagen in diesem kleinen Missale von 1865 aus dem Verlagshaus Curmer bestechen durch ihre hohe Qualität. Für die Gestaltung der Anbetungsszene hier zu Beginn der Texte zur Messdanksagung zeichnet ein Mathieu verantwortlich. Im Gegensatz zu den bewusst gewählten Vorlagen der religiösen Werke, die Curmer edierte, waren die in seinen naturkundlichen Werke hingegen immer auf dem neuesten Stand.

Petit Missel illustré, Paris 1865

(E 39) Breviarium Romanum.

Regensburg u.a.: Pustet 1879.

Sign.: Past. 3599 a

Kein Sternenhimmel, sondern florale Ranken scheinen hier durch die zerstörten Mauern der Stalls. Die Eckillustrationen verweisen auf alttestamentliche Stellen, in denen die Ereignisse um die drei Könige vorweggenommen werden. Unten in der Mitte ist die Königin von Saba zu sehen mit den Geschenken für Salomon und oben der Treue schwörende Abner vor König David.

(E 40) Missale iuxta ritum Sacri Ordinis Praedicatorum.

Tournai: Desclée 1881.

Sign.: 96/13.13 (Bibliothek St. Albertus Magnus)

Im Falle dieses Dominikanermissales setzte der belgische Verlag Desclée auf den neugotischen Stil, der auch für den Kirchenbau der Zeit maßgeblich war. Mit den Texttafeln rechts und links der Anbetungsszene wirkt die Abbildung fast wie ein Triptychon.

(E 41) Breviarium Romanum.

Mechelen: Dessain 1881.

Sign.: Past. 4936 a

Für belgische Missalien und Breviere aus dem Verlag Dessain wurde Ende des 19. Jahrhunderts diese Kopfleiste zur Illustration der Anbetungsszene verwendet.

(E 42) Die göttliche Offenbarung von Jesus Christus nach der sogenannten Armenbibel.

Freiburg im Breisgau: Herder, 2 Aufl. 1884.

Sign.: Cd 85

Für die Regensburger Missalausgaben aus dem Verlag Pustet wurden ab der zwölften Auflage auch verschiedentlich die gotisierenden Illustrationen von Johann Evangelist Klein verwendet. Der Wiener Klein (1823-1883) galt als Kenner gotischer Kunst und wurde besonders bekannt durch seine Glasfenster für Kirchen. Nach seinen Vorgaben wurden auch in Köln viele Fenster angefertigt, so für Sankt Maria im Capitol, Sankt Johann Baptist, Groß Sankt Martin und den Dom.

(E 43) Missel du Sacré-Coeur.

Dijon: Marchet & Roux 1891.

Leihgabe aus Privatbesitz

Offensichtlich nichts mit Epiphanie oder den Heiligen Drei Königen zu tun hat die Illustration in diesem französischen Volksmissale. Stattdessen wird darauf die Schlacht von Patay in Zentralfrankreich im Jahre 1870 während des Deutsch-Französischen Kriegs dargestellt, vielleicht weil daran auf Seiten der Franzosen ehemals päpstliche Infanteristen – Zuaven – und damit entschiedene Katholiken teilnahmen.

(E 44) Missale Romanum.

Regensburg u.a.: Pustet, 26. Aufl. 1946.

Sign.: Ee 783

Diese Illustration zum Fest der Erscheinung des Herrn stammt von dem als letztem Nazarener bezeichneten Redemptoristenbruder Max Schmalzl (1850-1930), die auch für die vatikanischen Ausgaben des Missale benutzt wurden. In der Mitte die Anbetungsszene mit Engeln darüber und auffälligen Sternenhimmel, daneben in der Mitte links der Traum Jakobs, rechts die Königin von Saba vor Salomon.

Missale Romanum, Regensburg 1946

(E 45) Officium Festorum Nativitatis Et Epiphaniæ Domini.

Regensburg u.a.: Pustet 1891.

Sign.: Past 1915

Die Illustration von Schmalzl wurde in Größe und Anordnung den Notwendigkeiten angepasst. Breviere oder Festofficien mussten ein handlicheres Format haben.

(E 46) Breviarium Romanum.

Tournai: Desclée, 7. Aufl. 1895.

Sign.: Past. 3600

In der Wallonie wurde dieses Brevier gedruckt; die Anbetungsszene in gotisierendem Rahmen ist stark an spätmittelalterlichen Vorbildern orientiert. Gegenübergestellt ist als weitere Theophanie die Hochzeit zu Kana; beide Szenen zeigen ausgeprägten Sternenhimmel.

(E 47) Missale Romanum.

Mechelen: Dessain 1922.

Leihgabe aus Privatbesitz

Jahrzehnte später setzte der belgische Verlag Dessain auf ganz anders geartete Illustrationen. Diese Kopfleiste erscheint zu den Festen der Geburt und der Erscheinung des Herrn. Links strahlt der Stern sein volles Licht auf die Heilige Familie ab und wirft es rechts weniger stark auf die drei Könige.

(E 48) Breviarium Romanum.

Tours: Mame, 18. Aufl. 1929.

Sign.: Da 1402

Das römische Brevier aus der Stadt des heiligen Martin zeigt eher civil gekleidete Könige bei der Anbetung in großzügigem floralen Rahmen.

(E 49) Das vollständige Römische Meßbuch.

Freiburg im Breisgau: Herder, 6. Aufl. 1937.

Sign.: Da 452

Zum Fest der Erscheinung des Herrn sind in diesem Schott nur die thronende Maria mit dem Kind und die drei Geschenke der Könige zu sehen; aus Gründen der Symmetrie wurde der Weihrauch verdoppelt.

(E 50) Saint Andrew Daily Missal with Vespers for Sundays and Feasts.

Saint Paul (Minnesota): Lohmann 1940.

Sign.: 97/3.15 (Bibliothek St. Albertus Magnus)

Eher wie ein Bühnenbild oder eine Illustration zu Tolkiens Herr der Ringe mit dem Zauberer Gandalf wirkt die Darstellung zur Epiphanie in diesem von Benediktinern der St. John's Abbey in Minnesota herausgegebenen lateinisch-englischen Volksmissale.

Saint Andrew Daily Missal, Saint Paul 1940

(E 51) My Sunday Missal.

Brooklyn (New York): Confraternity of the Precious Blood 1944.

Sign.: Da 2828

Die drei Könige geradezu verzückt und niedergeworfen vom Licht, so wird Epiphanie in dieser amerikanischen Teilausgabe des Missale Romanum illustriert. Ein Vergleich mit den zeitgenössischen Comics der amerikanischen Schule ist sicher zulässig.

(E 52) Missel du Christ-Roi.

Turnhout: Proost & Cie. 1951.

Diözesan- und Dombibliothek Köln

Das belgische Christkönigsmissale für den Laiengebrauch zeigt wiederkehrend einmal eine andere Anbetungsszene: die Hirten und die drei Könige zusammen verehren den neugeborenen Friedenskönig. Der Stern leuchtet hernieder auf drei Engel, die entsprechend der Ausrichtung des Missales die königlichen Insignien Zepter, Reichsapfel und Krone tragen. Der Einband des Buchs ist eine Perlmuttarbeit.

(E 53) Graduale Romano Monasticum, Excerptus Proprium De Tempore.

Siegburg: 1953.

Sign.: MS 11

Pater Mauritius Mittler OSB (1921-2013) zeigte mit diesem für die Abtei auf dem Michaelsberg entstandenen Teil des Graduales für Klöster im Jahre 1953, dass die Kunst, illuminierte Handschriften zu erstellen, auch in der modernen Zeit noch gepflegt werden kann. Darin findet sich in Epiphania Domini eine große Initiale **E**; darin oben Maria mit dem Kind und unten die anbetenden drei Könige. Auch die folgenden Zierinitialen zum Fest haben dazu Bezug, so sind in einem **A** drei Kronen und in einem **V** der Stern von Bethlehem zu sehen.

(E 54) Missae Pontificales.

Siegburg: 1958.

Sign.: Diözesan Hs. 555

Pater Mauritius Mittler schuf in den Jahren 1958 und 1959 noch zwei weitere Handschriften – Missae Pontificales und Canon Missae – mit besonders großen Antiquabuchstaben für Kardinal Frings, dessen Erblindung immer mehr zunahm. Aufgeschlagen ist aus dem Proprium Sanctorum die bischöfliche Messe zum Fest der Translation der Reliquien der Heiligen Drei Könige am 23. Juli mit abstrakter Initiale. Die aufwändigen Einbände beider Bände mit schöner Einlegearbeit wurden vom ehemaligen Buchbinder und Restaurator der Diözesanbibliothek Köln Johannes Sievers gestaltet.

(E 55) Missale Romanum.

Vatikanstadt: Libreria Editrice Vaticana 1975.

Sign.: LVe 205

Bartlose Könige bei der Anbetung und nur der Lichtstrahl des Sterns sind in diesem nachkonziliaren römischen Missale zu sehen.

(E 56) Evangeliar. Für alle Sonn- und Festtage des Kirchenjahres. Buchmalerei von Fritz Baumgartner.

München: Schnell & Steiner 1993.

Sign.: Rd 22

Der österreichische Maler Fritz Baumgartner (1929-2006), über die Grenzen seiner Wahlheimat Bayern vor allem auch im Norditalienischen bekannt, fertigte dieses handgeschriebene Evangeliar mit farbenprächtigen Illustrationen an, was dann in einer Auflage von 400 Stück gedruckt wurde. Sein Versuch der Aktualisierung von Darstellungen zur Bibel ist bei dem Bild zum Fest der Erscheinung des Herrn gewiss weniger deutlich zu erkennen als etwa bei dem zum Fest der Unschuldigen Kinder.

(E 57) Missale Romanum.

Vatikanstadt: Libreria Editrice Vaticana 2002.

Sign.: Fd 2949

Vor den Messen am Fest der Erscheinung des Herrn werden in diesem römischen Missale die drei frühen Theophanien in der Illustration zusammengefasst: oben die drei Könige, in der Mitte die Taufe Jesu und unten die Hochzeit zu Kana.

Darstellung der Geburtserzählung – Evangeliar, Armenien um 1000 (E 58)

(E 58) Heide und Helmut Buschhausen: Das Evangeliar Codex 697 der Mechitharisten-Congregation zu Wien. Eine armenische Prachthandschrift der Jahrtausendwende und ihre spätantiken Vorbilder.

Berlin: Union Verlag 1981.

Sign.: HCw 550

Dieses prächtige Evangeliar entstand um 1000 in Armenien und befindet sich seit 1911 bei den Wiener Mechitharisten, einer Gemeinschaft von armenisch-katholischen Mönchen. Fol. 1^r bis Fol. 2^r gibt einen Brief des Eusebius – Vater der Kirchengeschichte und Bischof von Caesarea (313-339 oder 340) – über sein Ordnungssystem bezüglich des Neuen Testaments wieder. Auf Fol. 2^v bis Fol. 5^v folgen die Kanontafeln mit der Evangelienkonkordanz.

Auf dem linken Blatt ist unter der Darstellung der Opferung Isaaks die Verkündigung zu sehen. Auf dem rechten Blatt mit der Geburt Christi erscheint mittig Maria liegend und das Kind in der Krippe beäugt von Ochs und Esel. Unten ist eine apokryphe Szene aus der Geburtserzählung im Protoevangelium des Jakobus wiedergegeben. Oben aber wird der Stern über der Höhle von zwei Engeln betrachtet, nicht von den vielleicht nicht so wichtigen Weisen, die auch später nicht in Erscheinung treten.

F) Weitere Darstellungen der Heiligen Drei Könige

(F 1) **Juan de Torquemada**: Meditationes. Faksimile-Ausgabe des Erstdrucks von 1467 nach dem Exemplar der Stadtbibliothek Nürnberg.

Wiesbaden: Harrassowitz 1968.

Sign.: Ee 347

Die Vorbilder für die Holzschnitte in den verschiedenen Ausgaben der Meditationes gehen auf die Fresken in Torquemadas Titularkirche zurück, die wohl fast alle auf den bedeutendsten Maler aus dem Predigerorden Guido di Pietro (* um 1387) zurückgehen. Als Fra Angelico (†1455) trat er 1407 der dominikanischen Gemeinschaft bei, zu der ja auch Juan de Torquemada gehörte. Wegen seiner Meisterschaft bei der künstlerischen Darstellung religiöser Themen wurde er schon zu Lebzeiten

Juan de Torquemada: Meditationes

Il Beato, der Gesegnete, genannt. 1982 wurde er von Papst Johannes Paul II. seliggesprochen und zu einem Patron der christlichen Künstler. Die Erstausgabe druckte der Ingolstädter Ulrich Han 1467 in Rom. Han (* um 1425-† nicht vor 1487) war der erste deutsche Drucker im Ausland und legte mit diesem Druck das erste Buch mit Holzschnitten in Italien vor.

(F 2) **Juan de Torquemada**: Meditationes posite et depicte de ipsius mandato in ecclesie ambitu sancte Marie de Minerva Rome.

Rom: Plannck 1498.

Sign.: Inc. 22 (Bibliothek St. Albertus Magnus)

Der spanische Dominikaner Juan de Torquemada (1388-1468) aus Valladolid erhielt 1439 die Kardinalswürde. Nach dem Tod von Papst Pius II. (1458-1464) war Torquemada – ein heftiger Verfechter des Vorrangs der päpstlichen Gewalt gegenüber Konzilien oder weltlichen Fürsten – einer der Kandidaten für die Nachfolge. Nicht selten wird Juan mit seinem als Inquisitor bekannten Neffen Thomas de Torquemada O.P. (1420-1498) verwechselt. Wie viele Dominikaner der Zeit teilte er die später zum Dogma erhobenen Ansichten über die Unbefleckte Empfängnis Mariens nicht. Seine Meditationen in dieser römischen Inkunabel zum Leben Jesu sind mit 33 Holzschnitten zum Thema versehen. Sie interpretieren einen Freskenzyklus in der Kirche Santa Maria della Minerva, den Torquemada wohl selbst in Auftrag gegeben hatte. In dieser Kirche wurde Torquemada auch begraben. Gedruckt wurde die Inkunabel von dem in Rom tätigen Passauer Stephan Plannck.

(F 3) **Bertholdus**: Horologium devotionis.

Köln: Landen um 1500.

Sign.: Ra 3

Über den Dominikaner Bertholdus, der um 1350 lebte, ist so gut wie nichts bekannt. Es heißt, dass er sein *andächtig Zeit Glöcklein des Lebens und Leidens Christi* auf Wunsch der gebildeten Zeitgenossen selbst ins Lateinische übersetzte. Als Horologium devotionis wurde es schon in der Inkunabelzeit an verschiedenen Orten gedruckt. Bertholdus gesellt den drei Königen einen großen Tross von Grafen und niedrigen Adligen als Begleitung zu.

(F 4) Bertholdus: Horologium devotionis.

Köln: Alectorius & Soter 1577.

Sign.: Aa 1599

Knapp 80 Jahre später erschien das Horologium des Bertholdus erneut, diesmal von unzähligen Fehlern und Barbarismen gereinigt sowie mit allerliebsten Figuren verziert. Der gegenüber der früheren Version des Horologiums eindeutig bessere Holzschnitt mit den drei Königen wird hier gleich dreimal verwendet, vermutlich mindestens einmal an falscher Stelle als Illustration für die Ärmlichkeit des Geburtsumstände Jesu.

(F 5) Ulrich Pinder: Der beschlossen gart des rosenkrantz marie.

Nürnberg: Pinder 1505.

Sign.: P.I. 326 (Bibliothek St. Albertus Magnus)

Für den Nürnberger Zweig der 1475 von Kölner Dominikanern gegründeten und schnell anwachsenden und sich ausbreitenden Rosenkranzbruderschaft verfasste der Schwabe Ulrich Pinder (†1509 oder 1519) dieses Werk, welches als eines der schönsten Drucke der Postinkunabelzeit gilt. Von Beruf Arzt, machte er sich als einer der Ersten seiner Zunft die noch junge Kunst des Buchdrucks zu Nutzen und legte sich in seinem Haus zu Nürnberg eine eigene Druckerei für seine erbaulich-populären Schriften zu. Die zahlreichen Holzschnitte wurden u.a. von Hans Schäufelein und Hans Baldung Grien gestaltet, von Letzterem stammt die blattgroße meisterhafte Darstellung der Kreuzigung. Ein kleiner wenig kunstfertiger Holzschnitt zeigt die Anbetung der Könige.

(F 6) Albrecht Dürer: Sämtliche Holzschnitte.

München: Edition Tomus 1976.

Sign.: Rf 3

Albrecht Dürer bearbeitete das Motiv *Anbetung der Könige* vierfach als Holzschnitt von 1493/94 bis 1511. Die beiden frühen Holzschnitte wurden in ihrer kleinen und recht groben Form als Illustrationen für Gebet- und Andachtsbücher geschaffen. Aus der wichtigen Schnittfolge *Kleine Passion* stammt eine elaboriertere Version. Der große Holzschnitt von 1511 ist fraglos der Höhepunkt der Darstellungen. In Dürers Schnittfolge *Marienleben* ist bei der Anbetung der Hirten der Stern der Könige zu sehen.

(F 7) Das Gebetbuch Karls V. Vollständige Faksimile-Ausgabe im Originalformat des Codex Vindobonensis 1859 der österreichischen Nationalbibliothek.

Graz: Akademische Druck- und Verlagsanstalt 1976.

Sign.: HCw 464

Vermutlich öfter als bekannt haben sich hohe Potentaten in ihren persönlichen Gebetbüchern oder auch auf von ihnen ermöglichten Kunstwerken anderer Art gerade in der Anbetungsszene mehr oder weniger diskret als König abbilden lassen. Anzunehmen ist aber auch, dass die Künstler zuweilen ungefragt das Bild ihrer Mäzene in das heilig-königliche Umfeld integrierten, sei es aus echter Überzeugung oder aus Liebedienerei. So ähnelt der König auf der rechten Seite im Gebetbuch Karl V., der es zwischen 1516 und 1519 – er war also noch nicht Kaiser – erhielt. Gegen diese Annahme spricht aber seine Abbildung als König von Spanien ohne Bart mit seinem Schutzengel weiter hinten im Buch.

Gebetbuch Karls V., Faksimile, Graz 1976

(F 8) Initiale E.

um 1520.

Sign.: Qa 67

Die Anbetungsszene zeigt diese gedruckte, altkolorierte Zierinitiale zum Beginn des Epiphaniefestes **E**(cce advenit dominator deus; siehe, gekommen ist der Herrscher, der Herr!). Nur Personen und Engel sind hier zu erkennen, keine Gebäudeteile oder landschaftlicher Hintergrund.

(F 9) Hans Holbein d.J. Die Bilder zum Gebetbuch Hortulus Animae.

Basel: Schwabe 1943.

Sign.: Db 6962

Beim einfachen gläubigen Volk sehr beliebt waren solche erbaulichen Gebetbücher, Seelengärtlein oder Hortulus Animae genannt. Auch von dem großen Maler Hans Holbein d.J (1497-1543) wurden für solche Illustrationen in Metall geschnitten. Maria mit dem Kind empfängt hier vor einer Stadtmauer sitzend die Huldigung der Könige. Die ganze Szene zeichnet sich durch Schlichtheit aus.

(F 10) Friedrich Nausea: Libri Mirabilium Septem.

Köln: Quentell 1532.

Sign.: Ra 107

Anton Woensam illustrierte die nur in dieser Ausgabe gedruckten sieben Bücher über wunderbare Naturereignisse von Friedrich Nausea (*1496) unter anderem mit dieser kleinen Anbetungsszene. Aus dem Ort Waischenberg in der Fränkischen Schweiz stammend – daher trug er auch den Beinamen Blancicampianus – trug der begnadete hauptsächlich in Mainz tätige Prediger wesentlich dazu bei, dass der Katholizismus am Mittelrhein die bestimmende Konfession blieb. Durchaus war er zu Konzessionen den Protestanten gegenüber bereit. 1541 wurde er Bischof von Wien und starb 1552 auf dem Konzil zu Trient.

(F 11) Eyn devoet Rosenkrantz des levens und lijdenns unß heren Jesu christi.

Köln: Hyrtzhorn 1532.

Sign.: Aa 1762

Anton Woensam von Worms schuf auch diese ein bisschen besser ausgearbeitete Anbetungsszene, die in verschiedenen Büchern abgedruckt wurde wie in diesem deutschen Rosenkranzgebetbuch. Das Kind greift nach Kaspars Gold, Melchior lüftet seine Mütze, links steht Balthasar.

(F 12) Alberto da Castello: Rosario dela gloriosa vergine Maria.

Venedig: Varisco 1559.

Sign.: 1979.524

Mit 187 Holzschnitten und Bordüren auf allen Textseiten verziert ist dieses prächtige venezianische Rosarium nach dem Dominikaner Alberto da Castello (1450-1522). An seinem Ende werden durch das Rosenkranzgebet bewirkte Wunder geschildert. Der große Titelholzschnitt zeigt Christus und Maria umgeben von Engeln im himmlischen Garten, darunter Gläubige mit Rosenkränzen. Die Anbetungsszene zeigt den mittleren König, der sich so am Kopf kratzen muss, dass ihm fast die Krone herunterfällt.

(F 13) Alberto da Castello: Rosario Della Gloriosa Vergine Maria.

Venedig: Bettano 1587.

Sign.: Aa 695

Knapp 30 Jahre später erschien das gleiche Buch noch einmal in Venedig mit neuen Holzschnitten versehen, an denen sich auch ein leicht geänderter Kunstgeschmack erkennen lässt. Diesmal zieht der mittlere König seine Kopfbedeckung.

(F 14) Jerónimo Nadal: Evangelicae Historiae Imagines Ex ordine Evangeliorum, quae toto anno in Missae sacrificio recitantur, In ordinem temporis vitae Christi digestae.

Antwerpen: 1593.

Sign.: Rd 17

Jerónimo Nadal aus Mallorca (1507-1580) war maßgeblich an der Organisation des noch jungen Jesuitenordens beteiligt. Die Gründerriege des Ordens hatte er schon als deren Kommilitone in Paris kennengelernt, entschied sich aber erst später zum Eintritt. Mit den Anmerkungen und Mediationen zu den Evangelien, der *Bibel des Natalis*, war er der erste Verfasser eines Erbauungsbuches aus den Reihen der Gesellschaft Jesu. Diesem Buch vorausgegangen war diese Sammlung von 153 Kupferstichen hauptsächlich nach flämischen Meistern zur Geschichte des Neuen Testaments; Nadal erläutert sie geradezu in der Art von Bildergeschichten. Beide Stiche zur Geschichte der Magier wurden von Hieronymus Wierix (1553-1619) gestochen: die Magier vor Herodes nach dem Italiener Bernardino Passeri (* um 1540-† um 1590), die Anbetenden nach Marten de Vos (1532-1603).

Jerónimo Nadal:
Evangelicae Historiae Imagines [...], Antwerpen 1593

(F 15) Bartolomeo Ricci: Considerationes Sopra Tutta La Vita Di N.S. Giesu Christo.

Rom: Zanetti 1607.

Sign.: Rb 17

Von unbekannter Hand stammen die 158 Illustrationen zu den Betrachtungen des Jesuiten Bartolomeo Ricci (1542-1613) über das Leben Jesu Christi. Die Bildgeschichte zu den drei Königen in sechs mit Buchstaben gekennzeichneten Teilen zeigt sehr schön, dass sie nach Bethlehem und davon weg unterschiedliche Wege nahmen.

(F 16) Himlische Meyenblümlein.

München: Sadeler 1618.

Sign.: Past. 354

Zu den sieben Schmerzen des heiligen Joseph gehört die Wahrnehmung der Ärmlichkeit, in die der neugeborene Gottessohn hineingeboren wurde. *Aber unschätzlich war die frewd, wie du das himmlische gesang der Engel hörtest und sahest die Hirten und die weisen, den König der Königen anzubetten herzu kommen.*

Raphael Sadeler verlegte und illustrierte die Meyenblümlein; der heilige Joseph erscheint darin als Sonnenblume. Auch Jesus, Maria und Anna erscheinen als oder in Blumen.

Himmlische Meyenblümlein, München 1618

(F 17) Aegidius Gelenius: Vindex Libertatis Ecclesiasticae Et Martyr S. Engelbertus Archiepiscopus Coloniensis Princeps Elector, &c. [...].

Köln: Clemens & Hubertus 1633.

Sign.: Ab 413

Dem *heiligen Beschützer der kirchlichen Freiheit und Martyrer*, Kurfürst und Erzbischof Engelbert I. von Berg, setzte Gelenius unter Rückgriff auf alle möglichen Quellen dieses erste zeitgemäße historische Denkmal. Einer der Kupferstiche zeigt Engelbert im Kreise von in Köln und in der Kölner Diözese besonders verehrten Heiligen; ganz oben sind die anbetenden drei Könige zwischen Felix und Nabor zu sehen. Auffälligerweise ist von seinen acht heiligen bischöflichen Vorgängern in Köln nur Maternus als der Erste abgebildet. Der folgende Kupferstich zeigt das Phantasiebrustbild des Kammerherrn der drei Könige Engelbert, wie er posthum bezeichnet wurde. Ein weiterer Stich gibt die Ahnentafel des bergischen Grafen wieder.

Engelbert und in Köln verehrte Heilige, oben die drei Könige, Köln 1633

(F 18) Nicolas Chaperon: Sacrae Historiae Acta A Raphaele Urbin. In Vaticanis Xystis Ad Picturae Miraculum Expressa.

Rom: Augustinus 1649.

Sign.: Rc 2

Die 54 Radierungen – darunter die Anbetungsszene – von Nicolas Chaperon (1612-1656) nach den biblischen Fresken Raffaels für die päpstlichen Loggien gelten als die besten Arbeiten des Franzosen. Maria und der neugeborene Gottessohn (Josef fehlt ganz) werden von zwölf statt von drei Magiern verehrt; vor allem im syrischen Raum wurde diese Zahl überliefert.

(F 19) Johann Ulrich Krauss: Heilige Augen- und Gemüths-Lust.

Augsburg: Kraus 1706.

Sign.: Rd 8

Ein weiteres Meisterwerk wie seine Bilderbibel legte Krauss auch mit der Augen- und Gemütslust zur Unterstützung gottseliger Betrachtungen und zur Übung im Kunstverständnis im Verlauf des Kirchenjahres vor. Im oberen Teil des Blattes zum *Heilige 3. König Tag* ist rechts die Darstellung der Ermahnung an die Weisen im Schlaf, nicht zu Herodes zurückzukehren, besonders gelungen. Im unteren Teil sind die allegorischen Abbildungen der vier Kontinente erwähnenswert.

(F 20) Thesaurus Historiarum Veteris et Novi Testamenti Elegantissimis Iconibus expressis. Biblische Figuren Darinnen die fürnembste Historien in heiliger Schrifft begriffen geschichtsmässig entworfen.

Augsburg: Academia Caesareo Franciscea 1760.

Sign.: 1970.742

Nach Merian wurden diese biblischen Figuren von Gabriel Bodenehr dem Älteren (1673-1766) in Kupfer gestochen. Die Bodenehrs waren eine weitere der Augsburger Sippen von Kupferstechern; ihre vielen Arbeiten gingen – obwohl zuweilen durchaus ansprechend – kaum über das Mittelmaß hinaus. Produziert wurde immer schon für den Markt. Beim gezeigten Stich schon seltsam ist die Art und Weise, wie der Diener den gekrönten Turban des schwarzen Königs festhält.

Thesaurus Historiarum Veteris et Novi Testamenti [...], Augsburg 1760

(F 21) Biblia Sacra Vulgatae Editionis.

Konstanz: Bez 1770.

Sign.: Be 260

Ab 1751 erschien im Badischen Ettenheimmünster in mehreren Auflagen eine der so genannten Benediktinerbibeln unter Leitung von Germanus Cartier (†1749), zusammen mit seinem weniger exegetisch denn theologisch interessierten Bruder Gallus († nach 1757) Angehöriger des dortigen Klosters. Germanus Cartier gab eine deutsche Neuübersetzung der Bibel auf den Arbeiten der früheren Übersetzer fußend zusammen mit dem Text der lateinischen Vulgata heraus.

Ausführlich wird zu Beginn des vierbändigen von mehreren Kupferstechern illustrierten Werks begründet, warum Änderungen gegenüber den früheren Übersetzungen Dietenbergers und Ulenbergs vorgenommen wurden.

Der vierte Band bietet eine Übersicht über Bibelübersetzungen in verschiedene alte Sprachen und die Geschichte nicht nur der katholischen Exegese seit dem 16. Jahrhundert. Eine Abhandlung über die geographische Lage des Paradieses, des Garten Eden, von Gallus Cartier beendet den Band. Auf einer Karte nach den Erwägungen des Jesuiten Jean Hardouin (1646-1729) sind die damals hauptsächlich diskutierten Verortungen eingetragen; die nördliche nach dem Benediktinerabt Augustin Calmet (1672-1757), die südliche nach Bischof und Abt Pierre Daniel Huet (1630-1721). Interessant sind auch die genauen Einzeichnungen der vier Paradiesflüsse Tigris, Euphrat, Gehon und Phison; die beiden letzteren waren seit alter Zeit schwerlich identifizierbar; so wurden sie mit Nil und Ganges gleichgesetzt, was gewisse topographische Probleme aufwirft. Hardouin – so gelehrt wie auch verschroben – vertrat allerdings auch die Ansicht, dass Jesus und seine Apostel ausschließlich lateinisch gepredigt hätten.

Mindestens einer der drei Könige, nämlich Kaspar, soll einer der vielen Überlieferungen nach aus Chaldäa gekommen sein; nach der syrischen Tradition kamen alle daher. Chaldäa lag wie Huets Paradies im Zweistromland, es wurde aber auch in dem Gebiet von Calmets Garten Eden verortet. Melchior soll aus Arabien und Balthasar aus Saba gekommen sein.

Der ganzseitige Kupferstich aus dieser Bibel zeigt die Geburt Jesu und im Hintergrund den sich von weitem nähernden Zug der Weisen und ihrer Begleitung. Nur zwei Reiter auf Kamelen sind zu erkennen; wollte der Illustrator andeuten, dass nach der Bibel zwar mehr als ein Weiser dem Stern folgte, aber darin keineswegs die Zahl Drei genannt wird?

(F 22) Vierzig Kupferstiche für die Katholische Normalschule der Taubstummen, der Kinder und anderer Einfältigen zum gründlichen sowohl als leichten Unterricht in dem Christenthume.

Augsburg: Doll 1788.

Sign.: Bf 2

Romedius Knoll (1727-1796), Franziskanerpater aus Südtirol, machte sich höchst verdient um die Erziehung und Förderung von jugendlichen und erwachsenen Taubstummen. Die bildliche Darstellung von Inhalten und die Zeichensprache sah er in enger Verbindung. Seine Katechismuserklärung hauptsächlich für diese Zielgruppe ließ er durch vorliegendes Tafelwerk mit ganzseitigen biblischen Szenen ergänzen, in dem auch die Heiligen Drei Könige vor dem Jesuskind gezeigt werden. Die Abbildung des Teufels im Tafelwerk traf schon zur damaligen Zeit als zu schwarz und zu übertrieben auf Kritik.

Knoll war im Übrigen auch Erfinder einer – nicht sehr erfolgreichen – Schwefeldampfmaschine gegen Mäuseplagen und einer durchdachten "Leibmaschine" – einer Art Bettpfanne – als Hilfe für Bettlägrige und deren Pfleger.

(F 23) Die **Sammlung Alt- Nieder- und Ober-Deutscher-Gemälde** der Brüder Boisserée und Bertram.

Stuttgart und München: Cotta 1821-1836.

Sign.: Rf 5

Leider wurde die überaus bedeutende Sammlung von 215 Gemälden der Kölner Sulpiz (1783-1854) und Melchior (1786-1851) Boisserée sowie ihres Freundes Johann Baptist Bertram (1776-1841) im Jahre 1827 an König Ludwig I. von Bayern verkauft und verblieb nicht in ihrer Heimatstadt. Allerdings wurde sie so einer breiten Öffentlichkeit zugänglich und ist Großteils in der Alten Münchener Pinakothek zu bewundern. Nicht zuletzt aus Kölner Kirchen, deren Schätze der Säkularisierung zum Opfer fielen, trugen die drei einflussreichen Kunstsammler und -historiker mit großen Verdiensten um die Rehabilitierung alter, christlicher Kunst (selbst bei Goethe gelang ihnen dies) wie auch um den Weiterbau des Kölner Doms ihre Collection zusammen. Ihre Zuweisung der Bilder an bestimmte Maler ist nach heutiger Kenntnis aber fast immer unrichtig. Die in diesem Buch von wirklich mächtigem Umfang abgebildeten exzellenten Lithographien nach 114 der Gemälde stammen von Johann Nepomuk Strixner (1782-1855). Darunter befinden sich fünf Darstellungen mit der Anbetungsszene:

- Aus einer Mechelner Hauskapelle stammt *Die Anbetung der Könige* von Dierick Bouts
- In Brüssel 1814 erworben wurde *Die Anbetung der Könige* von Bernaert van Orley
- Aus der Kölner Kirche Sankt Columba stammt *Die Anbetung der Könige* von Rogier van der Weyden
- *Die Anbetung der Könige* vom Meister des Heisterbacher Altars, stammt aus der Zisterzienserabtei Heisterbach
- *Die Anbetung der Könige* vom so genannten Meister der weiblichen Halbfiguren, erworben in Heidelberg

(F 24) Livre d'Heures ou Offices de l'Eglise illustrés d'après les Manuscrits de la Bibliothèque du Roi.

Paris: Duverger 1843.

Sign.: Ra 16

Von gleichhoher Qualität ist dieses etwas früher entstandene Stundenbuch, für dessen Illustrationen die Chromolithographin Mademoiselle Aline Guilbert verantwortlich war. Für ihren Versuch, eine Buchform des Mittelalters wiederzubeleben, orientierte auch sie sich an alten Manuskripten; für die Anbetungsszene, die keinen realen Ort zu haben scheint, wählte sie ein Vorbild aus dem 13. Jahrhundert. Auffällig die französische Lilie auf dem roten Gewand des mittleren Königs und dem schwarzen Hintergrund, der junge König trägt ein zweifarbiges Beingewand.

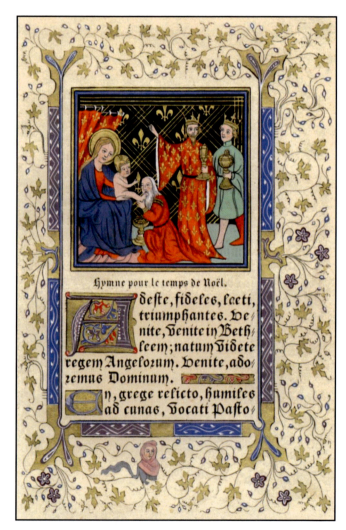

Livre d'Heures ou Offices de l'Eglise, Paris 1843

(F 25) Livre d'heures d'après les Manuscrits de la Bibliotheque Royale.

Paris: Engelmann et Graf 1849.

Sign.: Ra 45

Den mittelalterlichen französischen Vorbildern nachempfunden ist dieses Stundenbuch aus der Mitte des 19. Jahrhunderts, in dem die Technik der Chromolithographie für den bibliophilen Buchdruck sehr früh und gelungen eingesetzt wurde. Für die Erstellung des Buchs benötigte man drei Jahre. Vor der Textseite mit dem Beginn der Vorbereitung auf die Kommunion ist die Adoration der Könige gezeigt: Joseph hält sich ohne Heiligenschein im Hintergrund, Hirten beobachten die Szene. Vorne sind zwei Hunde zu sehen, die die Weisen tagsüber geführt haben sollen.

(F 26) Les Evangiles des Dimanches et Fêtes de l'Année.

Paris: Curmer 1864.

Sign.: Cd 508

Ein Meisterwerk der Chromolithographie stellt diese dreibändige französische Evangelienausgabe dar, deren Pracht auch von den kostbaren Einbänden unterstrichen wird. Dem Buchhändler und Verleger Léon Curmer (1801-1870) gelang es, den Stil alter Stundenbücher und mittelalterlicher Handschriften von der Karolingerzeit bis zur Renaissance nach Fotographien der Originale gekonnt zu imitieren. Zweimal erscheinen die drei Könige: als kleines Medaillon in der Monatsübersicht zu den Festen des Januars und in einer größeren Anbetungsszene zur Illustration des Evangelientextes.

(F 27) Trostspiegel in den Widerwärtigkeiten des Lebens. Dreissig Marienbilder zur Lauretanischen Litanie nach Gemälden italienischer Meister des XIV.-XVI. Jahrhunderts aus der Privatsammlung des Conservators des städtischen Museums zu Cöln J.A. Ramboux.

Köln: Baum 1865.

Sign.: Art. f. 581

Die Kunstfertigkeit des Trierers Johann Anton Ramboux (1790-1866) lag doch eher im gewissenhaften Kopieren und Bewahren fremder Kunst denn in eigenständigem Wirken. So fertigte Ramboux, der 1845 Konservator der Wallrafschen

Sammlung zu Köln wurde, kurz vor seinem Tod Lithographien mit Tonplatten nach den Marienbildern aus seiner eigenen Sammlung italienischer Renaissancegemälde an. Blatt 29, zum Thema "Du Königin aller Heiligen", zeigt die Anbetungsszene im griechischen Stil aus der venezianischen Schule. Der Stadt Köln gelang es leider nicht, Stücke aus der Rambouxschen Sammlung in nennenswertem Umfang nach seinem Tod – obwohl günstig angeboten – für städtische Museen zu erwerben.

Trostspiegel in den Widerwärtigkeiten des Lebens, Köln 1865

(F 28) Führich's Meisterwerke. I. Der Bethlehemitische Weg [...].

München: LucasVerlag 1914.

Sign.: De 437

In Österreich war Joseph Ritter von Führich einer der Hauptvertreter der Nazarenerkunst. Nazarener – ursprünglich eine bespöttelnde Bezeichnung – wurde eine Gruppe von Künstlern genannt, die eine Erneuerung der Kunst im Geiste der Religion anstrebte. Als Vorbild nahm sich die Gruppe mittelalterliche religiöse Bruderschaften und gründete den "Lukasbund", der später in einem römischen Kloster seinen Hauptsitz nahm; die Nazarener betrachteten die altdeutsche Malerei als beispielhaft.

Die Anbetungsszene stammt aus Führichs Zyklus zur Kindheitsgeschichte Jesu, dem "Bethlehemitischen Weg" von 1863, den er auf Anregung des Wiener Erzbischofs Joseph Othmar Kardinal Rauscher schuf. Zu den Königen gesellt sich vorne rechts eine Jakobspilgerin.

Anbetungsszene aus Führichs "Bethlehemitischen Weg"

(F 29) Marianne Jenny / Felix Hoffmann: Unterwegs zum Christkind. Eine Weihnachtsgeschichte mit Ausschnitten aus dem Wandbild "Das Jesuskind im Jura".

Zürich: Theologischer Verlag 1983.

Diözesan- und Dombibliothek Köln

Zum großen Wandbild "Das Jesuskind im Jura" des Schweizer Künstlers Felix Hoffmann (1911-1975), auf dem die gesamte Weihnachtsgeschichte zusammen dargestellt ist, fügte Marianne Jenny die Texte hinzu. Auf alten Kupferstichen ist zuweilen in ähnlicher Form das Geschehen wiedergegeben. Die Könige sind hier einmal in der ganz andersgearteten Heimat von Hoffmann mit Wäldern, typischen Häusern, pflügendem Bauern usw. zu sehen.

G) Berichte über die Heiligen Drei Könige und den Aufbewahrungsort ihrer Reliquien

(G 1) Sammelhandschrift.

15. Jahrhundert.

Sign.: Dom Hs. 169

Der Bericht des Johannes von Hildesheim über die Taten und die Translation der Gebeine der Heiligen Drei Könige fand schnell europaweite Verbreitung. Bis zu den ersten Drucken entstanden mehr oder weniger genaue Abschriften, zum Teil den Urtext ausschmückend, wie die hier vorliegende. Aufgeschlagen ist der Beginn der nur mit einfachen roten Lombarden geschmückten Kapitelübersicht. Das bis dahin umfassendste Werk zum Thema hatte wohl anlässlich der 200jährigen Wiederkehr der Translation der Karmelit Johannes von Hildesheim (†1375) verfasst. Johannes lehrte 1359 bis 1360 an der Sorbonne, war Prior seines Ordens in Kassel und Marienau und vertrat dessen Interessen auch am päpstlichen Hof zu Avignon. Sein diplomatisches Geschick stellte er bei der Vermittlung in Konflikten zwischen dem Bischof von Hildesheim und den Braunschweiger Herzögen unter Beweis. Möglicherweise wurde Johannes von dem Kölner Domherr Florenz von Wevelinghoven (* um 1330-1393), dem späteren Bischof von Münster (seit 1364) und dann von Utrecht (seit 1379) mit der Abfassung der Geschichte der drei Könige beauftragt; seine wenigen anderen Werke blieben ohne Bedeutung.

(G 2) Johannes von Hildesheim: Historia gloriosissimorum trium regum integra.

Köln: Quentel 1514.

Sign.: Inc. a. 87

Bis zum Opus magnum des Jesuiten Crombach behielt das Werk des Johannes von Hildesheim Referenzstatus. Nahezu alles, was man bis dahin über die drei Könige wirklich wissen konnte und eine Menge darüber hinaus war ja durch ihn zusammengeschrieben worden. Seine Schrift wurde in diesem schönen Kölner Frühdruck durch Texte von Albertus Magnus, Pseudo-Augustinus und Jacobus de Voragine ergänzt.

In dem hier gezeigten Band findet sich ein weiteres wirklich phantastisches Werk. Es stammt von Johannes de Hese vom Niederrhein; über sein Leben ist nichts bekannt, aber er hinterließ diese vollkommen erfundene Reisebeschreibung durch fast die gesamte Welt außerhalb von Europa, verfasst um 1400. Zusammengeschrieben hat Johannes de Hese sie aus allerlei älteren Itinerarien. Von Jerusalem und Palästina zieht er an das Rote Meer, über Ägypten durch den Sinai nach Chaldäa und dann nach Äthiopien, schließlich über Indien mit seinen Thomaschristen ins Zweistromland, wo er den Priesterkönig Johannes besucht und dessen Palast er umfassend beschreibt. Den legendären Priesterkönig Johannes sah seine Zeit durchaus in der Nachfolge der drei Könige als realer sakraler Herrscher. Vom Grab des Apostels Thomas endlich kehrt er zurück nach Jerusalem. Unterwegs gelangt er an die unüberwindliche Mauer des Paradieses, lernt das Fegefeuer kennen, hält einen Riesenkraken für eine Insel, hört die Sirenen singen und sieht den Magnetberg. Spürbar ist in Heses Schilderungen orientalischer Städte seine gute Kenntnis von Köln, das er offensichtlich als Vorbild dafür nahm.

(G 3) Johannes von Hildesheim: Die Legende von den heiligen drei Königen. Volksbuch, der Verehrung der heiligen drei Könige im Dom zu Köln gewidmet.

Frankfurt am Main: Brönner 1842.

Sign.: Ca 2702 (20)

Der Bonner Literaturwissenschaftler und Dichter Karl Simrock (1802-1876) wurde bekannt durch seine Übertragung des Nibelungenliedes, der Gedichte von Walther von der Vogelweide sowie der Sammlung und poetischer Bearbeitung alter deutscher Sagen und Volksbücher. Seine guten Kenntnisse der Kölner Kirchengeschichte und deren gelungene poetische Darstellung stellte er etwa in einem Gedicht über die wunderbaren Geschehnisse bei der Erweckung des heiligen Maternus nach 40 Tagen mit Hilfe des Bischofsstabs von Petrus und in seiner Ballade über den Traum des Erzbischofs Anno unter Beweis. Zum Besten des Weiterbaus des Kölner Doms gab Simrock auch eine Übersetzung des Werkes von Johannes von Hildesheim heraus, aus dem alle romantischen Holzschnitte gezeigt werden.

(G 4) Das Buch der heiligen Dreikönige, des Jahres der Kirche und der Wunder des Doms zu Köln, niedergeschrieben von mir: Johannes von Hildesheim dem Mönch im Jahre 1375, da ich mich dem Tode nahe weiß.

Augsburg: Filser 1929.

Sign.: Dc 9158

1929 wurde das Dreikönigsbuch von dem katholischen Publizisten und Reformpädagogen Leo Weismantel (1888-1964) erneut *aus alten Gewölben geholt und den Menschen der Gegenwart wiedererzählt.* Die Originalillustrationen stammen von Alois Elsen, darunter eine Phantasie über den Dreikönigsschrein.

Dreikönigsschrein nach Alois Elsen, Augsburg 1929

(G 5) Johannes von Hildesheim: Die Legende von den Heiligen Drei Königen.

Köln: Bachem 1960.

Sign.: 303/13.30 (Bibliothek St. Albertus Magnus)

Aus dem Straßburger Inkunabeldruck des deutschen Textes der Legende von den Heiligen Drei Königen von Johannes Prüß aus dem Jahre 1480 sind die Holzschnitte – nach Simrock von derber Art – für diese Neuübersetzung der Legende von Elisabeth Christern entnommen.

(G 6) Jacobus de Voragine: Der Heiligen Leben.

Nürnberg: Anton Koberger 1488.

Sign.: Inc. d. 165

Der Dominikaner und Erzbischof von Genua Jacobus de Voragine (1230-1298) verfasste mit seiner Sammlung von Heiligenviten, der zwischen 1263 und 1273 entstandenen Legenda Aurea, das wohl beliebteste Volksbuch des Mittalters, welches bis zum Jahr 1500 immer wieder ergänzt in ca. 80 Auflagen gedruckt wurde. Der Heiligen Leben, so der deutsche Titel, aus dem Jahre 1488 berichtet seitenweise über die *materi der heyligen drey kunig*. Zur Rainalds von Dassel Verhältnis zur Mailander Nobilität und der Translation der Gebeine nach Köln ist zu lesen:

Da man zalt von Cristi geburt. Tausent und hundert und in dem vierundsechtzigsten iar. Da setzt sich Meyland wider den keyser Fridrich des ersten. dahin zoch mit grossem volck und gewalt fur die stat und vermeynt sy gentzlichen zu erstören und belegt sie an allen orten [...]. Da halff dem Keyser ein bischoff von Kölen der hieß Reynaldus und viel ander Fursten und herren. Er besetzt dy stat also lang biß das er sie mit gewalt bezwang. Nun war in der statt ein mechtiger herr der hieß Atzo von dem Turn, dem war der keyser sundliches veind. in des hauß kam der bischoff von Kölen. da gieng der herr Atzo heymlichen zu dem bischoff und bat umb des Keysers huld. so wolt er im geben die heyligen drey kunig und vil anders heyltum. das west nyemant wo das lag dann er und drey der mechtigtsen. da gieng der bischoff zu dem keyser und gewan dem herren Atzo des keysers huld und bat den keyser, ob in der Atzo brecht heymlich und in weyset an die stat da die heyligen drey kunig legen, ob er im die wolt geben daß er sy gen Kölen furet. das erlaubt im der keyser. Also schicket der bischoff das köstlich heyltumb gen Kölen. Da ward es mit grosser wirdigkeit empfangen und mit grossen freuden und ward da gelegt in sant Peters munster. Da hin kummen noch heut vil fursten und herren und groß volck. Unnd da man sie dem tor hienein furet da was ein kleynes kind da, das war nur dreyssig tag alt. das redt als bald und sprach. Zu dem tor da man sie hat eingefuret, da wirt man sie wider außfuren. der red erschracket sie gar ser und meynten es wer gottes will und wolten es zefurkommen unnd vermaurten das tor, also stet es noch.

(G 7) Ambrosius: De vocatione omnium gentium.

Köln: Cervicornus 1528.

Sign.: Aa 2355

Welches Werk ließ sich wohl besser mit einem Ziertitel schmücken, der die anbetenden Könige zeigt als dieses, das die Berufung aller Völker zum Glauben thematisiert. Entworfen wurde der Ziertitel, in dem oben auch das Wappen mit den drei Kronen zu sehen ist, von dem in Köln tätigen Wormser Anton Woensam (*1492 oder 1500-†1541). Dem heiligen Bischof von Mailand Ambrosius (339?-397) wurde das Buch lange Zeit zugeschrieben, inzwischen steht es aber ziemlich sicher fest, dass der heilige Schutzpatron der Dichter Prosper von Aquitanien (390?-455) der wahre Verfasser ist. Prosper ist übrigens auch Namensgeber für ein Starkbier zum Überstehen der Fastenzeit aus Erding, dessen Stadtpatronat er überdies inne hat.

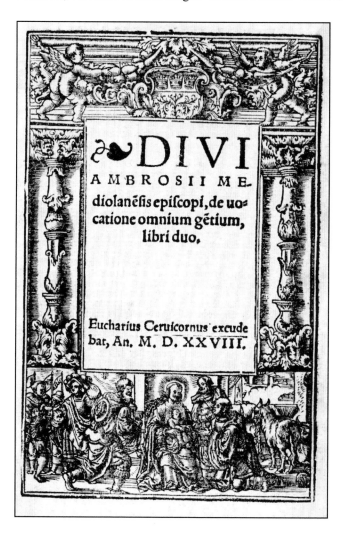

Ambrosius: De Vocatione omnium gentium, Köln 1528

(G 8) **Abraham Saur**: Theatrum Urbium. Warhafftige Contrafeytung und Summarische Beschreibung vast aller Vornehmen und namhafftigen Stätten [...].

Frankfurt am Main: Basse 1595.

Sign.: Ra 80

Im bekannten kleinen Städteführer des hessischen Juristen Abraham Saur (1545-1593) – *allen Studenten, Mahlern, Kauff und Wanderßleuthen so lust zu Antiquiteten, sehr nützlich und dienstlich* – finden sich im Zusammenhang mit Köln erstaunlicherweise nur ein Satz zu dessen bekanntesten Reliquien: *In dieser Statt sollen auch die heiligen drey König begraben liegen.*

Wasser auf die Mühlen überzeugter kölnischer Ureinwohner dürften Saurs Aussagen über die Gründung Kölns durch einen Trojaner namens Colono (!) kurz nach der Triers etwa 2000 vor Christi Geburt sein. Und aktuell: *Ein vornemmer Erbarer weiser Rath daselbst regirt jetzt die gantze Statt mit solcher Ordnung unnd Satzung, die sie erst haben außgehen und publicieren lassen, gantz bescheidenlich, daß es zuverwundern* [...]; nun ja, damals halt. Wunderbares aus Köln weiß Saur auch noch mehr zu berichten: *Anno 1434. Sahe man sieben Regenbogen inn der Lufft, stunden verkehrt.*

(G 9) **Laurentius Surius / Franciscus Haraeus**: Vitæ Sanctorum, Das ist, Leben, Geschicht, Marter und Todt der Fürnembsten Heiligen, Aller Geschlecht, Ständt, Orden, Land und Zeiten [...].

Köln: Dehmen, 4. Aufl. 1678.

Diözesan- und Dombibliothek Köln

Der Priester und Schriftsteller Valentin Leucht (1550-1619) – im Sinne der Gegenreformation auch tätig als Bücherkommissar – übersetzte die Heiligenlegenden des Kölner Kartäusers Laurentius Surius (1522-1578) und des Utrechter Theologen und Historikers Franciscus Haraeus (um 1150-1632) ins Deutsche um ein größeres Publikum zu erreichen. Petrus Canisius hatte den in seiner Jugend zum Protestantismus neigenden Surius zum katholischen Glauben zurückgeführt. Im Text zu den drei Königen wird besonders auf die Bedeutung der Geschenke abgehoben. Nur zusammen für Jesus Christus als König, Gott und Mensch machen Gold, Weihrauch und Myrrhe wirklich Sinn; nur ein Geschenk weniger würde das Wesen Christi verfehlen und möglicherweise in die Häresie herabführen.

(G 10) Hermann Crombach: Primitiae Gentium Seu Historia Ss. Trium Regum Magorum Evangelicorum.

Köln: Kinchius 1654.

Sign.: Ae 552

Für die Geschichtsschreibung Kölns von hoher Bedeutung ist Hermann Crombach. In unserer Stadt wurde er 1598 geboren und starb dort auch 1680. Nach dem Besuch des dreigekrönten Gymnasiums trat er 1617 in den Jesuitenorden ein und wurde am Kölner Kolleg des Ordens Professor für Moraltheologie.

Sein "Hobby" war die Kölner Kirchen- und Profangeschichte, wo er Werke von bleibendem Wert schuf. Sicher nicht dem heutigen kritischen Standard entsprechend, versuchte er doch schon sein Forschungsobjekt ganzheitlich und aufgrund von Quellen zu bearbeiten. Genauigkeit war bei Crombach mit großem Stolz auf seine Vaterstadt verbunden, schreibt er über diese doch im Büchlein über den heiligen Kölner Gerold:

An die andächtige Bürger von Cölln, und günstigen Leser.
Es hat Gott der Allmächtig die Edle Statt Cölln nicht allein mit viel Tausende außheimischen Martyren unnd Blutzeugen Christi, viel heiligen Bischoffen beseeligt, und der gantzen Welt berhümbt gemacht, sondern auch eine menge einwöhner und Bürger in deroselben gleichsam im fruchtbaren Acker deß Herren gepflantzet, Heylig und Gottseeliglich auffkommen und zur höchster Vollkommenheit gelangen lassen: welche auch als hellscheinende Sternen durch die weite Welt außgebreitet, mit ihrem aufferbawlichen Wandel und heiligen Leben gantz Teutschland, Niederlandt, Franckreich, Italien oder Welschland erleuchtet haben [...].

Sein dreibändiges Werk über die Heiligen Drei Könige stellt ein wahres Kompendium der Kölner Stadtheiligen dar. Von der biblischen Geschichte über die Vorkommnisse bei der Translation bis zu Kult und Verehrung berichtet Crombach den Möglichkeiten seiner Zeit entsprechend.

Drei prachtvolle Titelkupfer zieren die Bände. Hauptsächlich Darstellungen aus dem Alten Testament eröffnen den ersten Band. Für Köln interessanter sind die Kupfer zu den beiden anderen Bänden. Im zweiten Band wird eine kleine Stadtansicht und weitere für Köln wichtige Heilige gezeigt, darunter die Märtyrer Felix und Nabor (Patrone für Kinder, die schwer gehen lernen), deren Gebeine sich ebenfalls im Dreikönigsschrein befinden. Mitte rechts ist die Taufe der drei Könige durch den Apostel Thomas zu sehen. Das Titelblatt von Band drei schließlich illustriert die Verehrung der Könige an ihrem Schrein im Dom.

Hermann Crombach: Primitiae Gentium [...], Titelblatt, Band 3, Köln 1654 (G 10)

(G 11) Hermann Crombach: Deß Heiligen Geroldi Cremonensischen Martyrers, und Cöllnischen Burgers, sonderlichen Patronen wieder die Kranckheit deß Fiebers.

Köln: Friessem 1652

Sign.: Aa 1902

Crombach schildert hier das Leben eines der wenigen echten Kölner unter den Heiligen der Stadt – die weitaus meisten so genannten Kölner Heiligen sind Auswärtige – gewohnt ausführlich und unter Hinzuziehung fremder Quellen. Der wenig bekannte heilige Geroldus wurde 1201 in Köln geboren. Aszetisch von Jugend an machte er sich auf die Pilgerfahrt nach Santiago de Compostella und dann nach Rom. 1241 wurde er in der Nähe von Cremona von zwei Banditen überfallen und erstochen. Von den Menschen dieser Stadt schnell als Märtyrer verehrt, wurde er von Papst Innocenz IV. (1243-1254) kanonisiert. Seine Reliquien gelangten 1650-1652 in die Jesuitenkirche St. Mariä Himmelfahrt zu Köln und wurden in einer kostbaren – leider verschollenen – Reliquienbüste aufbewahrt.

An Gerolds Willen zur Pilgerfahrt, die dann ja letztlich zu seiner Verehrung als Heiliger führte, tragen nach Crombach die drei Könige (Mit-)Verantwortung. Der König von Jerusalem Johann von Brienne (†1237) nämlich wallfahrte im Jahre 1224 nach Köln zum Schrein der Weisen. Dieses Vorbild wiederum erweckte bei Geroldus den starken Wunsch, seinerseits den Weg des Pilgers nach Jerusalem und anderswohin zu beschreiten.

(G 12) Ausführliche und Grundrichtige Beschreibung Des ganzen Rheinstroms.

Nürnberg: Riegel 1685.

Sign.: Ra 93

Der anonyme Verfasser griff für seine mit ansprechenden Stadtansichten versehene Beschreibung des Rheinlaufs stark auf Vorangegangenes zurück. Zu Köln und seinem Dom schreibt er unter anderem:

Der inwendige Raum begreifft in sich vier Reihen von Seulen; der Chor ist hübsch und sehr hoch, die Gräber, welche hinter diesen stehen, glaubet man, daß solche seyen der drey Weisen, die aus Morgenland unsern Seeligmacher anzubeten gekommen waren oder die Könige aus Arabien, von welchen

317

geprophezeyet ware, daß sie solten Gaben bringen und die man insgemein die drey Könige von Cölln nennet: Der Melchior opferte Gold, Caspar den Weyhrauch und Balthasar die Myrrhen.

Interessantes weiß er auch zum Kölner Wappen zu berichten, das er nicht mit den drei Königen in Verbindung bringt:

Es führet Cölln in ihrem Schilde drey Kronen, das dreyfache Regiment in der Stadt als des Herrn Erzbischofs, des Rahts und des Rectoris der hohen Schul allda [...].

(G 13) Histoire Ecclesiastique D'Allemagne, Contenant L'Erection, le Progrez, & l'Etat ancien & moderne de ses Archevechez Et Evechez.

Brüssel: Foppens 1724.

Diözesan- und Dombibliothek Köln

Die Lütticher drei Könige? Nach den Ausführungen dieser auf Französisch verfassten Geschichte der deutschen Kirche hätte auch die heute nicht mehr existente Kathedrale Sankt Lambert das neue Zuhause der Reliquien der drei Könige werden können. Darin wird eine nicht ganz selten geäußerte Vermutung wiedergegeben, die frei übersetzt lautet:

Die heilige Helena, Mutter von Konstantin dem Großen, brachte die Reliquien nach Konstantinopel, Eustorgius, zehnter Bischof von Mailand, ließ sie nach Mailand bringen. Friedrich II. (!) ließ diese Stadt 1162 zerstören, weil sie den Respekt vor der Kaiserin verloren hatte. Heinrich, Bischof von Lüttich, erhielt die Überreste der drei Könige, um sie in seine Kirche zu bringen; dieser aber starb. Erzbischof Rainald brachte sie selbst nach Köln.

Für die Italienpolitik war Bischof Heinrich II. von Lüttich fraglos wie Rainald von Dassel von größter Bedeutung; er verstarb aber erst 1164, nachdem die Reliquien schon in Köln waren. Krude ist auch die Kölner Bischofsliste, die im Werk wiedergegeben ist. So werden etwa zwei Bischöfe mit dem Namen Evergislus angenommen und der zweite Bischof von Köln, ein heiliger Paulinus, soll um 170 den Märtyrertod gestorben sein.

(G 14) Johanna Schopenhauer: Ausflug an den Niederrhein und nach Belgien im Jahre 1828.

Leipzig: Brockhaus 1831.

Leihgabe aus Privatbesitz.

Johanna Schopenhauer (1766-1838), die Mutter des Philosophen Arthur Schopenhauer, lebte zur Zeit des Erscheinens ihres Reiseberichtes in Unkel am Rhein und in Bonn. Die Schilderungen dieser Frau, die als eine der ersten mit der Schriftstellerei ihren Lebensunterhalt verdiente, sind bis heute sehr lesenswert; luzide, kritisch aber auch wohlwollend berichtet sie vieles auch über Köln und trägt sogar (als gebürtige Danzigerin!) Erkenntnisse über den kölschen Dialekt vor. Über Dom und Dreikönigenschrein berichtet sie bewegt, scheut aber auch nicht vor Benennung etwa von Bausünden und solchen gegen den guten Geschmack zurück. Besonders erwähnenswert erscheint ihr die außergewöhnliche Spendenbereitschaft der Kölner zur Wiederinstandsetzung des Schreins nach den Zerstörungen der Franzosenzeit. Ihre Beschreibung der Stadt Köln beginnt sie so:

Die Stadt Köln macht, wenn man ihre Straßen betritt, keinen besonders freundlichen und erheiternden Eindruck, sie ist eine seltsame Zusammensetzung von Schön und Häßlich, von Alt und Neu, wobei ersteres immer noch das Übergewicht behält, von beklemmender Düsterheit und freundlicher Helle. In steter Furcht, überfahren zu werden, betäubt vom Lärmen der Lastträger, der Karrenschieber und aller Unlust, eines in sehr beschränkten Räumen allerlei Gewerbe treibenden Volkes, windet man sich auf schlechtem, schlüpfrigen Steinpflaster durch düstre, enge Straßen, von hohen, die Luft beengenden Giebelhäusern umgeben.

(G 15) Aegidius Müller: Das heilige Deutschland. Geschichte und Beschreibung sämmtlicher im deutschen Reiche bestehender Wallfahrtsorte.

Köln: Schafstein, 3. Aufl. 1888.

Sign.: Cd 278

Der Kölner Diözesanpriester Aegidius Müller aus Bergheim (1830-1898), verdient besonders um die bergische und niederrheinische Kirchengeschichtsschreibung, erarbeitete mit vielen Kollegen dieses weitverbreitete Kompendium deutscher Wallfahrtsorte. Er beginnt mit der Erzdiözese Köln und darin mit der Domkirche und den Heiligen Drei Königen. Hans Pfaff zeichnete und kolorierte dazu die Szene mit der Übergabe der Gebeine der Könige an die kölnische Bürgerschaft und Geistlichkeit durch Erzbischof Rainald von Dassel; die Übergabe fand offensichtlich auf Deutzer Gebiet statt. Der Rhein und der alte Dom im Hintergrund erinnern allerdings eher an das Kloster Maria Laach an seinem See.

Übergabe der Gebeine der Könige nach Hans Pfaff, Köln 1888

H) Gedichtetes um die drei Könige

(H 1) Orazio Nardino: La Venuta De' Magi Al Signor Nostro Giesu Christo Ad Adorarlo, Et Presentarlo doppo il suo gloriosissimo Natale.

Neapel: Ferrante 1623.

Leihgabe aus Privatbesitz.

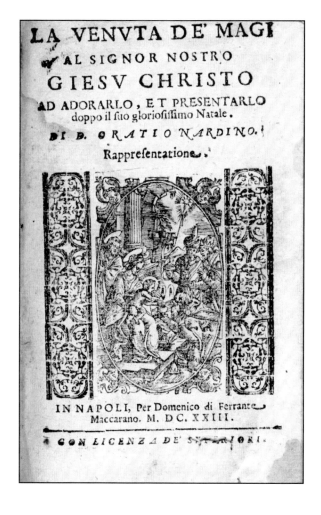

Seit dem Mittelalter waren Weihnachts- und Dreikönigsspiele in ganz Europa verbreitet, in denen die biblischen Geschehnisse nachgespielt wurden, zum Teil ergänzt mit alttestamentlichen Szenen wie der Paradieserzählung. Dieses italienische Spiel zeigt auf dem Titel den schlechten Abklatsch einer an sich ansprechenden Anbetungsszene mit schönen Randbordüren und am Ende die *Matrer* (!) Christi.

Orazio Nardino: La Venuta De' Magi [...], Neapel 1623

(H 2) August Gebauer: Legende von dem heiligen Engelbertus, Erzbischoffe und Gründer des Domes zu Köln.

Köln: Spitz 1818.

Sign.: IV 672 a

Engelbert wollte fraglos während seiner kurzen Amtszeit (1215-1225) einen neuen Dom begründen, um den Reliquien der Heiligen Drei Könige eine angemessene Heimstatt schon im neumodischen gotischen Stil zu bieten und die Pilgermassen besser willkommen zu heißen; dafür war er auch bereit, seine bedeutenden eigenen Vermögenswerte einzusetzen. Auf seine Planung griff dann aber erst sein zweiter Nachfolger Konrad von Hochstaden 23 Jahre nach des Bergischen Tod ab 1248 zurück. Ihn als Gründer des Doms zu bezeichnen, wie es in dieser gereimten Legende über das Leben von Engelbert geschieht, ist dann aber doch ein wenig übertrieben.

Seht ihr dort den Dom, das hohe
Denkmal alter, schöner Tage
In den blauen Himmel ragen?
Wer entwarf die kühne Bildung?
Wessen Herz trug treue Sorgfalt,
Daß der Grund dazu geleget
Und das Werk begonnen wurde?
War es Bischoff Engelbertus,
Unser Bischoff nicht, der solches
Aemsig Tag und Nacht betrieben?
Einen Tempel wollt' er gründen
Für die frommen Christenschaaren
Zur Erhebung, zur Belebung
Allen gläubigen Gemüthern,
Und ein seltnes Werk der Baukunst,
Die vor jeder Kunst er liebte.

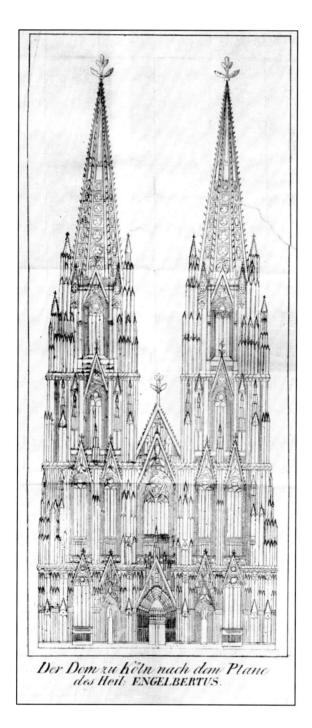

Der Dom zu Köln nach dem Plane des Heil: ENGELBERTUS.

August Gebauer: Legende von dem heiligen Engelbertus, Köln 1818

(H 3) Die Gedichte Walthers von der Vogelweide.

Berlin: Reimer 1827.

Sign.: Cb 1331

Schon kurz nach dem Mord am Kölner Erzbischof Engelbert im Jahre 1225 gab Walther von der Vogelweide der reichsweiten Empörung in seinem so genannten Engelbrechtston dichterischen Ausdruck. Auffallend ist, dass im sich steigernden Preis Engelberts dessen politische Funktionen hinter seine Tätigkeit **als drîer künege und einlif tûsent megde kamerære**, als bischöflicher Kammerherr der Heiligen Drei Könige und der elftausend Jungfrauen also, zurücktreten. Der Germanist Karl Lachmann legte 1827 diese bahnbrechende Ausgabe der Werke des alten Minnesängers vor.

(H 4) Annette von Droste-Hülshoff: Das geistliche Jahr. Nebst einem Anhang religiöser Gedichte.

Paderborn: Schöningh 1879.

Sign.: Ca 3703

Annette von Droste-Hülshoff (1797-1848) arbeitete mit langer Unterbrechung mehr als 20 Jahre an ihrem grandiosen Gedicht-Zyklus "Das geistliche Jahr". Der Übergang vom biblischen Geschehen zu dessen Bedeutung im Leben des Christen ist im Gedicht zum Fest der Heiligen Drei Könige besonders gelungen:

Am Feste der heiligen drei Könige.

Durch die Nacht drei Wandrer ziehn,
Um die Stirnen Purpurbinden,
Tiefgebräunt von heißen Winden
Und der langen Reise Mühn.
Durch der Palmen säuselnd Grün
Folgt der Diener Schar von weiten;
Von der Dromedare Seiten
Goldene Kleinode glühn,
Wie sie klirrend vorwärts schreiten,
Süße Wohlgerüche fliehn.

Finsternis hüllt schwarz und dicht
Was die Gegend mag enthalten;
Riesig drohen die Gestalten:
Wandrer, fürchtet ihr euch nicht?
Doch ob tausend Schleier flicht
Los' und leicht die Wolkenaue:
Siegreich durch das zarte Graue
Sich ein funkelnd Sternlein bricht.
Langsam wallt es durch das Blaue,
Und der Zug folgt seinem Licht.

Horch, die Diener flüstern leis':
Will noch nicht die Stadt erscheinen
Mit den Tempeln und den Hainen,
Sie, der schweren Mühe Preis?
Ob die Wüste brannte heiß,
Ob die Nattern uns umschlangen,
Uns die Tiger nachgegangen,
Ob der Glutwind dörrt den Schweiß:
Augen an den Gaben hangen
Für den König stark und weiß

Sonder Sorge, sonder Acht,
Wie drei stille Monde ziehen
Um des Sonnensternes Glühen,
Ziehn die Dreie durch die Nacht.
Wenn die Staublawine kracht,
Wenn mit grausig schönen Flecken
Sich der Wüste Blumen strecken,
Schaun sie still auf jene Macht,
Die sie sicher wird bedecken,
Die den Stern hat angefacht.

O ihr hohen heil'gen Drei!
In der Finsternis geboren
Hat euch kaum ein Strahl erkoren,
Und ihr folgt so fromm und treu!
Und du meine Seele, frei

Schwelgend in der Gnade Wogen,
Mit Gewalt an's Licht gezogen,
Suchst die Finsternis auf's Neu!
O wie hast du dich betrogen;
Thränen blieben dir und Reu!

Dennoch, Seele, fasse Muth
Magst du nimmer gleich ergründen,
Wie du kannst Vergebung finden:
Gott ist über Alles gut!
Hast du in der Reue Flut
Dich gerettet aus der Menge,
Ob sie dir das Mark versenge
Siedend in geheimer Glut,
Läßt dich nimmer dem Gedränge,
Der dich warb mit seinem Blut.

Einen Strahl bin ich nicht werth,
Nicht den kleinsten Schein von oben.
Herr, ich will dich freudig loben,
Was dein Wille mir bescheert!
Sei es Gram, der mich verzehrt,
Soll mein Liebstes ich verlieren,
Soll ich keine Tröstung spüren,
Sei mir kein Gebet erhört:
Kann es nur zu dir mich führen,
Dann willkommen Flamm' und Schwert!

(H 5) Rudolf Hagelstange: Es war im Wal zu Askalon. Dreikönigslegende.

München: Piper 1971.

Sign.: Ebb 7133

Der deutsche Schriftsteller Rudolf Hagelstange (1912-1984) lässt diese moderne Dreikönigslegende mit dem Treffen der drei Weisen in einer Kneipe in der Hafenstadt Askalon – eben dem "Wal" – beginnen. Eduard Prüssen, langjähriger Stadtgraphiker Bergisch-Gladbachs, illustrierte das Buch mit 14 hier gezeigten und signierten Linolschnitten, die in einem nummerierten Pressedruck als Handabzüge auch gesondert veröffentlicht wurden.

(H 6) Rudolf Hagelstange: Die Nacht Mariens. Ein Weihnachtsbuch.

Zürich: Im Verlag der Arche 1959.

Sign.: Ebb 2831

Weihnachten und insbesondere die Begebenheiten um die drei Könige waren immer wiederkehrende Themen für phantasievolle Ausgestaltung bei Hagelstange. In einem Gedicht in diesem Buch geht er mit Königen allgemein in strenges Gericht, die zumeist für ihre Mitmenschen eher Belastung denn Segen sind. Die Gekrönten aus dem Morgenland stehen als Beispiel und werden scharf angegangen: Das Gedicht *An **die unheiligen drei Könige*** beginnt mit diesen drei Strophen:

Das göttliche Kind spricht
Szepter, Kron und Diadem,
Macht und Stand und Gold,
kämt ihr heut nach Bethlehem,
hätt ich nicht gewollt.

Mutter, wend dein Angesicht
nicht nach ihrem Tand.
Josef, schließ die Türe dicht,
eh sie uns erkannt.

Tränen, Schweiß und wieviel Blut
klebt an ihrem Tun,
Ach, ich kenn die Myrrhe gut
und den Weihrauch nun.

(H 7) Rudolf Hagelstange: Und es geschah zur Nacht [...]. Mein Weihnachtsbuch.

München: DTV/List 1978.

Sign.: Ea 4436

Zur Illustration von Hagelstanges Geschichte ***Der Traum des Balthasar*** werden hier drei Holzschnitte des Belgiers Franz Masereel (1889-1972) eingesetzt; Hagelstange besaß sehr gute Kontakte besonders zu bedeutenden Holzschneidern seiner Zeit. Balthasar wird auf ihnen als der dunkelhäutige König gesehen, nicht wie üblich Kaspar.

I) Die Heiligen Drei Könige im Kirchenlied

(I 1) **Catholische Kirchen Gesäng**, Auff die Furnemste Fest deß Jahrs, wie man dieselb zu Cölln bey allen Christlichen Catechistischen Lehren pflegt zu Singen.

Köln: von der Elst 1607.

Sign.: Aa 749

Ausgezeichnet durch Handlichkeit, Einfachheit der Aufmachung und Volkstümlichkeit des Inhalts ist dieses frühe Kölner Gebet- und Gesangbuch, in dem aber nur ein Lied – allerdings ein recht langes – über die drei Könige zu finden ist. Im Gegensatz zu protestantischen Büchern dieser Art blieben die Verfasser der Texte in den katholischen Gegenstücken meist anonym; vielfach handelte es sich um Geistliche aus dem Franziskaner- oder Jesuitenorden. Einer der früheren Besitzer unseres Exemplars fügte an den Schluss ein handgeschriebenes alphabetisch sortiertes Liederverzeichnis an.

(I 2) **Johannes Heringsdorf**: Geistliches Psälterlein PP. Societ. Jesu, In Welchem Die außerlesenste alte und newe Kirchen- und Hauß Gesäng, liebreicheste Psalmen Davids, Kinder-Lehr, kleiner Katechismus, Gebet-Büchlein der Bruderschaften etc. verfasset.

Köln: Metternich 1711.

Sign.: Ba 376

Das wichtigste Buch des großen Jesuiten Friedrich Spee (1591-1635) aus Kaiserswerth, welches zu seinen Lebzeiten 1631 erschien, war die epochemachende den Nerv der Zeit treffende Cautio criminalis, sein rechtliches Bedenken gegen die Hexenprozesse; darin wendet er sich an alle an solchen Prozessen beteiligten Personen und fordert höchste Vorsicht ein, die für Deutschland in dieser Zeit absolut notwendig sei. Spee greift hier auch besonders die Dummheit und Korruption der Hexenrichter an. So überragend seine Bedeutung für die Menschlichkeit auch war, seine Rolle als einer der wichtigsten deutschen Barockdichter darf nicht übersehen werden; er textete unter anderem viele bis heute sehr geschätzte Kirchenlieder, darunter befindet sich auch das vielleicht schönste und verbreiteste Lied zur

Geschichte der Heiligen Drei Könige "*Es führt drei König Gottes Hand*", in welchem er auch auf die Stadt Köln eingeht. Es wurde auch im Geistlichen Psälterlein, einem bekannten Gesang- und Gebetbuch seines Ordensbruders Johannes Heringsdorf (1606-1665), seit 1633 immer wieder abgedruckt. Heringsdorf kannte Spee persönlich und dieser war wohl auch an der Entstehung des Psälterleins nicht unwesentlich beteiligt.

Es führt drey König Gottes Hand
Mit einem Stern auß Morgenland
Zum Christkind durch Jerusalem
In einen Stall nach Bethlehem,
Gott führ uns auch zu diesem Kind
Und mach auß uns sein Hoffgesind.

Die König waren Weißheit vol
Im Himmelslauff erfahren wol
Und gleich als brüder alle drey
Sich gaben in ein Compagney,
Gott samble Cölln durch deine krafft
In diese ihre Bruderschafft.

Der Stern war groß und wunder schon,
Im Stern ein Kind mit einer Kron.
Ein gülden Creutz sein Scepter war
Und alles wie die Sonne klar,
O Gott erleucht vom Himmel fern
Die gantze Welt mit diesem Stern.

Auß Morgenland in aller eyl
Kaum dreyzehn tag viel hundert Meyl,
Berg auff, Berg ab durch Reiff und Schnee
Gott suchten sie durch Meer und See,
Zu dir O Gott kein Pilgerfahrt
Noch Weg noch Steg laß werden hart.

Herodes sie kein Uhr noch stundt
In seinem Hoff auffhalten kund,
Des Königs Hoff sie lassen stehn,
Geschwind, geschwind zu Krippen gehn.
Gott laß uns auch nicht halten ab
Vom guten Weg biß zu dem Grab.

So bald sie kamen zu dem Stal,
Auff ihre Knie sie fielen all,
Dem Kind sie brachten alle drey
Golt: Weyrauch: Myrrhen, Specerey,
O Gott nimb auch von uns für gut
Hertz, Leib und Seel, Gut Ehr und blut.

Mit Weyrauch und gebognem Knie
Erkandten sie die Gottheit hie:
Mit Myrrhen seine Menschheit bloß
Und mit dem Golt ein König groß.
O Gott halt uns bey dieser Lehr
Kein Ketzerey Lass wachsen mehr.

Maria hieß sie willkomm sein,
Leht ihn ihr Kind ins Hertz hinein,
Daß war ihr Zehrung auff dem Weg
Und frey Geleit durch Weg und steg.
Gott geb uns auch das Himmelbrodt
Am letzten Zug, zur letzten Noth.

Mit solchem Zehrgelt wol versehn
Zum Vatterland sie frölich gehen,
Ihr zehrung daß süß Kindle war,
Ihr frey geleit ein Engelschar,
Gott geb uns auch am letzten zug
Die zehrung und solch Schützen gnug.

Dank Gott O Cölln, du edle Stadt,
Der dir die König geben hat,
Dich krönen sie und zieren fein
Und werden dein Patronen seyn,
Gott, dir sey danck, lob, preiß und ehr,
Durch sie steht Cölln in wahrer lehr.

Johannes Heringsdorf: Geistliches Psälterlein [...], Köln 1711

(I 3) **Symphonia Sirenum** selectarum ex quatuor **vocibus** composita, ac commodiorem usum Studiosae Juventutis apud PP. Societat. Jesu, in quatuor Partes divisa.

Köln: Alstorff, 2. Aufl. 1707.

Sign.: Ra 5

Wohl weltweit nur in unserer Diözesanbibliothek vorhanden ist dieses Liederbuch für die bei den Jesuiten in Köln studierende Jugend. Vor allem werden dies Jungen am ordenseigenen Dreikönigsgymnasium gewesen sein. In den darin enthaltenen heute oft unbekannten Liedern zur Weihnachtszeit werden die drei Könige häufig genannt.

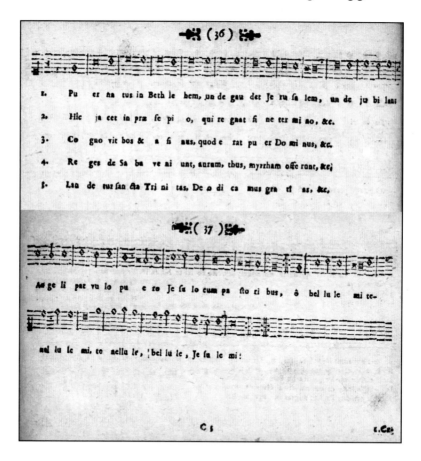

Symphonia Sirenum [...], Köln 1707

(I 4) Ignaz Heinrich Karl von Wessenberg: Hymnen für den katholischen Gottesdienst.

Konstanz: Waidel 1808.

Sign.: IV 1251

Ein Hymnus zu Ehren der Heiligen Drei Könige findet sich auch in diesem Heftchen von Ignaz Heinrich Karl von Wessenberg (1774-1860; Generalvikar von Konstanz 1801, Priesterweihe 1812). Wessenberg war in Rom ziemlich unbeliebt, förderte er doch über dort erträgliches Maß die Bestrebungen zur Unabhängigkeit der deutschen katholischen Kirche. Der Hymnus lautet:

Am Feste der heil. drey Könige

Welch heitrer Stern glänzt dort so schön?
Er thut den euen König kund,
Deß Reich nicht ist von dieser Welt!
Zu seiner Wiege führt der Stern.

Die alten Seher täuschten nicht!
Der Stern steigt auf aus Jakobs Stamm.
Hell strahlt in's Aug des Sternens Licht,
Noch heller in der Weisen Brust.

Die Lieb' ist aller Zög'rung Feind.
Nicht hemmt sie Mühe, nicht Gefahr.
In unbekannte Ferne zieh'n
Die Weisen froh dem Sterne nach.

Umsonst, o Heiland! wink' uns nicht
So freundlich deiner Gnade Licht!
Wir folgen freudig dem Gestirn,
Das Gott den Völkern aufgeh'n hieß.

(I 5) Johann Christoph von Zabuesnig: Katholische Kirchengesänge in das Deutsche übertragen mit dem Latein zur Seite.

Augsburg: Wolff 1822.

Sign.: IV 1238

Auf seine eigenen Kosten ließ Zabuesnig diese eigenwillige lateinisch-deutsche Sammlung von katholischen Kirchengesängen drucken, die hauptsächlich aus dem römischen Brevier, aus klösterlichen Brevieren und Diözesanbrevieren – besonders dem von Paris aus dem Jahre 1745 – stammen. Viele Hymnen finden sich darin zum Dreikönigstag, nichts aber zum Fest der Translation der Gebeine. Aus dem Pariser Brevier wurde auch der aufgeschlagene Gesang entnommen.

Zabuesnig (1747-1827) wurde erst nach dem Tod seiner Frau als 15facher Vater 1817 *privatisierender* Priester ohne Gemeindeleitung. Der Förderer Mozarts war von 1813 bis 1818 Bürgermeister von Augsburg.

(I 6) Sammlung von verbesserten alten Kirchenliedern nach den alten bekannten Melodieen und von einigen neueren.

Köln: Dumont-Schauberg 1829.

Sign.: Art 724

Ungewöhnlich ist es, in einem Kölner Gesangbüchlein wie dem hier gezeigten nur ein Lied zum Fest der Erscheinung des Herrn zu finden. Dieses – die drei Theophanien geschickt verknüpfend – lautet:

Der Herr erscheinet und regiert.
Was bist, Herodes, du verwirrt?
O! der raubt Erdenreiche nicht,
Der uns des Himmels Kronen flicht.

Es kommen Weise aus der Fern'
Und folgen treu dem hellen Stern;
Zum Lichte führt sie Sternenschein,
Dem sie als Gott ihr Opfer weihn.

An diesem hehren Tage kam
Zur Taufe auch das Gotteslamm
Die Tauf', die dieses Lamm uns gab,
Wascht uns von unsern Sünden ab.
Wir denken heut' auch Deiner Kraft
Die wunderbare Weine schafft
In die zu Kana, großer Gast!
Das Wasser Du verwandelt hast.

Der Du, o Heiland Jesu Christ!
Den Heiden auch erschienen bist
Dir sey jatzt und in Ewigkeit
Anbetung, Preis und Dank geweiht.

(I 7) M. Funck: Den heiligen Evangelien entsprechende Gesänge auf die Sonn- und Festtage des Kirchenjahres.

Monschau: Frantzen 1831.

Sign.: IV 1254 a

So mancher Pastor gab im 19. Jahrhundert kleine Lieder- und Gebetbücher zum Gebrauch in seiner Gemeinde und zur Unterstützung der Katechese heraus wie in diesem Fall der Monschauer Stadtpfarrer. Heute sind diese oft sehr rar geworden sind, handelte es sich doch um religiöse Gebrauchsware, die schnell verschlissen war und es nicht wert schien, aufbewahrt zu werden. Vorliegendes Exemplar allerdings ist in einem exzellenten Zustand mit feinem Einband und wurde vermutlich dem damaligen Erzbischof von Spiegel verehrt. Im Gebiet der Kölner Erzdiözese ist in solchen Büchlein fast immer ein Dreikönigslied zu finden.

(I 8) Us Leev zom Herrjott. Jebett- un Jesangboch en kölscher Sproch.

Köln: Bachem 1989.

Sign.: Fa 7237

Hauptsächlich war der Kölner Priester und Mundartforscher Peter Sistig (1915-2005) für die Zusammenstellung dieses Buches verantwortlich. Die freie kölsche Textgestaltung von Cilli Martin in ihrem Dreikünningsleed lässt das Speesche Lied nur noch erahnen.

> *Dreikünningsleed*
>
> 1. Drei Künning komen us der Fän.
>   Der Wäg dat wiese hell 'ne Stän.
>   Hä zeigten inne op 'nem Thrun
>   e Künningskind met Zepter, Krun.
>   Och mee sin op der Wanderschaff.
>   Schenk do, o Här, uns Jnad un Kraff!
>
> 2. Sie fungen en 'ner Krepp em Stall
>   der Heiland för de Minsche all.
>   Un däte kneene sich sujlich
>   un brahten Ihr im künniglich.
>   Och uns loß löchte, Här, di Leech
>   un wend uns zo di Anjeseech!

> 3. *Dunn danke, Kölle, för die Jnad,*
> *die deer die Hellije jebraht!*
> *Der Dom reck huh sich üvverm Schring*
> *un sänt uns Stadt un sänt der Rhing.*
> *Mer lovven, Här, un priesen dich,*
> *dä üvver uns erbärmten sich.*

(I 9) **Vermehrte Sammlung Geistlicher Lieder**, zum Gebrauch der Evang. Lutherischen Gemeine zu Lissa, nebst beygefügtem Register und erweitertem Gebet-Buche.

Lissa: Presser 1767.

Sign.: Bb 910

Natürlich geht die Verehrung der drei Könige im evangelischen Raum wie die Heiligenverehrung allgemein weniger weit als im katholischen. Trotzdem wird der Weisen aus dem Morgenland auch hier intensiv gedacht, wie es zum Beispiel dieses lutherische Gesangbuch zeigt. Zusammengestellt wurde es von ihrem Pastor Johann Caspar Laengner (1717-1793) für die deutsche Gemeinde in Lissa in Großpolen – nicht zu verwechseln mit dem Vorort von Breslau (Deutsch-)Lissa. Darin finden sich drei Lieder zum Fest der Erscheinung des Herrn, deren erstes fast in der Art einer Ballade lang und ausführlich die Geschehnisse wiedergibt.

Beachtenswert ist der schöne Einband des Gesangbuches mit den Silberbeschlägen, der silbernen Schließe mit Kreuz und Corpus auf Messing sowie dem punzierten Goldschnitt.

J) Ihre Verehrung in Volksfrömmigkeit und Seelsorge

(J 1) Hymni Et Collectae, Item Evangelia, Epistolæ, Introitus, Gradualia, Et Sequentia &c.

Köln: Calenius et Quentel 1573.

Sign.: Past. 1743

Nur einen kleinen Kupferstich mit den Königen zeigt dieses Kölner Gebet- und Erbauungsbuch, gedacht für all die, die die Frömmigkeit lieben. Besonders sollten damit aber die Laien angesprochen werden, die des Lateins mächtig waren.

Hymni Et Collectae [...], Köln, 1573

(J 2) Hymni Et Collectae, Cum Suis Versiculis Et Antiphonis. Item Evangelia, Epistolæ, Introitus &c.

Paris: Nouë 1585.

Sign.: Past. 1743 a

Bei einem französischen Buch gleicher Ausrichtung fällt die außergewöhnliche Größe der Amphore mit dem Myrrhenöl auf, die einer der Könige in der Hand jongliert.

(J 3) t'Schat der zielen, Dat Is: Het geheele leven ons heeren Iesu Christi Naer de vyer Evangelisten.

Amsterdam: Paets 1648.

Sign.: Ku 2,4 (Bibliothek St. Albertus Magnus)

Jesuiten waren verantwortlich für diesen "Seelenschatz", für ein Betrachtungsbuch über das Leben von Jesus und Maria nach den Evangelien, Heiligenviten und Katechismuswahrheiten. Fast 700 Kupferstiche nach Sichem, Dürer, Lucas van Leyden, den Gebrüdern Sadeler und anderen illustrieren die Texte. Die Geschichte der Heiligen Drei Könige wird auf vier Stichen und Textseiten erzählt.

(J 4) Prokop von Templin: Adventuale, Ac Natale Iesu Christi, Sive Deliciae Spiritus Hibernales. Hertzens-Frewd und Seelen-Lust im harten Winter. Das ist: Über hundert annembliche liebliche Discurs oder Predigen Von der Allersüssesten Kindheit unnd Jugend JESU Christi unsers Heylands und Seeligmachers.

München: Jäcklin 1666.

Sign.: Ab 527

Aufgrund seiner Wortgewalt und der Qualität seiner Predigten wird der Kapuziner Prokop (1609-1680) mit dem noch berühmteren Augustiner Abraham a Santa Clara verglichen. Ursprünglich war Prokop Protestant und stammte aus Templin in der Uckermark. Nach seiner Konversion war er in süddeutschen und österreichischen Klöstern tätig. Zwölf seiner Lieder fanden Eingang in die Gedichtesammlung *Des Knaben Wunderhorn.*

In seiner Sammlung mit Predigten für die Monate Dezember und Januar finden sich – als Epiphaniale bezeichnet – elf Stück von den Heiligen Drei Königen mit dazugehörigen acht Gesängen. Eine der Predigten befasst sich mit der Tatsache, dass nicht immer Gold, Weihrauch und Myrrhe verschenkt werden müssen und ist betitelt *Arme Leuth opffern vilgiltige Pfennige.* Der Titelkupfer des Buches zeigt die Hirten und die Könige bei der Verehrung des neugeborenen Gottessohnes; Jesus selbst erscheint darauf als Hirte und als königlicher Herrscher.

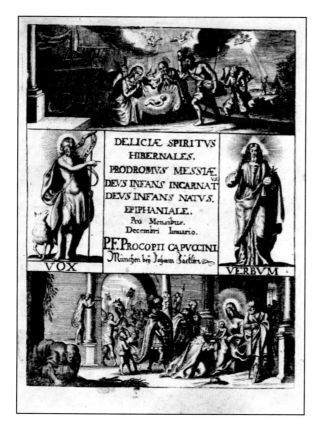

Prokop von Templin: Adventuale [...], München 1666

(J 5) Prokop von Templin: Mariale Concionatorum, Rhythmo-Melodicum.

Salzburg: Mayr 1667.

Sign.: 6/25.4 (Bibliothek St. Albertus Magnus)

Prokop von Templin trägt in einer seiner über 160 Marienpredigten in diesem Mariale eine interessante These über den Unterschied bei der Anbetung der Hirten und der Könige vor. Die Hirten verehrten ja das in der Krippe liegende Kind, die Könige es aber auf den Armen seiner Mutter. Der Grund ist nach ihm dieser: Maria wusste nicht, welcher laut polternde Trupp mit Gesinde und Tieren sich dem Stall näherte und was seine Absicht war. Daher nahm sie das Neugeborene aus Sorge in die schützenden Arme. Hirten hingegen bewegen sich gewohnt leise.

(J 6) **Jacob Merlo Horstius**: Paradisus Animae Christianae, Lectissimis omnigenae Pietatis delitiis amoenus.

Köln: Egmondt 1670.

Sign.: Ra 21

Jacob Merlo Horstius (1597-1644) wurde 1623 Pfarrer an Sankt Maria im Pesch, also an der Pfarrkirche Sankt Maria auf der Wiese nördlich des Doms, die 1843 abgerissen wurde. Das von ihm verfasste Gebetbuch Paradisus Animae Christianae wurde über 200 Jahre hinweg immer wieder aufgelegt, die französische Übersetzung wegen jansenistischer Interpretationsmöglichkeit in einigen Diözesen Frankreichs aber indiziert. In das hier gezeigte Exemplar seines Buches wurde ein papierner Dreikönigenzettel als "Trüffel" eingebunden. Von solchen Zettel wurden ganze Bögen etwa wie bei Briefmarken gedruckt, die dann auseinander geschnitten wurden.

(J 7) **Aller GOTT ergebnen Jungfrauen Höchst-kostbarster und Preißwürdigster Braut-Schatz,** Dessen Sie durch andächtige Gebet und Betrachtungen so wol Morgens als Mittags und Abends durch das gantze Jahr wie auch bey der H. Messe, Beicht und Communion, und dann an hohen Festtagen und andern vorfallenden Geistlichen Begebenheiten gegen ihrem wehrtesten Seelen-Bräutigam JESU, Mit loben, lieben und preisen auf das anmuthigste bedienen können.

Sulzbach: Hofmann 1678.

Sign.: Ku 3.4 (Bibliothek St. Albertus Magnus)

In diesem Erbauungsbuch aus dem fränkischen Raum – trotzdem werden erstaunlich viele Kölner Heilige bedacht – findet sich ein "Gebetlein" auf das Fest der Heiligen Drei Könige – von zehn Seiten! Es endet mit folgender Sequenz:

Die Festtäg Christi sey bereit, zu feyren alle Christenheit.
Die wunderbarlich seyn verehrt und allem Volck sehr lieb und werth.
Durch sein Ankunfft der alles erhelt und auch die Heyden zu sich hält.
Bey Christi Geburt erscheint da ferrn in Orient ein klarer Stern.
Auf dem die Weisen wol eracht, dessen Glori und sehr grosse Macht, den sie bedeut, der sie erschafft.

Bringen ihr Gaben offenbar dem Kindlein das geboren war als dem König vom Himmelreich, den auch die Gestirn preisen zugleich.

Herodis gülden Beth und Pracht bleibt diesen Weisen ungeacht, suchen das lieb Christkindlein umbwickelt in dem Krippelein.

Darauf ergrimmt Herodis Zorn, wird neidig auf den jetzt geborn, befilcht, daß man die Kindlein all, in Bethlehem umbbringen soll.

Christe, wie viel ein grössers Heer durch deine Predigt Wunder und Lehr dem Vatter du geschicket wirst, wann du ein starcker Jüngling bist, der du ein zartes Säugling schon ein solche Schaar bringst für den Thron.

Da er nun dreyssig Jahr alt war zum Jordan sich verfüget bald, bücket sich vor den Diener sein, GOtt dem gebührt die Ehr allein dem Wasser, daß er heilig macht, gibt alle Sünd zu tilgen Krafft.

Sihe, der heilig Geist alsbald erscheint in einer Tauben Gestalt, salbt ihn vor allen Heiligen hoch, daß dessen Hertz er nimmer zog.

Deß Vatters Stimm sich melden thät, vergaß des Zorns und alter Red, deß Menschen Erschaffung reuet mich, der mein Gesetz und Ehr vernicht.

Warlich, du bist mein lieben Sohn, an dir hab ich ein gefallen schon, heut hab ich dich, mein Sohn, geboren und zur Versöhnung auserkoren.

Diß ist der Meister, den ich wolt, daß ihr Völcker ihn hören solt.

Aller GOTT ergebnen Jungfrauen Höchst-kostbarster und Preißwürdigster Braut-Schatz, Sulzbach 1678

(J 8) L'Ange Conducteur Dans La Devotion Chretienne, Reduite En Pratique En Faveur Des Ames Devotes.

Köln: Metternich 1709.

Sign.: Ba 420

Bei den religiösen Bruderschaften mit ihrem Wiedererstarken im 17. und 18. Jahrhundert war dieses französische Schutzengelgebetbuch sehr beliebt und wurde so auch in Köln benutzt – Französisch war einfach en vogue bei den gebildeten Bürgern – und mehrfach gedruckt. Verfaßt wurde es zum größten Teil von dem Jesuiten Jacques Coret (1631-1721). Darin findet sich auch eine Litanei von den Heiligen Drei Königen, die hier frei übersetzt wiedergegeben wird:

Herr, erbarme dich unser.
Jesus Christus, höre uns.
Herr, habe Mitleid mit uns.
Jesus Christus, erhöre uns.
Vater im Himmel, erbarme dich unser.
Sohn Gottes, Erlöser der Welt, erbarme dich unser.
Heiliger Geist, Gott der Liebe, erbarme dich unser.
Heilige Dreifaltigkeit, ein Gott allein, erbarme dich unser.
Jesus, König der Könige, erbarme dich unser.
Heilige Maria, Königin der Könige, erbarme dich unser.
Heiliger Joseph, Ernährer des Königs der Könige,
Heiliger König Kaspar,
Heiliger König Melchior,
Heiliger König Balthasar,
Heilige Drei Könige,
Heilige drei Weisen aus dem Orient,
Heilige Könige aus Tharsus, Arabien und Saba,
Heilige Patriarchen der Gläubigen,
Heilige Fürsten, Erste unter den Heiden,
Heilige Fürsten, für die Jesus Hoffnung und Freude war,
Heilige Fürsten, erleuchtet im Glauben, stark in der Hoffnung und entflammt durch die Liebe,
Heilige Fürsten, glänzend durch das Gold der Liebe,
Heilige Fürsten, überaus fromm durch den Weihrauch der Anbetung,
Heilige Fürsten, unbestechlich durch die Myrrhe der Geduld und der Selbstkasteiung,
Heilige Fürsten, Spiegel der Tugenden,
Heilige Fürsten, die ihr bei Sichtung des Sterns göttliche Ahnung erhieltet,

Ihr habt sofort der wirksamen Gnade Folge geleistet suchend den neugeborenen König der Juden,
Ihr habt furchtlos und vor aller Welt den Glauben an Jesus Christus vor Herodes bekannt,
Ihr wart höchst erfreut über die zweite Sichtung des Sterns,
Ihr folgtet dem Stern bis er über dem Stall mit dem göttlichen Kind stehenblieb,
Ihr tratet ein und fandet das Kind Jesus mit seiner Mutter, der Jungfrau Maria,
Ihr betetet es an und brachtet eure Geschenke dar, das Gold bezeugte das Kind als König, der Weihrauch als Gott, die Myrrhe als sterblichen Menschen,
Ihr habt Jesus angebetet, dann grüßtet ihr die Jungfrau Maria und den heiligen Joseph, ihren lieben Gemahl,
Ihr habt ihnen euch selbst, eure Länder und eure Völker empfohlen,
Ihr wurdet durch einen Engel davor gewarnt, zu Herodes zurückzukehren, und seid auf einem anderen Weg wieder in eure Heimat gereist,
Ihr hochheiligen Könige,
Wir armen Sünder: wir bitten euch, erhört unser Flehen,
Dass wir aufgrund eures Schutzes dem König der Könige empfohlen und vorgeführt werden,
Dass wir aufgrund eurer Fürbitte das Gold der Liebe, den Weihrauch der Anbetung und die Myrrhe der Geduld und der Selbstkasteiung empfangen,
Dass eure wertvollen Geschenke auch unsere Armut bereichern,
Dass ihr den, die euch besonders verehren, Schutz und Schirm gewährt um sie vor den Nachstellungen der Feinde, vor bösen Überraschungen, vor Hunger, Pest und allen anderen Gefahren zu bewahren,
Dass ihr uns helft, eine wahrhaftige und vollständige Vergebung der Sünden zu erlangen und dass ihr uns in der Stunde unseres Todes beisteht,
Dass ihr allen euren Verehrern helft, die endgültige Gnade zu erreichen,
Dass ihr uns erhört,
Lamm Gottes, das hinwegnimmt die Sünden der Welt, verschone uns, o Herr,
Lamm Gottes, das hinwegnimmt die Sünden der Welt, erhöre uns, o Herr,
Lamm Gottes, das hinwegnimmt die Sünden der Welt, erbarme dich unser, o Herr,
Bittet für uns, ihr heiligen Könige Kaspar, Melchior und Balthasar,
Auf dass wir würdig werden der Verheissungen Jesu Christi.

Wiederkehrendes wie "bittet für uns", "wir bitten euch" und "wir bitten euch, erhöret uns" wurde hier ausgelassen.

(J 9) **Allzeit Brinnendes Andacht-Feur** das ist Catholische Gebett zu Gott und seinen Heiligen an den Feÿr- und Fest-tägen deß Jahrs.

S.l.: ca. 1725.

Sign.: Ra 108

Vermutlich wurde dieses hübsch illustrierte Gebetbuch in Augsburg gedruckt. Auffällig viele Gebete sind an Heilige aus dem Jesuitenorden gerichtet. Eine weitere Besonderheit darin besteht aus einem Gebet zu König Kaspar, das auf die Legenden wie seine Bischofsweihe durch den Apostel Thomas eingeht und zu dem sogar eine Einzeldarstellung des schwarzen Königs zu sehen ist. Dieses Gebet ist noch vor demjenigen zum Fest der Erscheinung des Herrn mit Abbildung aller drei Könige gedruckt.

Gebett

H. Caspar grosser König deß glückseligen Arabien von dem H. Apostel Thomas geweyehter Bischoff und wie glaublich darfür gehalten wird, durch einen Lanzen-stich an dem Altar für Christo entleibter Martyrer. Der du auf Anweisung deß Sterns auß deinem Reich außgezogen, den Neugebohrnen König und Welt-Heyland in dem Stahll zu Bethlehem angebettet und mit Schanckh-Gaben verehret hast: Wir bitten Dich, du wollest uns von Gott ienes Gnaden-Licht erlangen, durch dessen Erleuchtung wir die Lieb Gottes gegen uns erkennen, und dieselbe mit eyfriger Gegen-Lieb in Übung heiliger Werkhen, und Übertragung aller Beschwernussen mögen erwideren, durch Christum unsereren HERREN. Amen.

(J 10) **Franz Joseph Lohr**: Evangelische Milch, Das ist: sowohl für den Prediger, als Zuhörer, süß- und leicht-eingehende Ewige Wahrheiten Auf Alle Fest- und Feyt-Täg des gantzen Jahrs Und zwar Auf einen Jeden, Drey unterschidliche, Deren Die I. Kurtz: Die II. Mittelmässig: Die III. Länger ist.

Augsburg: Rieger 1745.

Sign.: 14/30.3 (Bibliothek St. Albertus Magnus)

Neben seinem konzedierten Kunstverstand bei der Ausgestaltung der Kirche von Kißlegg im Allgäu war der Pastor des Ortes Franz Joseph Lohr (1702-1775) wohl auch ein Kenner der Aufmerksamkeitslage seiner Gemeindemitglieder. Sein umfangreiches Predigtwerk ist interessant aufgebaut. Für jeden Fest- oder Sonntag gibt er drei

Predigten vor: kurz, mittel und lang zum Thema. Die kurze Dreikönigspredigt umfasst dreieinhalb Seiten, die mittlere sechseinhalb und die lange mehr als acht Seiten.

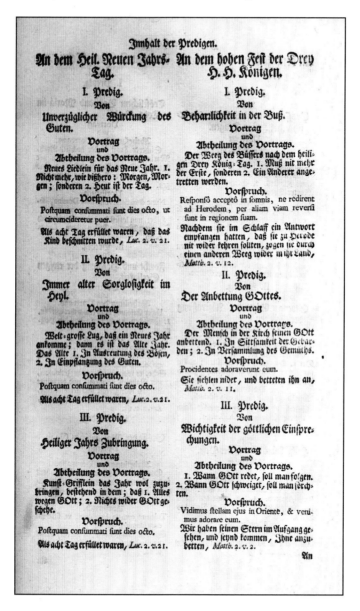

Textseite mit Vorgaben zur Dreikönigspredigt – Franz Joseph Lohr: Evangelische Milch [...], Augsburg, 1745

(J 11) **Peter Hehel**: Verbum Dei Incarnatum, Preadicatum. Das Eingefleischte, und Gepredigte Wort Gottes. Oder Leben, und Lehren Jesu Christi In dem Heiligen Evangelio, Vorhin beschriben Von Mattheo, Marco, Luca Joanne, den vier HH. Evangelisten.

Augsburg u. Graz: Veith u. Wolff 1748.

Sign.: Past. f. 277

Die Predigten zur biblischen Geschichte des Wiener Jesuiten Peter Hehel (1679-1728) wurden gesammelt und von einem Ordensbruder posthum herausgegeben. Neben diesen ist Hehel für seinen Einsatz für Bedrückte und Kranke bekannt gewesen. Zu den drei Königen sind von ihm drei Predigten überliefert:

Deren drey Weisen Stand, und Reiß
Was mit denen drey Weisen zu Jerusalem gewesen?
Was ferner mit denen drey Weisen Geschehen?

In der ersten Predigt warnt Hehel vor zu vielen Pilgerfahrten, die drei Könige hätten ja auch nur eine von recht geringer Dauer gemacht:

Selten werden heilig, die vil auf denen Kirchfahrten herum fahren. Und deswegen mögen unsere alte Teutsche auch im Sprüch-Wort gesagt haben, daß Christus selten eine Kirch habe, wo nicht auch dem Teuffel ein capell gestellet werde.

(J 12) **Peter Hehel**: Christliche Glaubens-Lehr jedem leicht zu fassen, vorgetragen und wie darnach zu leben, erkläret durch kurze Predigen, in zwey Jahr-Gäng auf alle Sonn- und Feyertäg.

Wien: Trattner 1753.

Sign.: Be 177

Auch in dieser katechetischen Predigtsammlung erweist sich Hehel als Prediger von hoher Eloquenz. Es gelingt ihm in der Predigt zum Dreikönigstag – vielleicht etwas zu bemüht – den Bogen vom Stern von Bethlehem zu den sieben Sakramenten zu schlagen:

Denket was grosse Blindheit an uns Christen seyn müsse, in dem ein einziger Stern, der denen Weisen in Morgenland aufgangen, gleich auf ersten Anblick, auch die Heyden erleuchtet, und GOtt erkennen gemacht; wir aber, bey so vielfältigen himmlischen Liechtern, die GOtt in Christ-Catholischer Kirchen ohne

Untergang immer scheinen lasset, dannoch so gar verblendet in der Boßheit, immer hin und fort leben, fast schlechter, als die Heyden in äusserster Finsternuß ohne alles Liecht, will sagen, ohne allen Glauben.

Dann neben dem, daß wir haben das Sonnen-helle Liecht des wahren seeligmachenden Glaubens, haben wir auch noch sieben hell-leuchtende Stern, die GOtt uns hat aufgehen lassen, ohne Unterlaß vorstellet, und vorhaltet, damit wir dadurch erleuchtet, und geleitet zu ihm, und durch ihme zur nimmer unsterblichen Glückseeligkeit kommen und gelangen sollen.

(J 13) Des Hochwürdigen Herrn Gregorius Abtes des regulierten Stiftes des heiligen Erzengels Michael in Ulm, **Uebersetzung der lateinischen Hymnen der priesterlichen Tagzeiten in deutsche Loblieder**, welche mit den lateinischen eben das Sylbenmaaß haben.

Ulm: Wagner 1783.

Sign.: Ba 1608

Mit der gewohnten schwäbischen Wortmacht übersetzte, dichtete, verfasste Theaterstücke und predigte der Propst des katholischen Augustinerstifts Sankt Michael zu den Wengen Gregor Trautwein (1711-1785; Pseudonym Stoffel der Schulze). Das "Wengenkloster" mit der angeschlossenen Schule war durchaus sehr bedeutsam in der ansonsten protestantischen Reichsstadt Ulm. Hier legt Trautwein für den interessierten Laien Hymnen aus dem Brevier auf Deutsch vor. So lautet der

Lobgesang
am Hhl. Drey König-Feste
zur Vesper und Metten.

Herodes, Grausamer! dir schaurt?
Gott-König kömmt; der ja nicht laurt
nach der Welt Reich: – das Himmlische,
will Er, daß uns, und dir zugeh'.

Du fliehst, die Weisen aber gehn
dem Sterne nach, den Sie gesehn:
Ihr Aug sucht dessen Sternen-Licht,
den ihre Gaab für Gott ausspricht.

Kaum tratt das himmlisch Lamm ins Bad
der Buß-Tauf am Jordan-Gestad;
Hob Es, was Es nicht mitgebracht,
die Sünd, davon die Tauf rein macht.

Ganz neue, und sehr neue Krafft!
Frisch Wasser wird zu rothem Safft:
Aus Wasser heißt Er fliessen Wein,
und Wasser nicht mehr Wasser seyn.

Dir, Jesu! sey Lob, Ehr und Ruhm,
Der du erschienst dem Heydenthum;
dem Vatter auch und Heil'gem Geist
sey Ehre, die kein Ende weißt. Amen!

(J 14) Neu-gepflanzter geistlicher Seelen-Garten, das ist neu-ausgegangenes Christ-katholisches Gebeth-Buch.

Köln: Steinbüchel 1786.

Sign.: Ba 1790

Offensichtlich ist dieses Gebetbuch nur noch in der Diözesanbibliothek Köln vorhanden, die aber auch noch eine Ausgabe im Großdruck besitzt. Zusammengestellt wurde es ursprünglich von dem Kölner Stiftskanoniker an Sankt Kunibert und Pastor der Pfarrei Sankt Lupus Johann Peter Renner (1688-1730) und geht intensiv auf Eigenheiten der katholischen Kirche in der Stadt und im Kurfürstentum Köln ein. Selbstverständlich findet sich darin auch diese aufgeschlagene Andacht zu Heiligen Drei Königen.

Im darauffolgenden Gebet wird der erste heilige Bischof Kölns Maternus als Patron gegen ansteckende Krankheiten zur Hilfe besonders gegen die damals höchst gefährliche rote Ruhr (Bakterienruhr) angerufen. Auch Gebete zu nahezu allen wundertätigen Mariengnadenbildern im Erzbistum wie dem in der Kupfergasse, im Bonner Münster oder in Kalk sind angegeben.

(J 15) Die Messe an allen Sonn- und Feiertagen des Jahres aus dem Latein ins Deutsche übersetzt.

Mainz: Craß 1788.

Sign.: Ba 1604

Der Mainzer Stiftskanoniker Johann Kaspar Müller (1749-1810) gab mit diesem Buch – hier die Erstausgabe – das erfolgreichste deutsche Messbuch vor dem "Schott" heraus. Damit konnte auch der normale Laie alle Texte aus dem Missale Romanum verstehen, zum Beispiel die zum Fest der Epiphanie des Herrn. Müller selbst bevorzugte persönlich das unwandelbare Latein gegenüber dem lebendigen und wechselhaften Deutsch.

(J 16) Feier des katholischen Kirchenjahres, ein Gebet- und Gesangbuch für Crefeld.

Mönchengladbach: Boehmer ca. 1850.

Sign.: Art. 645 a

In der Mitte des 19. Jahrhunderts existierte das Bistum Aachen nach seiner ersten kurzen Existenz von Napoleons Gnaden noch nicht wieder und sein Gebiet und damit auch die Stadt Krefeld gehörte bis 1930 zur Erzdiözese Köln. Mit Erlaubnis des Kölner Diözesanverwaltung erschien für Krefeld und Umgebung mehrfach dieses Gebet- und Gesangbuch. Darin sind zum Dreikönigsfeste besondere Messgebete, eine Nachmittags- und eine Abendandacht mit besonderem Lied zu finden.

(J 17) Kölner Heiligenzettel.

Köln: Mitte des 18. Jahrhunderts.

Diözesan- und Dombibliothek Köln

Dieser Zettel, der mit Reliquien in Berührung gebracht worden war, sie angerührt hatte, schützte den Gläubigen vor Fallsucht (epileptische Anfälle), Fieber, Kopfschmerzen, plötzlichem Tod und allgemeiner Zauberei. Der hier gezeigte hatte nicht nur die Reliquien der Heiligen Drei Könige berührt, sondern auch die vieler weiterer Kölner Stadtheiliger, nämlich die von Ursula, Gereon, den Makkabäern und anderer, die vor Gott für den Besitzer bitten sollten. Die heilige

Kölner Heiligenzettel, Mitte 18. Jhd.

Agatha, hochverehrt in Köln auch wegen des nach ihr benannten 1802 aufgelösten Benediktinerinnenklosters, wurde besonders noch als Schutz gegen Feuerschaden zusätzlich angerufen.

(J 18) Dreikönigenzettel.

Köln: 1747 (?).

Diözesan- und Dombibliothek Köln

Auf diesem für italienische Pilger entworfenen Zettel, der wie extra vermerkt sogar die Häupter der Magier-Könige berührte, ist neben dem Stadtpanorama unten, den Königen und ihrem Tross auch links ein verspäteter Hirte zu erkennen.

(J 19) Dreikönigenzettel (Kupferstich auf Seide).

Köln: Mitte des 18. Jahrhunderts.

Diözesan- und Dombibliothek Köln

> *Ihr Heylige Drey König klar*
> *Caspar Melchior Balthasar*
> *Bittet für unß Jetzundt*
> *und in unser Sterbstund*
> *Diß hatt berührt die Reliquien*
> *in Cölln der h.h. Drey Königen*
> *Bey sich getragen ist gut vor haubt pein*
> *fallende kranckheit zaubery und jähen todt.*

Etwas aufwändiger und deswegen sicher auch ein bisschen teurer waren Dreikönigenzettel auf Seide statt auf Papier; auf einen korrekten Text wurde aber auch hier wenig Wert gelegt. Gut zu erkennen sind die mit Hermelinschwänzen besetzten Mantelkrägen der Könige.

(J 20) Dreikönigenzettel (Kupferstiche auf Seide).

Köln: Mitte des 18. Jahrhunderts.

Diözesan- und Dombibliothek Köln

Die Kupferstiche auf diesen beiden größeren Zetteln aus leicht gefärbter Seide sind qualitativ hochwertiger. Der gelbgefärbte Zettel zeigt die Anbetung über lateinischem und italienischem Text; der rotgefärbte – Text lateinisch und französisch – zeigt zusätzlich das Kölner Stadtpanorama.

(J 21) Dreikönigenzettel.

Köln: Mitte des 18. Jahrhunderts.

Diözesan- und Dombibliothek Köln

Dieser Kupferstich trägt die Nummer 478 und stammt aus einem nicht mehr zu identifizierenden Buch. Obwohl er eingebunden gewesen sein muss, trägt er am unteren Rand den Berührungsvermerk ohne dass aber in diesem Fall die positiven Wirkungen und Schutzfunktionen eines solchen Zettels erwähnt werden. Ungeklärt bleibt es, ob der Kupferstich allein vor dem Einbinden oder ob das ganze Buch mit dem Dreikönigsschrein in Berührung kam; die Dreikönigszettel wurden zumeist mit den Häuptern der Figuren der Könige an ihrem Schrein in physischen Kontakt gebracht.

(J 22) Faltblatt mit Kupferstichen von Heiligen.

um 1700.

Diözesan- und Dombibliothek Köln

Diese wohl private Zusammenstellung von Heiligenbildchen aus den Schildbüchern war zum Schutz auf Reisen gedacht; gefaltet konnte man sie bequem immer mit sich tragen. Geschützt war der Reisende durch Ignatius und andere Heilige etwa gegen die Pest sowie fieberhafte Erkrankungen, durch Johannes Nepomuk gegen "Wassergefahren", durch Franziskus Solanus gegen Erdbeben, durch Athanasius gegen Kopfschmerzen usw. Unter den Bildern verbergen sich teilweise

Gebetszettel und auch ein Dreikönigenzettel mit italienischem Text; die Heiligen Drei Könige sind ja die Patrone der Reisenden par excellence.

Es lässt sich in diesem Fall vielleicht von einer Art "Reiseversicherung" sprechen; auch unsere Vorstellungen über die Leistungen und Pflichten moderner Reiseversicherungen sind nicht immer weit von Aberglaube entfernt.

(J 23) **Der wahre Geistliche Schild,** so vor 300 Jahren von dem heiligen Papst Leo X. bestätigt worden, wider alle gefährliche böse Menschen sowohl, als aller hexerei und Teufelswerk entgegengesetzt. Darinnen sehr kräftige Segen und Gebete, so theils von Gott offenbart, theils von der Kirche und heil. Väter gemacht und approbirt worden.

Köln: 1840 (?).

Sign.: Cb 4837

Ein solcher geistlicher Schild wurde zur Abwendung aller möglicher Unbill gedruckt; es lässt sich als ein Amulettbuch im Sinne des Aberglaubens beschreiben. Die Menschen trugen seit ungefähr 1600 bedrucktes oder beschriebenes Papier als Schild ursprünglich vor allem gegen Krankheiten aller Art mit sich, manches Mal wurde es sogar als Zaubermittel verschluckt. Die Abwehraufgaben des Büchleins erweiterten sich nach und nach, die Schutzwirkung erstreckte sich dann auf Diebstahl, Hexerei, Naturereignisse und vieles mehr. Vor allem von Franziskanern und Kapuzinern gefördert, erklärte die Kirche aber bald diese Form der "Frömmigkeit" zum Aberglauben – nicht zuletzt unter jesuitischem Einfluss. Trotzdem hielt sich die Vorstellung von den Kräften der Bücher, die bis weit in das 19. Jahrhundert vielfach ohne Nennung von Druckort und -jahr erschienen, bis zum ersten Weltkrieg, da auch Gewehrkugeln von ihnen abgewehrt werden sollten.

Nach Aussage dieses relativ späten Schildbuchs aus Köln schützen die bei sich getragenen Namen der drei Könige vor epileptischen Anfällen; alle Illustrationen im Buch sind von schlechter Qualität. Abergläubisches wird auch in seinem hinteren Werbeteil offenkundig, geworben wird für okkulte Bücher (mit Zauberstab!) und Wahrsagekarten.

K) Speziell Kölnisches zu den bedeutendsten Stadtpatronen

(K 1) Die **Cronica van der hilliger Stat van Coellen**.

Köln: Koelhoff 1499.

Sign.: Inc. d. 77

Die heute als Inkunabel gesuchte bekannte Koelhoffsche Chronik Kölns war übrigens in ihrer Entstehungszeit keineswegs ein verlegerischer Erfolg, sondern führte vermutlich sogar zum Ruin des Druckers und Verlegers Johann Koelhoff dem Jüngeren (†1502). Seine Ansichten über die Kirche brachten ihm mit dieser Institution wohl kaum in größere Schwierigkeiten; gravierender dürften Probleme mit den stadtkölnischen noblen Geschlechtern gewesen sein, deren Herkunftsgeschichten (einige behaupteten, von den Trojanern abzustammen!) er teilweise ironisierend kolportierte.

Koelhoff berichtet ausführlich über den Weg der Gebeine der Könige in die Stadt Köln und zeigt dazu einen interessanten Holzschnitt mit dem Kölner Stadtbild und fünf Wappen. Die Wappen der drei Könige sowie die Wappen des Erzbistums und der Stadt Köln umgeben als Zier das Dreikönigenpförtchen (?).

Die drei Könige auf der Stadtmauer – Chronica [...], Köln 1499

In der Chronik findet sich auch – in Kopie beigelegt – eine schöne Anbetungsszene. Zur Illustration der Auseinandersetzungen zwischen der Stadt Köln und Erzbischof Engelbert von Falkenburg (1261-1274) erscheinen die drei Könige und andere Kölner Stadtheilige geradezu als Besatzung auf den Stadtmauern gegen den ungeliebten Engelbert und seine Horden.

(K 2) Festschrift zur Erinnerung an die Gründung der alten Universität Köln im Jahre 1388.

Köln: Schroeder 1938.

Sign.: Rc 14

Anlässlich seines 60. Geburtstages erhielt Kardinal Frings 1947 diese Festschrift zum 550jährigen Jubiläum der Universität zu Köln aufwändig gebunden zum Geschenk. Auf dem Buchdeckel ist das große Siegel der Universität mit der Anbetung der drei Könige und dem stadtkölnischen Wappenschild – die Kölner Universität wurde von den Bürgern der Stadt und nicht von Fürsten gegründet – als Einlegearbeit zu sehen.

(K 3) Ansicht der Stadt Köln im Jahre 1531 nach dem Holzschnitt des Anton Woensam von Worms.

Diözesan- und Dombibliothek Köln

Über dem wohl schönsten alten Stadtpanorama von Köln – bei Quentel 1531 erschienen – sind die Heiligen Drei Könige über ihrem Tempel (und dem von Sankt Peter), dem Dom, zu sehen. Sie tragen Fahnen mit ihren Wappen. Den weiten Himmel über Köln müssen die Könige sich nur mit dessen Begründer Marcus Agrippa, seiner Enkelin und Stadtförderin Agrippina und Marsilius, Kölns Erretter vor dem römischen Kaiser, teilen.

(K 4) Aegidius Gelenius: De Admiranda, Sacra, Et Civili Magnitudine Coloniae Claudiae Aggripinensis Augustae Ubiorum Urbis.

Köln: Kalcovius 1645.

Sign.: Ab 411

Die bis dahin wohl gelungenste Arbeit über die Kölner Stadtgeschichte wurde 1644 dem Rat der Stadt zur Überprüfung vorgelegt und erschien 1645. *Das Werk eisernen Fleißes mit für alle Zeiten unleugbarem Wert und hoher Bedeutung* – so Leonard Ennen – wurde vom Kölner Historiker und späteren Osnabrücker Weihbischof Aegidius Gelenius (1595-1656) verfasst, wobei er sicher auf die erheblichen

Vorarbeiten seines Bruders Johannes Gelenius (1585-1631) zurückgriff. Berichtet wird über die Geschichte der Stadt, ihre vornehmen Geschlechter, ihre Kirchen und deren Besonderheiten und Schätze sowie die Kölner Eigenfeste.

Aus dem Festkalender für Januar geht hervor, dass ursprünglich alle drei heiligen Könige eigene Gedenktage in Köln hatten, so feierte man das Gedächtnis an König Kaspar am 1., an König Melchior am 6. und am 11. Januar an König Balthasar. Immer mehr wurde aber das Fest der Epiphania Domini zum Festtag der drei Könige, da eben die Herrenfeste der Beschneidung und Erscheinung die Einzelfeste der Magier aus dem Morgenland überstrahlten.

(K 5) Decreta Et Statuta Dioecesanae Synodi Coloniensis.

Köln: Busaeus 1667.

Sign.: Ae 37

1662 fand unter dem dritten Wittelsbacher auf dem Stuhl des Maternus Maximilian Heinrich (1650-1688) eine Diözesansynode statt, die hauptsächlich zur weiteren Durchsetzung der Vorgaben des Tridentinums dienen sollte. Dieses war in den alten Ortskirchen zuweilen wegen altehrwürdigen oder schlicht eingefahrenen Traditionen weit schwieriger als etwa in den neuen Bistümern Amerikas. Vorbereitet wurde die Synode von Weihbischof Georg Pauli-Stravius (1600-1661), der bei der Eröffnung aber schon verstorben war. Viele seiner Vorstellungen konnten durchgesetzt werden. In nennenswerten Umfang gelang es indes nicht Macht und Einfluss der kölnischen Archidiakonate, also der Untereinheiten des Bistums mit weitgehenden Befugnissen der Archidiakone, zu brechen. Dieses Scheitern war umso tragischer, da gerade hier so vieles im Argen lag.

Der Titelkupfer zeigt den heiligen Petrus im Kreise der heiligen Kölner Bischöfe mit typischen Attributen und einigen von ihnen erbauten Kirchen; nur Bruno fehlt, dessen Kanonisation erst 1870 erfolgte. Darüber ist das Wappen des Erzbischofs und die Anbetungsszene zu sehen. Eindeutig ist so die Aussage des Titelkupfers; oben die Priesterkönige aus der Bibel, unten die weltlichen und sakralen Herrscher über das Kurfürstentum Köln. Die drei Könige sollen der Legende nach ja später in ihrer Heimat vom Apostel Thomas zu Priestern und Bischöfen geweiht worden sein.

Petrus im Kreise der heiligen Kölner Bischöfe, Köln 1667

(K 6) Erhard von Winheim: Sacrarium Agrippinae Hoc est Designatio Ecclesiarum Coloniensium, Praecipuarium Reliquiarum.

Köln: Steinhauss 1736.

Sign.: Ba 327

Der herausragende Ruf Kölns in früheren Zeiten beruhte nicht zuletzt – vielleicht sogar hauptsächlich – auf der immensen Zahl von Reliquien bekannter und weniger bekannter Heiliger, die sich in seinen Mauern befanden. Eine Kölner Heiltumsfahrt bedurfte schon ihrer Zeit und Muße; durch sie wurden große Mengen an Pilgern in die Stadt gerufen, welche erheblich auch zum wirtschaftlichen Gedeihen der Stadt beitrugen. In seinem umfassenden Werk über die Kölner Heiligtümer berichtet der Kartäusermönch Erhard von Winheim über die Reliquien der "Superheiligen" wie den drei Königen und der britannischen Prinzessin. Aber auch weniger Bekanntes teilt er mit. So schreibt er ausführlich über das Dominikanerkloster Heilig Kreuz und erwähnt besonders Albertus Magnus, der sich um die Instandsetzung der dortigen Kirche verdient machte, dessen Grabmal hier zu sehen war, Lehrer des Thomas von Aquin gewesen ist und der durch eine Feuerprobe die Echtheit – da sie nicht verbrannten – von Teilchen des Kreuzes Christi und eines Dorns der Leidenskrone bestätigen konnte. Die Partikel waren von ihm selbst als Geschenke des französischen Königs nach Köln gebracht worden. Auf dem Titelkupfer von Winheims Sacrarium sind unter der Rheinansicht des heiligen Kölns – der mit Gottes Hilfe allzeit getreuen Tochter der römischen Kirche – einige der Kölner Stadtheiligen zu sehen.

(K 7) Antonio Macedo: Divi Titulares Orbis Christiani: Opus singulare, In Quo De Sanctis Regnorum, Provinciarum, Urbium Maximarum Patronis Agitur.

Lissabon: Deslandes 1687.

Leihgabe aus Privatbesitz.

Der Jesuit Antonio Macedo (1612-1695) aus Coimbra – mitentscheidend beteiligt an der Konversion von Königin Christina von Schweden zum Katholizismus, an deren Hof er zeitweilig als portugiesischer Botschafter wirkte – verfasste dieses Buch über die Patronate von Heiligen über Länder und Städte. Über die Patrone Kölns berichtet er auf 14 Seiten (zu Rom auf 18, zu Trier auf 8 und zu Mainz auf 6 Seiten), wobei er die Heiligen Drei Könige und die heilige Ursula mitsamt Gefolge ungefähr gleich gewichtet. Auf die sprichwörtliche Bescheidenheit der Einwohner der heiligen Stadt am Rhein wirkt Macedos folgende übersetzte Einschätzung der deutschen Bistümer entlang des Rheins sicher befremdlich: *Basel ist reizend, Konstanz prächtig, Straßburg edel, Speyer fromm, Mainz aller Ehren wert, Trier uralt,* **aber Köln göttlich**.

(K 8) Processio Romana Ad Septem Principales Ecclesias Civitatis Coloniensis. In usum omnium Sacratissime Domini nostri Jesu Christi Passione Devotorum. Maxime autem Archi-Confraternitatis SS. Trium Regum, Pro Ecclesia Metropolitana.

Köln: 1737.

Sign.: Ba 1687

Dieses kleine Gebetbuch für die Prozession zu den sieben Kölner Hauptkirchen war besonders für die Mitglieder der Kölner Dreikönigserzbruderschaft vorgesehen; zu erwerben war es bei deren Brudermeister im Muttergotteschörchen – der Sakramentskapelle – des Kölner Doms. Die Kölner Prozession führte an nur einem Tag vom Dom aus über Sankt Maria im Kapitol, Sankt Severin, Sankt Pantaleon, Sankt Aposteln, Sankt Gereon und Sankt Kunibert zurück in den Dom.

(K 9) Newe Cöllnische Römerfahrt. Das ist Nützliche Weise, wie man die sieben Haupt-Kirchen und die andere zwischen diesen ligende Kirchen und Capellen allhier in Cöllen nach altem andächtigen Gebrauch besuchen sollte.

Köln: Poner 1710.

Sign.: Ba 1657

Mit Privileg des Kölner Rates erschien dieses Gebetbuch mit Kupferstichen zur Passion für die städtische Römerfahrt aus der Hand eines Franziskaners. Die Prozession führte durch die sieben Hauptkirchen, aber auch in den weniger bedeutenden Gotteshäusern am Weg – und davon gäbe es eine Menge – sollten Betrachtungen gehalten werden. Ein wirklich den Tag ausfüllendes Programm! Aufgeschlagen ist die Betrachtung zu halten in der Sankt Norbert-Kapelle auf dem Gebiet des Steinfelder Hofes (im Besitz der Praemonstratenserabtei in der Eifel) unweit von hier bei der Kirche Sankt Gereon.

(K 10) Die Sieben Kirchen Von Rom mit ihren vornehmsten Heiligthümern, Stationen und Ablaß.

Augsburg: Seutter 1725.

Sign.: Qb 65

Die Orientierung des heiligen Kölns am ewigen Rom hat eine lange Tradition, so gab es etwa im Mittelalter zu Köln ebenfalls ein Kardinalskollegium. Das Vorbild für die Prozession zu den sieben Kölner Hauptkirchen in der Neuzeit – der so genannten Römerfahrt – war die Prozession zu den sieben Hauptkirchen der Stadt Rom, die auf Seutters Karte abgebildet sind. In Köln nahmen an diesem Ereignis mit durchaus gegenreformatorischen Intentionen alle Sodalitäten der Stadt, auch die Dreikönigserzbruderschaft, teil.

(K 11) Hermann Crombach: Cultus Et Icones Ss. Trium Regum Praesidium Firmum Hominum, Domorum, Mercium inter Fures, Hostes, Latrones, Contra Piratas, Tempestates, Maleficia, casus, Pericula, morbos. Certis experimentis testatum ac Modus Colendi Et Imitandi Ss. Tres Reges.

Köln: Kinchius 1672.

Sign.: Aa 1901

Hermann Crombach: Cultus Et Icones [...], Köln, 1672

Hermann Crombach stellte dieses Büchlein für den Gebrauch der 1671 gegründeten Dreikönigsbruderschaft zusammen. Neben Aufführung von Gebeten und liturgischen Texten sowie Lobgesängen auf die Könige berichtet es von wunderbaren Geschehnissen, die auf die Mitführung von Dreikönigszetteln vor allem auf Reisen zurückzuführen waren. Menschen, Häuser und Wertsachen wurden auf Fürbitte derPrototypen christlicher Reisender geschützt gegen allerlei Unbill wie Diebe und Räuber, Piraten und Unwetter, Hexereien und Krankheiten.

(K 12) Everhard Wyon: Andachtsbild mit Heiligen, Wappen und Ansicht von Köln.

Kupferstich um 1740

Sign.: Qb 51

Der Kupferstecher mit geringer Befähigung (so Johann Jakob Merlo) Everhard Wyon war zwischen 1721 und 1767 in Köln tätig; später dann wurde er Vorsteher der Gürtlerzunft. Das Andachtsbild zeigt über dem von zwei Löwen gehaltenen Stadtwappen die Anbetung der Heiligen Drei Könige, unterhalb davon eine kleine Ansicht von Köln mit Deutz umgeben von den Personifikationen der Astronomie und Astrologie, damals gleichwertige "Wissenschaften". Außen links neben dem Wappen ist Sankt Maternus zu sehen, rechts davon die heiligen Ursula und Cäcilia. Der Bischof direkt links neben dem Wappen ist Sankt Severin mit der nach ihm benannten Kirche in der Hand.

(K 13) Johannes Heringsdorf: Geistliches Psälterlein PP. Societ. Jesu, In welchem Die außerlesenste alte und neue Kirchen- und Hauß Gesäng, liebreichste Psalmen Davids, Kinder-Lehr, kleiner Katechismus, Gebett-Büchlein der Bruderschaften etc. verfasset.

Köln: Metternich 1754.

Sign.: R 140

Der Stern über Bethlehem? Nein, der leicht geänderte Titelkupfer dieser ergänzten Ausgabe des Psälterleins zeigt unten links den Stern über Köln und seinem Dom.

(K 14) Haupt-Calender, Auff das Jahr nach der Gnadenreichen Geburt unseres Herrn Jesu Christi MDCCLXIX.

Augsburg: Fridrich 1768.

Sign.: Qb 62

In der Amtszeit von Maximilian Friedrich von Königsegg-Rothenfels (1761-1784) wurde dieser Kalender für das Jahr 1769 gedruckt. Der Erzbischof selbst ist auf diesem aus zwei Platten zusammengesetzten und leider zu eng beschnittenen Kalenderblatt ganz oben mit einem Brustportrait zu sehen. Die Wappen der Domkapitulare und Domherren sind auf das Genaueste ausgeführt und nehmen den meisten Raum auf dem Blatt ein. Bei genauer Betrachtung aber ist vielleicht doch festzustellen, dass die von allegorischen Figuren umgebene kleine Anbetungsszene mit den Weisen aus dem Morgenland auf einem Altar im Mittelpunkt des Kalenders steht. Für den Dreikönigstag 1769 wurde übrigens windiges und kaltes Wetter vorausgesagt.

(K 15) Cantuale In Usum Privatum Archi-Diaconalis Collegiatae Ecclesiae B. Mariae Virg. Ad Gradus Coloniae Agrip.

Köln: 1775.

Sign.: Diözesan Hs. 607

In der wohl bedeutendsten heute nicht mehr existierenden Kirche Kölns, der Stiftskirche Sankt Maria ad Gradus, besonders verehrt wurden die heiligen Kölner Bischöfe Agilolf und Anno, der die vermeintlichen Gebeine seines Vorgängers Agilolf am 9. Juli 1062 von Malmedy nach Köln in diese Kirche hatte zurückbringen lassen. Die besondere Wertschätzung beider Bischöfe kam in der Eigenliturgie des im Schatten des Doms gelegenen Stifts zum Ausdruck.

Die Kölner Fronleichnamsprozession mit Teilnahme der Stiftskanoniker führte auch am Dreikönigenpförtchen vorbei, wo – so geht es aus diesem handgeschriebenen Gesangbuch hervor – der aus dem 11. Jahrhundert stammende Antwortgesang *Tria sunt munera* angestimmt werden sollte. Durch dieses Pförtchen sollen die Gebeine der Könige in die Stadt gebracht worden sein, was aber nicht den Tatsachen entsprechen dürfte.

(K 16) Festa Breviario Coloniensi.

Köln: Metternich 1781.

Sign.: Be 159

Das Antiphonale mit den Gesängen aus dem Stundenbuch speziell für den Gebrauch der kölnischen Kirche legt zum Abendgebet an ihrem Festtag den Hymnus auf die drei Könige mit den Noten in Hufnagelnotation vor.

Hymnus auf die drei Könige – Festa Breviario Coloniensi, 1781

(K 17) Johannes Philippus Nerius Maria Vogel: Sammlung der prächtigen Edelgesteinen womit der Kasten der dreyen heiligen Weisen Königen in der hohen Erz-Domkirche zu Köln ausgezieret ist, nach ihrem ächten Abdrucke in Kupfer gestochen. Nebst einer geschichtsmäßigen Einleitung.

Bonn: Vogel 1781.

Sign.: Rc 33

Wohl im Auftrag von Kurfürst Maximilian Friedrich von Königsegg-Rothenfels erarbeitete Johannes Philippus Nerius Maria Vogel (†1795) dieses Verzeichnis der großen Anzahl von antiken Gemmen und Kameen, die sich zu seiner Zeit am Schrein – am Kasten – der drei Könige befanden. Vogel, Burggraf von Bonn, war schon zu Zeiten von Kurfürst Clemens August I. von Bayern Hofkammerrat, Kammerfourier und Direktor des Naturalienkabinetts und auch lange Jahre für den Kurkölnischen Hofkalender verantwortlich. Trotz der unbefriedigenden Qualität der Kupferstiche konnte sein Werk, das den Schrein genauestens im Zustand vor der Auslagerung nach Arnsberg im Jahre 1794 zeigt, immer wieder bei Restaurierungsarbeiten herangezogen werden.

(K 18) Johannes Philippus Nerius Maria Vogel: Collection Des Pierres Antiques Dont La Chasse Des Ss. Trois Rois Mages Est Enrichie Dans L'Eglise Metropolitaine A Cologne. Gravées Aprés Leurs Empreintes Avec Un Discours Historique Analogue.

Bonn: Vogel 1781.

Sign.: Rc 34

Dem Zeitgeist geschuldet wurde Vogels Werk ins modische Französisch übertragen. Aus dieser selteneren Ausgabe wird hier das Mausoleum gezeigt, in dem sich der Schrein bis 1864 befand und aus dem er nur zu besonderen Anlässen herausgebracht wurde.

(K 19) Köln und seine Merkwürdigkeiten für den Alterthums-Forscher und Kunstliebenden.

Köln: Mathieux 1818.

Sign.: Ca 809

Dieser frühe, kleine Reiseführer zu den Kölner Sehenswürdigkeiten wird Ferdinand Franz Wallraf (1748-1824) und/oder Alexander Minola (1759-1829), beide Priester der Erzdiözese Köln, zugeschrieben. Mit dem Büchlein machten sie *keinen Anspruch auf Ruhm, wir wollen nur nützen.* Mehr als die jedes anderen Kunstwerks in Köln, ja mehr als die des ganzen Doms macht die Beschreibung des Kastens der Heiligen Drei Könige aus, den jeder gleich welcher Religion – so wird ausdrücklich vermerkt – auch damals schon, wenn er sich denn benähme, anschauen durfte.

(K 20) Die Kölner Papstadresse von 1848. Ein Meisterwerk der Buchmalerei des 19. Jahrhunderts.

Köln: Verlag Kölner Dom 1987.

Sign.: Fd 87

1987 schreibt Kardinal Joseph Höffner im Vorwort zu diesem Nachdruck der Adresse an Papst Pius IX. (1846-1878):

> *Im unruhigen Revolutionsjahr 1848, das gleichzeitig die 600-Jahrfeier der Grundsteinlegung des Kölner Domes brachte, wandten sich [...] die Kölner Erzdiözesanen in einer Huldigungsadresse an den Heiligen Vater, um ihn ihrer Liebe, Verehrung und Anhänglichkeit zu versichern. Weit über 3.000 Frauen und Männer unterzeichneten das Dokument, das als Prachthandschrift mit kostbaren Miniaturen gestaltet worden war. Dank der Freundlichkeit der vatikanischen Archive wurde es jetzt für kurze Zeit ausgeliehen und ist nach fast 140 Jahren erstmals wieder in Köln zu sehen.*

Soweit Kardinal Joseph Höffner im Vorwort zu diesem Nachdruck der Adresse an Pius IX. (1846-1878), deren Original 1987 in der Diözesan- und Dombibliothek Köln ausgestellt war. Drei der Schmuckblätter der Handschrift sind hier zu sehen, auf denen die Heiligen Drei Könige in unterschiedlicher Weise abgebildet sind. Die Blätter wurden gestaltet von Johann Anton Ramboux (fol. 1^r-5^r) und David Levy-Elkan (fol. 6^r-38^r).

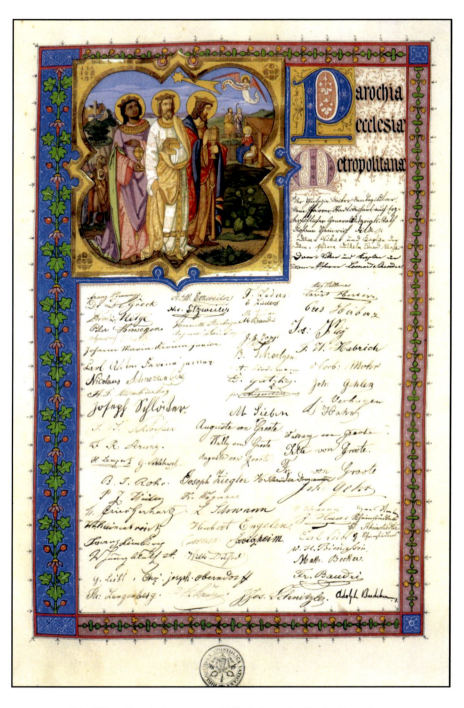

Die Kölner Papstadresse von 1848: Schmuckseite der Dompfarre

Auf dem Widmungsblatt mit der großen Initiale P sind mit anderen Kölner Heiligen am oberen Rand Kaspar, Melchior und Balthasar zu sehen. Die Schmuckseite des Domkapitels zeigt als Miniatur den Mittelteil des Altarbilds von Stephan Lochner mit der Anbetungsszene. Auf dem Blatt schließlich der Dompfarre erscheinen die Könige (diesmal auch ein schwarzer) im Vordergrund; in die Landschaft dahinter sind links ihr Tross, rechts die Verkündigung an die Hirten und Maria mit dem Kind platziert.

(K 21) Johannes von Geissel: Festgedicht auf die Grundsteinlegung zum Fortbau des Kölner Domes.

Köln: Bachem 1865.

Sign.: 82/10.1 (Bibliothek St. Albertus Magnus)

Der auch dichterisch begabte Kirchenfürst Geissel hatte in seinem langen Festgedicht von 1842 – der gotische Dom war ja nun als Heimstatt der Könige intendiert – allerdings erstaunlich wenig bezüglich der Drei zu sagen: Köln wird darin als *Stadt der königlichen Weisen* bezeichnet, ansonsten finden sie keine Erwähnung. Die preußische Monarchie hingegen wird darin aber bezeichnend oft gelobt, Geissels Nähe zum preußischen Staat wurde schon zu seinen Lebzeiten etwa von Anton Josef Binterim kritisiert, wodurch es letztlich zwischen dem rheinischen Kirchenhistoriker und seinem Oberhirten zu einem nie mehr behobenen Bruch kam.

(K 22) Jung-Köln.

Köln: Greven Verlag

Sign.: Zb 2885

Die Zeitschrift Jung-Köln wurde seit 1912 bis 1969 vom Schulamt der Stadt Köln und dem Amt für Kölnisches Brauchtum herausgegeben, unterbrochen in den Jahren der Nazi-Herrschaft. Sie wandte sich an junge Bürger der Stadt, gab berufspraktische Tipps, pflegte das Brauchtum und stellte neben Aktuellem immer wieder in angemessener Form auch Geschichtliches dar. Im Juli 1964 erschien ein Heft, das hauptsächlich das Jubiläum der Reliquientranslation zum Thema hatte. Der Sommer 1964 stand für Köln leider aber im Schatten des furchtbaren Anschlags auf die Volksschule von Köln-Volkhoven, dessen Opfer im Heft vor allem anderen gedacht wird.

Auch in Heften vorhergehender Jahrgänge wurden die Könige immer wieder mit Krippenspielen, Berichten usw. bedacht. Ebenso wurde das hier aufgeschlagene Gedicht von Max Mell (1882-1971) abgedruckt. Der Österreicher Mell, in der Nachkriegszeit einer der bekanntesten katholischen Dichter seines Heimatlandes, ist wegen seiner zumindest zeitweiligen Sympathie für das NS-Regime nicht mehr unumstritten.

(K 23) Peter Gath: Kölner Legenden. Mit Kinderbildern aus der Ausstellung "Kölner Stadtpatrone und Heilige" (Sonderheft 7 der Zeitschrift "Jung-Köln").

Köln: Greven Verlag 1957.

Sign.: Zb 2885

Unter den Schülern der Stadt wurde anlässlich des 77. Deutschen Katholikentags 1956 in Köln vom Schulamt ein Bildwettbewerb ausgerufen zum Thema "Kölner Stadtpatrone und Heilige". Über 1.200 Einsendungen wurden ausgestellt, darunter etwa ein Vorschlag für ein Fenster mit den heiligen Kölner Bischöfen und ein Aquarell, das den Überfall auf Sankt Engelbert in Szene setzt. Zur Darstellung der Heiligen Drei Könige und der Übertragung ihrer Gebeine setzten die Kinder und Jugendlichen ebenfalls unterschiedliche Techniken ein, so beispielsweise Glasmosaik oder Papierbatik; der faszinierende schwarze Kaspar erscheint auf einer Stoffapplikation.

(K 24) Hermannus Zittart: Manuale confessorum metricum.

Köln: Bungart 1498.

Inc. a. 17

Verfasst wurde dieses Handbuch für die Beichte von dem Dominikaner Hermannus Zittart, dem Beichtvater des Kölner Erzbischofs Ruprecht von der Pfalz (1463-1478). Gedruckt wurde es von Hermann Bungart von Kettwig, aus dessen Offizin vor allem Bücher religiösen Inhalts stammen. Ansässig war der zwischen 1491 und 1521 tätige Drucker am Alter Markt im Haus zum wilden Manne. Seine eindrucksvolle Druckermarke – vielleicht die schönste aus Köln überhaupt – zeigt die Anbetungsszene und das Wappen der Stadt Köln mit 27 (!) Flammen, die drei anderen Wappenschilde auf der Marke sind nicht ausgeführt.

(K 25) Liber Meditationum beati Bernardi Quomodo homo ad dei imaginem factus est.

Köln: Martin von Werden, ca. 1508.

Sign.: Ra 103

Diese Meditation über die Schaffung des Menschen nach dem Ebenbild Gottes wird dem Kirchenlehrer Bernhard von Clairvaux (um 1090-1153) zugeschrieben, der schon im Mittelalter wegen seines überragenden Talents zur Predigt mit dem Ehrentitel Doctor mellifluus (also als Lehrer, dem Honig dem Munde entfließt) geehrt wurde.

Auf dem Titelblatt ist die Druckermarke von Ludwig Renchen zu erkennen, für den das rare Büchlein von Martin von Werden gedruckt wurde. Der Badenser Renchen wirkte in Köln als Buchdrucker ab 1484. Die Marke zeigt (hinter dem kleinen Wappenschild Renchens mit seinen Initialen im unteren Bereich) die drei Könige mit dem Kölner Stadtwappen als Standarte, den Stern von Bethlehem und ihre eigenen (Phantasie-)Wappen auf den Schilden.

(K 26) Johann Dietenberger: Contra temerarium Martini Lutheri, de votis monasticis iudicium.

Köln: Quentel 1525.

Sign.: P.J. 41 (Bibliothek St. Albertus Magnus)

Der Dominikaner Johann Dietenberger (1475-1537) aus dem Taunus wirkte in verschiedensten Aufgaben in vielen Konventen seines Ordens, dem er vor 1500 beitrat, vor allem jedoch in Frankfurt am Main und in Koblenz. Auf dem Augsburger Reichstag von 1530 gehörte er zu der Gruppe von Theologen, die mit der Aufgabe betreut waren, die Confessio Augustana zu widerlegen. Neben vielen kleineren Schriften polemischer wie der hier vorgelegten gegen Luthers Unbesonnenheit und asketischer Natur gelangen ihm mit seinem deutschen Katechismus von 1537 und der Bibelübersetzung von 1534 zwei bahnbrechende Arbeiten für das katholische Deutschland.

Auf der vermutlich von Anton Woensam angefertigten Druckermarke von Peter Quentel, tätig in Köln zwischen 1520 und 1546, sind durch die drei Kronen im von Greif und Löwen gehaltenen Stadtwappen die Könige auch bei diesem Drucker in das "Firmenlogo" integriert. Das Kölner Wappen mit den drei königlichen Kopfbedeckungen war Erkennungszeichen vieler weiterer Drucker in der einstmals so bedeutenden Bücherstadt, so von Ulrich Zell, Martin von Werden, Cornelius von Ziericksee und anderen. Auf Quentels Druckermarke fehlen die so genannten "Flammen" als Symbole für die heilige Ursula und ihr Gefolge, wobei es sich dabei ja eigentlich um Hermelinschwänze handelt, deren Zahl erst im 17. Jahrhundert festgelegt wurde.

Druckermarke von Peter Quentel, Köln 1525

(K 27) Jacob Feucht: Wintertheil Der Kleinen Catholischen Postill.

Köln: Calenius & Quentel 1587.

Sign.: Aa 2236

In Köln wurden posthum die Predigten zu den sonn- und feiertäglichen Evangelien des Bamberger Weihbischofs Jacob Feucht verlegt. In seinem Bemühen durch Schriften und Predigt gegenreformatorisch zu handeln, legte sich Feucht auch mit dem Bamberger Domkapitel an. Die Illustration zu seiner Dreikönigspredigt ist von keinem hohen Wert; die ausgearbeitete Frisur Mariens aber fällt auf.

(K 28) Leopold Böhmer: Geschichte der Freimaurerei in Köln am Rhein von 1815 bis 1872 nebst Rückblicken auf ältere Epochen.

Köln: Selbstverlag der Loge 1873.

Sign.: Cb 4881

Eine Kölner Bruderschaft ganz anderer Art war ebenfalls den drei Königen verbunden. 117 Jahre bis zu ihrer Auflösung 1822 trug die Freimaurerloge der Stadt den Namen "zum Geheimnis der drei Könige (Loge du secret des III Rois)". Wichtige Sitzungen und Beschlüsse wurden auch von der Loge häufig auf den sechsten Januar gelegt. Zeitweilig zählten einige der hohen katholischen Kleriker zu ihren Mitglieder; Erzbischof Maximilian Friedrich von Königsegg-Rothenfels (1761-1784) gilt als Sympathisant der Freimaurer. Zur Erklärung dieses Sachverhalts ist es sicher angemessen, sich vor Augen zu halten, dass das Freimaurertum im deutschen Raum weit weniger antiklerikal als im romanischen war und sich durchaus auch durch mildtätige Werke hervortat.

(K 29) Ambrosius. Rivista Liturgico – Pastorale.

Mailand: Supplemento al n. 6 – 1960.

Sign.: Eb 2687

In der theologischen Zeitschrift Ambrosius erschien 1960 ein kleiner Supplementband, der die Geschichte der Verehrung der heiligen Felix und Nabor zum Thema hatte. Von diesen beiden römischen Soldaten befinden sich ja auch Reliquien im Kölner Dreikönigsschrein. Das aufgeschlagene Faltblatt zeigt den Sarkophag aus dem fünften Jahrhundert, in dem sich aber nach wie vor in Mailand der größte Teil der Überreste befindet; 1960 wurden sogar die zwei Kopfreliquiare aus Namur nach Mailand zurückgebracht. Felix und Nabor sollen kurz nach 300 unweit von Mailand den Märtyrertod für ihren Glauben gestorben sein und werden vor allem als Patrone gegen Kinder- und Ohrenkrankheiten verehrt.

(K 30) Annus Dierum Sanctorum. Delectabar per singulos dies.

Augsburg: Klauber um 1770.

Sign.: Ra 60

Das ganze Erzbistum Köln feiert am 23. Juli das gebotene Fest der Übertragung der Reliquien der Heiligen Drei Könige. Das ganze Erzbistum Köln? Nein! Im unbeugsamen Düsseldorf wird an diesem Tag mit einem Hochfest seines Stadtpatrons Sankt Apollinaris gedacht. Der dem Apoll Geweihte (so die Übersetzung seines Namens) wurde in Antiochia geboren, ging mit Petrus nach Italien und erlitt der Überlieferung nach gegen 75 (es wird auch zuweilen 150 als Todesjahr angesetzt) nach Christus als Bischof von Ravenna den Märtyrertod. Seine Reliquien – mit Ausnahme des Kopfes – raubte der bergische Herzog Wilhelm I. im Jahre 1383 aus Remagen und brachte sie nach Düsseldorf in die Lambertuskirche. Der Legende nach sollen sie nach Remagen durch Rainald von Dassel gebracht worden sein auf seiner Fahrt mit den Reliquien der drei Könige von Mailand nach Köln.

Der Heilige Bischof Apollinaris, Augsburg 1770

Der gezeigte Kupferstich zeigt links den heiligen Bischof bei der Belehrung, rechts ist eine Apollostatue zu sehen, die verehrt wird. Das Hauptmotto des Stichs in Bezug auf Götterstatuen lautet nach Psalm 115 *Sie haben einen Mund und reden nicht*. Er ist in einer Folge von Heiligenbildern zu allen Tagen des Jahres enthalten, die vor allem von den Klauber in Kupfer gestochen wurden. Die Klauber waren eine große und hoch angesehene katholische Augsburger Kupferstecher- und Verlegerfamilie des 18. Jahrhunderts mit einer immens großen Produktion, die hauptsächlich Werke für den katholischen Bereich anfertigten, während die meisten anderen Augsburger Kunstverlage evangelisch waren. Unten links ist auf dem Stich **C.P.S.C.M.** zu lesen, die Klauber hatten also dafür das kaiserliche Privileg (**C**um **P**rivilegio **S**acrae **C**aesaris **M**aiestatis).

(K 31) Sankt Apollinaris (Totenzettel).

Düsseldorf: Trost 1830.

Diözesan- und Dombibliothek Köln

Den für Düsseldorf wichtigsten Heiligen zeigt auch dieser Totenzettel für Ludwig Alexander Johann Nepomuk Anton von Ckladt, der mit 54 Jahren an den Folgen eines Nervenschlags dahinschied. Apollinaris thront in den Wolken über einer kleinen Ansicht des Düsseldorfer Rheinpanoramas mit erkennbarer Lambertuskirche, an der der Verstorbene Beneficiat – Pfründeninhaber – war. Die Familie von Ckladt (auch Kladt) – Düsseldorfer Prominenz – bewohnte das Haus *Zum Heiligen Apollinarius* in der Altstadt.

L) Curioses und Peripheres

(L 1) Notgeldscheine der Stadt Kahla von 1921.

Leihgabe aus Privatbesitz.

Um Handel und Wandel aufrechtzuerhalten mussten nach dem Ersten Weltkrieg aufgrund der extremen Inflation viele Städte bis 1922 auf das Mittel der Ausgabe von Notgeld – die Reichsbank kam mit dem Gelddrucken schlicht nicht nach – zurückgreifen. Auch die kleine thüringische Stadt Kahla an der Saale musste zu diesem Mittel greifen. Ihre sechs Notgeldscheine zum Nennwert von 50 Pfennigen zeigen Szenen aus der Weihnachtsgeschichte; so fand auch die Darstellung der Heiligen Drei Könige einmal ihren Weg auf einen Geldschein.

(L 2) Augustus Frederick: Carmina Linguis Exoticis In Honorem Dei Pueri A Tribus Magis Adorati.

Rom: 1793.

Sign.: Rc 22

Der Herzog von Essex Augustus Frederick (1773-1843), sechster Sohn von König Georg III., verbrachte einen großen Teil der ersten drei Jahrzehnte seines Lebens wegen schwächlicher Gesundheit im Ausland; sein Studium absolvierte er in Göttingen. Während eines Aufenthalts in Rom 1792 bis 1793 heiratete der Freimaurer ohne Wissen seines Vaters, die folgende Annullierung aufgrund der englischen Vorschriften bezüglich von Heiraten des höchsten Adels kümmerte den Herzog kaum. In Rom deklamierte er wohl dieses variierte kleine Gedicht über die Geschenke der drei Könige anlässlich eines Besuches in den Räumen der Kongregation für die Glaubensverbreitung am Neujahrstag 1793; betont wird darin die Myrrhe mit ihre Bedeutung auch für den Totenkult und damit als Hinweis auf Jesu Kreuzestod. Vom Gälischen bis zum Tibetanischen ist es in 37 Sprachen und vielen Schriften im vorliegenden Druck wiedergegeben. Im Englischen und im Deutschen lautet es:

> *From Eastern Regions, from those fertile plains,*
> *Where summer with perpetual verdure reigns,*
> *The Sages come with eager steps to find*

The Infant God in humble cot reclin'd;
Illumin'd by a star's propitious light,
Which shone on high with lustre wondrous bright.
Mysterious off'rings to the child they bring;
Incense the God proclaims, gold speaks the King,
Myrrh, which Arabia's weeping rind distils,
Alas! his death portends; O worst of ills!

Drey Weise bringen aus Morgenlande
Gold und Weyrauch unseren Heilande
Warum auch Myrrhen? Ach mein Gott!
Dies ist ein Zeichen deines Tods.

(L 3) Carolyn Vaughan: The Gifts of the Magi. Gold and Frankincense, and Myrrh.

Boston u.a.: The Metropolitan Museum of Art 1998.

Sign.: Fab 9000

Im Gegensatz zu heute war der Wert der königlichen Geschenke – Gold, Weihrauch und Myrrhe – in der Antike wohl ziemlich gleich. Der älteste König, Melchior, soll das Gold verschenkt haben, der mittlere Balthasar den Weihrauch und der jüngste König Kaspar die Myrrhe. Alle drei Gaben sind diesem amerikanischen Büchlein als Gimmicks beigegeben.

(L 4) Scherpenheuvel und Köln (Andachtsbilder).

2. Hälfte des 18. Jahrhunderts.

Diözesan- und Dombibliothek Köln

Östlich von Löwen im Erzbistum Mechelen-Brüssel befindet sich der belgische Marienwallfahrtsort Scherpenheuvel, in dem seit etwa 1500 das Gnadenbild Unserer Lieben Frau von Scherpenheuvel (Sancta Maria de Monte Acuto) verehrt wird. Ursprünglich war es an einer Eiche befestigt, heute ist es in einer barocken Basilika ausgestellt; als Vorbild steht es für die Marienbilder von Luxemburg, Kevelaer und Sankt Cäcilien in Köln. Die Marienstatue von Sankt Cäcilien wurde der Kirche von der französischen Königinmutter Maria de Medici vermacht, die auf ihrer Flucht vor Kardinal Richelieu während ihres Aufenthalts in Köln 1642 starb. Maria de Medici hatte ihrerseits die Statue in den Spanischen Niederlanden von der Infantin und Statthalterin Isabella Clara Eugenia (1566-1633) geschenkt bekommen.

Von Köln nach Scherpenheuvel und in umgekehrter Richtung fanden regelmäßige, damals sehr wichtige und stark frequentierte Wallfahrten statt. Die drei gezeigten Andachtsbilder sind qualitativ deutlich voneinander unterschieden, auf zweien ist unter der Ansicht des belgischen Ortes ein kleines Panorama von Köln mit Wappen und Stern über dem Dom zu sehen. Links davon sind die Heiligen Drei Könige und rechts die Heiligen Ursula mit Pfeil in der Brust und Cäcilia mit Orgel auszumachen.

(L 5) Schaubilder für ein **Wunderkästchen. Anbetung der hl. drei Könige**.

Ravensburg: Maier, um 1920.

Leihgabe aus Privatbesitz

Vor allem bei Kindern beliebt waren solche Wunderkästchen mit dreidimensionaler Wirkung, in und mit denen nicht nur biblische Geschichten plastisch und geradezu kalendermäßig erzählt werden konnten. Zu sehen sind hier das originale Vorlagenheft des Wunderkästchens und ein fertiggestelltes Exemplar. Papagei und Häschen wurden wohl als Niedlichkeiten in das Kästchen integriert.

Schaubilder für ein Wunderkästchen, Ravensburg 1920

(L 6) Wappenbuch von den Ersten genannt "Codex Seffken". Der Urschrift aus dem Ende des 14. Jahrhundert getreu nachgebildet.

Berlin: Verein Herold 1893.

Sign.: Rc 18

Mit den "Ersten" im Titel dieses zweitältesten deutschen Wappenbuches – die Skizzen zu dem Wappenbuch stammen wohl aus der Hand eines Herolds aus dem niederrheinischen Gebiet – sind hoch- und altadlige Geschlechter aus ganz Europa gemeint. "Seffken" ist übrigens die fehlerhafte Interpretation eines Wortes, welches schon im Original die "Ersten" bezeichnen soll.

Unter den Wappen mit großen Helmzieren sind auch einige Phantasien zu entdecken. Die Wappen der Heiligen Drei Könige sind vergrößert in der Ausstellung zu sehen. Hier werden die Schilde des Sultans von Babylon, von Hektor von Troja, Karl dem Großen, König Arthur und Priesterkönig Johannes gezeigt.

(L 7) Repliken der **Wappen der Heiligen Drei Könige.**

Nicht gut vorstellbar war es für das Spätmittelalter, dass wahre Könige keine eigenen Wappen hatten. So wurden denn den drei Königen Phantasiewappen zugeschrieben, die allerdings in Farbgebung und Inhalt leicht variierten. Kaspar trug in seinem Wappen einen Stern und die Mondsichel, Melchior den Mohren mit Standarte und Schild und Balthasar neun Sterne. Allerdings wechselte sogar diese Zuordnung.

(L 8) Liber Officialis Seu Agendorum Pastoralium S. Trevirensis Ecclesiae.

Mainz: Küchler 1688.

Leihgabe aus Privatbesitz

Diese Agende mit den kirchlichen Riten für die Erzdiözese Trier wurde unter Johann Hugo von Orsbeck herausgegeben – wie es ausdrücklich heißt angepasst an die römischen Ritualien. Erzbischof und Kurfürst Johann Hugo von Orsbeck (1676-1711) war politisch wenig erfolgreich beim Schutz seines relativ unbedeutenden Kurfürstentums während diverser Kriege zwischen europäischen Großmächten, als Reformer des kirchlichen Lebens hingegen erwarb er sich nicht geringe Verdienste. In der Agende findet sich ein interessantes Gelöbnis für den Kirchenorganisten, woraus wohl hervorgehen mag, dass auch damals nicht immer nur für sakrale Musik in die Tasten gegriffen wurde:

ICh N. gelobe GOtt dem Allmächtigen, seiner lieben Mutter S.N. unser Kirchen Patron (oder Patroninnen) und allen GOttes Heyligen, daß ich die mir anbetrauete Orgel fleissig bewahren, daran nichts muthwilliger Weise verderben lassen und darauff keine andere als von den Kirchen und geistlicher Obrigkeit approbirte Melodien spielen, meinem Herrn Decano oder Pastori und dessen geistlichen Obrigkeit in allen dieses mein Ambt betreffenden Sachen gehorsamb und unterthänig seyn wolle. So wahr helffe mir Gott und sein heiliges Evangelium: in principio &c.

Johann Hugo von Orsbeck sah im Jahre 1701 seinen Tod an einem Dreikönigstag voraus; tatsächlich starb er am 6. Januar 1711. Zu Lebzeiten stiftete er deswegen noch den barocken Dreikönigsaltar im Trierer Dom, vor dem er dann zu Grabe gelegt wurde. Die beigelegten Bilder stammen aus dem Buch über den Trierer Kirchenfürsten von Franz Schorn.

Dreikönigsaltar im Trierer Dom

(L 9) Erasmus von Rotterdam: De Duplici Copia Verborum.

Dortmund: Maurer 1552.

Sign.: Aa 1224

Interessant ist der Ledereinband des 16. Jahrhunderts aus unbekannter Werkstatt für dieses Buch von Erasmus von Rotterdam, zeigt er doch Abdrücke von Rollenstempel zum Thema der Ausstellung: unten links Maria mit Kind und Stern, darüber Balthasar (?) mit hornförmigen Gefäß für Myrrhe (?), über ihm Melchior (?) mit Kelch und ganz oben rechts schließlich Kaspar (?) mit Kästchen. Allen Dreien ist der Stern zur Seite gestellt.

(L 10) Johann Dirckinck: Jungfräwlicher Tugendt-Spiegel, Das ist: Kurtzer Begriff der Leben und Tugendten interschiedlicher Gott verlobten Jungfrawen.

Köln: Dehmen 1702.

Sign.: Bb 932

Beachtenswert und leicht irritierend ist das Medaillon oben in der Mitte über Maria mit dem Kind; es zeigt **3 Königinnen.** Bärte kann man auch erkennen, es wurde wohl eine klassische, einfache Vorlage benutzt. Handelt es sich um Schwestern oder gar Ehefrauen der Magier? Nein, gemeint sind die drei Töchter von Kaiser Ferdinand I. Königinnen waren sie nicht, aber Erzherzoginnen zu Österreich. Magdalena (1532-1590) gründete mit ihre jüngeren Schwestern Margaretha (1536-1567) und Helena (1543-1574) das Damenstift im Tiroler Hall und wurde dessen erste Fürstäbtissin.

Das erbauliche Buch stammt aus der Feder des Bocholter Jesuiten Johannes Dirckinck (1641-1716), der darin tugendhafte Frauen vorstellt, *so durch Unterweisung und Anführung der Societet Jesu Priestern zu sonders hocher Vollkommenheit und Heiligkeit gelangt seynd.*

Johann Dirckinck: Jungfräwlicher Tugendt-Spiegel, Köln 1702

(L 11) Melchior Mattsperger: Die Geistliche Hertzens-Einbildungen.

Augsburg: Leopold 1729.

Sign.: Bb 884

Mattsperger schuf mit diesem Werken die erste hieroglyphische Bibel nicht nur, aber gewiss auch für Kinder, um Interessierten die Bibel bildlich nahezubringen. Bilder, gestochen vom berühmten Johann Georg Bodenehr, und biblische Passagen entsprechen einander bzw. müssen in Rebusart verbunden werden; die Rebusmode des 18. und 19. Jahrhunderts wurde durch das Buch stark beeinflusst.

Die Heiligen Drei Könige finden keine Erwähnung im Werk und auch ihr vermeintlicher tierischer Begleiter – das Kamel – nur einmal mit dem Spruch aus dem Markusevangelium: *Wie's Kamel durchs Nadelöhr, Kommt der Reich in Himmel schwer.* Zu den Hirten allerdings, die zur Krippe eilen, ist ein Rebus gestaltet: *Seelig wer kan mit den Hirten JESUM finden, und bewirthen.*

(L 12) HAP Grieshaber / Brahim Dahak: Nun sprechen die Kamele.

Hamburg: Claasen 1971.

Sign.: Ee 1360

Ochs und Esel im Geburtsstall haben wenigstens einen alttestamentlichen Bezug. Obwohl unerwähnt in der Bibel, gesellen wir den Heiligen Drei Königen als Reit- und Lasttier trotzdem mindestens ein Kamel zu. In nahezu jeder Kirchenkrippe und auf den meisten bildhaften Darstellungen, wenn auch weniger aus den frühen Zeiten, findet sich ein solches Tier.

Die Linolschnitte von Grieshaber und dem Tunesier Dahak sollten als Aufforderung zur Verständigung im israelisch-palästinensischen Konflikt verstanden werden. Die Künstler zeigen nicht die Taube, sondern das Kamel als Friedenssymbol.

(L 13) Reliquienpartikel der Heiligen Drei Könige.

Leihgabe aus Privatbesitz

Über die Echtheit der Knochenpartikel in diesen kleinen Reliquiaren aus wenig wertvollem Material kann hier keine Aussage gemacht werden. Das runde Behältnis ist hinten fünffach gesiegelt, das ovale auf dem Kreuz beinhaltet noch weitere Reliquien wie etwa von den heiligen Philipp Neri und Antonius von Padua. Insgesamt wurde in Köln sehr streng darauf geachtet, dass keine Reliquienteile der Könige verbreitet wurden; nennenswerte Teile sind nur in Mailand und in Hildesheim aufzufinden, wohin schon Rainald von Dassel aus alter Verbundenheit – dort wurde er ausgebildet und dann Dompropst – Fingerteile bringen ließ.

(L 14) The Three Kings of Cologne. Edited from London, Lambeth Palace MS 491 by Frank Schaer.

Heidelberg: Universitätsverlag Winter 2000.

Sign.: Fbb 8085

Die ursprünglich lateinische Geschichte der Heiligen Drei Könige des Johannes von Hildesheim wurde schnell in das zeitgenössische Deutsch, Französisch und Englisch übersetzt, wobei das überaus erfolgreiche Werk häufig etwa durch Hinzufügung apokrypher Teile ergänzt wurde. Im Jahre 2000 erfolgte eine kritische Edition einer ihrer mittelenglischen Textversionen aus der Mitte des 15. Jahrhunderts; im Englischen ist die Historia Trium Regum unter dem Titel The Three Kings of Cologne bekannt. Aufgeschlagen sind Seiten, die die Translation schildern.

(L 15) Postkarte mit einer Zeichnung der **Chapel of the Three Kings of Cologne** in Bristol.

Leihgabe aus Privatbesitz

Dass im englischen Gebiet die Heiligen Drei Könige fast mehr mit Köln als mit dem Morgenland in Verbindung gebracht wurden, zeigt auch die Benennung dieser zu Beginn des 16. Jahrhunderts errichteten Kapelle der Drei Könige von Köln, die links auf der Karte zu erkennen ist. 1483 wurde aus dem Nachlass eines reichen Bristoler Kaufmanns und Bürgermeisters ein Armenhaus als caritative Stiftung erbaut, für das eben dann auch ein kleines Gotteshaus nötig war. Die Skulpturen der drei Könige sind über der Haupttüre an der Fassade angebracht.

(L 16) Jorge Juan y Santacilia/Antonio de Ulloa y de la Torre-Giralt: Voyage Historique De L'Amérique Méridionale Fait Par Ordre Du Roi D'Espagne.

Paris: Jombert 1752.

Sign.: Rc 20

Die erste wirkliche internationale Forschungsreise nach Südamerika führte spanische und französische Wissenschaftler seit 1735 für vier Jahre in das Gebiet der heutigen Staaten Ecuador und Peru. Die beiden teilnehmenden spanischen Gelehrten Jorge Juan (1713-1773) und Antonio de Ulloa (1716-1795, der von 1766 bis 1768 erste Gouverneur von Spanisch-Louisiana gilt auch als Entdecker des Platins) verfassten den Bericht, der 1748 in Madrid erschien und dann ins Französische übertragen wurde. Er beinhaltet geplante und ungeplante – etwa Vulkanausbrüche – Beobachtungen aus allen Bereichen der Naturwissenschaften, aber auch Ethno- und Anthropologisches, archäologische Exkurse über die Inka-Kultur und Beschreibungen des südamerikanischen Alltagslebens in der Kolonialzeit. Der aufge-

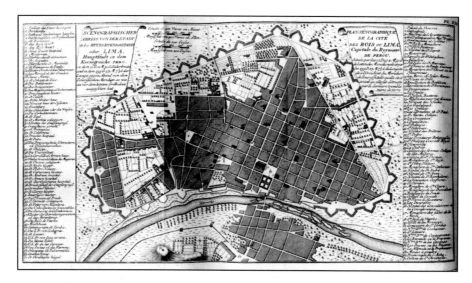

Stadtplan von Lima, Paris 1752

schlagene Plan der Stadt Lima mit der großen Menge an Gotteshäusern und weiteren kirchlichen Gebäuden zeigt zumindest indirekt den spirituellen und wirtschaftlichen Reichtum der Kirche. Im Januar 1535 gründete Francisco Pizarro die *Ciudad de los Reyes* (Stadt der Heiligen Drei Könige), schon bald als Lima in Peru bekannt. Das Wappen der heute sechs Millionen Einwohner zählenden Metropole zeigt denn auch auf blauem Grund die drei Kronen unter dem Stern, dem *wahren Zeichen der Könige* wie es im Mottospruch heißt.

(L 17) Jürgen Putz, Christian Heck, Gabi Förster: Die kolonialzeitlichen Kirchen in Yukatan.

S. l.: Summanus 2009.

Sign.: Fbd 5172

Das bedeutendste Dreikönigssanctuarium Lateinamerikas – nach Meinung der ortsansässigen Bevölkerung das zweitwichtigste der Welt – befindet sich im Osten der mexikanischen Halbinsel Yucatán in der Stadt Tizimín mit ihren 40.000 Einwohnern. Dort steht die Kirche *Los Santos Reyes*, die 1553 eingeweiht wurde; der heutige Bau stammt aus dem 17. Jahrhundert. Das Gebiet um den Ort des Tapirs – so die Übersetzung des Stadtnamens aus der Indiosprache – wurde 1550 von Sebastián Burgos für Spanien erobert.

Jährlich findet zur dortigen Dreikönigskirche eine sehr bedeutsame Wallfahrt vom 29. Dezember bis zum sechsten Januar statt, gleichzeitig mit der ebenso überregional wichtigen Landwirtschaftsmesse. Von Konfraternitäten getragen werden Figuren der Weisen aus dem Morgenland durch die *Stadt der Könige* geführt – wie Tizimín aufgrund dieser Tradition auch genannt wird. Neben dem oben erwähnten Tapir sowie landwirtschaftlichen Produkten erscheinen auch die drei Kronen im Wappen von Tizimín.

Übrigens existiert auch im Westen von Yucatán noch eine kleine Dreikönigskapelle, eine König Kaspar allein geweihte Kirche aus dem 17. Jahrhundert ist in dieser Region ebenfalls zu finden.

(L 18) Jan Jansson: Mar Del Zur, Hispanis Mare Pacificum.

Amsterdam: 1650.

Sondersammlung Wallisfurth der Diözesanbibliothek

Auf dieser noch recht leeren Karte des Pazifiks mit der mittigen Kompassrose sind doch einige Dinge auffällig.

- Neuseeland und damit die Dreikönigsinseln sind zwar schon entdeckt, aber noch nicht eingezeichnet
- auch Australien gilt noch als unbekannt
- die amerikanische Westküste ist ziemlich gut kartographiert
- erstmals wird Kalifornien fälschlich als Insel abgebildet
- die Umrisse von Japan und den Philippinen sind missgestaltet am falschen Platz
- Neu-Guinea zieht sich als Kette von Phantasieinseln quer übers Meer
- oben rechts werden als Anlieger im Gebiet der heutigen USA Asiaten und keine Amerikaner gezeigt

(L 19) Terra Australis Incognita.

Amsterdam: Valk u. Schenk ca. 1680.

Leihgabe aus Privatbesitz

So reizvoll und wirklich gelungen koloriert die Umrandung dieser Karte des Südpols auch ist, auf ihr selbst gibt es nicht viel zu sehen. Neueste Entdeckungen von Teilen von Küstenlinien sind eingezeichnet und die Südspitzen von Amerika und Afrika recht genau getroffen. Aber immerhin sind auch die Dreikönigsinseln eingetragen, die am sechsten Januar 1643 von dem Holländer Abel Tasman (1603-1659) vor der Nordküste Neuseelands entdeckt wurden. Die 13 recht kleinen Inseln sind heute unbewohnt und hatten auch zu Zeiten Tasmans nur wenige Einwohner; ihre Fläche beträgt zusammen $4{,}86\,km^2$ (Köln $405{,}17\,km^2$).

(L 20) Johann Friedrich Mieg: De Stella A Magis Conspecta, *Ad Matth. II.2.*

Heidelberg: Ammon 1676.

Sign.: Ab 334,9

Johann Friedrich Mieg (1647-1691), Mitglied der evangelischen Linie der ursprünglich elsässischen Sippschaft der Mieg, war Professor für Theologie an der Universität Heidelberg und kurpfälzischer Kirchenrat. Unter den Dutzenden seiner Dissertationen befindet sich auch die vorliegende Arbeit über den von den Magiern erblickten Stern. Über Stern und Magier weiß man seiner Meinung nach vieles aus dem Glauben, sehr wenig aber mit Sicherheit. Mieg berichtet auch über astronomische Annahmen seiner Zeit – etwa der einer Kometenerscheinung – bezüglich des Phänomens. Nach heutigen Erkenntnissen gibt es kein naturwissenschaftliches Erklärungsmodell für den Stern von Bethlehem, das wirklich überzeugt.

(L 21) Johann Zahn: Specula Physico-Mathematico-Historica Notabilium Ac Mirabilium Sciendorum.

Nürnberg: Lochner 1696.

Sign.: Ag 10

Als Naturwissenschaftler und besonders als Optiker einer der besten seiner Zeit war der Praemonstratenser Johann Zahn (1641-1707). In diesem Buch sammelt er die bemerkenswerten und wunderbaren Tatsachen aus der Welt der Natur und trägt darin auch die zeitgemäßen Erkenntnisse über Kometen vor. Akribisch listet er alle bekannten Kometenerscheinungen auf und weist auf damit zusammenhängende unheilvolle – als Unglückszeichen wurden Kometen seit unvordenklichen Zeiten besonders betrachtet – und auch glückliche Ereignisse hin. Auch der Stern von Bethlehem galt fälschlicherweise als ein solcher die Erde passierender Himmelskörper. Zahn beschreibt als Resultat dieses drei Tage sichtbaren Vorbeiflugs im Sternzeichen des Löwen als traurige Ereignisse schlimmste Zustände in Judäa und benachbarten Regionen. Weiterhin sieht er im Zusammenhang damit den Mord an den unschuldigen Kinder auf Befehl des kurze Zeit später elend gestorbenen Herodes. Glückliches Ereignis war die Flucht der heiligen Familie nach Ägypten und so die Rettung des Erlösers.

Der von Zahn dem Jahr der Translation der Gebeine der Heiligen Drei Könige am nächsten kommende Komet flog 1165 an der Erde im Sternbild der Waage vorbei. Als Trauriges passierte deswegen ein großer Feldzug gegen die Vandalen, der Tod des schottischen Königs Malcolm IV. und fast ganz Italien schloss 1167 einen Bund gegen den Kaiser. Freudig war die Bestätigung der kaiserlichen Macht durch Papst Paschalis III. und die Besetzung und Christianisierung der Insel Rügen durch den Dänenkönig Woldemar.

(L 22) Feldpostkarte mit den drei Königen von 1915.

Leihgabe aus Privatbesitz

Seltsam mutet diese Feldpostkarte an, herausgegeben von Bahlsens Keksfabrik in Hannover. Der schwarze König hält den Stern – besser in diesem Fall den Kometen – von Bethlehem wie einen Speer. Geschenke sind Gold, Weihrauch und Leibniz Kekse.

Feldpostkarte von 1915

(L 23) Leonhard Diefenbach: Goldenes Weihnachts-Büchlein für fromme Kinder.

Regensburg u. a.: Pustet 1915 (?).

Sign.: Art. 1529

Ein schönes Beispiel für Kinderbücher mit religiösem Inhalt um die Jahrhundertwende ist hier zu sehen. Der Maler Leonhard Diefenbach (1814-1875) war besonders tätig auf dem Gebiet der pädagogischen Illustration von Kinder- und Jugendbüchern. Die Geschichte um die Heiligen Drei Könige verteilt er auf drei Bilder: die Könige erblicken den Stall, ihre Unterredung mit Herodes und schließlich die Anbetungsszene.

(L 24) Elisabeth Horster: Vom lieben Jesuskind. Legenden aus seiner Jugendzeit.

Köln: Bachem 1910 (?).

Sign.: Art. 1530

Die drei Könige erscheinen nicht in diesem Bilderbuch. Aber zum zweiten Geburtstag vom Christkind werden von Engeln – die überhaupt die bevorzugten Spielkameraden des jungen Jesus zu sein scheinen – drei andere Geschenke gemacht: ein Kreuz, eine Torte und ein Teller mit Früchten.

Elisabeth Horster: Vom lieben Jesuskind, Köln 1910(?)

(L 25) Liboriuszettel.

um 1750.

Diözesan- und Dombibliothek Köln

Nur im Erzbistum Köln und auch da ja nicht überall primär wird am 23. Juli der Translation der Reliquien der drei Könige gedacht. In Paderborn etwa ist an diesem Tag das Gedächtnis des heiligen Bischofs Liborius von höchster Bedeutung. Liborius, Bischof von Le Mans in der zweiten Hälfte des vierten Jahrhunderts († 397?) avancierte ja nach und nach zum Bistumspatron von Paderborn. Über sein Leben ist kaum etwas bekannt, er soll mit dem fränkischen Spitzenheiligen Martin von Tours befreundet gewesen sein. In Paderborn und Le Mans wird am 28. April der Translation seiner Gebeine gedacht. Der gezeigte Gebetszettel hat die bischöflichen Überreste berührt und schützte so vor Steinkrankheiten, gegen die Liborius unter anderem Patron ist. Steinchen sind auch auf dem von ihm gehaltenen Buch zu erkennen.

(L 26) Descriptio Sacri Triumphi Quem Sancto Liborio Confessori Episcopo Cenomanensi In Gallia Patrono Tutelari Paderbornensi In Westphalia Ad Paderæ Fontes adornavit [...] Clemens Augustus [...].

Paderborn: Todt 1737.

Sign.: Bb 435

Die Gebeine des Liborius wurden 836 nach Paderborn transferiert. Kurfürst und Erzbischof von Köln war 900 Jahre später Clemens August I. von Bayern (1723-1761), gleichzeitig auch Fürstbischof von Paderborn. Über die Jubiläumsfeierlichkeiten (mit Feuerwerk!) unter seiner Ägide berichtet dieses Buch, in dem auch ein Stich seines Paderborner Domizils abgebildet ist. Clemens August ist auch für die (Wieder-) Errichtung der Liboribruderschaft im Jahr 1736 verantwortlich.

Libelli Rhenani

Schriften der Erzbischöflichen Diözesan- und Dombibliothek Köln.
Hrsg. von Heinz Finger

Bisher erschienen:

Band 1
Das Lob Gottes im Rheinland. Mittelalterliche Handschriften und alte Drucke zur Geschichte von Liturgie und Volksfrömmigkeit im Erzbistum Köln. Eine Ausstellung der Diözesan- und Dombibliothek Köln. 7. März bis 25. April 2002. – Köln 2002. 176 S., 17 Abb.

Band 2
Harald Horst: **Weltamt und Weltende bei Alexander von Roes.** Die Schriften des Kölner Kanonikers als Kontrapunkt zu mittelalterlichen Endzeiterwartungen.– Köln 2002. 126 S., 10 Abb.

Band 3
Karl Remmen: **Neuss – "die Stadt auf den sieben Hügeln" Die Entwicklung des Stadtraumes im Früh- und Hochmittelalter.** Korrelation von geomorphologischen Parametern und der Entwicklung von Nutzungsansprüchen und Raumordnungen bis in die Stauferzeit. – Köln 2003 u. 2. Aufl. 2005. 328 S., 38 Abb.

Band 4
Der Kölner Seelsorger und Theologe Kardinal Johannes Gropper. Eine Ausstellung der Diözesan- und Dombibliothek Köln zum 500. Geburtstag Groppers (24.2.1503). 25. Februar bis 30. April 2003. – Köln 2003. 230 S., 18 Abb.

Band 5
Der heilige Rosenkranz. Eine Ausstellung der Diözesan- und Dombibliothek Köln zum Rosenkranzjahr 2003, besonders zum Rosenkranzmonat Oktober und zum Jubiläum der Wahl Papst Johannes Paul II. (16.10.) 1. Oktober 2003 bis 7. Januar 2004. – Köln 2003. 164 S., 14 Abb.

Band 6
Angelika Heinricks: **Herzog Rainald II. von Geldern und seine Rolle im deutschenglischen Bündnis zu Beginn des Hundertjährigen Krieges.** – Köln 2004. 124 S.

Band 7
Geschichte der Kirche in Japan. Eine Ausstellung der Diözesan- und Dombibliothek Köln in Zusammenarbeit mit der Sophia Universität Tokyo. **Zum 50jährigen Bestehen der Partnerschaft der Erzdiözesen Köln und Tokyo.** 30. Mai bis 10. September 2004. – Köln 2004. 354 S., 15 Abb.

Band 8
Franz Lüttgen: **Kolping auf den deutschen Katholikentagen.** – Köln 2004. 192 S., 10 Abb.

Band 9
Karl Remmen: **Das Quirinuskloster der Benediktinerinnen in Neuss im Früh- und Hochmittelalter.** – Köln 2005. 150 S., 37 Abb.

Band 10
Der Bilker Pastor Anton Josef Binterim, Seelsorger und Kirchenhistoriker im wiedererrichteten Erzbistum Köln. Eine Ausstellung der Diözesan- und Dombibliothek Köln in Zusammenarbeit mit der Pfarrgemeinde St. Martin in Düsseldorf-Bilk anlässlich der 150. Wiederkehr seines Todestages (17. Mai 1855). 1. Juni bis 5. August 2005. – Köln 2005. 326 S., 28 Abb.

Band 11
Martina Schöler: **Ama nesciri.** Spuren des Bibliothekars Conradus de Grunenberg (†1465/66) in der Bibliothek der Kölner Kreuzbrüder. – Köln 2005. 111 S., 17 Abb.

Band 12
Mittelalterliche Handschriften der Kölner Dombibliothek. Erstes Symposion der Diözesan- und Dombibliothek zu den Dom-Manuskripten. 26. bis 27. November 2004. Hrsg. von *Heinz Finger.* – Köln 2005. 338 S., zahlr. Abb.

Band 13
Karl Remmen: **Die Klosterlandschaft im mittelalterlichen Stadtraum Neuss.** – Köln 2005. 156 S., 55 Abb.

Band 14
Hermann-Josef Reudenbach: **Stiftspropst Alfons Bellesheim (1839-1912) und das Buch.** Ein Beitrag zur Kirchengeschichte und zur Geschichte der Buchkultur. – Köln 2006. 268 S., 3 Abb.

Band 15
Monika Isépy – Bernd Posselt: **Die Glossen zu Martianus Capella im Codex 193 der Kölner Dombibliothek.** – Köln 2010. 199 S.

Band 16
Hendrik Hülz: **Bischof Evergislus.** Ein Kölner Heiliger und seine Bedeutung in Geschichte und Gegenwart. – Köln 2006. 114 S.

Band 17
Die Anfänge der Gesellschaft Jesu und das erste Jesuitenkolleg in Köln. Eine Ausstellung der Diözesan- und Dombibliothek Köln in Zusammenarbeit mit der Deutschen Provinz der Jesuiten. Zum Ignatianischen Jahr 2006. 5. Oktober bis 15. Dezember 2006. – Köln 2006. 306 S., 27 Abb.

Band 18
Cornelia Herbers: **Die Mirakelberichte des *monasterium S. Mariae* in Gräfrath.** – Köln 2007. 124 S., 7 Abb.

Band 19
Karl Remmen: **Bruderschaften im mittelalterlichen Stadtraum von Neuss.** – Köln 2007. 210 S., 44 Abb.

Band 20
Der Kolumbapfarrer Kaspar Ulenberg und die Geschichte der Kolumbapfarre. Eine Ausstellung der Diözesan- und Dombibliothek Köln anlässlich der Neueröffnung des Diözesanmuseums "Kolumba" (14. September 2007). 5. September bis 15. Dezember 2007. – Köln 2007. 300 S., 18 Abb.

Band 21
Manuel Hagemann: **Johann von Kleve (†1368).** Der Erwerb der Grafschaft Kleve 1347. – Köln 2007. 133 S.

Band 22
Jennifer Hülsberg: **Untersuchungen zum Valkenburg-Graduale.** Codex 1001b der Diözesanbibliothek Köln. – Köln 2007. 274 S., zahlr. Abb.

Band 23
Dieter Siebert-Gasper: **Der Rennenberg-Codex.** Der Codex 149 der Kölner Dombibliothek und die Edelherren von Rennenberg im Kölner Domkapitel des 14. Jahrhunderts. – Köln 2008. 148 S., 22. Abb.

Band 24
Mittelalterliche Handschriften der Kölner Dombibliothek. Zweites Symposion der Diözesan- und Dombibliothek zu den Dom-Manuskripten. 1. bis 2. Dezember 2006. Hrsg. von *Heinz Finger.* – Köln 2008. 389 S., zahlr. Abb.

Band 25
Rheinisch – Kölnisch – Katholisch. Beiträge zur Kirchen- und Landesgeschichte sowie zur Geschichte des Buch- und Bibliothekswesens der Rheinlande. Festschrift für Heinz Finger zum 60. Geburtstag. Hrsg. von *Siegfried Schmidt.* – Köln 2008. 668 S., zahlr. Abb.

Band 26
Friedrich Spee. Priester, Mahner und Poet (1591-1635). Eine Ausstellung der Diözesan- und Dombibliothek Köln in Zusammenarbeit mit der Friedrich-Spee-Gesellschaft Düsseldorf. 11. Juni bis 9. Oktober 2008. – Köln 2008. 494 S., zahlr. Abb.

Band 27
Hans U. Krumme: **Die Säkularisation im ehemaligen Herzogtum Berg.** Darstellung der Entscheidungsprozesse, mit einer Auswahl bezüglicher Quellen. – Köln 2008. 254 S.

Band 28
Werner Wessel: **Johannes Duns Scotus.** (1265-1308). Eine Ausstellung der Diözesan- und Dombibliothek Köln anlässlich der 700. Wiederkehr seines Todestages (8.11.1308). – Köln 2008. 155 S., zahlr. Abb.

Band 29
Franz Werner Witte: **Konrad von Boppard.** Domherr, Reichsnotar, Propst (Köln, Boppard, Gemünden, Worms). – Köln 2009. 188 S., 4 Abb.

Band 30
Hendrik Breuer: **Zwischen Missionspredigt und bürgerlicher Stifterkultur.** Die spätmittelalterlichen Flügelaltäre der Dominikanerkonvente in den Hansestädten Rostock, Wismar und Lübeck. Teilbd. 1-3. – Köln 2009. Insgesamt 760 S., 113 Abb.

Band 31
Rupert von Deutz – Ein Denker zwischen den Zeiten? Internationales Symposion der Erzbischöflichen Diözesan- und Dombibliothek Köln und des Instituts für christliche Philosophie der Leopold-Franzens-Universität Innsbruck. 20. bis 22. September 2007. Hrsg. von *Heinz Finger*, *Harald Horst* und *Rainer Klotz* – Köln 2009. 258 S., 9 Abb.

Band 32
Werner Wessel: **Schätze aus der Bibliothek St. Albertus Magnus.** Eine Ausstellung der Diözesan- und Dombibliothek Köln in Zusammenarbeit mit der Dominikanerprovinz Teutonia anlässlich der Integration der Bibliothek der ehem. Ordenshochschule der Albertus-Magnus-Akademie (Walberberg) als Depositum in die Diözesan- und Dombibliothek Köln, 16. November 2009 bis 5. März 2010. – Köln 2009, 170 S., zahlr. Abb.

Band 33
Bruno Kammann: **Die Kartause St. Barbara in Köln (1334 bis 1953).** Kontinuität und Wandel. Ein Beitrag zur Kirchen- und Stadtgeschichte Kölns – Köln 2010. 571 S., zahlr. Abb.

Band 34
Mittelalterliche Handschriften der Kölner Dombibliothek. Drittes Symposion der Diözesan- und Dombibliothek zu den Dom-Manuskripten. 28. bis 29. November 2008. Hrsg. von *Heinz Finger*. – Köln 2010. 318 S., zahlr. Abb.

Band 35
Marcel Albert: **"zwecks wirksamer Verteidigung und Vertretung der katholischen Weltanschauung".** Der Katholische Akademikerverband 1913-1938/39. – Köln 2010. 124 S., 8 Abb.

Band 36
Ruth und *Hans U. Krumme:* **Abigail Steineckin – Mère Anna Maria Louisa Weißenburg.** Türkin – Ordensfrau – Künstlerin. – Köln 2010. 146 S., 21 Abb.

Band 37
Fromme Frauen als gelehrte Frauen. Bildung, Wissenschaft und Kunst im weiblichen Religiosentum des Mittelalters und der Neuzeit. Öffentliche Internationale Tagung der Diözesan- und Dombibliothek Köln 1. bis 4. April 2009. Hrsg. von *Edeltraud Klueting T.OCarm* und *Harm Klueting*. – Köln 2010. 376 S., zahlr. Abb.

Band 38
Mittelalterliche Handschriften der Kölner Dombibliothek. Viertes Symposion der Diözesan- und Dombibliothek zu den Dom-Manuskripten. 26. bis 27. November 2010. Hrsg. von *Heinz Finger* und *Harald Horst*. – Köln 2012. 356 S., zahlr. Abb.

Band 39
Peter Orth: **Beobachtungen zur *Ars Grammatica* des Codex 204 der Kölner Dombibliothek.** – Köln 2011. 112 S.

Band 40
Geschichte der Kirche in Lateinamerika. Eine Ausstellung der Diözesan- und Dombibliothek Köln. Zum 50jährigen Bestehen von Adveniat. 2. Dezember 2011 bis 20. April 2012. – Köln 2011. 507 S., zahlr. Abb.

Band 41
Bischöfe, Klöster, Universitäten und Rom. Gedenkschrift für Josef Semmler (1928-2011). Hrsg. von *Heinz Finger* und *Rudolf Hiestand*. – Köln 2012. 388 S., zahlr. Abb.

Band 42
Hans U. Krumme: **Ursulinen zu Düsseldorf (1677-1709).** Quellenlage, politische, ökonomische und spirituelle Rahmenbedingungen ihrer Etablierung in der Residenzstadt. Teilbd. 1 u. 2. – Köln 2013. Insgesamt 710 S., zahlr. Abb.

Band 43
Josef Kardinal Frings – Erzbischof von Köln. Beiträge zum Konzil. Übersetzt, erläutert und herausgegeben von *Paul Knopp*. – Köln 2012. 301 S., 11 Abb.

Band 44
Heinz Finger und *Werner Wessel:* **Heilige Kölner Bischöfe.** – 1700 Jahre Kirche von Köln. Eine Ausstellung der Diözesan- und Dombibliothek Köln zum Jubiläumsjahr 2013. 5. März bis 13. Juli 2013. – Köln 2013. 337 S., zahlr. Abb.

Band 45 (WEITERE BÄNDE ERSCHEINEN IN FORTSETZUNG)
Hans-Joachim Kracht unter Mitarbeit von *Pamela Santoni:* **Lexikon der Kardinäle 1058-2010.** In acht Bänden.
  Bd. 1: Kardinäle unter Benedikt XVI. / Kardinäle 1058-2010, Buchstabe A. – Köln 2012. 485 S.
  Bd. 2: Am 18.2 und 24.11.2012 kreierte Kardinäle / Kardinäle 1058-2010, Buchstabe B. – Köln 2013. 340 S.

Band 46
Karl Remmen (Bearb.): **Hieronymus Isenberg**, Pfarrer in St. Peter Rosellen bei Neuss 1626-1639: **Instructiones de omnibus Ecclesiae Rosellanae iuribus A° Dni 1640 absolutae.** – Köln 2013. 344 S., zahlr. Abb.

Band 47
Joseph Roggendorf: **Brückenbauer zwischen den Kulturen** – 異文化のはさまで. Lebenserinnerungen aus Europa und Japan 1908-1982. Aus dem Englischen übertragen und mit Anmerkungen versehen von *Manfred* und *Ingrid Baldus*. – Köln 2013.

Band 48
Hans-Ludwig Selbach: **Katholische Kirche und französische Rheinlandpolitik nach dem Ersten Weltkrieg** – Nationale, regionale und kirchliche Interessen zwischen Rhein, Saar und Ruhr (1918-1924). – Köln 2013. 657 S., 17. Abb.

Band 49
Die Orientalischen Christen. Eine unterdrückte und verfolgte Minderheit. Eine Ausstellung der Diözesan- und Dombibliothek Köln in Zusammenarbeit mit der Diözesanstelle Weltkirche/Weltmission, April bis Juli 2014. – Köln 2014. 361 S., zahlr. Abb.

Band 50
Marcel Albert: **"Als der Krieg die Ruhe der Bibliotheksarbeit gewaltsam störte".** Die Kölner Diözesan- und Dombibliothek im zweiten Weltkrieg. – Köln 2014. 128 S., 8. Abb.

Band 51
Mittelalterliche Handschriften der Kölner Dombibliothek. Fünftes Symposion der Diözesan- und Dombibliothek zu den Dom-Manuskripten. 30. November bis 1. Dezember 2012. Hrsg. von *Heinz Finger* und *Harald Horst*. – Köln 2014. 391 S., zahlr. Abb.

SERIES MINOR

Heft 1
Wolfgang Steinmann: **Das Brevier Adalberts von Sachsen in Mainz.** – Köln 2002. 38 S., 16 Abb.

Heft 2
Heinz Finger: **Die Abtei Werden als geistiges und geistliches Zentrum im Grenzraum von Rheinland und Westfalen.** – Köln 2003. 56 S.

Heft 3
Harald Horst: **Liturgie, Kirchenväter und lateinische Dichtung in Handschriften der Oberlausitz.** Zwei Codices der Pfarrei St. Wenzeslaus zu Jauernick (Diözese Görlitz). – Köln 2004. 70 S.

Heft 4
Hendrik Breuer: **Die franziskanische Immaculata-Lehre und ihre Wende unter Duns Scotus 1265/66 bis 1308.** Überlegungen zur Ikonographie des Göttinger Barfüßeraltars (1424). – Köln 2007. 62 S.

Heft 5

Letha Böhringer: **Geistliche Gemeinschaften für Frauen im mittelalterlichen Köln.** – Köln 2009. 73 S.

SONDERREIHE

Band 1

Günther Beckers: **Skizzenbücher.** Eine Ausstellung der Diözesan- und Dombibliothek Köln in Zusammenarbeit mit dem Künstlermuseum Beckers°Böll. – Köln 2008. 292 S., überw. Ill.

Band 2

René Böll: **"Doch uns ist gegeben, Auf keiner Stätte zu ruhn,".** Eine Ausstellung der Diözesan- und Dombibliothek Köln in Zusammenarbeit mit dem Künstlermuseum Beckers°Böll. – Köln 2008. 160 S., überw. Ill.

Band 3

Günther Beckers: **Humanästhetik.** Traktat von der Würde des Menschen als einem Wesen von Schönheit, von sinnhaft, sinnlicher Wahrnehmung. – Köln 2008. 46 S.

Band 4

Gerhard Mevissen: **Zeitheftungen – Buchorte.** Eine Ausstellung des Künstlers Gerhard Mevissen in Zusammenarbeit mit der Diözesan- und Dombibliothek Köln. – Köln 2010. 338 S., überw. Ill.

Band 5

Günther Beckers: **Über die Liebe.** Traktat von der Würde der Kultur, der Würde der Transkulturalität und einer Ästhetik des Asozialen. – Köln 2013. 62 S.

Analecta Coloniensia

Jahrbuch der Diözesan- und Dombibliothek Köln

Köln 2001ff, ISSN 1861-7263

Jg. 1 (2001) 178 S.
Aus dem Inhalt: Die Kölner Dombibliothek und der gegenwärtige Stand ihrer Erschließung – John Pierpont Morgan und seine Bibliothek – Selbstverständnis und "Selbstdarstellung" der Kölner Kirche und ihrer Erzbischöfe im Mittelalter – Aachen und das Narrenschiff des Sebastian Brant – Adolph Kolping als Organisator, Ausbreitung des Gesellenvereins 1849-1852 – Rezensionen

Jg. 2 (2002) 284 S.
Aus dem Inhalt: Möglichkeiten und Grenzen einer digitalen Handschriftenbibliothek – Wissenschaftliche Bibliotheken im Spannungsfeld zwischen Benutzung und Bewahrung – Augustins Projekt einer "Christlichen Philosophie" – Peter Canisius, ein Mann des Gebetes – Düsseldorf als Wallfahrtsort – Antonius Broickwy von Königstein – Die Säkularisation im Rheinland – Die Josefsvereine – Rezensionen

Jg. 3 (2003) 272 S.
Aus dem Inhalt: Der virtuelle Katalog Theologie und Kirche (VThK) – Ein Bücherverzeichnis aus dem Kreuzherrenkloster Wickrath – Bücherzeitenzyklus von Rolf Escher – Marienverehrung in Köln und Aachen – P. Heusgen, Kirchenbibliothekar und Regionalhistoriker – Die Eigenliturgien der rheinischen (Erz-)Diözesen – Medienkrieg zur Zeit der Reformation – Religiöse Dichtung am Niederrhein – Das Erzbistum Köln und Togo – Rezensionen

Jg. 4 (2004) 404 S.
Aus dem Inhalt: Zur Geschichte von Ordensbibliotheken – Unbekannte Kölner Überlieferung der "Concordia canonum" des Cresconius – Eine liturgische Handschrift für St. Gereon – Bonner Handschrift des Sachsenspiegels – St. Martin und St. Nikolaus – Wallfahrten in der Rechtsgeschichte – Hagiographie im Rheinland – Kölner Stiftsliturgie – Goswin Nickel SJ (1582-1664) – Peter Heckers Fresken in Arnoldsweiler – Rezensionen

Jg. 5 (2005) 340 S.
Aus dem Inhalt: Historiker auf 'Schatzsuche' – Eine Cusanus-Inkunabel aus der Hohenbuscher Kreuzbrüderbibliothek – Das Exsultet und seine jüdischen Wurzeln – Zu Inthronisation und Begräbnis der Bischöfe, insbesondere der Kölner Erzbischöfe, im Mittelalter – Antike Götter und ein byzantinisches Marienlob – Bilanz des Martyrologiums des 20. Jahrhunderts – Konrad Adenauers Programm und die CDU – Rezensionen

Jg. 6 (2006) 336 S.
Aus dem Inhalt: Ein hebräisches Einbandfragment von Moshe ben Maimon – Ein Inkunabel-Brevier aus der Pfarrei St. Martin – Krankheit, Tod und Begräbnis von Erzbischof Joseph Kardinal Höffner – Das Weltgerichtsastrolabium des Bamberger Sternenmantels – Was ist am Jesuitenorden "neuzeitlich"? – Jacob Masens Übungsplatz für die gebundene Beredsamkeit – Die "Colonia" im "Land des Herrn" – Deutschlands Abkehr von Bonn – Rezensionen

Jg. 7/8 (2007/2008) 412 S.
Aus dem Inhalt: Zum Bibliotheksbestand des Albertus-Magnus-Instituts – Die Douaibibel – Biblia Sacra Polyglotta – Bestseller aus bischöflichem Besitz – Der rheinische Historiker und Bibliothekar Severin Corsten – Kreuzzugspredigt Bernhards von Clairvaux – Maria zum Weiher und St. Mechtern in Köln – Erzbischof Maximilian Friedrich und die Kultivierung der "Broiche" – Johann Friedrich Benzenberg – Anton Josef Binterim, Priester zwischen Revolution und Restauration – Einstellung der preußischen Eliten zum Rheinland – Katholiken in Deutschland und die Massenkultur der Gegenwart – Rezensionen

Jg. 9 (2009) 376 S.
Aus dem Inhalt: Übernahme der Dominikanerbibliothek von Walberberg – Digitalisierung älterer Zettelkataloge – Provenienzerfassung im Online-Katalog – Funktion und Bedeutung katholischer Kirchenbibliotheken – Entstehung und Entwicklung liturgischer Bücher – Bibelübersetzung des Bischofs Wulfila – Fragment der Schrift *De amore* des Andreas Capellanus – Gerschon ben Meir und die deutsche Talmudübersetzung – Burg Rolandseck – Des Erzbischofs Vogtei und seine Hofkapelle – Johannes von Groesbeek – Die Angelegenheiten der Klever Schustergilde – Kunst- und Archivschutz im Krieg – Rezensionen

Jg. 10/11 (2010/2011) 418 S.
Aus dem Inhalt: Die fränkische Reichsteilung nach dem Tod Pippins des Jüngeren – Der Neubau Karls des Großen: Die fränkische Reichskirche – Die Anfänge der Dominikaner und Minoriten in Köln – Albertus Magnus als Bischof von Regensburg – Nicolaus Cusanus, Sebastian Brant und die Erkelenzer Familie Wymar – Kaspar von Fürstenberg, ein kurkölnischer Amtsträger – "Frammigius Coccius Canonich deß ordelichen frey weltlichen Stiffts St. Quirini ihn Neuß" – Betrachtungen zur Geschichte des Bistums Aachen – Die Zahl der "echten Kölner" unter den Kölner Heiligen – Rezensionen

Jg. 12 (2012) 416 S.
Aus dem Inhalt: Nachtrag zu "Funktion und Bedeutung katholischer Kirchenbibliotheken" – Schicksale rheinischer Klosterbibliotheken – Winfried, Bonifatius, Köln – Die Erzbischöfe von Köln und die Grafschaft Berg vom 11. bis zur Mitte des 13. Jahrhunderts – Die Säkularisation des Kreuzherrenklosters in Ehrenstein, Hintergründe und Ereignisse – Die englischen Katholiken, das *Collegium Anglicum* in Douai und William Shakespeare – Lateinamerika und die Päpste in der frühen Neuzeit – Aus dem Rezeptbuch eines Brauweiler Mönchs – Rezensionen